中央高校基本科研业务费专项资金资助（批准号：2021SRY14）。

法天下学术文库

生态环境损害修复与赔偿法律制度研究

STUDY ON THE LEGAL SYSTEM OF ECOLOGICAL ENVIRONMENTAL DAMAGE RESTORATION AND COMPENSATION

李兴宇 著

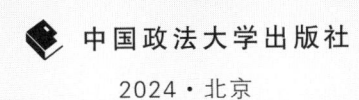

中国政法大学出版社

2024·北京

声　明　　1. 版权所有，侵权必究。

　　　　　2. 如有缺页、倒装问题，由出版社负责退换。

图书在版编目（CIP）数据

生态环境损害修复与赔偿法律制度研究 / 李兴宇著. -- 北京：中国政法大学出版社，2024.6. -- ISBN 978-7-5764-1528-5

Ⅰ. D922.683.4

中国国家版本馆CIP数据核字第2024KF1499号

出 版 者	中国政法大学出版社
地　　址	北京市海淀区西土城路25号
邮寄地址	北京100088信箱8034分箱　邮编100088
网　　址	http://www.cuplpress.com（网络实名：中国政法大学出版社）
电　　话	010-58908586(编辑部) 58908334(邮购部)
编辑邮箱	zhengfadch@126.com
承　　印	北京鑫海金澳胶印有限公司
开　　本	720mm×960mm　1/16
印　　张	25.5
字　　数	220千字
版　　次	2024年6月第1版
印　　次	2024年6月第1次印刷
定　　价	109.00元

序

自《环境保护法》2014年修订后，生态环境法律制度的发展可谓"狂飙"，环境公益诉讼、生态环境损害赔偿诉讼等制度相继建立，2020年编纂通过的《民法典》开创性地在私法中引入了生态环境损害赔偿制度，规定了修复生态环境这一责任方式。学界围绕生态环境损害赔偿与修复的学术讨论非常丰富，产生了大量著述。其作为一种较"新"的法律制度，目前仍具有广阔的研究空间。当前来看，关于生态环境损害赔偿与修复，至少还有以下几个争议内容有待学界同仁共同努力解决。

（1）概念之争。即便在"生态环境损害"这一概念已经为《民法典》等法律认可的背景下，仍然存在相关概念的交叉问题，例如生态、环境与自然资源，乃至自然资源资产之间的关系，这涉及不同的法律关系。又比如生态环境损害和自然资源损害、自然资源资产损害，三者概念之间又存在何种区别与联系，将影响到我国自然资源产权制度改革和未来制度设计。另一个关键词"修复"存在同样的问题，从法律文本来看，其经历了从"恢复原状""恢复植被""修复生态环境"等语词转换与表述变迁。例如《海岛保护法》第25条中的"修复"、《水土保持法》第30条中的"生态修复"、《环境保护法》第30条中的"恢复治理"，再到《民法典》第1234条并未使用"恢复原状"这一传统法律概念，而是使用了"修复生态环境"的表述。那么法律上的问题便是，修复生态环境与恢复原状的关系究竟为何，其是否属于《民法典》第179条所规定的民事责任承担方式之一？如何科学确定生态环境的修复目标值？可见，生态环境领域的法规范分析还有很长的路要走。

（2）公私之争。生态环境损害赔偿中的"损害赔偿"显然是采用了民法的概念，但这是否就意味着其属于私法制度呢，抑或只是"借壳上市"，又或者甚至说是民法典绿色化、由私向公的一枚"特洛伊木马"？试点探索的生态环境损害赔偿诉讼制度亦是借用了民事诉讼程序，同时兼采了公益诉讼，其到底姓"私"还是姓"公"不无疑问,不止如此,环境民事公益诉讼是公是私也是谜题。传统私法制度和自由主义以"私"为向度,保障了个人的自由和财产权利,却越来越无法解决现代社会面临的问题,独立的个人面对生态环境等公共事件无所适从。拉兹指出:"众多权利都是以捍卫个人自由的名义而提出的,但其实现却有赖于确保公共利益的社会背景。没有公共利益作支撑,这些个人权利将无法实现其既定目标。"生态环境损害赔偿作为政府、社会共同行为的有机组成部分,能够在公众参与和行动中实现公共利益的发展。这一制度的出现是现实情况的需要,其未来走向何方也是中国特色法学理论话语体系构建中所面临的挑战。"修复生态环境"作为一种新型的责任承担方式,也存在公与私的场域问题,其不仅写入《民法典》中,也出现在刑事判决当中,这是否意味着"修复生态环境"可成为一种新的刑罚种类?《青藏高原生态保护法》第57条中的"责令恢复原状"、《海洋环境保护法》第101条中的"责令恢复原状"、《森林法》第76条中的责令限期补种,意味着"修复生态环境"责任已经溢出民法,成为兼跨公私法域的一种责任形式,这就需要我们跳出部门法来审视修复生态环境这一责任方式。

(3)程序之争。在生态环境损害赔偿与修复上,首先要处理行政与司法的关系。长期以来,我国以来行政手段处理生态环境问题,但是由于存在执法不规范、消极不作为、环境罚款数额设定难以有效填补损害等现实困境,我国生态环境损害救济机制经历了从传统行政规制向司法救济的转变。学术界和社会公众也更倾向于适用法律相对更为严谨、程序更为透明公正的司法程序。在当前生态环境损害救济实践中,法院占据着主导地位,并通过司法解释不断将其制度化,生态环境损害修复与赔偿案件的审判与执行也有着典型的法院职权主义色彩,行政机构的角色则相应的转变为运用行政权力和专业技能对司法审判与执行予以协助。对于这种现象,是否能够有效解决生态环境行政制度所存在的问题,会不会引发新的问题,例如冲击行政权与司法权的平衡关系,是值得反思的。正如李兴宇博士在本书中所指出的,以司法为主导的生态环境修复追责机制隐藏着更为深刻的矛盾与冲突,即弱化了行政机关的环境管理职责,瓦解了法院自身中立、谦抑的立场,使得行政权与司法权关系陷入混乱。除此之外,在司法程序中,我国当下和未来还需要处理环境民事公益诉讼、环境行政公益诉讼、生态环境损害赔偿诉讼、自然资源资产损害赔偿程序等几者之间的关系。

序

李兴宇是我带的硕士生、博士生,她长期关注生态环境损害赔偿与修复这一议题,她的硕士论文便研究环境损害赔偿,博士论文研究生态环境修复法律责任,这本书是她在前期基础上不断修改、扩充形成的,可以说是十年的研究心得。我国目前在生态环境损害修复与赔偿方面,仍存在索赔主体不明确、责任主体承担规则不清、行政与司法救济路径与方法不明、诉讼类型划分不合理、精细化程度不足等诸多问题。这本书尝试解决理论和实践中的这些问题,体系化研究了生态环境损害行政与司法救济体系,明确了生态环境损害赔偿与修复责任承担的主体类型、构成要件、实现形式,并对司法救济制度的法理逻辑、诉讼基础、类型划分等进行精细化的研究,具有学术创见和思考深度,相信这本书能够给读者带来智识上的增益。

徐以祥
西南政法大学经济法学院教授、博士生导师
2024年2月27日

目录

引 论 ·· 001
第一章 生态环境损害修复与赔偿的实证考察 ········· 005
第一节 行政规制机制的发展历程与问题阐释 ········· 006
一、生态环境行政规制的立法实践 ························· 006
二、生态环境行政规制路径的问题阐释 ················· 016

第二节 司法救济机制的发展历程与问题阐释 ········· 024
一、生态环境司法救济机制的兴起历程 ················· 024
二、生态环境司法救济机制的表征缺陷 ················· 030
三、生态环境司法救济机制的内生危机 ················· 035

第三节 生态环境损害赔偿《改革方案》的解读 ····· 042
一、生态环境损害赔偿制度的权利主体 ················· 043
二、生态环境损害赔偿制度的责任主体 ················· 044
三、生态环境损害赔偿责任的内容体系 ················· 047
四、生态环境损害赔偿诉讼的前置程序 ················· 049
五、生态环境损害赔偿诉讼的起诉顺位 ················· 050

第二章 生态环境损害修复与赔偿的索赔主体 ············ 053
第一节 现行生态环境损害赔偿主体的法律解读 ············ 053
　　一、基本法律中关于自然资源的权属界定 ············ 054
　　二、《改革方案》中自然资源的权属界定 ············ 055
第二节 全民所有自然资源损害赔偿主体的认定 ············ 056
　　一、现行全民所有自然资源损害救济方式及缺陷 ············ 057
　　二、自然资源国家所有权的性质界定与公益约束 ············ 059
　　三、所有者与监管者相区分的自然资源管理体制 ············ 065
　　四、全民所有自然资源损害救济的路径设计 ············ 070
第三节 非全民所有自然资源损害赔偿主体的认定 ············ 073
　　一、集体自然资源所有权与使用权分离情形 ············ 074
　　二、集体自然资源所有权与使用权统一情形 ············ 077
第四节 "狭义"生态环境损害索赔主体的认定 ············ 079
　　一、政府部门作为公益监管人的救济路径 ············ 080
　　二、检察机关作为公益代表人的救济路径 ············ 082
　　三、环保组织作为公益代表人的救济路径 ············ 086

第三章 生态环境损害修复与赔偿的责任主体 ············ 090
第一节 行为责任与状态责任的区分 ············ 090
　　一、"行为责任"归责型态与局限 ············ 091
　　二、"状态责任"内涵与功能填补 ············ 096
第二节 责任主体类型划分与承担规则 ············ 100
　　一、污染/破坏行为人责任 ············ 101
　　二、概括继受人责任 ············ 103
　　三、事实管领人责任 ············ 105
　　四、政府主体责任 ············ 108

目　录

第三节　特殊情形下的责任主体认定 …………………… 110
　　一、环境侵权第三人责任承担规则 ………………… 110
　　二、主体破产情形责任承担规则 …………………… 116
　　三、环境治理第三方责任承担规则 ………………… 121
第四节　环境侵权因果关系的证明责任 ………………… 124
　　一、环境侵权因果关系的类型划分 ………………… 124
　　二、一般因果关系的证明责任分配 ………………… 125
　　三、特定因果关系的证明责任分配 ………………… 127
　　四、"关联性"与"因果关系"的异同 ……………… 128

第四章　生态环境损害修复与赔偿的责任体系 ……… 130

第一节　"修复生态环境"责任的民法溯源 …………… 130
　　一、狭义恢复原状：解释张力不足，适用情形受限 … 131
　　二、广义"恢复原状"："原则"与"方法"的双重定位 … 132
　　三、"修复生态环境"：广义"恢复原状"的延伸具象 … 134
　　四、体系定位：生态环境损害赔偿责任与生态环境修复 … 135
第二节　"修复生态环境"责任的刑法意蕴 …………… 151
　　一、"修复生态环境"的性质定位 …………………… 152
　　二、"修复生态环境"的适用困境 …………………… 153
第三节　"修复生态环境"的行政法定位 ………………… 154
　　一、"责令改正"的性质界定 ………………………… 155
　　二、"责令改正"的解释适用 ………………………… 159
　　三、"责令修复生态环境"的法律适用 ……………… 168
第四节　"修复生态环境"责任的实施形式 …………… 171
　　一、直接性修复 ………………………………………… 171
　　二、替代性修复 ………………………………………… 173

三、代履行修复 ·· 175

第五章 生态环境损害修复与赔偿的路径选择 ·················· 177
第一节 生态环境损害救济的比较法考察 ·················· 177
一、欧盟："民事救济"到"行政实施"转变 ·················· 178
二、德国："行政实施"与"公众参与"并重 ·················· 180
三、美国："行政实施"与"司法审查"共举 ·················· 182
第二节 生态环境修复救济路径的最优判辨 ·················· 189
一、生态环境损害救济比较法经验总结 ·················· 189
二、我国生态环境损害救济的立法纠偏 ·················· 191
三、我国生态环境损害救济的总体结构 ·················· 194

第六章 生态环境损害修复与赔偿的行政规制 ·················· 196
第一节 生态环境损害的风险识别 ·················· 196
一、"点式"识别方法的局限 ·················· 197
二、"面式"数据调查与监测 ·················· 198
三、综合风险评估与分类管控 ·················· 210
第二节 生态环境损害的鉴定评估 ·················· 219
一、鉴定评估的主体规则 ·················· 219
二、鉴定评估对象/范围与程序 ·················· 227
三、鉴定评估方法的选择运用 ·················· 233
四、鉴定评估的信息系统建设 ·················· 246
第三节 生态环境损害的修复标准 ·················· 250
一、生态环境修复目标的二元性 ·················· 251
二、生态环境基准与标准的区分 ·················· 254
三、生态环境修复标准的制定 ·················· 262
第四节 生态环境损害的赔偿磋商 ·················· 272

一、损害赔偿磋商的性质辨识 ……………………………… 273
二、损害赔偿磋商的程序规则 ……………………………… 282

第七章 生态环境损害修复与赔偿的司法救济 …………………… 294

第一节 生态环境损害行政救济的司法监督 ………………… 294
一、生态环境损害赔偿协议的司法确认 …………………… 295
二、生态环境损害行政执法的诉前监督 …………………… 299
三、生态环境损害行政执法的司法审查 …………………… 303

第二节 环境公益诉讼的类型划分与建构 …………………… 308
一、环境公益诉讼制度的建构历程 ………………………… 308
二、环境公益诉讼制度的类型划分 ………………………… 310

第八章 生态环境损害修复与赔偿的决策参与 …………………… 325

第一节 决策技术理性：专家理性 …………………………… 326
一、专家理性的兴起 ………………………………………… 326
二、专家理性的困惑 ………………………………………… 327
三、专家理性的出路 ………………………………………… 331

第二节 决策政治理性：政府理性 …………………………… 332
一、政府理性的演化 ………………………………………… 333
二、政府信任关系的失衡 …………………………………… 336
三、政府理性的归途 ………………………………………… 338

第三节 决策交往理性：公共理性 …………………………… 338
一、核心概念：公共理性 …………………………………… 339
二、表现形式：商议民主 …………………………………… 342
三、交往主体：结构调适 …………………………………… 344

第四节 决策商谈程序：公众参与 …………………………… 348
一、决策信息的有效获取 …………………………………… 349

二、决策参与主体的范围/程序 …………………………………… 354

第九章 生态环境损害修复与赔偿的资金保障 ……………… 363

第一节 我国生态环境修复资金筹措的现状考察 ……………… 364
一、政府财政收入/专项资金 …………………………………… 364
二、新型金融工具的绿化 ……………………………………… 366

第二节 我国生态环境修复资金筹措的改进方向 ……………… 371
一、资金/基金的投入 …………………………………………… 372
二、绿色信贷与绿色债券 ……………………………………… 373
三、绿色保险与 PPP 模式 ……………………………………… 374
四、生态环境修复资金管理 …………………………………… 375

结　语 …………………………………………………………… 382

参考文献 ………………………………………………………… 384

引 论

  生态环境是人类、动植物赖以为生的基础，生态环境安全更关乎着人类自身的健康发展。然而，随着社会经济的发展，人与生态环境之间的关系也变得愈发紧张。2016年发布的《"十三五"生态环境保护规划》表明，目前我国环境污染物排放量大面广，山水林田湖生态损害严重，环境承载能力超过或接近上限。耕地土壤点位超标率19.4%，工矿废弃地土壤污染问题突出；中度以上生态脆弱区域占全国陆地国土面积的55%，荒漠化和石漠化土地占国土面积的近20%。森林系统低质化、生态功能低效化加剧，每年违法违规侵占林地约200万亩，全国森林单位面积蓄积量只有全球平均水平的78%；草原生态总体恶化局面尚未根本扭转，中度和重度退化草原面积仍占1/3以上；湿地面积近年来每年减少约510万亩，900多种脊椎动物、3700多种高等植物生存受到威胁，资源过度开发利用导致生态破坏问题突出，生态空间不断被蚕食侵占。

  生态环境损害是指因污染环境、破坏生态造成大气、地表水、地下水、土壤、森林等环境要素和植物、动物、微生物等生物要素的不利改变，以及上述要素构成的生态系统功能退化。生态环境损害修复与赔偿制度是生态文明制度体系的重要组成部分。党中央、国务院高度重视生态环境损害赔偿工作。2013年，党的十八届三中全会明确提出，对造成生态环境损害的责任者严格实行赔偿制度。2015年3月，中共中央政治局会议审议通过《关于加快推进生态文明建设的意见》，将损害赔偿作为生态文明重大制度纳入生态文明制度体系，并提出要"加快形成生态损害者赔偿、受益者付费、保护者得到合理补偿的运行机制"。2015年9月，中共中央审议通过《生态文明体制改革总体方案》，作为生态文明体制改革的顶层设计，再次明确提出要严格实行生态环境损害赔偿制度，强化生产者环境保护的法律责任，大幅度提高违法成本，对违反环境保护法律法规的，依法严惩重罚；对造成生态环境损害的，依损害程度等因素依法确定赔偿额度。2015 年 12 月，中共中央办公厅、国务院办公厅发布《生态环境损害赔偿制度改革试点方案》（以下简称《改革试点方案》），以探索建立生态环境损害的修复和赔偿制度为目标，在吉林等 7 个省市部署开展改革试点。2017 年 12 月，中共中央办公厅、国务院办公厅印发《生态环境损害赔偿制度改革方案》（以下简称《改革方案》），明确自 2018 年 1 月 1 日起，在全国全面试行生态环境损害赔偿制度。到 2020 年，力争在全国范围内初步构建责任明确、途径畅通、技术规范、保障有力、赔偿到位、修复有效的生态环境损害赔偿制度。

在生态文明政策指引下，近年来我国也逐渐建立起以修复为主的环境资源立法体系。2014 年，最高人民法院在《关于全面加强环境资源审判工作为推进生态文明建设提供有力的司法保障的意见》（以下简称《推进生态文明建设司法保障的意见》）中，明确提出建立生态环境修复制度。2015 年，最高人民法院《关于审理环境民事公益诉讼案件适用法律若干问题的解释》（以下简称《环境民事公益诉讼司法解释》）结合地方司法实践，详细规定了以生态环境修复为中心的环境公益诉讼中的起诉主体、调查取证、专家咨询、证据规则、行政司法衔接、生态环境修复方式与修复费用等相关问题。2016 年，最高人民法院颁布的《关于充分发挥审判职能作用为推进生态文明建设与绿色发展提供司法服务和保障的意见》（以下简称《推进生态文明建设与绿色发展的意见》）再次明确提出："落实以生态环境修复为中心的损害救济制度，统筹适用刑事、民事、行政责任，最大限度修复生态环境。"为正确审理生态环境损害赔偿案件，严格保护生态环境，依法追究损害生态环境责任者的赔偿责任，2019 年，最高人民法院出台《关于审理生态环境损害赔偿案件的若干规定（试行）》（以下简称《若干规定》）。2020 年，为贯彻落实《改革方案》，加强对改革工作的业务指导，推动解决地方在试行工作中发现的问题，生态环境部加强与最高人民法院、最高人民检察院等司法机关和自然资源部、农业农村部、国家林草局等有关部门的沟通协作，与相关单位联合印发了《关于推进生态环境损害赔偿制度改革若干具体问题的意见》（以下简称《具体意见》）。同年，为规范生态环境损害赔偿资金管理，财政部联合有关部门印发《生态环境损害赔偿资金管理办法（试行）》，规范生态环境损害赔偿资金的管理和使用。2022年，生态环境部联合最高人民法院等13个部委共同出台了《生态环境损害赔偿管理规定》，以进一步规范生态环境损害赔偿工作，推进生态文明建设。在地方层面，31个省自治区、直辖市和新疆生产建设兵团都印发了省级改革实施方案；截至2020年11月，有363个设区的市印发了市级实施方案；各地共制定磋商、调查与鉴定评估、资金管理等相关配套文件313个。

在司法实践领域，自2007年贵阳市中级人民法院设立环境保护法庭及其辖区内清镇市人民法院设立生态保护法庭等第一批专门环境资源审判机构以来，规范意义上的环境资源审判专业化由此开始。2014年6月底，最高人民法院成立环境资源审判庭，我国的环境资源审判也走上专门化发展道路，系统的环境资源审判专门化改革拉开序幕。据统计，截至2021年底，全国共设立环境资源专门审判机构和审判组织2149个。2021年，全国人民法院共受理环境资源一审案件297 492件，审结265 341件。其中，受理环境资源刑事一审案件39 023件，审结35 460件；受理环境资源民事一审案件185 468件，审结167 055件；受理环境资源行政一审案件73 001件，审结62 826件。在公益诉讼案件方面，受理环境公益诉讼案件5917件，审结4943件；受理生态环境损害赔偿案件169件，审结137件。"腾格里沙漠环境污染公益诉讼系列案""江苏泰州水污染公益诉讼案""五小叶槭生境保护案""绿孔雀生境保护案"等案件的依法判决，都彰显出司法部门依法惩治违法行为和及时修复生态环境的坚定决心。通过案件办理，有效推动受损的生态环境得到及时修复，充分实践和发展了地方的实施方案以及各项配套制度，为全面系统化的损害赔偿工作奠定了基础。

综上，针对日益凸显的生态环境损害问题，近年来我国建立起以司法权为中心的生态环境损害救济体系。然而，对于生态环境权益基本内涵的确定，生态环境损害行政救济与司法救济的关系，生态环境损害赔偿诉讼的法理基础、诉权主体、请求范围以及与环境公益诉讼的关系、诉讼位次等问题，立法与实践均尚待厘清。

（1）环境权、自然资源国家所有权理论认识不一。权利设计是环境、资源利益保护最为重要的方式。其中，环境权、自然资源国家所有权是环境资源法学研究中最具争议的权利类型。环境权到底是一项什么性质的权利，其创设的正当性何在？自然资源国家所有权的性质为何？客体如何界定？所有权主体与监管主体如何区分？现有文献研究中各类观点尚未形成共识。

(2) 自然资源国家所有权代表行使关系不清。在资源资产管理与损害救济领域，如何界定自然资源部与国务院之间，分级行使所有权的地方机构与自然资源部、国务院之间的关系，究竟是行政法上的授权，还是行政委托，抑或是民事代理？如何有效界分各类主体之间的权利/权力行使范围与边界？中央与地方自然资源国家所有权行使主体因过错造成自然资源资产损失，对谁承担何种法律责任，是公法责任还是民事违约责任，抑或侵权责任？现有文献也尚未给出合理的解释。

(3) 生态环境利用/监管的公益约束方式不明。由于生态环境是人类生存与生活的基础和保障，本质上应归属"全民所有"，因此，必须对生态环境的利用施加公益约束。但一方面，目前学界对自然资源国家所有权/监管权的认识不清，导致对该权利/权力施加约束的基础不明；另一方面，即便是将其界定为权利抑或权力，现有文献对于如何进行权利/权力的公益约束，没有给出有效的解决方案。

(4) 行政与司法在生态环境损害救济中的关系不清。在生态环境损害修复与赔偿领域，如何定位行政与司法的功能和作用？如何有效界分行政与司法的权力行使范围、具体行权规则？如何有效衔接行政执法与司法审查程序？如何寻求行政规制与司法裁判之间的平衡点，现有的文献也尚未厘清。

(5) 生态环境损害法律救济精细化程度存在不足。现有文献较多于抽象理论层面对生态环境损害修复与赔偿制度进行分析，微观的具体制度设计尚有不足。比如对于政府生态环境管控与治理责任；责任划分/限额/减免规则与社会化分担机制；公众参与生态环境修复决策的方法与路径，生态环境损害诉讼类型划分/请求权范围界定，各类诉讼之间和关系与衔接等问题，尚缺乏精细化的制度安排。

有鉴于此，本书尝试解决以上问题，厘清环境权与自然资源国家所有权的法律性质、内涵、权能边界及其对生态环境损害救济制度的理论价值；厘清自然资源国家所有权代表行使关系与公益约束方式，明确责任承担的主体类型与构成要件；体系化研究生态环境损害行政与司法救济体系，明确行政主体在生态环境损害系统识别、鉴定评估、分类管控、赔偿磋商等治理环节的权限与职责；对司法救济制度的法理逻辑、诉讼基础、类型划分以及起诉顺位进行精细化、规范化的研究，以期为我国环境法典编纂和生态环境损害救济立法提供建议，为我国生态环境损害赔偿制度改革及司法实践提供思路。

第一章
生态环境损害修复与赔偿的实证考察

当前，我国已出台一系列法律规范以规制环境污染与生态破坏行为。归结起来，这些环境法律规范重点旨在赋予各类法律机关相应的行政执法权和司法裁判权以保护生态环境，确保在发生生态环境损害时能够及时进行修复治理与赔偿，并针对违法行为设定了相应的法律责任。在法律机制方面，我国目前主要存在两种路径，即行政规制路径与司法救济路径。从制度发展历程角度来看，由于生态环境修复行政规制机制存在环境罚款数额设定难以有效填补损害、环境行政命令工具运用不佳、修复类型与技术方法未臻完善、公众与政府在生态环境修复问题上难以达成共识等问题，致使我国生态环境损害救济机制经历了从传统行政规制向司法救济的转变。近年来，相较于生态环境修复行政规制程序，社会公众更倾向于法律适用与程序规则相对更为严谨、透明的司法救济程序。就当前生态环境损害救济司法实践而言，人民法院在生态环境损害案件审理中占据着主导地位，并通过司法解释予以制度化，生态环境损害修复与赔偿案件的审判与执行也有着典型的职权主义色彩；而行政机构的角色则相应的转变为运用行政权力和专业技能对司法审判与执行予以协助。但这种转变在法理上是否具有充分的合理性，在实践上能否有效提升生态环境损害救济的效率，仍存疑问。换言之，以司法权为主的生态环境损害司法救济机制是克服行政规制机制弊病的有效解决方法，抑或会滋生出新的问题，还需进一步检验。据此，本章将从历时性角度，对我国生态环境损害行政规制与司法救济制度的发展历程做简要回顾，找寻出我国生态环境损害救济制度的生成逻辑及存在问题，为后续立法的完善提供借鉴。

第一节 行政规制机制的发展历程与问题阐释

从法律文本分析来看，我国以往相关环境法律已赋予行政机关广泛的行政权力和执法手段来追究生态环境修复责任问题，比如，2004年修订的《固体废物污染环境防治法》[1]第85条规定："造成固体废物污染环境的，应当排除危害，依法赔偿损失，并采取措施恢复环境原状。"2008年《水污染防治法》第76条、第83条针对水体环境污染规定，由相关主管部门责令停止违法行为，限期采取治理措施，消除污染，处以罚款；逾期不采取治理措施的，环境保护主管部门可以指定有治理能力的单位代为治理，所需费用由违法者承担。针对生态环境损害问题，行政机关可以通过行政命令要求责任人停止侵害、排除妨碍、限期治理；通过行政罚款的方式对责任进行惩处；亦可先行代为履行，之后对责任人进行追偿。从执法措施种类和规则设置角度来看，基本能够实现对生态环境损害的修复和矫正。但从实际修复效果来看，效果并不理想，仍然广泛存在"轻修复重处罚"且罚款数额难以填补受损生态、修复对象单一、修复周期过短、效率过低等一系列问题。

一、生态环境行政规制的立法实践

从法律文本分析来看，针对生态环境行政执法问题，现有立法从生态环境执法部门划分、权限授予等多方面，出台了一系列法律规范，以此确保生态环境治理工作的井然有序，下文主要对我国生态环境行政规制的立法实践作简要回顾。

（一）我国环境立法的总体概况

为切实履行《宪法》规定的国家职能，我国环境立法授权政府及其相关部门行使环境监督管理职责，并出台一系列政策、法律文件以对生态环境保护工作的具体规程作出规定。1973年我国召开第一次全国环境保护会议，会议制定了《关于保护和改善环境的若干规定》，该规定指出，各地区、各部门在党委领导下要做好全面规划、合理布局工业、逐步改善城区环境；保持水

---

[1]《固体废物污染环境防治法》，即《中华人民共和国固体废物污染环境防治法》，为论述方便，本书中所涉及全部我国法律名称的表述，均省略"中华人民共和国"字样，下不赘述。

源、及时清理各种废渣、废品，对生产中必须排放的"三废"展开综合治理；改良土壤，防止有害物质积累；加强水系和海域管理；认真开展环境监测工作、及时制定环境标准，落实环境保护所必需的投资、设备、材料等。1979年9月第五届全国人民代表大会常务委员会第十一次会议原则通过了《环境保护法（试行）》，该法规定，国务院和所属各部门、地方各级人民政府必须切实做好环境保护工作，其主要职责包括贯彻并监督执行国家关于保护环境的方针、政策和法律、法令；会同有关部门拟定环境保护的条例、规定、标准和经济技术政策；会同有关部门制定环境保护的长远规划和年度计划，并督促检查其执行；统一组织环境监测，调查和掌握全国环境状况和发展趋势，提出改善措施等。同时，针对污染和破坏环境，危害人民健康的单位，环境保护机构要分别情况报经同级人民政府批准，予以批评、警告、罚款，或者责令赔偿损失、停产治理。

此后，我国制定了《海洋环境保护法》（1982年）、《水污染防治法》（1984年）、《森林法》（1984年）、《草原法》（1985年）、《土地管理法》（1986年）、《渔业法》（1986年）、《大气污染防治法》（1987年）、《水法》（1988年）、《野生动物保护法》（1988年）等污染防治和自然资源保护方面的法律和一系列的行政法规规章。1989年12月第七届全国人大第十一次会议通过了《环境保护法》，环境法开始成为我国环境保护工作的重要保障。1992年6月召开的联合国环境与发展会议，使全球环境保护工作和环境法进入"可持续发展阶段"，同年8月，中共中央、国务院批准了"中国环境与发展十大对策"，指出中国必须转变发展战略为可持续发展道路才是加速我国经济发展和解决环境问题的正确选择和合理模式。1993年3月，全国人大成立了环境与资源保护委员会，提出了"我国环境与资源保护法律体系框架"。自此，我国环境立法进入立法高潮期。如《固体废物污染环境防治法》（1995年）、《环境噪声污染防治法》（1996年）、《淮河流域水污染防治暂行条例》（1995年）、《国务院关于环境保护若干问题的决定》（1996年）、《自然保护区条例》（1994年）、《煤炭法》（1996年）、《矿产资源法》（1996年修正）、《防洪法》（1997年）、《野生植物保护条例》（1997年）、《防沙治沙法》（2001年）、《海域使用管理法》（2001年）、《环境影响评价法》（2002年）、《风景名胜区条例》（2006年）、《海岛保护法》（2009年）、《环境行政处罚办法》（2010年）、《湿地保护管理规定》（2013年）、《生物安全法》（2020年）《湿地保护法》

(2021年）等。至2023年，有关生态环境与自然资源保护的《国家公园法》《自然保护地法》也在加紧制定当中。此外，国务院及其部委，以及各地人大和政府还制定和修改了一大批地方环境与资源保护法规和规章。

(二) 环境执法部门的权限分工

我国环境立法过程正是生态环境保护、治理的赋权过程。在此过程中，立法明确了我国生态环境治理的权限划分，并赋予了政府及其相关部门大量的生态环境执法权限，以此确保生态环境治理工作的井然有序。改革开放以来，中国进行了8次国务院政府机构改革，力图降低行政成本，提高行政效率。2018年3月17日第十三届全国人民代表大会第一次会议通过的《关于国务院机构改革方案的决定》（以下简称《决定》）。根据该《决定》，改革后，国务院正部级机构减少8个，副部级机构减少7个，除国务院办公厅外，国务院设置组成部门26个。在国务院各部委中，生态环境部和自然资源部是参与生态环境保护与治理的重要法律部门。

（1）生态环境部。《决定》将环境保护部的职责，国家发展和改革委员会的应对气候变化和减排职责，国土资源部的监督防止地下水污染职责，水利部的编制水功能区划、排污口设置管理、流域水环境保护职责，农业部的监督指导农业面源污染治理职责，国家海洋局的海洋环境保护职责，国务院南水北调工程建设委员会办公室的南水北调工程项目区环境保护职责整合，组建生态环境部。根据生态环境部"三定方案"其主要职责包括：负责建立健全生态环境基本制度；负责重大生态环境问题的统筹协调和监督管理；负责监督管理国家减排目标的落实；负责提出生态环境领域固定资产投资规模和方向、国家财政性资金安排的意见；负责环境污染防治的监督管理；指导协调和监督生态保护修复工作；负责生态环境准入的监督管理；负责生态环境监测工作；组织开展中央生态环境保护督察；统一负责生态环境监督执法等。生态环境部下设办公厅、海洋生态环境司、固体废物与化学品司、自然生态保护司、生态环境执法司等23个机关司局；设环境应急与事故调查中心、环境规划院、固体废物与化学品管理技术中心等18个直属单位；并设有华北督察局、华东督察局、西北督察局、西南督察局等19个派出单位。总体而言，立法授权生态环境部以监督管理者身份，负责重大生态环境问题的统筹协调和监督管理、污染防治的监督管理以及指导协调和监督生态保护修复等工作。

（2）自然资源部。《决定》将国土资源部的职责，国家发展和改革委员会的组织编制主体功能区规划职责，住房和城乡建设部的城乡规划管理职责，水利部的水资源调查和确权登记管理职责，农业部的草原资源调查和确权登记管理职责，国家林业局的森林、湿地等资源调查和确权登记管理职责，国家海洋局的职责，国家测绘地理信息局的职责整合，组建自然资源部。根据自然资源部"三定方案"其主要职责包括：履行全民所有土地、矿产、森林、草原、湿地、水、海洋等自然资源资产所有者职责和所有国土空间用途管制职责；负责自然资源调查监测评价；负责自然资源统一确权登记工作；负责自然资源资产有偿使用工作；负责自然资源的合理开发利用；负责统筹国土空间生态修复；负责组织实施最严格的耕地保护制度；负责海洋开发利用和保护的监督管理工作；管理国家林业和草原局；管理中国地质调查局等。自然资源部内设办公厅、自然资源确权登记局、国土空间用途管制司、国土空间生态修复司、耕地保护监督司、海域海岛管理司等27个机关司局；设有不动产登记中心、整治中心、城乡规划管理中心、海洋发展战略研究所等50个直属单位；并设国家自然资源督察北京局、上海局、北海局、南海局等16个派出单位。总体而言，自然资源部受国务院委托，以所有者身份对全民所有的矿藏、水流等各类自然资源资产统一行使所有权，并新设立自然资源确权登记局、所有者权益司以及国土空间生态修复司等，负责自然资源的确权登记、所有权行使及国土空间生态修复等工作。

此外，农业农村部、应急管理部、水利部等部门在各自职责范围内承担着国土整治、森林/草原防火、地质/水旱灾害防治等生态环境保护与治理工作。与之相对应的是，地方各级人民政府及其生态环境、自然资源部门、农业部门等也在各自职责范围内承担着生态环境保护与治理工作。

(三) 生态环境执法部门的法律授权

为保证生态环境保护治理工作的有效开展，立法赋予政府主体广泛的行政授权，主要包括信息收集权、生态环境执法权、法规制定权等法律权限。

1. 信息收集权与行政相对人报告义务

我国环境法律赋予行政机关信息收集的权力，而信息收集权则主要以监测、调查、现场检查等执法方式予以实现。例如，《环境保护法》第18条、第32条规定，国家加强对大气、水、土壤等的保护，建立和完善相应的调查、监测、评估和修复制度；省级以上人民政府应当组织有关部门或者委托专业机构，对环境状况进行调查、评价，建立环境资源承载能力监测预警机制。

生态环境监测的核心目标是提供环境质量现状及变化趋势的数据。我国生态环境监测体系起步于20世纪70年代。自20世纪70年代以来,《环境保护法》《水污染防治法》等法律对建立生态环境监测网络和管理体制进行了规定。1983年城乡建设环境保护部发布《全国环境监测管理条例》，首次对我国环境监测的机构设置、职责等作了规定；2007年国家环境保护总局发布《环境监测管理办法》，对环境监测机构和监测人员在环境监测活动中的职责、任务、权力和法律责任，以及环境监测市场发展等问题作了明确规定；此外，40多年来，环境保护部门建立了地表水、固定污染源、生态、土壤等监测技术路线，颁布了400多项环境监测方法标准以及质量保证和质量控制标准，为生态环境执法的事实调查提供了基础手段与方法。

生态环境监测分析获取的相关信息及数据是调查、评价生态环境质量现状、修复治理成效以及生态环境决策与管理的凭据。关于生态环境质量调查程序，环境法律也规定了相应的规程，例如2015年环境保护部出台《突发环境事件调查处理办法》，对突发环境事件调查的主体、权限、规则、程序等问题进行了详细规定。《土壤污染防治法》第36条也规定，实施土壤污染状况调查活动，应当编制土壤污染状况调查报告。土壤污染状况调查报告应当主要包括地块基本信息、污染物含量是否超过土壤污染风险管控标准等内容。污染物含量超过土壤污染风险管控标准的，土壤污染状况调查报告还应包括污染类型、污染来源以及地下水是否受到污染等内容。

现场检查是指行政主体对管辖范围内的企事业单位或个人场所进行现场勘验的法律规定，其目的在于检查和督促单位或个人执行环境法律的要求，及时发现环境违法行为，以便采取相应的措施。例如，《环境保护法》第24条规定，县级以上人民政府环境保护主管部门及其委托部门，有权对排放污染物的企业事业单位和其他生产经营者进行现场检查。实施现场检查的部门、机构及其工作人员应当为被检查者保守商业秘密。《突发环境事件调查处理办法》第8条规定，对突发环境事件现场进行勘查，采取以下措施：①通过取样监测、拍照、录像、制作现场勘查笔录等方法记录现场情况，提取相关证据材料；②进入突发环境事件发生单位、突发环境事件涉及的相关单位或者工作场所，调取和复制相关文件、资料、数据、记录等。规范的现场检查包括检查准备、检查实施、检查报告、检查处理和检查档案整理等多个方面，且调查部门应遵循回避、出示执法证据等法律程序。

与行政部门信息收集权力相对应的则是行政相对人的报告义务。《环境保护法》第24条规定，被检查者应当如实反映情况，提供必要的资料。《突发环境事件调查处理办法》第8条规定，突发环境事件发生单位的负责人和有关人员在调查期间应当依法配合调查工作，接受调查组的询问，并如实提供相关文件、资料、数据、记录等。《污染地块土壤环境管理办法（试行）》第13条也规定，土地使用权人应当自接到书面通知之日起6个月内完成土壤环境初步调查，编制调查报告，及时将调查报告主要内容通过其网站等便于公众知晓的方式向社会公开。

2. 生态环境执法权

《宪法》第9条和第26条规定，国家保障自然资源的合理利用、国家保护和改善生活环境和生态环境，因而，生态环境行政执法是政府积极履行《宪法》所确定的国家环境保护义务、追究生态环境损害责任、实现环境公共利益的应有之义。从环境法律规范来看，立法赋予政府主体广泛的行政执法权力。在行政行为这个大范畴里，行政处理（决定）[1]是行政机关执行法律、对外行使行政管理职能最主要的行为样态。因此，在管制工具方面，负有环境保护监督管理职责的行政机关则主要通过行政处理（决定）的方式进行执法。关于"行政处理（决定）"这一概念，学理上存在争议。本书认为，行政处理（决定），是指行政主体为实现法律法规、规章等所确定的行政管理目标和任务，依据行政相对人申请或行政职权依法处理涉及特定相对人某种或多种权利义务事项的行政行为。[2]行政处理（决定）在实定法上的表现形式多样，如"处理决定""行政决定"等。在环境领域也有不同表述，如"环境行政规划""环境行政指导""环境许可决定""行政确认/登记""环境行政征缴/收费""环境命令决定""环境行政协议""环境行政处罚决定""强制执行决定"等。其中在生态环境损害修复治理过程中，环境行政命令、环境行政协议（磋商）、环境行政处罚等是运用得最为广泛的行政执法工具。

（1）环境行政命令。行政命令是行政执法实践中运用得非常广泛的一种行政行为形态。行政命令是指，行政主体依法要求行政相对人为或者不为一

---

[1] 关于"行政处理"与"行政决定""行政处理决定"之间的关系，学界有不同论述，本书采统一观点，即作同一概念处理。

[2] 姜明安主编：《行政法与行政诉讼法》，北京大学出版社、高等教育出版社2019年版，第213页。

定行为的意思表示。它是行政处理（决定）的一种表现形式，具有公法性、单方性、外部性、具体性、强制性等一般特征。有学者从类型化的角度，将行政命令的事实形态分为六种：一是以"命令（令）"形式发布行政公文；二是发布普遍性规范的命令；三是行政机关内部上级对下级的命令；四是针对可确定的不特定对象的命令；五是针对特定非违法对象作出的命令；六是针对特定违法对象作出的命令。在生态环境损害修复治理过程中，涉及较多的是第五类和第六类行政命令。从行政命令功能和目的角度来看，行政命令可分为"职务性命令""规则性命令"和"补救性命令"。其中心价值在于"通过指令迫使相对人履行义务来维护行政秩序"。[1]从实定法规范来看，2004年最高人民法院发布的《关于规范行政案件案由的通知》曾将行政命令作为具体行政行为的一种，与行政处罚、行政强制、行政裁决、行政确认、行政登记、行政许可等既相并列也相区分。但根据2020年最高人民法院发布的《关于行政案件案由的暂行规定》的最新规定来看，已取消"行政命令"的分类，代以"行政处理"的表述方式。究其根本，主要源自行政命令与行政处罚的性质界分争议。有观点认为行政命令独立于行政处罚；有观点否认行政命令的独立性，将其认定为行政处罚的附带行为；也有些观点虽认可行政命令的独立性，却视其为行政处罚的种类之一。[2]

环境行政命令是行政命令的下位概念。同样基于学理上的纠纷，目前我国仅出台过《环境行政处罚办法》，且已被废止，并没有《环境行政命令办法》。《环境行政处罚办法》对环境行政命令与环境行政处罚进行了区分。第12条规定，环境行政命令的具体形式包括责令停止建设、责令停止试生产、责令停止生产或者使用、责令限期拆除等。但由于环境行政命令"责令……"为立法表述内容的责令性行政行为种类繁多，导致其与"责令停产整顿""责令停产、停业、关闭"等行政处罚类型仍然难以区分。从单行立法规范来看，

---

[1] 胡晓军："论行政命令的型式化控制——以类型理论为基础"，载《政治与法律》2014年第3期，第85页。

[2] 参见程雨燕："试论责令改正环境违法行为之制度归属——兼评《环境行政处罚办法》第12条"，载《中国地质大学学报（社会科学版）》2012年第1期，第31~39页；曹实："行政命令地位和功能的分析与重构"，载《学习与探索》2016年第1期，第69~75页；涂永前："环境行政处罚与环境行政命令的衔接——从《环境保护法》第60条切入"，载《法学论坛》2015年第6期，第62~70页；胡静："我国环境行政命令实施的困境及出路"，载《华中科技大学学报（社会科学版）》2021年第1期，第85~96页，等等。

环境行政命令与环境行政处罚的关系也混乱不清，归纳起来，该二者主要存在单处、并处、种属、前置等多种关系，因而在法律适用上给执法者造成诸多困惑。〔1〕

（2）环境行政协议（磋商）。行政协议也称行政合同，是指行政机关以实施行政管理为目的，与行政相对人就有关事项经协商一致而成立的一种双方行为。行政协议是现代法治中民主、合意、协商等精神的具体体现。目前我国虽并没有行政协议的专门性立法，但行政协议广泛存在。行政协议在实践中形态表现多种多样，例如，国有土地出让合同、土地承包合同、政府特许经营合同、公共工程承包合同、政府采购合同、公有房屋租赁合同、行政征收或征用补偿合同、政策信贷合同、政府科研合同、治安处罚担保协议等。

从法规范层面来看，《行政强制法》《治安管理处罚法》《土地管理法》《政府采购法》《清洁生产促进法》规定了执行协议、担保协议、土地承包协议、采购协议、节约资源/削减污染物排放量协议等协议类型。同时，国务院及其相关部门也通过行政法规或规章的形式规定了行政协议。例如《关于水权转让的若干意见》（2005年）规定了水权转让协议；《廉租住房保障办法》（2007年）规定了租赁住房补贴协议；《国有土地上房屋征收与补偿条例》（2011年）规定了安置补偿协议等。此外，地方立法也将合同制度引入国有资源分配与管理领域，例如，湖南省、浙江省、江苏省、西安市、汕头市、海口市等省市地区相继出台《行政程序规定》，对行政协议的概念、内涵及制度体系等进行了详细规定。

在生态环境保护领域，行政协议主要包括环境保护行政协议、环境行政执法和解合同、环境保护目标责任书等。2015年，中央办公厅、国务院办公厅印发《生态环境损害赔偿制度改革试点方案》（2015年），在吉林等7个省市部署开展改革试点，取得了明显成效，并于2017年印发了《生态环境损害赔偿制度改革方案》（2017年），《改革方案》规定了磋商协议制度。"经调查发现生态环境损害需要修复或赔偿的，赔偿权利人根据生态环境损害鉴定评估报告，就损害事实和程度、修复启动时间和期限、赔偿的责任承担方式和期限等具体问题与赔偿义务人进行磋商，统筹考虑修复方案技术可行性、成本效益最优化、赔偿义务人赔偿能力、第三方治理可行性等情况，达成赔偿

---

〔1〕 环境行政命令与环境行政处罚的关系与协调问题，将在第四章展开论述，在此不再赘述。

协议。对经磋商达成的赔偿协议，可以依照民事诉讼法向人民法院申请司法确认。"由此，浙江省、江苏省、陕西省、上海市、杭州市、贵阳市等诸多省市相继出台《生态环境损害赔偿磋商管理办法》或《生态环境损害赔偿磋商工作办法》等，针对生态环境损害磋商的性质、主体、内容、司法确认以及磋商程序等进行了详细规定。然而，由于生态环境损害赔偿磋商的主体是行政主体与责任方，因而对于磋商行为以及赔偿协议的性质究竟是民事抑或行政，在学理上产生了重大分歧，这直接影响到了生态环境损害赔偿磋商、赔偿协议以及相关的司法确认规则的后续规则的建构。[1]

（3）环境行政处罚。行政处罚也是行政执法实践中运用得非常广泛的一种行政行为形态。行政处罚，是指行政机关依法对违反行政管理秩序的公民、法人或者其他组织，以减损权益或者增加义务的方式予以惩戒的行为。《行政处罚法》对行政处罚的种类和设定、实施机关、管辖和适用、决定、实施程序以及执行问题进行了细致规定。环境行政处罚是行政处罚的下位概念。2010年我国出台《环境行政处罚办法》，对环境行政处罚的实施主体、管辖、立案、调查取证、审查、听证、程序以及执行问题进行了规定。该办法第10条列举了环境行政处罚的种类，包括：警告；罚款；责令停产整顿；责令停产、停业、关闭；暂扣、吊销许可证或者其他具有许可性质的证件；没收违法所得、没收非法财物；行政拘留等。2023年，生态环境部出台《生态环境行政处罚办法》，该办法依据新《行政处罚法》增加了"通报批评""降低资质等级""限制开展生产经营活动""责令关闭""限制从业"等处罚种类，同时，还进一步明确了生态环境执法时限要求、细化了监测数据作为证据的规则、完善了生态环境处罚听证制度、生态环境处罚正当程序，并新增核与辐射领域适用范围等。在各类处罚类型当中，环境罚款是生态环境执法过程中遏止环境违法行为及其危害的一项重要工具。但长期以来，环境执法过于"倚重"罚款方式，"轻修复、重处罚"，极不利于生态环境的及时修复与治理。然而，即便对责任人处以罚款，其罚款数额往往也与高昂的修复成本之间差距甚大，通过罚款方式实难达成生态环境修复之目的。另一方面，由于"责令停产整顿；责令停产、停业、关闭"等行政处罚种类与"责令……"系列的行政命令之间存在概念、性质、表述方式等诸多方面的混淆不清，也

---

[1] 关于生态环境损害磋商、赔偿协议等相关问题将在第六章、第七章进行展开，此不赘述。

致使环境行政处罚在生态环境损害领域的实践应用多生龃龉，难以实现立法之目标。关于环境行政处罚的功能定位、局限，以及其与行政命令之间的关系与协调问题，将在后文予以展开，在此不作赘述。

3. 法规制定权

根据《立法法》规定，国务院及其相关部门、地方政府及其相关部门可以依据实际情况，在法律授权范围内，为执行法律规定制定相应的行政法规、政府规章等。为此，近年来国务院办公厅、生态环境部、自然资源部等部门针对生态环境保护与治理问题，相继出台了《党政领导干部生态环境损害责任追究办法（试行）》(2015年)、《生态环境监测网络建设方案》(2015年)、《污染地块土壤环境管理办法（试行）》(2016年)、《农用地土壤环境管理办法（试行）》(2017年)、《工矿用地土壤环境管理办法（试行）》(2018年)、《关于推进生态环境损害赔偿制度改革若干具体问题的意见》(2020年)、《生态环境损害赔偿资金管理办法（试行）》(2020年)、《生态环境损害鉴定评估技术指南 总纲和关键环节》(2020年)、《生态环境标准管理办法》(2020年)、《关于生态环境保护综合行政执法有关事项的通知》(2020年)、《自然保护地生态环境监管工作暂行办法》(2020年)、《重点监管单位土壤污染隐患排查指南（试行）》(2021年)、《农用地土壤污染责任人认定暂行办法》(2021年)等规范性文件。

与中央立法对应，近年来各级地方政府及其相关部门在上位法的基础上也出台了一系列法规、规章以解决生态环境损害修复与赔偿问题。例如，为贯彻落实《江苏省生态环境损害赔偿制度改革实施方案》，江苏省人民政府办公厅于2018年发布了《江苏省生态环境损害事件报告办法（试行）》《江苏省生态环境损害鉴定评估管理办法（试行）》《江苏省生态环境损害赔偿磋商办法（试行）》《江苏省生态环境损害赔偿起诉规则（试行）》《江苏省生态环境损害赔偿资金管理办法（试行）》《江苏省生态环境损害修复管理办法（试行）》《江苏省生态环境损害赔偿信息公开办法（试行）》7个配套文件；再如为解决生态环境保护与损害治理问题，上海市生态环境局、上海市司法局、上海市规划和自然资源局等六部门于2020年联合印发了《上海市生态环境损害调查管理办法》《上海市生态环境损害赔偿磋商管理办法》《上海市生态环境损害修复评估管理办法》《上海市生态环境损害赔偿信息公开办法》。截至目前，全国已有十余省、市出台关于生态环境损害调查、报告、磋商、评估、信息公开等具体实施办法或方案。

二、生态环境行政规制路径的问题阐释

从上述分析来看，针对生态环境损害问题，行政机关可以通过行政命令要求责任人停止侵害、排除妨碍、限期治理；通过行政罚款的方式对责任人进行惩处；亦可先行代为履行，之后对责任人进行追偿。[1]从执法措施种类和规则设置角度来看，基本能够实现对生态环境损害的修复和矫正。但从实际修复效果来看，修复效果并不理想，仍然广泛存在罚款数额难以填补受损生态，环境行政命令工具运用不佳，修复对象单一、修复周期过短、修复效率过低等一系列问题。

（一）罚款数额设定难以填补损害

如前述，环境罚款是遏制环境违法行为及其危害的一项重要法律制度。但我国环境罚款因数额确定标准不统一、数额过低而一直广受诟病。例如，在2005年"松花江水污染案"中，根据当时《环境保护法》第38条、《水污染防治法》第53条以及《水污染防治法实施细则》第43条的规定，环保部门可对造成重大水污染事故的单位处以最高100万元的罚款。换句话说。按照当时的法律规定，100万元已是罚款的最高限额，然而，这100万与松花江水污染事故所造成的人身财产损害、生态环境本身损害相比，可谓是杯水车薪，根本无法完成松花江水体与周围环境的修复治理工作。再如，在2011年渤海蓬莱油田溢油事故中，行政机关依据《海洋环境保护法》第85条规定，对康菲公司做出罚款20万元的行政处理。然而，该溢油事故所造成的生态环境损害数额却高达数十亿元，损害行为与责任承担严重不一致，行政罚款与生态环境损害之间的"差距"可见一斑。显然，相较于环境违法者的违法收益和造成的生态环境损害，我国环境罚款数额明显偏低。是故，提高违法成本成为近年来环保法律制度改革的重要方向。2014年修订的《环境保护法》确立了按日连续处罚制度，相关理论研究也对环境罚款数额设定，如倍率与数值、违法收益、距差弹性、裁量基准、组合运用等方面进行了诸多研究，

---

[1] 例如，《水污染防治法》（2017年修正）第85条针对水体环境污染规定，"由县级以上地方人民政府环境保护主管部门责令停止违法行为，限期采取治理措施，消除污染，处以罚款；逾期不采取治理措施的，环境保护主管部门可以指定有治理能力的单位代为治理，所需费用由违法者承担"。

以期提高环境违法者的违法成本，遏制环境违法行为。[1]

诚然，在环境罚款数额问题上，目前立法已做出诸多调适与改变，但仍难完全满足生态环境损害修复成本的基本需求。从实践效果来看，环境罚款的实际效用并没有达到社会的预期，追根溯源，问题的实质仍然在于环境罚款的功能定位与生态环境损害"全面填补"理念的不相符合。尽管作为一种行政法律责任，环境罚款也具备了一般法律责任的功能特性，即救济功能、预防功能与惩戒功能，但作为一种公法责任，环境罚款功能的侧重点仍在于预防与惩戒，通过处罚的威慑力迫使潜在的违法者遵守法律，从而起到杀鸡儆猴的作用。[2]这样一种基于惩戒功能定位的行政执法手段，它并不以"全面填补"为根本价值追求，因而与以损害填补为基本要素的生态环境修复理念有所背驰。当然，针对污染破坏生态环境的行为运用法律手段对其进行威慑与惩治必不可少，但针对受损的生态环境而言，最为首要和根本的补救措施仍然是填补与修复。这也就是为何在环境罚款制度已几经修改，但社会公众仍放弃行政修复治理模式，转而倾向于通过法院在公益诉讼中选择运用民事损害赔偿理论进行生态环境修复的根本原因。

(二) 环境行政命令工具运用不佳

尽管何为"行政命令"，其与"行政处罚"的边界和联系为何，在理论上还存在广泛的争议，但在行政实践中，行政命令是被广泛运用的一种行为形态，尤其是在涉及特定违法或非违法对象时，行政命令是直接、及时落实法律规定的权利义务，合理配置行政资源、建构行政秩序的有效执法工具。[3]

1. 行政命令在生态环境损害领域的应用优势

在生态环境损害救济领域，生态环境修复治理的公益性、技术性、填补性、及时性等特性与行政命令所具有的指令性、补救性、义务性等特征刚好

---

[1] 参见程雨燕："环境罚款数额设定的立法研究"，载《法商研究》2008年第1期，第121~132页；徐以祥、梁忠："论环境罚款数额的确定"，载《法学评论》2014年第6期，第152~160页；周骁然："论环境罚款数额确定规则的完善"，载《中南大学学报（社会科学版）》2017年第2期，第76~84页等。

[2] 参见汪劲、严厚福："构建我国环境立法中的按日连续处罚制——以《水污染防治法》的修改为例"，载《法学》2007年第12期，第25页。

[3] 参见曹实："行政命令地位和功能的分析与重构"，载《学习与探索》2016年第1期，第69~75页。

吻合，以行政命令形式实施的生态环境修复，具有及时性、高效性、专业性等诸多优势，从而决定了行政命令救济在该领域运用的重要性。①补救性。生态环境损害救济的首要任务在于修复而非赔偿，而运用行政命令中的补救性行政命令来进行生态环境损害的修复治理，无论是在法理上，抑或制度目的上均是顺理成章。因此，在发生生态环境损害时，行政主体可以立即作出责令停止侵害、责令履行防止损害扩大的义务、责令消除环境污染风险等不良后果、责令进行生态修复等行政命令形态，以及时制止违法行为、消除其危险性和危害性、防止损害扩大。[1]②及时性。行政命令是一种单方意思表示，在发生生态环境损害后，行政机关除进行立案调查外，可以作出的最快的反应便是"责令改正"等补救性行政命令，并且这些补救性行政命令的作出并不需要以违法事实和后果完全清楚和责任认定完毕为前提，只要确认违法者有违法行为或者有需要履行而没有履行的法定义务，行政机关就可以做出决定。[2]③专业性。生态环境损害是生态环境本身所受到的损害，因此，与人身、财产损害的救济不同，生态环境修复治理是一项复杂的治理活动，涉及损害事实调查、因果关系分析、损害实物量化、损害价值量化、评估报告编制、恢复方案选择、恢复方案实施与效果评估等一系列步骤和过程，就有相当的专业性和技术性，而保护生态环境的相关行政部门在物力、人员、装备等技术力量上具有优势，由其通过补救性行政命令来进行救济，能够更好地达成生态环境损害救济的目标。

2. 行政命令在法律规范层面存在的制度困境

从法规范层面来看，目前我国没有制定《行政命令法》，但《行政处罚法》及《环境行政处罚办法》均对行政命令与行政处罚进行了区分。《行政处罚法》第 28 条规定，"行政机关实施行政处罚时，应当责令当事人改正或者限期改正违法行为。"《环境行政处罚办法》第 11 条也规定："环境保护主管部门实施行政处罚时，应当及时作出责令当事人改正或者限期改正违法行为的行政命令。"并且《环境行政处罚办法》第 12 条还详细列举了"行政命令"的表现形式，即"责令改正或者限期改正违法行为的行政命令"的具体形式包括：①责令停止建设；②责令停止试生产；③责令停止生产或者使用；

---

[1] 徐以祥："论生态环境损害的行政命令救济"，载《政治与法律》2019 年第 9 期，第 82~92 页。

[2] 李挚萍："行政命令型生态环境修复机制的研究"，载《法学评论》2020 年第 3 期，第 184~196 页。

④责令限期建设配套设施；⑤责令重新安装使用；⑥责令限期拆除；⑦责令停止违法行为；⑧责令限期治理等。换句话说，从现有立法来看，除《环境行政处罚办法》第10条所列举的"责令停产整顿；责令停产、停业、关闭"被视为"行政处罚"的种类之外，大部分以"责令……"为表述方式的行政决定都被视为行政命令的范畴。然而，尽管立法上作出了区分，但从执法实践上来看，行政命令这一执法工具依然面临很多困境，主要表现在以下几个方面：

（1）在行为类型上，种类繁多，难以区分。行政命令存在概念、适用范围和法律属性的混乱，在判定上也缺乏统一的法律标准。根据《行政处罚法》《生态环境行政处罚办法》及相关规范性文件规定，以"责令……"为表述方式的行政决定有可能被认定为"行政处罚"，也有可能被认定为"行政命令"。据统计，以"责令……"为表述方式的行政决定现行法律规范中具有行政命令属性的责令行为有90余种表现形式，具体包括：责令改正、责令补报、责令补发、责令采取安全防范措施、责令拆除、责令拆毁或者没收、责令处理非法持有的股票、责令处理非法持有的证券、责令返还、责令缴纳、责令立即离开、责令排除妨碍……[1]在环境执法领域，以上行政行为表现形式中，责令停违法行为、责令停产整顿、责令（限期）改正等使用频率最高，其他责令性行政行为，如责令停工（业）、责令限产限排、责令停产整治、责令退运固体废物（危险废物）等也较为常见。如何辨别这些行政决定的法律性质与适用情形，是行政执法实践中的难题所在。

（2）在程序规则上，缺乏相应的法律规定。由于立法上缺乏对"行政命令"的统一性规定，致使在各地实践中，环境行政命令的适用程序做法并不一致。有些地区参照《环境行政处罚办法》的程序规定，对环境行政命令也进行立案、调查取证、案件审查、告知和听证、撤销立案、结案和归档等，整个环境行政命令过程俨然成了环境行政处罚的"翻版"；有的地区环境行政命令仅有立案、审查等程序，缺少听证、结案等程序，或者没有立案程序却又有结案程序，甚至有些地区为提高执法速度，并不调查取证，不制作现场勘查、询问笔录，而是直接发放《环境违法行为限期改正通知书》，而该通知

---

[1] 胡建淼、胡晓军："行政责令行为法律规范分析及立法规范"，载《浙江大学学报（人文社会科学版）》2013年第1期，第101~111页。

书既不记载证据目录,也不告知行政相对方救济途径;〔1〕有些地区向当事人送达责令改正文书的时间节点也不相同,有的在现场检查发现违法行为后就立即送达,有的在案件调查终结后送达。〔2〕除上述因法律程序规则缺失而导致环境行政命令"客观混淆"的情况外,实践中还大量出现"主动混淆"的情况,即本该适用行政处罚工具的情形,行政主体"故意"采用行政命令工具,以规避行政处罚在实施主体、调查取证、听证与结案等明文规定的法律约束。

综上,针对行政命令与行政处罚的词义界定、(衔接)关系以及结构选用等问题,目前立法机关还缺乏应有的关注,并且由于立法技术等问题,"责令……"等行政命令条款多规定于各类法律文本的"法律责任"部分,从而使得行政命令与行政处罚(法律责任)之间的关系更加"扑朔迷离",直接影响了行政命令在生态环境损害修复治理领域的运用效益。

(三)修复类型与技术方法未臻完善

考察我国生态环境修复实践,行政追责机制还存在以下几方面问题:

1. 修复对象相对单一

目前由行政机关主导的生态环境修复重点在于工业污染场地的土壤修复,规范性文件制定也主要集中于土壤污染治理方面;相应的,修复目标也主要围绕着土地的循环再利用进行设定。例如,自《环境保护法》修订以来,中央出台了一系列关于土壤污染修复的修复标准和评价技术,包括《污染场地土壤修复技术导则》《污染场地风险评估技术导则》《污染场地环境调查技术导则》《污染场地环境监测技术导则》《工业企业场地环境调查评估与修复工作指南(试行)》《农业用地土壤污染风险管控标准》《建设用地土壤污染风险管控标准》等。地方政府也相应地以土壤污染治理为工作中心,如北京市根据国家现有土壤污染技术标准和自身实际情况,颁布了《场地环境评价导则》《场地土壤环境风险评价筛选值》《污染场地挥发性有机物调查与风险评估》《污染场地修复工程环境监理技术导则》等一系列土壤修复规范性文件。诚然,土壤修复是生态环境修复体系中最为重要的部分,但生态环境修复不仅涉及土壤的修复,还涉及各类水体、动植物、微生物等其他生态环境要素

---

〔1〕 胡静:"我国环境行政命令实施的困境及出路",载《华中科技大学学报(社会科学版)》2021年第1期,第85~96页。

〔2〕 吴洪、吴兵、刘永涛:"环境执法如何适用责令改正程序",载《中国环境监察》2019年第Z1期,第70~75页。

以及生态系统的修复。而在这一方面，行政修复实践还有所不及，单一的土壤修复制度规范并不能全面补救受损的生态环境，狭窄的修复范围使得行政修复制度功能大打折扣。对此，有学者进一步指出："行政修复命令是针对违法行为做出的，侧重于违法行为的矫正，一般只能考虑单个违法行为的直接、短期后果，对于违法行为的远期、间接影响难以考虑，也难以顾及多个违法行为之间造成的复合、叠加、累积性后果。"这在一定程度上反映了我国行政修复机制的实施现状，即当前行政修复所涉及的生态环境修复的范围和程度很有限，主要适用于违法行为导致的分散、小型污染场地和生态破坏场地的修复。相较于行政修复对象单一的状况，目前司法修复实践的修复对象更为广泛，不仅包括了土壤污染损害的修复、还涉及林木（福建绿家园、自然之友诉谢某等林地破坏案）、濒危植物（绿发会诉雅砻江流域水电开发公司濒危植物保护案）、海洋生态（绿发会诉康菲石油中国有限公司及中海油生态破坏案）等多种生态资源损害类型的修复与治理。[1]

2. 修复周期普遍过短

生态环境损害的修复治理是一个长期的工程，例如，污染严重的土壤修复，不仅涉及土壤本身的修复，还涉及土壤微生物、底栖生物以及相关土壤植被额修复等；同样，受损水体修复，也不仅仅涉及水体本身各项物理或化学指标的修复，还涉及与该水体相关的水生动物、浮游生物以及相关水草植物的修复等，因此，生态环境损害修复往往需要经历5年至10年甚至更长的修复周期。[2]然而，在实际的修复过程中，大部分地区政府采用实用主义思路进行修复，如台州市污染场地修复工程招标公告的修复时限不超过2年；[3]常州市皇粮浜污染场地的修复周期也只有210天；[4]2014年广州市金融城三块污染场地的修复时间要求，最长210天，最短75天。[5]以生态环境修复为主要业务的修复公司表示，在其承接的所有修复工程中，被要求的修

---

[1] 参见巩固："2015年中国环境民事公益诉讼的实证分析"，载《法学》2016年第9期，第17~18页。

[2] 赵普："毒地修复：艰难的蜕变"，载《华夏时报》2013年6月8日。

[3] 《污染场地修复工程招标公告》（浙江省），http://www.bidcenter.com.cn/newscontent-48766555-1.html，最后访问日期：2024年3月1日。

[4] 《污染场地修复方案及施工总承包招标公告》（内蒙古自治区），载http://www.bidcenter.com.cn/newscontent-48766555-1.html，最后访问日期：2024年3月1日。

[5] 杜娟："金融城三地块'疗毒'"，载《广州日报》2014年3月15日。

复周期没有超过 2 年的，短工期处理是现在非常普遍的要求。[1]由此可见，在这种实用和功利主义的行政修复思维指导下，为了尽快将土地进行再利用、收取土地增值利益，行政主体往往对修复周期进行大幅缩减，"短平快目标"成了当前生态环境行政修复的基本要求，进而将全面有效的生态环境修复要求"转换"为了对个别污染物含量的降低或剔除，以致忽略了受损生态环境与其他生态环境要素或周边环境的协调修复。

3. 技术应用较为粗放

正是由于我国土地、水体或其他自然资源再开发的迫切性要求，修复周期短期化的特征，使得行政主体一般较少采用植物修复、生物修复等用时较长但修复效果良好的修复技术。尤其是污染场地修复中的有机物和重金属污染领域，更倾向于选择异位阻隔填埋修复、焚烧，或者挖掘与热脱附、固化稳定化、水泥窑处置等快速处理的修复方式。[2]相比较而言，其他国家或地区在修复技术的研发与选择方面更趋成熟。据统计，1982 年至 2011 年，美国超级基金污染场地最常被选用的修复技术为土壤气提和固化稳定化技术，所占比例分别为 24% 和 22%；[3] 2009 年至 2011 年焚烧技术所占比例明显下降，原因在于焚烧技术的成本过高，且容易产生二次污染，因此逐渐被淘汰；而随着技术的不断发展，包括植物修复、电动修复、多相提取和光化学修复等在内的修复技术日趋成熟，进而更多地应用于实际土壤修复中，其所占比例也逐年上升。[4]欧盟 1978 年至 2007 年间，在实际修复工程中，生物处理技术运用也较多，达到 35%。[5]此外，在工程应用方面，我国生态环境修复设备的生产、研发、运营等方面尚未系统化，修复仪器的精度、适用性及可靠性也有待提高，也缺乏规模化应用及产业化运作的技术支撑。尽管《污染场地修复技术目录（第一批）》已包括了原位化学氧化/还原技术、土壤植物修

---

[1] 参见李挚萍："环境修复目标的法律分析"，载《法学杂志》2016 年第 3 期，第 4 页。

[2] 参见陈瑶："我国生态修复的现状及国外生态修复的启示"，载《生态经济》2016 年第 10 期，第 187 页。

[3] US EPA, *Superfund remedy report fourteenth edition*, Createspace Independent Publishing Platform, 2013, p. 18.

[4] 参见马妍等："VOCs/SVOCs 污染土壤常用修复技术及其在美国超级基金污染场地中的应用"，载《环境工程技术学报》2016 年第 4 期，第 394 页。

[5] 杨勇等："国际污染场地土壤修复技术综合分析"，载《环境科学与技术》2012 年第 10 期，第 93~97 页。

复技术、生物堆技术等多项修复技术,但技术筛选与工程应用仍比较粗放,致使在实际的工程应用中,修复失效、过度修复等问题时有发生。[1]总体来看,目前我国主要存在修复设备、修复技术与修复方案相对单一;过度依赖阻隔填埋或固化/稳定化等传统处理技术;技术装备、技术规范缺乏;工程化修复案例极少、技术难以应用等实际问题。

（四）公众与政府信任关系实效不足

在公众与政府的信任关系结构中,公众理性和政府理性是相当重要的两个方面。公众依据自身理性来选择是否信任政府,在公众的认知体系中,政府公共政策的制定或执行,存在维持自身利益而忽略甚至牺牲公共利益的倾向性与可能性。同样,政府也是理性的行为主体,它也遵从理性的行动法则。在实际的行政活动中,政府理性塑造的是以政府为中心的利益分配。由于经济、社会资源的有限性,政府在行为过程中不仅需要考虑公平性问题,也需要考虑效率性问题;同时,政府在进行各项决策时也不能排除其对自身利益的维护,漠视公众或其他社会团体的利益诉求,进而无法形成真正的公共利益。[2]

在生态环境修复领域,公众与政府各自的理性同样存在冲突,使得行政追责机制的公正性、合理性遭受质疑。具体而言,一方面,由于目前我国生态环境修复相关制度规则较为粗略,使得行政机关在主导生态环境修复过程中存在较多的裁量余地,比如在具体修复活动中,对于修复污染物、目标值的确定,修复手段的选取等,行政机关均享有较大的自由裁量权。另一方面,部分地区实际上也确实存在政府为了地方经济利益、考核晋升或者社会稳定等因素考虑而降低对企业环境修复责任的追究程度,从而变相与企业"合谋",进而导致污染者逃避责任,生态环境损害由整个社会承担的结果。这种"政企合谋论"的存在风险进一步催生了公众对行政追责机制的不信任感。而在当前生态环境保护法治的背景下,公众也越来越具有强烈的参与性和能动性,但这种能动参与的意愿与现有的公众参与机制并不匹配。换言之,我国在生态环境损害修复治理中的公众参与机制与程序并不完善,行政机关"功

---

[1] 陈瑶、许景婷:"国外污染场地修复政策及对我国的启示",载《环境影响评价》2017年第3期,第39页。

[2] 参见艾明江:"基于公共理性视野的政府信任流失分析",载《湖北社会科学》2012年第1期,第27~30页。

利姿态"的修复方式与公众"全面修复要求"差距甚远,公众表达机制的匮乏、公众理性与政府理性考量因素的偏差以及各自理性的单方面强化,致使政府与公众之间难以形成"重叠共识",最终引发政府信任危机。而相比于对行政机关的质疑,社会公众对司法裁判的信任程度明显高于对行政执法和行政裁量的信任程度,进而使得公众倾向于放弃行政救济程序,转而投向法律适用与程序规则都相对更为严谨、公正的司法救济程序。

第二节 司法救济机制的发展历程与问题阐释

为克服传统行政救济方式存在的弊病,近年来我国逐渐建立起了以司法权为中心的生态环境损害司法救济机制。客观来讲,现有司法救济机制以修复环境生态功能和价值为宗旨,探索出了一系列创新性的生态环境修复规则,为我国生态环境损害的修复治理带来了可观的积极效应,推动了我国修复性司法理念的发展。譬如,为有效防止生态环境损害的进一步扩大,降低生态环境损害修复的社会成本,各地区提出了禁止令制度并将其制度化;鉴于生态环境修复具有极强的专业性,各地区确立了环保专家参与环境资源案件的诉讼机制,建立了专家咨询委员会制度,专家人民陪审制度和专家证人制度;同时,为加强与林业、国土、环保等行政部门的沟通联系,各地方人民法院加强并建立了环境保护行政司法联动机制,构建环境工作信息共享平台;为保证审判结果的有效执行,地方人民法院也建立了执行回访评估制度、第三方监督制度,便于对案件的审理和执行情况进行事后调查、评估和监督。但以微观视角考察我国当前的生态环境司法救济机制,仍可发现存在较为明显的制度缺陷,包括司法启动程序欠科学、司法裁判范围扩张化、司法裁判过程行政化以及司法裁判衡平性不足等问题。换言之,尽管目前我国的生态环境司法修复制度取得了阶段性成果,但以司法权为中心的制度设计背后却隐藏着更深的制度危机,使我们不得不重新考虑行政权与司法权的分工与界限问题。

一、生态环境司法救济机制的兴起历程

如前所述,现有行政修复机制在执法主体、修复手段等多方面都不能满足生态环境修复的实际需求。为克服传统行政追责机制存在的弊病,依托于

环境公益诉讼制度，我国逐渐发展并完善了以司法权为中心的生态环境修复追责制度。生态环境修复司法追责制度的兴起，是对我国传统行政追责机制的"回应"，以期改善旧有修复机制修复效率低下的问题。

（一）地方司法救济机制探索实践

地方人民法院积极探索环境民事公益诉讼，树立修复为主的理念，坚持环境审判"重罚更重修复"目标。自 2007 年以来，贵州省清镇市率全国之先建立起了环保审判庭，云南、重庆、江苏、福建、山东等省（市）的地方人民法院也就环境民事公益诉讼制度进行了有益探索，这些举措有效激励了环境组织和社会公众参与或支持环境民事公益诉讼的积极性，以充分发挥司法职能在生态环境修复方面的功效。

（1）为有效控制生态环境损害的扩大，降低生态环境损害修复的社会成本，贵州法院借鉴"先予执行"的内在法理提出禁止令制度并予以制度化，重庆、昆明等地也相继出台关于环保禁止令的规定，以有效预防和规制生态环境损害。[1]

（2）鉴于生态环境修复具有极强的专业性，云南、重庆、福建、贵州等省（市）地方人民法院确立了环保专家参与环境资源案件的诉讼机制，建立了专家咨询委员会制度、专家人民陪审制度和专家证人制度，借助专业人士力量提升人民法院审判的科学性、技术性，使法官更专注于对法律问题的处理，从而提高生态环境修复审判的质量。[2]近年来，山东省、江西省、西藏自治区、福建省、贵阳等省、市、自治区也大力建设"生态环境专家库"，出台一系列专家库管理制度规范，以明确专家的职责与义务，实行专家库动态管理，从而为生态环境损害鉴定评估与修复提供更多的科学性、专业性、规

---

［1］ 参见《重庆市高级人民法院关于试点建立专门审判庭集中审理刑事、民事、行政环境保护案件的意见》（2011 年）、《昆明市中级人民法院关于在环境民事公益诉讼中适用环保禁止令的若干意见（试行）》（2011 年）、《贵阳市中级人民法院环境保护审判庭、清镇市人民法院环境保护法庭环境司法诉前禁令试行办法》（2012 年）、《贵阳市中级人民法院生态保护审判庭、清镇市人民法院生态保护法庭生态保护司法诉前禁令暂行规定》（2015 年）等。

［2］ 参见《贵阳市中级人民法院、清镇市人民法院环境保护审判专家咨询委员会工作规则（试行）》（2009 年）、《贵州省高级人民法院关于环境专家证人参与诉讼的规定》（2014 年）、《重庆市渝北区人民法院环境保护案件专家陪审工作暂行办法》（2012 年）、《重庆市高级人民法院关于专家参与环境资源审判的办法（试行）》（2015 年）、《福建省高级人民法院关于聘请生态环境审判技术咨询专家的决定》（2014 年）、《广东省环境保护厅环境咨询专家委员会工作规程》（2017 年）等。

范性意见。[1]

(3) 各级人民法院积极落实以生态环境修复责任方式为中心的损害救济制度，促使责任人积极履行生态环境修复责任。其中，福建省、江苏省创新生态环境修复机制，在全国率先开展、积极建构修复性司法制度，颁发"补植令""管护令"以有效恢复被破坏的生态环境。[2]各地方人民法院坚持审判"重罚更重修复"的优化目标，刑事责任方式从"金钱罚"导向"行为罚"，民事损害赔偿方式从"原地修复"拓展至"异地修复"，行政责任从"罚款惩罚"扩展至"替代恢复补偿"，并灵活运用各种生态环境修复责任承担方式，通过补种复绿、增殖放流等诸多形式，最大限度修复生态环境。[3]

(4) 为加强与林业、国土、环保等行政部门的沟通联系，实现环境信息共享，形成行政执法与司法保障互补的良性态势，各地方人民法院建立并加强了环境保护行政司法联动机制，构建环境工作信息共享平台。例如，福建省三级人民法院针对生态环境案件的复杂性、保护的整体性等特点，在生态环境司法保护中积极探索实践，建立了以"联席会议"为主要形式的沟通平台；贵阳市中级人民法院积极参与构建贵阳市生态文明建设"三联动"机制，在"司法机关之间，司法机关与行政部门之间，行政部门与社会公众之间"形成衔接紧密、反应迅速、协同配合的生态环境保护合力。无锡市中级人民法院联合环保局、公安局、人民检察院等共同建立行政执法与司法联动工作机制，创建行政执法与司法联动工作协作平台，并设立"执法联动工作办公室"，作为环境行政执法与刑事司法衔接的桥梁和纽带。[4]

---

[1] 参见《山东省建设用地土壤污染防治专家库管理办法（试行）》（2020年）、《江西省土壤生态环境专家库管理办法（试行）》（2020年）、《西藏自治区排污许可专家库管理办法》（2021年）、《福建省生态环境损害司法鉴定机构登记评审专家库管理办法（试行）》（2018年）、《贵阳市生态环境专家库管理办法（试行）》（2021年）等。

[2] 参见《福建省高级人民法院关于规范"补种复绿"建立完善生态修复司法机制的指导意见》（2014年）。

[3] 孙潮：《贵州环境资源审判理论与实践》，贵州人民出版社2017年版，第73~75页。

[4] 参见《福建省高级人民法院 福建省林业厅关于建立健全涉林纠纷"大调解"机制的意见》（2011年）、《福建省高级人民法院关于推进环境民事公益诉讼审判工作的实施方案》（2014年）、《贵阳市中级人民法院环境保护审判庭、清镇市人民法院环境保护法庭重大、群体性环境纠纷协调工作规则》（2012年）、《无锡市环境保护局关于建立环境行政执法与司法联动工作机制的意见》（2013年）、《陕西省环保厅 陕西省高级人民法院关于建立环境保护司法审判与行政执法联动工作机制的意见》（2017年）等。

（5）为确保人民法院判决的有效执行，人民法院对责任人履行判决的情况予以密切监督。贵州、广东、安徽、江苏等省（市）地区地方人民法院建立了执行回访评估制度、第三方监督制度，针对案件的审理和执行情况进行事后调查、评估和监督，便于案件效果、生态环境修复效果的调查研究与执行，以改进审判和执行方式。[1]

（二）中央司法救济机制探索实践

基于地方生态环境修复司法实践，中央各部门相继出台多项规范性文件，也逐渐树立起以修复为主的现代环境资源司法理念。

1. 司法规范性文件

2014年，最高人民法院在《关于全面加强环境资源审判工作 为推进生态文明建设提供有力司法保障的意见》中，明确提出建立生态环境修复制度。2015年，最高人民法院结合地方司法实践出台《关于审理环境民事公益诉讼司法解释》，详细规定了以生态环境修复为中心的环境民事公益诉讼中的起诉主体、调查取证、专家咨询、证据规则、行政司法衔接、生态环境修复方式与修复费用等相关问题。同年，最高人民法院出台《关于审理环境侵权责任纠纷案件适用法律若干问题的解释》，针对环境侵权责任的适用情形、责任划分、举证责任等问题进行了规范。2016年，最高人民法院颁布《推进生态文明建设与绿色发展的意见》，再次明确提出："落实以生态环境修复为中心的损害救济制度，统筹适用刑事、民事、行政责任，最大限度修复生态环境。"2016年，最高人民法院、最高人民检察院发布《关于办理环境污染刑事案件适用法律若干问题的解释》，针对严重损害生态环境的污染破坏行为的刑事裁判规则进行了规定。2017年，最高人民法院出台《关于审理环境公益诉讼案件的工作规范（试行）》，对人民法院审判的原则、起诉、受理、开庭、裁判、执行等问题进行了明确。同年，最高人民法院出台《关于审理海洋自然资源与生态环境损害赔偿纠纷案件若干问题的规定》，针对海洋生态环境损害赔偿案件审判问题进行了专门性规范。2018年，最高人民法院、最高人民检

---

[1] 参见《贵阳市中级人民法院环境保护法庭环保案件回访制度》（2008年）、《贵阳市中级人民法院生态保护审判庭、清镇市人民法院生态保护法庭关于环境公益诉讼案件第三方监督机制暂行规定》（2015年）、《广东省高级人民法院关于加强环境资源审判服务保障生态文明和绿色发展的意见》（2016年）、《安徽省高级人民法院关于全面加强环境资源审判工作为打造生态文明建设安徽样板提供司法保障的意见》（2018年）、《江苏省生态环境第三方服务机构监督管理暂行办法（修订）》（2019年）等。

察院共同出台《关于检察公益诉讼案件适用法律若干问题的解释》，针对人民检察院提起环境民事公益诉讼、环境行政公益诉讼的适用范围、起诉条件、证明材料等问题进行具体规定。2023 年，最高人民法院出台《关于审理生态环境侵权责任纠纷案件适用法律若干问题的解释》（以下简称《生态环境侵权司法解释》）和《关于生态环境侵权民事诉讼证据的若干规定》，以取代 2015 年出台的《关于审理环境侵权责任纠纷案件适用法律若干问题的解释》（以下简称《环境侵权司法解释》），该两部司法解释对生态环境侵权的案件范围、第三方治理中的损害赔偿、特定利益的保护、过失相抵规则的适用、举证责任和证明标准、证据共通、专家证据、损失和费用的酌定等审判实践中的重点难点问题进行了详细规定。

2.《生态环境损害赔偿制度改革方案》

2015 年，中共中央办公厅、国务院办公厅印发《生态环境损害赔偿制度改革试点方案》，规定了生态环境修复制度相关的生态环境损害调查、鉴定评估、磋商索赔、修复方案编制、第三方修复、信息公开等问题。并规定在磋商未达成一致的，赔偿权利人应当及时提起生态环境损害赔偿诉讼（赔偿权利人也可以直接提起诉讼）。生态环境损害赔偿诉讼是区别于环境公益诉讼的另一种诉讼类型。[1] 至 2017 年，我国在吉林、江苏、山东、湖南、重庆、贵州、云南 7 省（市）部署开展生态环境损害赔偿制度改革试点，取得了显著成效。为进一步加快构建生态环境损害赔偿制度，在总结各地区改革试点实践经验基础上，中共中央办公厅、国务院办公厅印发了《生态环境损害赔偿制度改革方案》，要求"自 2018 年 1 月 1 日起，在全国试行生态环境损害赔偿制度，到 2020 年，力争在全国范围内初步构建责任明确、途径畅通、技术规范、保障有力、赔偿到位、修复有效的生态环境损害赔偿制度"。《改革方案》是当前生态环境损害赔偿制度改革、发展中至关重要的规范性文件之一，也是生态环境损害司法裁判的重要法律依据。为进一步细化生态环境损害赔偿制度规则，2019 年最高人民法院出台《关于审理生态环境损害赔偿案件的若干规定（试行）》，针对生态环境损害赔偿案件的适用范围、管辖、举证、裁判、诉讼衔接等问题进行了明确，并于 2020 年进行了修正。同年，生态环境部、司法部、财政部等 11 个部门联合印发了《关于推进生态环境损害赔偿

---

[1] 关于生态环境损害赔偿诉讼与环境公益诉讼的关系，将在第七章展开论述。

制度改革若干具体问题的意见》，针对关于具体负责工作的部门或机构、案件线索、索赔启动、调查评估、司法确认、资金管理等进行了更为具体、细致的规定。2022年，生态环境部联合最高人民法院等13个部委共同出台了《生态环境损害赔偿管理规定》，以进一步规范生态环境损害赔偿工作，推进生态文明建设。此外，最高人民法院、最高人民检察院每年发布保障生态环境损害赔偿制度改革的典型案例，以规范生态环境损害赔偿相关的司法裁判工作。

3. 其他法律制度规范

此外，《森林法》《土壤污染防治法》《固体废物污染环境防治法》《矿产资源法》《长江保护法》等法律文件的制定、修订，也相应增加了生态环境损害赔偿诉讼制度方面的内容，例如《森林法》2019年制订第68条规定："破坏森林资源造成生态环境损害的，县级以上人民政府自然资源主管部门、林业主管部门可以依法向人民法院提起诉讼，对侵权人提出损害赔偿要求。"以为全方位贯彻实施我国生态环境损害司法救济机制提供制度规范基础。《固体废物污染环境防治法》（2020年修订）第122条第1款规定："固体废物污染环境、破坏生态给国家造成重大损失的，由设区的市级以上地方人民政府或者其指定的部门、机构组织与造成环境污染和生态破坏的单位和其他生产经营者进行磋商，要求其承担损害赔偿责任；磋商未达成一致的，可以向人民法院提起诉讼。"《矿产资源法（修订案草案）（征求意见稿）》（2019年）第51条也规定："造成生态环境破坏的，由县级以上人民政府自然资源主管部门依法提起生态损害赔偿诉讼；造成他人损失的，依法承担民事责任。"

4. 机构建设与案件审理

自2007年贵阳市中级人民法院设立环境保护法庭及其辖区内清镇市人民法院设立生态保护法庭等第一批专门环境资源审判机构以来，规范意义上的环境资源审判专业化由此开始。2014年6月底，最高人民法院成立环境资源审判庭，我国的环境资源审判也走上专门化发展道路，系统的环境资源审判专门化改革拉开序幕。根据《中国环境资源审判（2021）》和《中国环境司法发展报告（2021）》显示，截至2021年底，全国共设立环境资源专门审判机构和审判组织2149个，相比2020年，全国环境资源专门审判机构数量同比增长7.83%，保持着环境资源审判庭、合议庭、人民法庭"一主两副"的设置格局。2021年，全国人民法院共受理环境资源一审案件297 492件，审结265 341件。其中，受理环境资源刑事一审案件36 013件，审结35 460件；

受理环境资源民事一审案件 1 175 261 件，审结 167 055 件；受理环境资源行政一审案件 66 469 件，审结 62 826 件。在公益诉讼案件方面，受理环境公益诉讼案件 5267 件，审结 4943 件；受理生态环境损害赔偿案件 169 件，审结 137 件。"腾格里沙漠环境污染公益诉讼系列案""江苏泰州水污染公益诉讼案""五小叶槭生境保护案""绿孔雀生境保护案"等案件的依法判决，都彰显出司法部门依法惩治违法行为和及时修复生态环境损害的坚定决心。

二、生态环境司法救济机制的表征缺陷

由此，我国初步形成了以司法权为主导的生态环境司法救济体系。分析来看，我国生态环境修复司法救济机制具备了以下表征：

（一）司法救济机制的特征辨识

1. 人民法院在生态环境修复案件审理中掌握了主导权，并通过司法解释予以制度化，生态环境修复审判与执行具有典型的职权主义色彩

（1）针对原告提出的诉讼请求，人民法院可以"社会公共利益"为释明尺度，指引原告提出合适的诉讼请求。《环境民事公益诉讼司法解释》第 9 条规定："人民法院认为原告提出的诉讼请求不足以保护社会公共利益的，可以向其释明变更或者增加停止侵害、修复生态环境等诉讼请求。"

（2）在证据调取和鉴定上，人民法院可以依职权主动调取或进行委托鉴定。《推进生态文明建设司法保障的意见》规定："对于审理案件需要的涉及社会公共利益的证据原告因客观原因无法取得的，可依职权调取。对于原告承担举证责任的涉及社会公共利益的事实需要鉴定的，可依职权委托鉴定。"《环境民事公益诉讼司法解释》第 14 条也规定："对于审理环境民事公益诉讼案件需要的证据，人民法院认为必要的，应当调查收集。对于应当由原告承担举证责任且为维护社会公共利益所必要的专门性问题，人民法院可以委托具备资格的鉴定人进行鉴定。"

（3）在生态环境修复执行上，人民法院也具有较强的主导权。最高人民法院等公布的《关于贯彻实施环境民事公益诉讼制度的通知》第 6 条规定："人民法院可以判决被告自行组织修复生态环境，可以委托第三方修复生态环境，必要时也可以商请负有监督管理职责的环境保护主管部门共同组织修复生态环境。对生态环境损害修复结果，人民法院可以委托具有环境损害评估等相关资质的鉴定机构进行鉴定，必要时可以商请负有监督管理职责的环

保护主管部门协助审查。"

（4）在规则创新上，强调能动司法，探索司法审判新规则。例如《推进生态文明建设与绿色发展的意见》规定："依法适度强化能动司法，创新审理方法和裁判方式，探索符合需要的证据保全、先予执行、执行监督等特殊规则，发挥公益诉讼的评价指引和政策形成功能。"

2. 为保证生态环境修复审判与执行的专业性、科学性，相关法律规范规定了行政机关、专家证人的辅助配合义务，并广泛邀请利益相关的公民、法人、其他组织参与到生态环境修复的过程中来，以形成司法权为中心的生态环境修复多方力量协作局面

（1）行政配合。《推进生态文明建设司法保障的意见》《关于贯彻实施环境民事公益诉讼制度的通知》等文件强调，应加强环境资源保护职能部门之间的协调联动。充分运用司法建议促进环境执法。积极推动建立审判机关、检察机关、公安机关和环境资源保护行政执法机关之间的环境资源执法协调机制。加强与环境资源保护行政执法机关和司法鉴定主管部门的沟通，推动完善环境资源司法鉴定和损害结果评估机制。环保部门对环境违法行为的处理应及时通报人民法院，人民法院因审理案件需要，向负有监督管理职责的环境保护主管部门调取涉及被告的环境影响评价文件及其批复、环境许可和监管、污染物排放情况、行政处罚及处罚依据等证据材料的，相关部门应及时向人民法院提交。环保部门对修复费用、修复方式等有意见和建议的，也应及时向人民法院提出。

（2）专家辅助。《推进生态文明建设司法保障的意见》《环境民事公益诉讼司法解释》《改革方案》等文件强调，应充分发挥专家在环境资源审判工作中的作用。建立环境资源审判专家库，在审理重大疑难案件、研讨疑难专业问题、制定规范性文件时，充分听取专家意见。可以聘请环境资源领域的专家担任特邀调解员。积极引入专家证人，保障当事人要求专家出庭发表意见的权利，对于符合条件的申请及时通知专家出庭就鉴定意见和专业问题提出意见。当事人申请通知有专门知识的人出庭，就鉴定人作出的鉴定意见或者就因果关系、生态环境修复方式、生态环境修复费用以及生态环境受到损害至恢复原状期间服务功能的损失等专门性问题提出意见的，人民法院可以准许。

（3）公众参与。《推进生态文明建设司法保障的意见》《推进生态文明建

设与绿色发展的意见》《改革方案》等文件强调，应加大环境资源审判公众参与与司法公开力度，坚持专业审判与公众参与相结合，全面推行人民陪审员参与案件审理；通过审理信息公开相关行政案件，保障人民群众的知情权、参与权和监督权，提高人民群众参与环境保护的积极性，使公众参与原则落到实处。不断创新公众参与方式，邀请专家和利益相关的公民、法人、其他组织参加生态环境修复或赔偿磋商工作。依法公开生态环境损害调查、鉴定评估、赔偿、诉讼裁判文书、生态环境修复效果报告等信息，保障公众知情权。生态环境损害赔偿款项使用情况、生态环境修复效果要向社会公开，接受公众监督。

(二) 司法救济机制的表征缺陷

如上，在能动司法法制建构的基础上，依托于环境公益诉讼、生态环境损害赔偿诉讼等，我国严峻的生态环境损害状况得到了一定程度的缓解，但以微观视角考察我国当前的生态环境司法救济机制，在蓬勃的表象之下，还隐藏着一些制度缺陷。总结来看，主要体现在以下几个方面：

1. 启动程序欠科学

我国生态环境修复司法追责制度设计的初衷主要是为了利用公众组织和司法机关来解决目前生态环境损害较重、修复效率较低的现状，弥补行政机关在环境公共事务管理上的不足。但从司法实践情况来看，由于环保组织资源有限，在选择案件类型时，不仅追求环境公益效果，也注重成功率和社会影响，故经环保组织选择而进入司法程序的生态环境修复案件大多是诸如"泰州天价案""常州毒地案"等"大案""要案"，而大量在实践中情况严重但未受到环保组织"重视"的案件或受损程度和影响力相对"较小"的生态环境损害案件并未进入司法修复程序的视野。对于进入司法程序的重大案件，只要原告提出请求，被告确实存在环境污染和生态破坏的行为，人民法院判令被告承担生态修复责任的概率极大。[1]由此可见，一方面，作为原告的环保组织在选择案件时基于自身情况考虑，不可能全面提起公益诉讼，以公益诉讼为途径的个案处理覆盖面实际上相当狭窄，大量没有被起诉的生态环境损害仍然被排除在司法程序之外，从而在根本上降低了公益诉讼的价值；[2]

---

[1] 李挚萍："生态环境修复司法的实践创新及其反思"，载《华南师范大学学报（社会科学版）》2018年第2期，第156页。

[2] 巩固："2015年中国环境民事公益诉讼的实证分析"，载《法学》2016年第9期，第26页。

另一方面，经过环保组织筛选后的诉讼案件，人民法院通常"照单全收"，从而模糊了生态环境修复程序的启动标准。因此，完全将生态环境修复程序的启动权交予原告或司法机关，实难与有效实现环境公共利益之目标相允洽。

2. 修复目标不清晰

围绕生态环境修复责任，我国现行立法和政策文件中存在诸多相近概念和表述，例如"生态修复""恢复""修复""环境修复""恢复原状"等。而在司法裁判过程中，也普遍存在"生态修复""恢复原状"等概念混用的问题。然而，生态环境修复责任法律性质究竟为何，尤其是生态环境修复与恢复原状的关系为何，二者在责任内容方面有无差别；生态环境修复责任的体系定位为何，其与防御性请求权（停止侵害、排除妨碍、消除危险）、生态环境修复费用、赔偿损失等责任承担方式有何关联；在生态环境修复目标确定方面，人民法院于哪些情形可要求责任方将受损生态环境修复至基线状态，哪些情形可允许责任方选择相应的替代方案，修复目标、修复方案如何达成，人民法院的具体裁判依据或标准、考量因素等为何，这些问题在当前的司法实践中均有待进一步厘清。由此，当前的生态环境修复司法追责机制缺乏最为根本的基础理论体系，生态环境修复责任性质、定位、修复目标、价值功用等基础理论的匮乏，使得司法追责机制的科学性、公正性"大打折扣"，从而严重影响了生态环境修复司法裁判与执行的有效性。

3. 责任追究私法化

生态环境损害的发生原因时常复杂、多元，尤其是部分污染行为虽然违反了当前的法律规范，但于彼时责任规范而言，并不具有违法性抑或仍享有相当的信赖利益，并且对当时之社会经济运行产生过积极效应（如活络生态环境资源利用、创造就业机会等）。是以，生态环境修复活动并非单纯的私法活动，而是具有公共属性的社会性活动，这决定了生态环境修复法律责任承担的公共性。因此，对污染者生态环境修复责任的追究，就不可简单套用"污染行为—因果关系—损害后果"的私法追责路径，而应区分不同主体、主体不同情形，综合考量生态环境损害发生的历史背景、行为情节等因素来确定责任主体与责任内容，或建立相应的责任限额/减免规则、社会化机制以共同分担责任。比如，应强化政府生态环境管控与修复职责，对生态环境损害进行适当的风险排序或分类管控，并与责任方就生态环境损害量化、治理方案制定、治理设施建设等问题进行合作评估、平等磋商以共同承担生态环修复责任；政府还应提供充分的生态环境经济政策措施（财税优惠、绿色金融等），为全面的生态环境修复治理提供充裕的资金保障。然而，从当前的司法追责实践来看，更多的是将生态环境修复责任视为一种私法责任、自己责任，通过传统的司法裁判方式予以追责，而相对缺乏对生态环境修复责任公共属性的考量。譬如，在主体责任划分方面，目前对污染/破坏行为人、事实管领人等主体的责任范围界定笼统、粗略，缺乏基于信赖利益与比例原则下的责任衡平规则，这不仅与司法裁判的公正性相违背，过重的生态环境修复责任也使得部分责任方力所不逮；在修复方案确定与执行等方面，在司法追责机制下，政府与责任方的损害赔偿磋商规则、社会公众参与规则的适用空间也遭遇挤压，从而影响了生态环境修复的公正与效率，降低了法律追责机制的实效。

4. 裁判过程行政化

传统的生态环境修复行政救济机制存在行政部门"轻修复重处罚"、执法权受限、罚款额度与修复效率过低等问题。基于如此背景，生态环境修复司法救济机制逐渐兴起，以期通过能动司法的制度设计来克服行政救济的弊端。客观来讲，相对于传统行政救济效果，目前的司法救济重在修复生态环境的功能和价值，更能体现生态环境修复的本质和深层次要求。[1]但这种制度设计却导致了新的问题，即过度强调司法权在环境公共事务中的角色，过度倚赖行政资源来达到生态环境修复目的，使得"在环境公共利益事务上实际上衍生出了两套机制类似、功能重叠的法律程序"，[2]从而形成司法裁判对行政管理程序和过程的"复制"。譬如，在生态环境修复审判实践中，人民法院需要从行政机关那里获取涉及被告的环境许可、污染物排放、行政处罚等一系列证据材料；在鉴定评估环节，目前多数的鉴定机构也隶属于政府机关；[3]在生态环境修复费用确定方面，人民法院需要借助行政机关配套的科学技术并参考行政部门的专业意见予以合理确定；在执行和监督方面，也需要借助行政系统的人力、技术及财政力量予以全程配合。这使得司法裁判权力极具

---

[1] 李挚萍："环境修复目标的法律分析"，载《法学杂志》2016年第3期，第5页。

[2] 王明远："论我国环境公益诉讼的发展方向：基于行政权与司法权关系理论的分析"，载《中国法学》2016年第1期，第56页。

[3] 石菲、邓禹雨、高赫男："环境民事公益诉讼中生态环境修复义务的判定与执行——以38份裁判文书为样本"，载《贵阳市委党校学报》2017年第4期，第42页。

行政运作思维而"转化"成了行政执法权力,过度强调司法权与行政权的关联性塑造出一种违反司法规律的运作形态。[1]

5. 裁判衡平性不足

由于生态环境修复具有极强的专业性,为保证人民法院在案件审理中能准确认定案件事实,提高案件审理的科学性、专业性以及效率,人民法院审理时通常需要借助技术咨询专家机制,邀请鉴定人、专家证人或专家辅助人出庭作证,以解决生态环境修复的专业科技问题,增强生态环境司法修复的公信力。但在实践中,环境审判存在过于依赖专家意见,生态修复方案和费用的判定多以鉴定结论为主的现象。据学者统计,在选取的38份样本裁判文书中,综合案情后直接对鉴定报告予以认可的有6起,经鉴定人、专家证人或专家辅助人出庭作证后认可的有18起,不予认可而另行指派的仅有2起。技术专家基于自身的专业性在环境审判中居于重要地位本无可厚非,但生态环境修复并非单纯的科学性问题,其还涉及一个国家或地区经济资源、社会资源以及行政司法资源的综合再分配问题。因此,生态环境修复不仅需要考量基于科学的鉴定评估,更要考虑与损害事实相关的政治、社会、经济、公众健康等因素以进行综合裁决。这就需要采用开放式的知识生产和修复决策体制,让更多元化的诉求和主体参与其中,而非专家主体的"一言堂"。实际上,受经济、技术条件的制约,不可能对所有受损的生态环境区域进行修复,这就需要行政主体站在系统性、综合性的高度上,对生态环境修复活动进行全过程的风险管控,并与社会公众、责任方进行深入、有效的沟通和磋商,在协商合作的环境下,达成对损害事实的认定、评估和量化以及修复目标和方案的确定。而基于个案审查的司法机关,很难站在一个整体性的高度对生态环境修复活动进行一个相对全面的、有层次的审视与匡正。同时,个案思维也将导致生态环境修复资源分配严重不均,进入司法程序和未进入司法程序的生态环境损害类型在风险承担和修复成本方面差异甚大,进而产生新的社会不公。

三、生态环境司法救济机制的内生危机

综上,法院在启动方式、目标定位、裁判资源以及技术专业性等方面的

---

[1] 杜辉:"环境司法的公共治理面向——基于'环境司法中国模式'的建构",载《法学评论》2015年第4期,第172页。

匮乏，使得生态环境司法裁判"步履艰难"。但真相远不止此，以司法为主导的生态环境修复追责机制还隐藏着更为深刻的矛盾与冲突，即弱化了行政机关的环境管理职责，瓦解了法院自身中立、谦抑的立场，使得行政权与司法权关系陷入混乱。

（一）国家权力运行一般规则

自孟德斯鸠将国家权力分为立法权、行政权、司法权，并基于权力制衡规则，提出将权力分别授予不同国家机关行使以来，权力分立与相互制约即成为各国宪法理论的重要议题。行政权和司法权的分工，是国家权力制度发展的成功经验，尽管由于各国历史状况、政治制度、法律制度等因素的不同，行政权与司法权及其关系呈现出一定差异性，但经过长期的历史发展与实证探索，行政权和司法权关系的整体架构与权力范围基本形成。就行政权而言，主要是指依照宪法和法律，组织和管理社会的公共事务，维护社会公共利益和公共秩序的权力。司法权则是指，法院依法独立对具体案件进行裁判，并通过将一般的法律规则适用到个案之中，解决业已发生的利益争端的权力。从广义的角度来看，行政权与司法权同属"执行权"，但它们之间仍存在最为本质的区别，即行政权是管理权，而司法权是判断权。司法权和行政权在国家权力运行中承担着不同的职能，具有不同的权力特征和运行规律。

从历史角度来看，随着国家任务范围的演变，行政权与司法权的关系也会有所变化。例如，19世纪自由主义法治时期，基于对警察国家时代的反思，西方国家强调必须依法律方可限制人民权利，唯恐国家给予人民过多干涉，侵害人民的自由权利。彼时，行政权行使趋于保守，行政权的活动范围相当有限，且必须遵循具体的立法指令，限于国防及社会安全两大方面。即在自由主义理念指导下，行政机构被设想为一个纯粹的"传送带"，其职责是在特定案件中执行法律指令，行政机关必须证明对私人自由的侵入是立法机关指令其所为。这一时期，司法审查的重点也在于行政行为是否在立法规定的范围内活动，避免其越权侵犯到私人的权利自由。而进入到二十世纪，基于对经济危机、民生凋敝的反思，西方各国主要的宪法思潮一反以往所趋向的消极、保守态度，将积极行政以实现公共利益作为国家之任务。德国的《魏玛宪法》以及受该法精神所缔造出来的其他国家宪法，都将这种思潮融贯于整体条文之内。该时期，行政权力的范围得以扩张，强调国家应积极行政以促进民众福祉之实现，从而转变为福利国家、服务国家或是照顾（人民的）国家。公共利益的概念，也由以往自由主义笼罩时代传统的、狭窄的国家安全和有限行政转到了一切民众所需的范围之上。相应的，为了维持行政权与司法权之间的制衡关系，控制行政权的膨胀和滥用，各国法院也逐渐加深对行政机关行为的审查，强调司法权对行政权的多方控制和约束。

但无论法治国家处于哪一时期，国家任务有何变化，行政权与司法权都恪守各自本分与界限。即司法审查不得逾越权力边界，替代行政机关进行公共决策或社会管理，只有当行政机关违反法律规定，越权行使、错误行使或怠于行使其法定职责时，法院才可以通过司法程序予以审查，以纠正行政机关的违法行政行为或要求其履行其相应职责。换言之，维护公共利益、保证国家和社会安全，始终都是行政机关最根本的职责所在，不同的历史时期，变化的只是司法权对于行政权的审查范围与力度。就行政机关而言，其主要职责仍然在于促进经济发展、社会安定、环境安全，维持整个社会公共利益的平衡；对司法权而言，则主要是根据行政权的发展变化，并在恪守自我谦抑、中立的前提下与之建立相适应的动态平衡。二者此消彼长，相互制约，各司其职，共同维护国家权力的有效运行。司法权力审查不能等同于行政权力行使，更不能相互替代行使，这是权力分立的基本运行规则。

（二）权力混同与立场瓦解

不可否认，当前的司法救济模式为我国生态环境损害修复治理带来了可观的积极效应，但这种积极效应是以损伤司法、行政、立法之间的权力界限为代价的。在能动司法制度设计之下，当前司法权的法律设计已经逾越了其与行政权的必要鸿沟，存在替代行政权去判断公共利益范围与保护边界的现象及风险，与现代法治和诉讼理念的基本要求严重不相符合。

1. 混淆权力边界，弱化行政权威

在当前能动司法制度设计的理念之下，司法权占据了强势地位。如法院有权判断诉讼请求是否足以保护生态环境公共利益，并且可以"变更"或"增加"原告主体提出的诉讼请求；有权以生态环境利益是否受到侵害为判断依据限制原告承认对己方不利证据，或限制原被告双方达成的调解、和解协议；有权在生态环境修复事务及鉴定结论事项上要求相关行政机关予以配合和审查。相应的，行政机关的角色转变为运用行政权力和专业技能协助司法机关行使职权。

从广义角度来看，司法权和行政权都是对法律规范的执行，都属于"执法"的范畴,但在具体职权划分上仍有差别。诚如前述,行政机关(而非司法机关)承担着管理环境公共事务的职责,并基于对管理效率、资源分配以及社会公正等考量,对哪些事项应优先纳入行政管理范围,哪些事项应暂缓或排除在外享有法律授权范围的裁量权;司法权则是采用个案审理的方式,对行政管理中产生的法律争议作出具有约束力的最终裁判。换言之,什么样的环境行为"符合"公益、什么样的环境行为"背离"公益,这是需要以科学与民主为基础、根据现实情况和社会需求来判断的"政治问题",而非司法机关可以独自决断。[1] 然而,在能动司法裁判的影响下,目前我国行政机关的行政管理判断权被挤占和弱化,司法机关处理公共事务的时机被提前,其裁判功能不仅关涉生态环境损害救济,更涉及生态环境风险的预防和识别。譬如,《环境民事公益诉讼司法解释》第1条规定,针对具有损害社会公共利益"重大风险"的污染破坏行为,相关主体可提起诉讼。显然,该规定意图借助司法力量展现诉讼机制的预防功能,但该设定却将本属于立法机关或行政机关的权力转移至司法程序,即由司法机关来定夺该类事项是否应纳入以及在何种程度上纳入环境公共利益的保护范围,进而侵入到立法权或行政权的权限范围。[2] 行政权运作思维使得以司法权为主导的公益诉讼在某种程度上异化成了行政执法的一种补充与变体。[3]

从另一角度而言,司法权的积极能动也直接掩盖了行政机关应尽的公共管理职责,从而将法院与社会公众推到维护社会公共利益的"风口浪尖"。公共利益的管理与维护是行政机关最根本的职责所在,尽管当前行政机关在维护环境公共利益方面存在实效不佳的困惑,但实效不佳并不能成为行政机关推卸责任甚至是替代责任的正当性证据。既然行政机关身负公益保护的行政责任,就应直接行使其行政执法权,积极行政促使公共利益的达成。但实际情况则是,行政机关非但不充分行使其职权加以直接解决,反而是"身居幕后",借助司法程序把公共事务管理职能推卸给原告和法院,让法院来代行原本

---

[1] 巩固:"大同小异抑或貌合神离?中美环境公益诉讼比较研究",载《比较法研究》2017年第2期,第120页。

[2] 王明远:"论我国环境公益诉讼的发展方向:基于行政权与司法权关系理论的分析",载《中国法学》2016年第1期,第55页。

[3] 参见许尚豪:"如何保持中立:民事公益诉讼中法院的职权角色研究",载《政治与法律》2017年第9期,第17页。

应当由行政机关来履行的职能,这便导致出现了一个将"强势机关"(政府)解决不了的纠纷转交给"弱势机关"(法院)去解决的扭曲局面。[1]

可见,基于行政管理效果的不足或对行政管理效果时不信任,而采用司法扩大解释的方式来扩张司法权行使范围以"取代"行政管理,在法理上并不具有充分的正当合理性;在实际的案件审理中,法院也并不具备行政管理所必备的专业能力,大部分情况仍需要继续依托于行政资源。换言之,以司法裁判来替代常规性的行政管理的允当性值得考虑,采用实用主义或功利主义的法律思维来进行制度安排或权力扩张,不仅会增加法院的负担,也会从根本上破坏宪法所确定的基本权力运行规则,弱化行政权威。

2. 能动司法理念瓦解中立、谦抑立场

支持司法机关放弃消极、被动立场转而以积极姿态应对诉讼裁判最有力的观点为,原告诉讼请求不是针对其个人的私人利益,而是具有社会性、公共性特征的公共利益。公共利益非归属于作为原告的环保组织或有关部门,而是全体社会所有。故而,作为公共事务裁决机构的法院,在涉及公益领域的部分,应依职权主动审查,避免因原告主体的疏忽而损害社会公共利益。可以看出,这种观点实际上已经偏离了法院作为诉讼裁判者的中立、谦抑立场,模糊了权力与权利的界限,使法院"加入"到原告主体的行列当中去,有替代或是辅助原告而为诉讼行为的嫌疑,具有了明显的倾向性。不仅如此,该种观点还假定法院与原告相比,在公共利益保护专业性方面更具"优势",因此有超越后者意志以决定诉讼请求范围的能力和权力。然而,抛开法院与原告"共谋"的可能性,更值得深思的是,法院如何审理由自己所确定的诉讼请求?"任何人不能做自己案件的法官",这是法律上公认的原则,为了实现司法正义,法官应在当事人之间保持不偏不倚的中立态度,但在能动理念的催动下,法院自己提出诉讼请求,又由其自身予以裁判,显然违背了最根本的法治规则。

另一方面,司法权与行政权的密切互动也面临合法性与正当性的质疑。在以司法为主导的公益审判活动中,诚如前述,法院与行政机关存在各种类型或者形式的互动,以保证法院裁判的专业性、合理性。但司法权对行政机关的严重依赖明显违背了司法应当遵守的禁止单方接触原则,如在行政机关

---

[1] 参见韩波:"公益诉讼制度的力量组合",载《当代法学》2013年第1期,第35页。

提起的公益诉讼当中,司法权与行政权的关系甚密很可能使得法官"先入为主",从而"提升"行政机关提起诉讼的胜诉率,这对于被告而言,至少在程序上并不公平,不利于被告权益的保护。在"行政不作为"屡遭诟病的现实情况下,公益诉讼是否会成为行政机关规避行政责任的手段,也值得深思。是以,过密的权力互动也将直接影响到司法审判的公正性、独立性和权威性。[1]

当然,法院的中立并非"绝对",在某些情况下,法院也必须得放弃形式上的中立,追求实质上的中立,尤其是当原被告双方力量悬殊,在诉讼程序中的地位明显处于失衡状态时。比如,原告在取证能力方面的欠缺使得双方无法平等对抗,这时,法院就必须依职权匡正失衡的两造关系,并给予弱势一方相应的程序扶助,以此保证程序的实质性公正。[2]但对于生态环境公益事项之判断以及公益管理的优先次序问题,涉及政治与社会经济的考量,仍应由立法机关、行政机关根据现实情况和社会需求予以综合决断。再者,关于原告提请的诉讼请求,既然法律赋予环保机构或检察机构原告主体资格,法院就应当尊重和认可其专业性,而非替代公共利益代表作出意见。法院积极能动治理生态环境公益的初衷虽不可厚非,但为了尊重诉讼程序基本原理及其程序结构,保证原被告两造关系的平衡,法院必须维持其中立、谦抑之状态。

概言之,法院的主要任务仍在于根据法律规定正确适用法律,法院的权力行使必须在其法定限度内,不得进入当事人的权利领域,亦不得将公益诉讼程序改造成行政程序或类行政程序。继续模糊权力与权利边界或卷入公共利益事项判断的"政治旋涡",并非司法机关的明智之举。

(三) 优势遮蔽与功能错位

从历史发展角度来看,行政权的规制范围从最初的消极行政、有限行政并限于国防与社会治安,到之后普遍的积极行政、风险管理,其范围呈现出不断扩大的趋势。尽管近几年来,基于对市场和政府的双重失灵的深刻反思,逐渐开始倡导公众参与、多中心治理、私人执法补充等理念以增强行政决策的公正性、科学性,但这些变化趋势并未动摇行政权在公共事务管理上的主

---

[1] 参见孙淼淼:"司法权与行政权良性互动的路径建构——基于行政诉讼实践的观察",载《福建行政学院学报》2017年第1期,第46页。

[2] 参见许尚豪:"如何保持中立:民事公益诉讼中法院的职权角色研究",载《政治与法律》2017年第9期,第19页。

导作用,强调行政机关在公共事务中的主导地位,是历史发展的普遍趋势,更是行政机关在公共事务管理上的天然优势所致,尤其是在环境公共利益保护与生态环境修复领域,更是如此。[1]具体来讲:

一则,生态环境问题往往具有复杂性、多因性和长期性等特点,因此,对于环境违法事实与修复责任承担的辨识需要以专门监测、检验为手段,以法定监测机构检验结果、监测记录、鉴定结论为支持。而行政管理系统正是建立在多样的行政许可、监督管理、鉴定评估等制度与机构建设之上,掌握了相对人污染物排放情况、行政处罚及处罚依据等一系列证据材料,在各项违法事实确定方面具有专业的判断和辨别能力;在具体的生态环境修复费用确定以及修复治理方案选取方面,相比于司法机关行政机关所配套的生态环境标准、科学技术、人力资源以及财政力量等亦能更大程度保证行政机关给出相对科学、专业的鉴定结果和修复决策,并可根据客观情况的复杂多变而灵活应对生态环境修复事务。

二则,环境公益保护事务亦并非完全的"技术标准"或"专家知识"的汇总,行政机关还需要在法律规定的范围内,对环境公共利益进行必要的选择、排序和取舍。易言之,行政行为是具有塑造力的管理手段,与司法裁判相比,行政行为除了法律适用外,还需要进行合目的性的权衡。行政机关"合目的性的权衡"最重要的工具即是行政裁量。[2]行政裁量是行政法的精髓所在,作为行政法上最为基本的概念范畴,裁量本身是行政计划、行政指导、行政决定、行政处罚、行政强制等行政过程中至关重要的一种行为方式、方法或形态。行政裁量的存在之所以重要,源于立法者认知能力的局限、不确定概念的表述、固定规范与流动现实的矛盾以及各种资源利益、负担分配等。[3]因此,在权力运行规则体系当中,作为国家基本法的宪法将环境公共管理、环境公共决策的权力赋予行政主体,由行政主体代表国家切实维护和实现环境公共利益。

对于司法权而言,其是法院依法独立对法律争议作出的具有约束力的最终裁判。在司法权与行政权的关系当中,司法权也倾向于根据实际情况与行

---

[1] 参见王明远:"论我国环境公益诉讼的发展方向:基于行政权与司法权关系理论的分析",载《中国法学》2016年第1期,第63页。

[2] 参见沈百鑫:"德国环境法中的司法保护",载《中国环境法治》2011年第1期,215页。

[3] 参见杨建顺:"行政裁量的运作及其监督",载《法学研究》2004年第1期,第9页。

政权的发展变化维持一种动态平衡。客观来讲，生态环境损害修复治理的实现过程越短，社会成本就越低，实现的效率和程度就越高。相比于诉讼程序成本昂贵、程序复杂、周期漫长等特征，行政程序相对专业高效、灵活简洁，并且对于具有较强专业性的生态环境损害案件来说，拥有专业技术设备和人员、监测和评估机制的行政机关的处理也远比司法裁判更加经济、合理。因此，基于行政权与司法权在权力运行规则中的权力特征和不同定位，在共同面对生态环境公共管理事务时，行政权与司法权通常遵循一定的次序规则，基于对行政机关在公共事务上的专业性和优先权的尊重，法院对行政权的审查，通常应在行政机关作出生态环境损害行政处理决定之后介入，并对由此产生的纠纷保持相当的中立性。

然而，在当前以司法权为主的环境公益保护模式下，有限的司法资源过多地承担了行政机关应当承担的任务。在司法实践中，法院周旋于政府和污染者之间，需要考虑经济利益、社会稳定等各项政治、社会因素而不堪重负；行政机关也必须花费大量财力、精力向法院提供或解释相关专业信息数据与环境标准的制定方法及其科学性、有效性等问题，这对于本已稀缺、有限的行政资源与司法资源而言，无疑是低效甚至浪费的，亦遮蔽了行政权和司法权在公共治理中各自的优势。放弃高效、便利的行政程序，诉诸烦琐、低效率的诉讼程序后，又反过来过分"倚赖"行政程序，这种舍本逐末、本末倒置的行为本身就自相矛盾、相互抵触，与法治规则与诉讼理念格格不入，更无益于问题的尽快解决、资源的集约利用。[1] 可见，对行政权和司法权定位判断的失误，并不会提升环境公益利益保护的效率，反而导致了司法权与行政权功能的紊乱。

第三节 生态环境损害赔偿《改革方案》的解读

《生态环境损害赔偿制度改革方案》以及与之相关的《关于审理生态环境损害赔偿案件的若干规定（试行）》《关于推进生态环境损害赔偿制度改革若干具体问题的意见》等规范性文件，是当前生态环境损害赔偿制度改革实

---

[1] 参见巩固："大同小异抑或貌合神离？中美环境公益诉讼比较研究"，载《比较法研究》2017年第2期，第122页。

践中至关重要的规范性文件，也是生态环境损害行政执法、司法裁判的重要法律依据。据此，本节旨在对这些规范性文件及其相关法律、政策文件的内容要素进行解读，并针对里面所涉及的法律争点进行列举与分析，为后文生态环境损害赔偿制度的法律构建奠定基础。

一、生态环境损害赔偿制度的权利主体

依据《改革方案》《若干规定》《具体意见》的规定，生态环境损害赔偿制度的权利主体主要包括两类：省级、市地级人民政府及其指定的相关部门、机构（以下简称"政府及其相关部门"），或者受国务院委托行使全民所有自然资源资产所有权的部门（以下简称"自然资源部及其委托部门"）。赔偿权利人及其指定的部门或机构均有权开展磋商、提起诉讼、对生态环境修复与损害赔偿执行情况进行监督。生态环境损害具体赔偿工作涉及两个以上部门或机构的，由赔偿权利人指定牵头部门或机构。对公民、法人或其他组织举报要求提起生态环境损害赔偿的，赔偿权利人及其指定的部门或机构应当及时研究处理和答复。

具体而言，《改革方案》规定国务院可以授权省级、市地级政府作为本行政区域内生态环境损害赔偿权利人。省级、市地级政府可指定相关部门或机构负责生态环境损害赔偿具体工作。在健全国家自然资源资产管理体制试点区，受委托的省级政府可指定统一行使全民所有自然资源资产所有者职责的部门作为赔偿权利人，负责生态环境损害赔偿具体工作；国务院直接行使全民所有自然资源资产所有权的，由受委托代行该所有权的部门作为赔偿权利人，开展生态环境损害赔偿工作。《具体意见》规定，赔偿权利人可以根据相关部门职能指定生态环境、自然资源、住房城乡建设、水利、农业农村、林业和草原等相关部门或机构负责生态环境损害赔偿的具体工作。生态环境损害赔偿案件涉及多个部门或机构的，可以指定由生态环境损害赔偿制度改革工作牵头部门负责具体工作。《若干规定》则明确指出，可以提起生态环境损害赔偿诉讼的原告包括省级、市地级人民政府及其指定的相关部门、机构，或者受国务院委托行使全民所有自然资源资产所有权的部门。同时，明确了市地级人民政府包括设区的市，自治州、盟、地区，不设区的地级市，直辖市的区、县人民政府。

尽管上述规范性文件对生态环境损害"赔偿权利人"进行了详细规定，

但关于赔偿权利人，仍存在以下法律问题有待解决：一是，上述两类主体作为生态环境损害救济主体，是否恰当？索赔基础分别为何？是基于所有者身份抑或监管者身份？二是，如何界定自然资源部门与国务院之间，以及分级行使所有权的地方机构与自然资源部、国务院之间的法律关系，是行政授权，抑或是民事代理？三是，各类赔偿主体的救济范围、途径和方式为何？是否还存在其他赔偿主体？赔偿权利人能否向区县政府及其部门延伸？其救济路径与方式又为何？此等问题，均有待立法的进一步明确。

二、生态环境损害赔偿制度的责任主体

关于生态环境损害赔偿的责任主体的认定，《改革方案》《具体意见》仅笼统规定，"违反法律法规，造成生态环境损害的单位或个人，应当承担生态环境损害赔偿责任，做到应赔尽赔"，并未对责任人的归责基础、判定标准、证明责任以及类型化问题作出规定。从我国过去环境立法规范来看，生态环境损害赔偿责任主体主要集中于污染或破坏行为人的"行为责任"，近年来，《污染地块土壤环境管理办法（试行）》《土壤污染防治法》等法规范相继规定了土地使用人责任，当土地使用权人非属污染/破坏行为人时，从其责任性质而言，其所承担责任即属"状态责任"。由此可知，我国实际上已建立起"行为责任"与"状态责任"的二元责任体系框架。但仔细考察发现，无论是行为责任，抑或状态责任，生态环境损害责任中各类主体承担责任的具体规则均未臻完善。

（一）污染/破坏行为人责任

《污染地块土壤环境管理办法（试行）》第10条规定，土壤污染治理与修复实行终身责任制。对于该款规定，其效力是指向该法颁行后未来之污染行为，还是可溯及指向该法颁行前已终了之污染行为？目前法律并没有进一步明确。该问题涉及溯及既往规则的适用问题。在许多国家的法治实践中，"法不溯及既往"是一个重要原则，公法义务的设定必须谨慎，否则将侵蚀公众的信赖利益。针对"终身责任制"的规定，大部分观点采支持态度，但论证逻辑上稍有不同。[1]其中，有观点试图将污染行为与污染状态结合为一个法律要件

---

[1] 参见翁孙哲、陈奇敏："土壤污染防治法律溯及既往问题研究"，载《广西社会科学》2018年第9期，第94页；左平凡："康菲中国溢油事件法律适用溯及既往的法理分析"，在《沈阳工业大学学报（社会科学版）》2012年第2期，第178页。

事实，以避开法律溯及适用的质疑，从而课以污染/破坏行为人整治责任。有观点则是在认可此种规定为溯及性规范的前提下，在公益性、信赖保护等审查上为回溯性追责寻找突破口。有学者在承认溯及既往规则适应的前提下提出，要防止过苛的责任设置损害责任人对原法律秩序的信赖而产生的利益，并防止人们对法产生反感，进而增加执法和司法成本。[1]

（二）事实管领人责任

有学者剖析了德国土壤污染责任制度中"状态责任"的构成，并结合德国土壤污染案件的司法实践分析了在我国土壤污染相关立法中引入"状态责任"的重要意义。[2]土地权利人基于对土地的事实管理或掌控行为，应当承担土壤污染治理责任，这种责任是基于财产权的社会化而产生的责任。当非肇因者明知肇因者的行为会造成土壤污染却仍予以允许、协助，或者对肇因者的污染行为存在重大监管疏忽时，应当承担相应的土壤污染治理责任。[3]也有学者认为，污染场地修复私人责任主体包括污染者和污染场地权利人。污染者是终局责任人，其基础是因果关系和与人的连接，属于行为责任，体现污染者负担原则。污染场地权利人在时间上往往作为第一责任人，其基础是对场地的管领力和对物的连接，属于状态责任，体现场地控制者负担原则。[4]在行为责任人与状态责任人并存时，应优先考虑行为责任人作为土壤污染修复责任主体。行为责任人应当首顺位承担土壤污染修复责任；状态责任人应当按照受益者负担的原则承担次顺位责任。[5]

（三）特殊情形责任承担规则

破产情形、第三方治理情形中责任主体承担规则，一直是实践中的难点所在。

目前我国《破产法》对于公司在破产情形下如何承担生态环境损害责任，并没有明确的规定。有学者认为，现行破产法将普通破产债权一律置于末位

---

[1] 参见王欢欢："土壤污染治理责任溯及力研究"，载《现代法学》2017年第4期，第107页。

[2] 参见秦天宝、赵小波："论德国土壤污染立法中的'状态责任'及其对我国相关立法的借鉴意义"，载《中德法学论坛》2010年第0期，第266页。

[3] 参见王欢欢："土壤污染治理责任溯及力研究"，载《现代法学》2017年第4期，第117页。

[4] 参见胡静："污染场地修复的行为责任和状态责任"，载《北京理工大学学报（社会科学版）》2015年第6期。

[5] 参见鄢斌、王玥："论状态责任人的土壤污染修复责任"，载《中国土地科学》2017年第11期，第91页。

平等受偿的规则在结果上有违实质平等,且阻碍了环境公益诉讼制度功能的实现。[1]破产法和环境法是美英等国非常重要的法律,破产法的目的在于给予债务人新的重整机会和破产财产的价值最大化以供债权人分配;环境法的目的在于预防和修复污染,保护环境。[2]有学者提出,应借鉴美国企业破产程序中环境债权界定、实现内容及实现程序的相关经验,将能够用货币衡量作为鉴别环境债权的重要依据,采取多标准共同判定环境债权的偿付类型,并承认或有环境债权的可得清偿地位。[3]在第三方治理方面,委托方与污染治理第三方的责任是否通过合同发生了转移,目前立法上并没有明确的规定。有观点指出,责任不可约定转移。其主要依据在于,污染修复治理责任论其性质应为行政责任,委托方虽可将具体的整治方案委托给专业第三方实施,但并不意味着可通过民事合同对具有行政属性的责任进行转移,相反,运用合同对行政责任进行处置在法律上应属无效行为。[4]也有观点认为,违反强制性规定的合同未必都无效,而应从合同目的、合同内容及公平性等角度综合判断。委托合同的目的在于降低治污成本、提高治污效率,并促进污染治理的专业化、集约化。[5]

总结而言,目前我国有关生态环境损害修复与赔偿的责任主体规定相对笼统、含混,尽管初步建立起"行为责任"与"状态责任"二元责任体系,但对使用权人责任与行为人责任的分际界限较为模糊,更多的是将二者责任进行并列连带;同时,也缺乏责任限制性规定,更未采用信赖保护与比例原则以衡平责任。对于概括继受人责任、政府责任、破产/第三方治理情形责任承担问题,也缺乏精细化的制度安排,从而给生态环境损害修复与赔偿责任主体的判断与识别带来障碍。

---

[1] 参见徐欣欣:"环境公益诉讼胜诉赔偿金在破产债权中的顺位研究——基于环境公益诉讼中'公益'特殊性的考量",载《西部法学评论》2016年第4期,第111页。

[2] 翁孙哲:"破产程序中债务人的环境责任——国外司法实践与公共政策分析",在《商业研究》2015年第2期,第185页。

[3] 翁孙哲:"破产程序中债务人的环境责任——国外司法实践与公共政策分析",载《商业研究》2015年第2期,第185页。

[4] 参见常杪、杨亮、王世汶:"环境污染第三方治理的应用与面临的挑战",载《环境保护》2014年第20期,第20~22页。

[5] 胡静、胡曼晴:"第三方治理中排污企业的行政责任",载《世界环境》2017年第5期,第56~59页。

三、生态环境损害赔偿责任的内容体系

根据《改革方案》《民法典》规定，违反国家规定造成生态环境损害，生态环境能够修复的，国家规定的机关或者法律规定的组织有权请求侵权人在合理期限内承担修复责任。侵权人在期限内未修复的，国家规定的机关或者法律规定的组织可以自行或者委托他人进行修复，所需费用由侵权人负担。违反国家规定造成生态环境损害的，国家规定的机关或者法律规定的组织有权请求侵权人赔偿下列损失和费用：①生态环境受到损害至修复完成期间服务功能丧失导致的损失；②生态环境功能永久性损害造成的损失；③生态环境损害调查、鉴定评估等费用；④清除污染、修复生态环境费用；⑤防止损害的发生和扩大所支出的合理费用。同时，《若干规定》第11条也规定："被告违反国家规定造成生态环境损害的，人民法院应当根据原告的诉讼请求以及具体案情，合理判决被告承担修复生态环境、赔偿损失、停止侵害、排除妨碍、消除危险、赔礼道歉等民事责任。"由此可见，我国实际上是确定了防御性责任承担方式（停止侵害、排除妨碍、消除危险）+补救性责任承担方式（先修复、后赔偿）的生态环境损害责任体系。然而，针对这些责任形式，仍存以下问题：①"修复生态环境"的法律性质与定位；②"赔偿损失"的确定原则、抵扣方法；③防御性责任方式的内部结构与适用条件等。

（一）"修复生态环境"的法律性质与体系定位

"修复生态环境"在我国生态环境损害赔偿责任中无疑是一个焦点式的问题，从法律文本来看，其经历了从"恢复原状""恢复植被""修复生态环境"等语词转换与表述变迁。[1]《环境保护法》第64条通过引致条款将生态环境损害的责任方式导向《侵权责任法》（已废止），其中"恢复原状"正是《侵权责任法》第15条的一种责任方式，表明恢复原状乃生态环境损害赔偿责任方式。但饶有意味的是，《环境民事公益诉讼司法解释》和《环境侵权司法解释》规定，当事人请求恢复原状的，人民法院可以裁判污染者承担"修复生态环境"责任，《生态环境司法侵权解释》《生态环境侵权民事诉讼证据的若干规定》也沿用了"修复"这一立法表述；《民法典》颁行后，其第

---

[1] 参见《水土保持法》（2010年修订）第30条；《环境保护法》（2014年修订）第30条、第32条；2015年《环境民事公益诉讼司法解释》第20条；2015年《最高人民法院关于审理环境侵权责任纠纷案件适用法律若干问题的解释》第14条；《海洋环境保护法》（2017年修正）第82条等。

1234条也规定，造成生态环境损害的，侵权人应当承担"修复责任"，均未使用"恢复原状"的表述。由此产生的法律问题是，"修复生态环境"与"恢复原状"的关系究竟为何。从司法实践来看，"修复生态环境"也出现在刑事判决当中，这是否意味着"修复生态环境"可成为一种新的刑罚种类？再者，在行政执法中，"责令修复生态环境"的法律性质为何？是行政命令抑或行政处罚？其实施程序如何设计？最后，"修复生态环境"有哪些实现途径？此等问题立法至今未有明辨。

（二）"赔偿损失"的确定原则、抵扣方法

一则，关于"赔偿损失"的确定原则。《民法典》第1235条明确了赔偿损失的具体类目，体现了生态环境损害赔偿的"全面填补"原则，同时，《民法典》第1232条还规定了"惩罚性赔偿"，即侵权人违反法律规定故意污染环境、破坏生态造成严重后果的，被侵权人有权请求相应的惩罚性赔偿。从该两条规定可以看出，针对生态环境损害赔偿问题，我国立法实际上对责任人科以较为严格的赔偿责任。对此，有观点从充分救济的角度指出，生态环境损害赔偿"应当坚持全面赔偿和优先赔偿的原则，即环境侵害人对其造成的环境损害承担全面赔偿责任，国家在特定情形下承担补充责任，达到对环境损害的充分救济"。[1]但也有观点认为，巨额赔偿责任可能会给责任者带来沉重压力。生态环境损害的发生原因复杂、多元，部分污染行为在法律上并不具有违法性抑或仍享有相当的信赖利益，并且对社会经济运行产生过积极效应。生态环境修复活动并非单纯的私法活动，而是具有公共属性的社会性活动。因此，对污染者生态环境修复责任的追究，应综合考量或建立相应的责任限额/减免规则、社会化机制以共同分担责任，即宜将生态环境损害赔偿限定在合理的范围和额度之内。[2]

二则，关于"赔偿金"的抵扣条件。例如，针对技改费用能否用以抵扣生态环境损害赔偿金的问题，实践中一直存在较大争议。尽管已有指导案例明确了"在环境民事公益诉讼期间，污染者主动改进环保设施，有效降低环境风险的，人民法院可以综合考虑超标排污行为的违法性、过错程度、治理

---

[1] 刘长兴："环境损害赔偿法的基本概念和框架"，载《中国地质大学学报（社会科学版）》2010年第3期，第77页。

[2] 参见柯坚："建立我国生态环境损害多元化法律救济机制——以康菲溢油污染事件为背景"，载《甘肃政法学院学报》2012年第1期，第104页。

污染设施的运行成本以及防污采取的有效措施等因素,适当减轻污染者的赔偿责任"的裁判规则,[1]但技改抵扣具体需要哪些条件尚不明确。除技改抵扣外,还有哪些情形可以折抵赔偿金?这些问题尚有待立法进一步明确。

(三)防御性责任方式的内容、适用条件

关于排除妨碍[2]、停止侵害、消除危险究竟是否属于侵权责任抑或民事责任,学界争议较大,尤其是在《物权法》和《侵权责任法》制定过程中。[3]严格秉承德国民法理论的观点认为,三者乃绝对权请求权,不宜作为侵权责任乃至民事责任的方式。[4]但《侵权责任法》《民法典》均将三者规定为民事责任方式,因此,针对防御性责任方式,焦点问题便演变为如何理顺这三种防御性责任方式的内容、适用条件及其与其他责任承担方式的关系等问题。首先,停止侵害、排除妨碍、消除危险三种防御性责任承担方式的内容分别为何?有无交叉,如何进行界分?其次,此三种防御性责任承担方式与修复生态环境责任方式有无交叉,如何区分?最后,此三种防御性责任承担方式是否均可以适用于生态环境损害赔偿领域?适用情形为何?此等问题,均有待探明。

四、生态环境损害赔偿诉讼的前置程序

《若干规定》第1条规定:"……省级、市地级人民政府及其指定的相关部门、机构,或者受国务院委托行使全民所有自然资源资产所有权的部门,因与造成生态环境损害的自然人、法人或者其他组织经磋商未达成一致或者无法进行磋商的,可以作为原告提起生态环境损害赔偿诉讼……"即针对生态环境损害赔偿诉讼,应以生态环境损害赔偿磋商为前置程序。建立生态环境损害赔偿磋商制度,意在让赔偿权利人和赔偿义务人在单一的诉讼途径之外,自愿选择启动损害赔偿磋商机制,以合作的方式量化损害、达成一致的

---

[1] 最高人民法院指导案例132号:中国生物多样性保护与绿色发展基金会诉秦皇岛方圆包装玻璃有限公司大气污染责任民事公益诉讼案。

[2] 我国立法与理论中有称"妨碍",亦有称"妨害",笔者认为两种表述无实质差异,故不作区分,作同义处理。参见程啸:《侵权责任法》,法律出版社2015年版,第658页。

[3] 参见魏振瀛:"民法通则规定的民事责任——从物权法到民法典规定",载《现代法学》2006年第3期,第45~63页;王利明:"我国侵权责任法的体系构建——以救济法为中心的思考",载《中国法学》2008年第4期,第3~15页;崔建远:"论物权救济模式的选择及其依据",载《清华大学学报(哲学社会科学版)》2007年第3期,第111~116页,等。《物权法》《侵权责任法》均已废止,下不赘述。

[4] 参见崔建远:"绝对权请求权抑或侵权责任方式",载《法学》2002年第11期,第40页。

解决方案并及时修复受损的生态环境,可见,该程序体现了立法对行政执法与司法裁判的法律分工问题。

但针对赔偿磋商程序,仍存在以下问题需要解决:

(1) 磋商(索赔)行为的法律性质。磋商(索赔)行为究竟是基于何种请求权而提起的,其法律性质究竟为民事行为,抑或行政行为。[1]此问题是进行磋商制度设计的首要前提,立法必须予以明确。

(2) 行政履责的判定标准。磋商前置程序除体现合意、协作外,更为重要的是实现行政权与司法权的有效区分。生态环境监督管理本身即是行政执法的基本范畴,相比于法院,行政机关在处理生态环境损害问题本身也具有更多优势,因此必须以磋商为前置程序,只有在行政机关穷尽行政执法手段后仍无法救济损害时,才可以寻求司法的救济。但问题的关键就在于,如何判断行政机关已完全履行行政职责?行政机关履责标准、履责期限如何确定?

(3) 在案件调查程序、磋商规则,以及经调查、磋商后,启动或者不启动生态环境损害赔偿相关工作的程序衔接等方面的问题,均是前置程序设计过程中必须明确的重要问题。

五、生态环境损害赔偿诉讼的起诉顺位

目前我国针对生态环境损害的诉讼主要包括三类:其一,省级、市地级人民政府及其指定的相关部门、机构(以下简称"政府及其相关部门"),或者受国务院委托行使全民所有自然资源资产所有权的部门(以下简称"自然资源部及其委托部门"),提起的生态环境损害赔偿诉讼;其二,法律规定的机关和有关组织提起的环境民事公益诉讼;其三,检察机关提起的环境行政公益诉讼。[2]然而,对于生态环境损害赔偿诉讼基础,《改革方案》《若干规定》《具体意见》等规范性文件均未有明确。

在缺乏明确的诉权基础界定的基础上,为缓解各类诉讼间的矛盾,《若干规定》笼统规定了生态环境损害赔偿诉讼与环境民事公益诉讼起诉顺位问题。《若干规定》第16至17条是目前关于生态环境损害赔偿诉讼与环境民事公益

---

〔1〕 关于索赔行为的法律性质,将在第六章进行讨论,在此不作赘述。

〔2〕 参见《关于审理生态环境损害赔偿案件的若干规定(试行)》(2020年修正)、《关于环境民事公益诉讼司法解释》(2020年修正)、《关于检察公益诉讼案件适用法律若干问题的解释》(2020年修正)。

诉讼关系的重要条文。第16条规定："在生态环境损害赔偿诉讼案件审理过程中，同一损害生态环境行为又被提起民事公益诉讼，符合起诉条件的，应当由受理生态环境损害赔偿诉讼案件的人民法院受理并由同一审判组织审理。"第17条规定："人民法院受理因同一损害生态环境行为提起的生态环境损害赔偿诉讼案件和民事公益诉讼案件，应先中止民事公益诉讼案件的审理……"仔细分析这两个法律条文，可以发现，其并没有从生态环境损害具体类型、权利/权力基础等角度对两种诉讼关系进行区分，而是较为粗略、概括地确立了生态环境损害赔偿诉讼优先于民事公益诉讼的顺位规则，其并没有从根本上解决生态环境损害赔偿诉讼的诉讼性质、诉权主体、诉讼请求范围以及与环境民事/行政公益诉讼的关系、诉讼位次等一系列法律问题。

从实践来看，由于生态环境损害赔偿诉讼的诉权基础不明确，导致生态环境损害赔偿诉讼的司法实效也并不理想。据统计，截至2021年12月底，全国各级人民法院共受理省、市级政府提起的生态环境损害赔偿诉讼案件169件，审结137件。这与2021年度全国各级人民法院共受理社会组织、检察机关提起的环境公益诉讼案件5917件，审结4943件，在数量上形成巨大悬殊。在立法、司法大力推进生态环境损害赔偿制度的背景下，这一数据结果令人反思。仔细审视，该数据背后隐藏着的是政府主体在监管者与所有者双重身份下的尴尬与纠结。一方面，从现有法律文本来看，不难发现，我国相关法律实际上已赋予政府主体广泛的行政职权来治理生态环境损害。例如，《水污染防治法》第85条规定，针对水体损害，相关主管部门可责令停止违法行为，限期治理或处以罚款；逾期不采取治理措施的，可代为治理，所需费用由违法者承担；《森林法》第76条规定，针对盗伐、滥伐森林等违法行为，相关主管部门可责令其补种盗伐、滥伐株树一定倍数的树木。另一方面，《改革方案》又规定，在发生生态环境损害时，政府主体可以以赔偿权利人身份提起生态环境损害赔偿诉讼。此时，若政府主体在未行使管理职责前提下，舍弃行政执法手段，而采用所有者身份诉诸司法救济，无异于自揭短处，暴露自身在自然资源与环境公益监管方面的疏忽或懈怠——这显然不符合理性主体的行为选择逻辑。正是基于此种冲突，导致当前立法虽不断拓展生态环境损害赔偿诉讼制度，而相关政府部门却集体选择沉默，鲜有提起生态环境损害赔偿诉讼的矛盾现象发生。

从学界研究观点来看，对于如何协调与平衡环境民事公益诉讼与生态环境损害赔偿诉讼之间的关系,学者们也给出了许多方案。有观点认为,随着生态环境损害赔偿制度的发展,环境民事公益诉讼制度的内涵应逐步限缩。[1] 有观点认为,生态环境损害所涉权益是私益与公益两种不同性质权益的"复合",此种纠纷性质即可决定生态环境损害赔偿诉讼为民事诉讼类型之一。应保持生态环境损害赔偿诉讼程序启动的谦抑性。[2] 有观点指出,生态环境损害赔偿诉讼本质上是特殊的环境民事公益诉讼,原告的诉权主要基于"法定诉权担当说"。可以尝试探索建立"阶梯式的诉讼主体适格制"的运作模式,即达到严重损害程度的由政府提起诉讼;其他较轻的损害则由社会组织提起诉讼,二者均未提起诉讼时则由检察机关代位诉讼。[3]

由此可知,厘清生态环境损害赔偿诉讼的理论基础,是确保政府主体有效行动的基本前提。要解决上述问题,就必须从生态环境损害赔偿诉讼制度中最基本的理论问题——诉权基础——出发,才能从根本上厘清生态环境损害赔偿诉讼的诉讼性质、诉权主体,以及其与环境公益诉讼之间的关系等法律问题。

---

[1] 任洋:"反思与重构:行政机关在环境民事公益诉讼中的定位",载《安徽大学学报(哲学社会科学版)》2021年第1期,第107~114页。

[2] 占善刚、王泽:"生态环境损害赔偿诉讼的理论困境及制度反思——以环境民事公益诉讼为对照的分析",载《环境法评论》2019年第00期,第23~35页。

[3] 潘牧天:"生态环境损害赔偿诉讼与环境民事公益诉讼的诉权冲突与有效衔接",载《法学论坛》2020年第6期,第131~139页。

第二章

生态环境损害修复与赔偿的索赔主体

生态环境损害修复与赔偿的索赔主体制度是厘清生态环境损害救济中各类权利义务关系的关键。目前有关生态环境损害修复与赔偿的立法文件，如《改革方案》《若干规定》《具体意见》中均没有清晰明确相关政府主体提起诉讼的法律依据，这导致各起诉主体之间权责的不清晰；再比如，目前相关文件仅笼统规定了全民所有自然资源损害赔偿的索赔事宜，并未规定集体组织、个人自然资源受损情形下所导致的生态环境损害索赔问题。在所有权与监管权混淆的情况下，政府内部相关部门、检察机关以及环保组织救济是以所有者身份，抑或公益监管人身份提起诉讼，未可知也；在所有权与使用权统一或分离等不同情形下，其救济路径也不甚清晰，遑论各类索赔主体的诉请范围与公益约束等事宜。据此，本章以《改革方案》等相关文件为基础，解读现行文件中生态环境损害赔偿主体的法律规定，并以所有权类型不同为分类依据，对全民所有自然资源损害、非全民所有自然资源损害以及狭义生态环境损害的赔偿主体的认定方法与路径进行论述，以期明晰我国生态环境损害修复与赔偿的索赔主体制度。

第一节 现行生态环境损害赔偿主体的法律解读

根据《改革方案》规定，生态环境损害是指，因污染环境、破坏生态造成大气、地表水、地下水、土壤、森林等环境要素和植物、动物、微生物等生物要素的不利改变，以及上述要素构成的生态系统功能退化。在实践中，针对同一生态环境损害案件，往往包括自然资源损害（土壤、森林等环境要素以及动物、微生物等生物要素）和生态系统损害（上述要素构成的生态系统功能退化）。从法学视角观之，要有效保护这些自然资源、生态环境或系统，就需要在这些自然客体之上合理安排权利/权力与义务/职责规则，以便在发生损害和纠纷时，能及时厘清责任，定纷止争。换句话说，就是需要针对这些环境要素或资源要素的利益归属问题作出法律安排，在发生生态环境损害时，相应的权利/权力主体即可及时针对损害提出损害救济请求，确保生态环境的及时修复与赔偿。

一、基本法律中关于自然资源的权属界定

根据我国《宪法》第9条、《民法典》第246至250条规定，森林、山岭、草原、荒地、滩涂等自然资源，除法律规定属于集体所有之外，属于国家所有；国家所有即全民所有，全民所有自然资源由国务院代表行使所有权。由此，明确了我国自然资源资产的归属和产权行使主体问题。在全民所有自然资源资产产权行使中，作为所有权代表主体的国务院无法真正行使全部的自然资源国家所有权，地方政府在未经法律明确规定或者国务院授权的情形下，实际上行使着部分自然资源国家所有权。然而，中央与地方的所有权行使边界、二者之间的权利义务关系、自然资源遭受损害后的救济主/客体范围及路径等问题，在立法上并不清晰；从《森林法》《草原法》等单行立法来看，其规定也不尽详明、一致。

从实践情况来看，相关机构在自然资源管理方面，还存在身份混同的乱象：一方面，地方政府基于政绩、部门利益等，强调以所有者身份对自然资源进行开发利用，甚至对民众使用全民所有的自然资源收取高价使用费；另一方面，政府主体则以不便介入民事关系为由，疏于自然资源的养护、培育，规避所有者义务，怠于行使自然资源损害救济权利，鲜少以赔偿权利人身份提起自然资源损害赔偿诉讼。自然资源国家所有权俨然衍生成地方政府趋利避害、根据自身利益自由进出民事关系的工具，这对于自然资源开发利用的有效监管和资源保护极为不利。[1]

---

[1] 张力：" 国家所有权遁入私法：路径与实质"，载《法学研究》2016年第4期，第3~22页。

二、《改革方案》中自然资源的权属界定

再审视《改革方案》的相关规定。在 2015 年之前，我国针对矿藏、水流等自然资源损害，缺乏具体索赔主体的法律规定，因此，中共中央办公厅、国务院办公厅发布《改革试点方案》，赋予了省级、市地级政府作为赔偿权利人。环保部门相关负责人在解读《改革试点方案》时便指出，建立生态环境损害赔偿制度目的之一便是确定生态环境损害赔偿权利人，"弥补制度缺失的需要"。尽管所规定的生态环境损害赔偿诉讼究竟为自然资源国家所有权诉讼，抑或环境公益诉讼，目前仍存争议。[1]但从方案规定来看，自然资源损害救济的主体主要分为两类：其一，省级、市地级人民政府及其指定的相关部门、机构；其二，受国务院委托行使全民所有自然资源资产所有权的部门。

由此，便产生以下问题：一是该两类主体作为自然资源损害救济主体是否恰当？求偿基础分别为何？是基于所有者身份抑或监管者身份？二是如何界定自然资源部与国务院之间，以及分级行使所有权的地方机构与自然资源部、国务院之间的法律关系，是行政授权，抑或是民事代理？三是集体所有自然资源受到损害时，由谁提起诉讼？如何进行保障？四是不可纳入自然资源国家所有范畴的大气、生态服务系统等损害应如何进行救济？五是各类救济主体的救济范围、途径和方式分别为何？是否还存在其他救济主体，其救济路径与方式又为何？等。此等问题，均有待法律进一步明确。

据此，下文将以各类自然资源的权利归属为分类标准，以所有者与监管者的区分为研究视角，对全民所有、集体所有以及无法纳入财产权范畴的自然资源的保护与损害救济问题进行研究，以为我国自然资源的全面保护提供法律依据。

---

[1] 参见焦艳鹏："自然资源的多元价值与国家所有的法律实现——对宪法第 9 条的体系性解读"，载《法制与社会发展》2017 年第 1 期，第 128~141 页；王金南等："加快建立生态环境损害赔偿制度体系"，载《环境保护》2016 年第 2 期，第 26~29 页；肖国兴："利益交错中的环境公益诉讼原理"，载《中国人民大学学报》2016 年第 2 期，第 14~22 页；王小钢："生态环境损害赔偿诉讼的公共信托理论阐释——自然资源国家所有和公共信托环境权益的二维构造"，载《法学论坛》2018 年第 6 期，第 32~38 页；陈海嵩："生态环境损害赔偿制度的反思与重构——宪法解释的视角"，载《东方法学》2018 年第 6 期，第 20~27 页；王旭光："论生态环境损害赔偿诉讼的若干基本关系"，载《法律适用》2019 年第 21 期，第 11~22 页等。

第二节　全民所有自然资源损害赔偿主体的认定

自然资源是人类生存与生活的基础和保障，本质上应归属"全民所有"。我国《宪法》第9条第1款确立的是双重所有制，即实质上全民所有，法律上国家所有。其目的在于赋予国家对全民所有自然资源的使用、管理与保护职责，以克服自然资源领域广泛存在的产权不清晰、负外部性等市场失灵问题。[1] 关于宪法上的自然资源"双重所有"，应从公共信托的角度去解读，公共信托理论本质上是抽象的法律拟制，即由于全民无法直接行使相关所有权，故全民作为委托人将其对自然资源拥有的权益委托给国家，国家作为受托人对自然资源进行使用、管理和维护。但财产信托下的国家所有权行使，必须以实现公众利益为依归，而不是满足作为所有权人的国家的"私利"。

近年来，我国实施自然资源管理体制改革，改革的重要任务即是对自然资源资产实行统一管理，《建立国家公园体制总体方案》（2017年）指出，应当确保全民所有的自然资源资产占主体地位。《关于建立以国家公园为主体的自然保护地体系的指导意见》（2019年）也强调："……确立国家公园在维护国家生态安全关键区域中的首要地位，确保国家公园在保护最珍贵、最重要生物多样性集中分布区中的主导地位，确定国家公园保护价值和生态功能在全国自然保护地体系中的主体地位。……""……对划入各类自然保护地内的集体所有土地及其附属资源，按照依法、自愿、有偿的原则，探索通过租赁、置换、赎买、合作等方式维护产权人权益，实现多元化保护。"从实践情况来看，针对当前森林、湿地、草原等集体土地面积比例高、管理难度大等问题，部分地区也积极采取了征收、租赁、合作等多种方式，将自然资源从集体所有变更为国家所有或国家"实际控制"，以确保全民所有的自然资源资产占主体地位，发挥政府在规划、保护、建设及监管等方面的主体作用。因此，无论是从当前自然资源数量持有比例来看，还是从立法的发展趋势来看，自然资源的"全民所有"或"国家实际控制"都是占据了主体地位。由此，如何分配这些自然资源在保护、利用、管理和救济过程中的权利义务关系，便成

---

[1] 参见王克稳："自然资源国家所有权的性质反思与制度重构"，载《中外法学》2019年第3期，第626~647页。

为立法的重点所在。

要理清楚全民所有自然资源资产的行使机制与损害救济路径，首先必须对我国现行全民所有自然资源损害救济方式及缺陷有清晰的认识；再者需要直面"国家所有权性质"这一理论难题，确定国家所有权的法律性质与基本内涵，在此基础上，才有可能对我国自然资源管理体制的建构以及全民所有自然资源损害救济路径的设计提出科学的解决方案。

一、现行全民所有自然资源损害救济方式及缺陷

关于我国自然资源损害的救济主体、客体范围以及救济途径等，相关自然资源或环境单行立法规定不尽详备。现以《森林法》《草原法》等法律规范为分析样本，分析我国各类自然资源在遭受污染或破坏情形时，现有法律规范的表征缺陷与制度根由。

（一）我国自然资源损害救济的规范解读

揆诸我国自然资源损害救济的相关立法，主要存在以下几方面的问题：

（1）自然资源损害救济的客体范围不明确。针对自然资源损害，可救济的范围是仅包括自然资源本身（如渔业生物资源），抑或包括与之相关的生态环境或生态系统，现有各类自然资源相关立法的规定并不明确。例如，《矿产资源法》《草原法》等并没有明确相应自然资源救济的客体范围，仅笼统规定针对各类污染或破坏行为可采取限期治理、代为治理、消除污染或承担赔偿责任等措施。相较而言，海洋资源相关立法对海洋资源损害的救济范围进行了明确的规定，如《海洋环境保护法》第96条、第114条规定，海洋资源损害救济的范围包括珊瑚礁、红树林等海洋生态系统，海洋水产资源，海洋保护区；最高人民法院发布的《关于审理海洋自然资源与生态环境损害赔偿纠纷案件若干问题的规定》（以下简称《海洋自然资源和生态环境损害赔偿司法解释》）第2条、《海洋生态损害国家损失索赔办法》第3条则将损害客体明确为海洋自然资源（生物资源）与生态环境（海洋环境容量）等。

（2）自然资源损害救济的主体规定不一致。由于自然资源损害救济客体范围不清晰，导致自然资源损害救济主体规则凌乱。譬如，针对破坏自然资源的行为，《土地管理法》规定由县级以上人民政府自然资源主管部门、农业农村主管部门采取责令改正或罚款等手段予以规制；《水污染防治法》第85条规定由县级以上地方人民政府环境保护主管部门进行监督管理；而《海洋

自然资源和生态环境损害赔偿司法解释》第 3 条则规定由海洋、海事、渔业等行使海洋环境监督管理权的机关，依据其职能分工采取相应措施。从现有规范中，我们无法分辨出这些救济主体究竟是以自然资源管理者身份，还是所有者身份，抑或兼具两种身份进行相应的自然资源损害救济。

（3）自然资源损害救济的方式、路径不明。各类自然资源损害救济主体的权力/权利来源或请求权基础不明确，致使自然资源损害救济的方式和路径不明。总体而言，一方面，以往立法倾向于运用行政命令、处罚等手段对自然资源损害进行救济，而相对忽略磋商、诉讼等手段的应用，比如《土地管理法》《草原法》中并无相关的诉讼救济规则[1]。另一方面，从修法实践来看，立法机关又倾向于扭转这种状态，规定破坏自然资源造成损害的，可依法提起诉讼。例如，《森林法》第 68 条、《土壤污染防治法》第 97 条规定"……造成生态环境损害的……可依法提起诉讼……"，至于该类诉讼性质为何，法律尚未明确；2019 年公布的《矿产资源法（修订草案）》第 45 条则将此类诉讼直接明确为生态环境损害赔偿诉讼。然而，目前关于生态环境损害赔偿诉讼，究竟为自然资源国家所有权诉讼，抑或是环境公益诉讼中的一种，仍无定论。对此，《海洋自然资源和生态环境损害赔偿司法解释》第 3 条没有采用"国家利益诉讼"抑或"生态环境损害赔偿诉讼"等表述语词，而是采用"海洋自然资源与生态环境损害赔偿诉讼"这种模糊的表述方式。

（二）自然资源损害救济失范的制度根由

回溯当前我国全民所有自然资源损害救济实践中存在的上述问题，除立法技术等因素外，其根本原因仍在于自然资源国家所有权的性质界定不清、自然资源资产产权行使机制不健全。一则，自然资源国家所有权的性质界定，对于自然资源损害救济制度的建立健全至关重要，但目前各界对于自然资源国家所有权究为一种民事权利抑或监管权力，存在诸多争议。不同的性质认定，将导向不同的制度设计。例如，若将自然资源国家所有权认定为一种民事权利，则自然资源损害的救济主体应为法律所确认的所有权主体或其授权主体，救济方式也主要是通过与责任方进行赔偿磋商或向人民法院起诉，而非运用行政手段予以规制。相应的，若将其认定为一种行政监管权，则政府

---

[1] 张璐：《自然资源损害救济机制类型化研究——以权利与损害的逻辑关系为基础》，法律出版社 2015 年版，第 54 页。

及其相关部门应根据自然资源损害实际状况，及时发出行政命令或行政处罚等予以救济。二则，尽管学界已从法学、管理学、经济学等不同学科对自然资源国家所有权的性质、国有自然资源管理体制改革等进行了诸多论述，但鲜有对国有自然资源资产产权行使主体之间的法律关系进行界定，譬如，如何界定自然资源部与国务院之间，以及分级行使所有权的地方机构与自然资源部、国务院之间的关系？民众如何对自然资源行使主体形成有效制约？中央与地方自然资源国家所有权行使主体因过错造成自然资源资产损失，对谁承担何种法律责任，是公法责任还是民事违约责任抑或侵权责任？这些问题直接关系到权力/权利的权能与行使方式，也关系到自然资源国家所有权的有效实现，但被湮没在我国一贯的以行政权为主导的国有自然资源管理体制中，隐而不彰。

二、自然资源国家所有权的性质界定与公益约束

自然资源国家所有权的性质界定是全民所有自然资源损害救济制度设计的先决条件，只有首先明确了自然资源损害救济的权利基础，才能确定相应的救济规则。对此，笔者认为，自然资源国家所有权在性质上应界定为民事权利，以促进自然资源经济价值的市场化利用，同时，基于国家与全民之间的公共信托关系，也应对自然资源国家所有权科以公益约束。

（一）自然资源国家所有权的私权定位

由所有制层面的"国家所有"转变为法权层面的"国家所有权"时，究竟是私权还是公权，学界争议很大，至今未有定论[1]。笔者认为，各类学说观点体现了自然资源国家所有权的多重面向，均有其道理，但是对某一权利进行性质界定时，并不是单纯为了界定而界定，而是为了对权利内容及行使等进行塑造，实现制度目的。因此，界定自然资源国家所有权的性质，应遵

---

[1] 归结起来，主要有公权力说、私权说、双阶构造说、资格说等观点。参见巩固："自然资源国家所有权公权说"，载《法学研究》2013年第4期，第19~34页；王旭："论自然资源国家所有权的宪法规制功能"，载《中国法学》2013年第6期，第5~19页；肖泽晟："宪法意义上的国家所有权"，载《法学》2014年第5期，第28~34页；马俊驹："国家所有权的基本理论和立法结构探讨"，载《中国法学》2011年第4期，第89~102页；程雪阳："中国宪法上国家所有的规范含义"，载《法学研究》2015年第4期，第105~126页；单平基、彭诚信："'国家所有权'研究的民法学争点"，载《交大法学》2015年第2期，第34~58页；税兵："自然资源国家所有权双阶构造说"，载《法学研究》2013年第4期，第4~18页；王涌："自然资源国家所有权三层结构说"，载《法学研究》2013年第3期，第48~61页等。

循"制度目的-制度设计"的逻辑思路,即首先把握创设自然资源国家所有或国家所有权的目的:其一,借助产权制度等多种工具,优化资源的配置,发挥自然资源的利用价值、经济效益;其二,为全民的利益而管理、维护自然资源,使之免遭侵害侵占,实现民享民用。基于这一制度目的,在解释论上宜将自然资源国家所有权定性为民事权利。

(1) 国家所有权是《民法典》上明确规定的物权类型,而且权利内容为自然资源的归属与利用关系,属于民法的调整对象,自然应当是民事权利。《宪法》虽然也对国家所有进行了规定,但不能就此认为国家所有权是宪法或公法上的权利/权力。我国《宪法》除了规定自然资源国家所有外,还规定了公民的财产权、企业的自主经营权,意在宣示这些权利受宪法保护,并不意味着这些权利是宪法或公法上的权利/权力。自然资源国家所有权与其他所有权存有差异,这并不足以否定其民法所有权的性质[1]。其以自然资源为客体,以占有、使用、收益、处分等为权能,具备民法所有权的基本内容。而且立足于所有权定性,可以为自然资源损害救济提供物权请求权、侵权请求权等路径,结合自然资源损害赔偿诉讼达到救济目的。

(2) 将自然资源国家所有权定性为民事权利,能够通过市场机制实现优化配置,最大程度地实现自然资源的经济效益。中共中央、国务院《关于统筹推进自然资源资产产权制度改革的指导意见》指出,"坚持物权法定……","……发挥市场配置资源的决定性作用,努力提升自然资源要素市场化配置水平"。清晰、确定的自然资源产权能够降低交易费用,促进交易的达成。一个有效的产权规则需要具备两个基本条件:"一是,相关各方必须拥有信息和正确的模型,以使他们能准确地评估结果;二是,相关各方要有平等参与决策过程的权利。但即使是历史上那些最有利于形成有效率的政治决策的制度框架,也无法近似地满足这两个条件。"[2]政治机构或者公权力制定、实施自然资源交易规则,必然导致产权缺少效率,"就算是能设计出有效率的产权,其监督或实施的成本通常还是很高的"[3]。换言之,自然资源的开发利用由计划

---

[1] 崔建远:"自然资源国家所有权的定位及完善",载《法学研究》2013年第4期,第68页。
[2] [美]道格拉斯·C.诺斯:《制度、制度变迁与经济绩效》,杭行译,格致出版社、上海三联书店、上海人民出版社2008年版,第151页。
[3] [美]道格拉斯·C.诺斯:《制度、制度变迁与经济绩效》,杭行译,格致出版社、上海三联书店、上海人民出版社2008年版,第151页。

走向市场不可避免,若通过公权力配置、利用自然资源,不仅效率低下、浪费严重,而且容易出现权力滥用的风险。[1]

(3)绝大部分的自然资源均同时具有经济、生态等多重价值,反对将自然资源国家所有权定性为私权的学者,主要是基于避免自然资源的过分市场化所带来的国家趋利化,防止自然资源无序、过度利用并引发生态环境破坏,背离全民利益和公共目的,故而意图通过将该权利定性为公权力以加强对自然资源利用的监管。这一考量有其合理性,但没有必要通过将国家所有权定位为公权来实现这一目的。原因在于,无论自然资源国家所有权是公权还是私权,国家都可以对自然资源的开发利用进行监管,国家进行监管也无须以"国家所有"为前提。[2]在私权的定位之下,也可以通过对国家所有权的权能设置限制,例如限制收益和处分权能,增设公共地役权作为权利负担等来维护自然资源的生态利益价值,实现自然资源国家所有权与全民利益的契合。

(二)自然资源国家所有权的公益约束

若将自然资源国家所有权界定为民事权利,基于意思自治、权利本位等规范立场,自然资源国家所有权是否以及在多大程度上体现公益目标,引起诸多争论。[3]笔者认为,所有权制度"不是超越时间、空间的纯粹理性作品,而是与特定时空相连的时代产物,反映着法律制定之时的特定时代背景和时代需求"。[4]因此,在以多元性、或然性、解构性等为特征的后现代法治时期,所有权制度必须超越纯粹个人主义的自治观或契约观,以对公益问题进行关切,这是民法规范回应现实需求,从自治性、纯粹性转向开放性、融合性的必经之路。

从规范基础角度观之,公共信托理论能够为我国自然资源国家所有权的公益约束提供法理依据。公共信托制度缘起于英美法,最早用于解决水域的管理,后来美国将其发展、扩大,适用于所有自然资源。公共信托关系由委

---

[1] 李忠夏:"'国家所有'的宪法规范分析——以'国有财产'和'自然资源国家所有'的类型分析为例",载《交大法学》2015年第2期,第23页。

[2] 参见瞿灵敏:"如何理解'国家所有'?——基于对宪法第9、10条为研究对象的文献评析",载《法制与社会发展》2016年第5期,第107页。

[3] 参见吕忠梅课题组等:"'绿色原则'在民法典中的贯彻论纲",载《中国法学》2018年第1期,第5页。

[4] 于飞:"认真地对待《民法总则》第一章'基本规定'",载《中国高校社会科学》2017第5期,第78页。

托人、受托人、受益人和作为客体的自然资源共同构成,其中全体民众是委托人,政府或者国家是受托人,全体民众将自然资源委托给国家或政府,国家或政府取得自然资源的所有权,其管理和处分自然资源应当以当代和后代的所有民众受益为目的。[1]国家或政府在对自然资源进行配置和管理的过程中存在潜在的风险,即"政府腐败的本质,是为个人利益而利用国家权力处分公共资产",[2]并且作为行动者的政府也倾向于将有效性要素作为行为选择的优先标准,譬如决策工具是否有利于自然资源的管理、能否带来利益最大化等,在此思维引导下,政府往往会忽略自然资源的生态价值而过分追逐其经济价值,从而损害公共利益。[3]而公共信托关系恰恰能够以全民受益为目的约束国家所有权的行使,在自然资源管理与利用中,要求国家平衡经济价值和生态价值,实现自然资源的价值最大化,[4]同时排除其他相冲突的利益,尤其是政府的"私利",防止国家所有权退化成民法上一般的个人所有权,被直接控制人"趁虚而入""监守自盗"[5]。再者,我国《宪法》和《民法典》将自然资源权属规定为"国家所有"和"全民所有"双重所有权,将其在法律上解释为公共信托关系,也契合"国家的形式所有权、全民的实质所有权"构造,[6]有观点对此质疑,认为我国物权法主要采德国法体系,而公共信托则属于美国财产法,引入的话将导致体系上的不伦不类。[7]其实这一担忧是多余的,我国物权法虽然主要借鉴了德国法模式,但是在整体立法和具体制度设计上还借鉴了英美财产法、俄罗斯民法等经验,例如英美财产法中的土地保有制度对我国建设用地使用权制度具有直接影响,我国合同法受

---

[1] Barton H. Thompson, "The public trust doctrine: a conservative reconstruction & defense", *Southeastern Environmental Law Journal*, Vol. 15, No. 1, (2006), p. 47.

[2] Gerald Torres, "Who owns the sky?", *Pace Environmental Law Review*, Vol. 18, No. 2, (2001), p. 227.

[3] [德]尤尔根·哈贝马斯:《交往行为理论(第一卷):行为合理性与社会合理化》,曹卫东译,上海人民出版社2004版,第167页。

[4] 参见王灵波:"公共信托理论在美国自然资源配置中的作用及启示",载《苏州大学学报(哲学社会科学版)》2018年第1期,第59页。

[5] 张力:"国家所有权遁入私法:路径与实质",载《法学研究》2016年第4期,第10页。

[6] 参见王克稳:"论自然资源国家所有权的法律创设",载《苏州大学学报(法学版)》2014年第3期,第92页。

[7] 参见谢海定:"国家所有的法律表达及其解释",载《中国法学》2016年第2期,第102页。

英美法及国际公约的影响更大。[1]正是在英美法的影响下，我国已经制定了《信托法》，由此一来，以公共信托关系界定国家与全民的关系，存在一定的实证法基础。

综上所述，由于自然资源大多兼有经济属性和生态属性，不但可以提供具有财产价值的天然资源而承载着经济性环境公益，还具有净化环境、保持水土、调节气候等生态服务功能，承载着生态性环境公益。[2]因此，若不对国家所有权行使进行一定的公益约束，将无法破解自然资源的社会公平、生态保护等公共利益诉求问题，而纯粹的公权路径也无法为自然资源的资本化、市场化提供理论框架。这一双重制度目的的实现，必须以私法规范和公法规范的协同融合为基础。[3]换言之，尽管所有权的排他性、对抗性及其所承载的意思自治等一直被奉为民事权利的精神内核，但在"坚持节约资源和保护环境的基本国策，像对待生命一样对待生态环境"[4]的社会背景下，所有权制度规范必须回应生态环境保护需求，在权利行使中进行公益约束。对此，笔者认为，自然资源国家所有权的公益约束可以从以下维度进行展开：

（1）应在民法规范中明确自然资源国家所有权行使主体资源保护的具体义务。自然资源在民法秩序中主要被视为"物"或"财产"，而在《民法典》物权编中却缺乏对自然资源物权的公益约束，要缓和"财产权保护绝对化"的状况。一方面，要从制度目的角度出发，在物权编增加公益保护的目的条款，即将物权编第205条修正为"本编调整因物的归属和利用产生的民事关系，保护权利人的物权，实现资源环境的永续利用和社会的可持续发展"。另一方面，则需要对相关法律条文进行修改，确保资源保护的要求能够贯穿于所有权行使的全过程，如在第207条增加一款，规定"物权的取得、行使和抛弃，应当遵守法律，有利于节约资源，不得损害公共利益和他人合法权益，

---

[1] 参见余能斌："我国物权立法借鉴的理性选择与反思——兼对《物权法（草案）》的回应"，载《环球法律评论》2006年第1期，第23页。

[2] 参见杨朝霞：《生态文明观的法律表达——第三代环境法的生成》，中国政法大学出版社2019年版，第273~285页。

[3] 参见徐以祥、杨昌彪："生态文明理念下自然资源国家所有的物权法表达"，载《中国矿业大学学报（社会科学版）》2020年第6期，第28页。

[4] 《决胜全面建成小康社会 夺取新时代中国特色社会主义伟大胜利》（2017年）。

不得损害生态环境"。[1]同时,对于公益性质较强的自然资源(国家公园、湿地等),在所有权权能限制方面,还应设置比经营性自然资源(如矿产、石油等)更为严格的权利行使规则,以达到物权利用与生态保护的双向平衡。再者,还应对合同编规则进行绿色改造,从合同效力、履行和解释制度上直接体现对自然资源保护的要求,例如,涉及自然资源交易合同时,合同的履行应当"有利于节约资源、污染减少及生态保护";当事人对合同条款的理解有争议的,应当按照合同的目的、交易习惯以及"有利于节约资源、保护生态环境"的要求进行解释,并明确污染和破坏自然资源的合同效力将产生瑕疵或无效等。此外,还可以在合同编的有名合同部分增加资源权合同,通过对矿业权、渔业权、取水权等资源权合同的合同标的、主体和内容的特殊规定,从而达到在物权利用的源头减少自然资源损害的作用。[2]

(2)应在《森林法》《草原法》《海洋环境保护法》《湿地保护法》等自然资源单行立法当中明确自然资源保护的客体,不仅应包括森林、海洋等资源的经济价值(如林木、鱼类生物的经济价值),而且应包括各类资源相连的生态服务价值和环境容量价值(如森林净化、海洋容量价值等),并细化自然资源国家所有人在自然资源资产管理过程中为促进资产保值增值、公益共享的作为/不作为义务等,确定违反义务后所应承担的法律后果。以《森林法》为例,未来修法时,应进一步明确和细化"森林资源"的法学定义,不仅包括森林、林木的市场利用价值,还应包括森林生态服务价值(如水源涵养、纳污净化、防风固沙、气候调节等),并将其纳入法律保护的范围;明确国家所有的森林资源的经营使用、出租、作价出资等,必须以森林资产的保值增值、有效利用为目的,确保森林资源的可持续生产和高效利用;破坏森林资源及其生态环境的,不仅应承担私法上的赔偿、修复等侵权责任,还应承担公法上的行政、刑事责任。

(3)针对关涉公共利益的自然资源损害,应在立法中明确法律救济的主体、途径和方式。我国目前自然资源损害救济状况不佳,一方面是由于前文所指出的自然资源损害救济客体范围不清,导致自然资源损害救济不到位,

---

[1] 巩固:"民法典物权编'绿色化'构想",载《法律科学(西北政法大学学报)》2018年第6期,第116页。

[2] 刘长兴:"论'绿色原则'在民法典合同编的实现",载《法律科学(西北政法大学学报)》2018年第6期,第131页。

效果甚微；另一方面则主要是因为我国缺乏科学、明晰的自然资源资产产权行使机制，致使相关主体在自然资源救济中出现错位、漏位等问题。因此，要实现自然资源的全面保护，就必须建构起产权明晰、分工明确的自然资源资产产权行使机制，明确自然资源部及其相关部门在自然资源保护与救济中的权力／权利与职责／义务（下文将对此详细分析，在此不作赘述），确保在发生自然资源损害时，能够提供充分的救济路径。

三、所有者与监管者相区分的自然资源管理体制

回顾当前关于自然资源损害救济的众多争论，其根源之一便在于政府部门所有者与监管者身份混同的问题，要建构自然资源损害救济体系，最为优先的步骤便是对政府及其相关部门的职能进行解构和有效安排，在此基础上，再进行自然资源损害救济制度的科学设计。

（一）组建自然资源资产管理委员会代表国家行使所有权

检视现行立法，《宪法》第9条仅规定了自然资源的所有权主体，未规定行使主体，后来《土地管理法》《草原法》《水法》等资源管理单行立法规定土地、草原、水流等资源的所有权由国务院代表国家行使。《民法典》第246条在此基础上也确认了国务院代表国家行使自然资源国家所有权。尽管在应然层面，国务院代表国家行使自然资源所有权具有现行法上的依据，但在实践中却面临现实困境。一方面，我国自然资源种类繁多、分布广泛、数量丰富，国务院不可能在事实上行使全部的所有权，还需要依托国务院各部委或地方政府部门实际行使。在我国实践中，即便未经国务院授权、委托，自然资源往往也被各地政府实际控制、利用，国务院的代表者身份实际上已被分解、架空。另一方面，根据《矿产资源法》《森林法》等自然资源单行立法，国务院的法定职责十分有限，主要集中于制定相关行政法规或规范性文件、协调地区间自然资源争议以及部分行政许可等事项。[1] 也正因如此，在国务院机构改革和自然资源管理体制改革中，国务院组建了自然资源部，由其统一行使自然资源所有权。但是这一改组引发了新的问题，即是否违背了所有者与监管者分开的改革思路。

---

[1] 参见林彦："自然资源国家所有权的行使主体——以立法为中心的考察"，载《交大法学》2015年第2期，第29页。

当政府权力与所有权紧密结合时,权力会借助所有权的外衣攫取私利且难以制约,进而导致所有权发生异化。因此,为避免权利异化以及人为割裂自然资源造成的职能交叉重复等问题,《生态文明体制改革总体方案》指出,要秉承"所有者和监管者分离""一件事情由一个部门负责"的总体原则进行机构改革。目前我国自然资源资产管理体制改革的一项重点任务便是理顺该领域中政府与市场的关系,避免政府既当"裁判员",又当"运动员"。[1]在2018年国务院机构改革中,自然资源部的组建便在自然资源管理体制改革上作出了重要探索。然而这一措施的意义主要是将分散在各部门的自然资源所有权实际行使职能(例如水利部门、森林管理部门等)集中于自然资源部,实现所有权行使的统一,并未实现监管者与所有者分开的改革目的。根据《国务院机构改革方案》,自然资源部不仅要履行全民所有的各类自然资源所有者职责,同时还肩负对自然资源开发利用和保护的监管,建立空间规划体系并监督实施的职责。后者本来就是原国土资源部的主要职责,本次机构改革为其新增了所有者职责,明显不符合"所有者和监管者分开"的改革方案。[2]即便所有权行使职责由自然资源所有者权益司承担,其他司负责自然资源的监管,但是这种在同一机构下的相对独立是无法起到有效的权利/权力分离的。

自然资源的管理可以分为所有权意义上的管理和监管权意义上的管理,而我国目前体制中往往混淆了两种管理,相关主管部门时而作为所有者在管理某类资源的开发利用,时而作为监管者对相关市场主体资质、开发利用过程中的违法违规行为等进行规制。实际上,两种管理存在很大差异,在所有权意义上的管理,应立足于民法关于占有、使用、收益和处分等权能以及市场交易规则的规定,进行所有权的行使,例如矿业权的出让、土地的租赁等,此时所有权行使主体与市场相对人是平等的民事主体,不存在管理与被管理的垂直关系;监管权意义上的管理,则是立足于生态保护、环境污染治理、税收征收等国家利益和公共利益,在空间规划、环境监测、主体资质、违法违规行为查处等方面对自然资源开发利用的各方主体进行公法上的监管。据此,推进生态文明体制改革,应进一步落实所有者与监管者分开的原则,由

---

[1] 参见黄小虎:"把所有者和管理者分开——谈对推进自然资源管理改革的几点认识",载《红旗文稿》2014年第5期,第22页。

[2] 参见王克稳:"完善我国自然资源国家所有权主体制度的思考",载《江苏行政学院学报》2019年第1期,第126页。

此具有以下两种可行的方案：

其一，在自然资源部下设立国家自然资源资产管理局。其二，剥离自然资源部关于自然资源所有权行使的职能，在中央层面成立独立于自然资源部的国家自然资源资产管理委员会，在地方成立地方自然资源资产管理委员会，自然资源部则专门做好一件事：对自然资源开发利用、保护等方面的监督管理。[1]比较而言，第一种方案实际上与目前在自然资源部下设自然资源所有者权益司并无实质差异，依然难以避免所有权行使被监管权侵蚀的问题，无法独善其身。相较之下，第二种方案更为妥适。成立自然资源资产管理委员会，代表国家行使占有、使用、收益和处分等所有权权能，如许可、出资、转包等，并负责自然资源的保值增值，并可以作为自然资源所有者身份，对自然资源损害提起诉讼，或者通过其他方式救济、保护自然资源。其行使所有权对全国/地方人民代表大会负责，接受全国/地方人民代表大会监督，在组成人员上可以吸收行业专家、社会公众等，也可以在具体行使所有权时设置公众参与机制、专家论证机制等，以维持国家所有权行使的民主性、科学性。此外，自然资源资产管理委员会行使所有权还应受自然资源部的监督。如此一来，自然资源资产管理委员会行使所有权意义上的管理职能，包括开发利用、管护、处分、收益等内容；自然资源部则行使行政监管意义上的管理职能，包括规划、用途管制及对开发利用行为合理合法的监管等。

在实践中，不论是国务院，抑或是自然资源部、自然资源资产管理委员会，实际上都无法对我国庞大的自然资源统一行使所有权。《生态文明体制改革总体方案》提出"……研究实行中央和地方政府分级代理行使所有权职责的体制……"。至于如何构建央地分级行使机制，有观点认为对关系国家经济、生态和国防等重要的自然资源资产，由中央直接行使，其他自然资源可以委托给地方政府行使。[2]也有观点认为，各级地方政府可以参照中央设立地方的自然资源资产管理机构，受地方政府和国家自然资源资产管理委员会"双重

---

[1] 参见常纪文："国有自然资源资产管理体制改革的建议与思考"，载《中国环境管理》2019年第1期，第15页。
[2] 参见苏利阳等："分级行使全民所有自然资源资产所有权的改革方案研究"，载《环境保护》2017年第17期，第35页。

领导"。[1]笔者认为,与中央层面相对应,应在地方层面设置独立于政府自然资源监管部门的区域性自然资源资产管理委员会。不以行政区划为标准,而以分布情况设置跨行政区划的区域性资产管理委员会的优势有二:一是,可以在一定程度上避免地方政府的干预;二是,有利于自然资源的整体管理与开发利用,避免不同行政地区之间因维护费用、管护体制差异而导致保护缺失、矛盾或纠纷。目前我国已经建立起长江、黄河、淮河、海河等七大流域管理局,以及三江源国有自然资源资产管理局、东北虎豹国家公园国有自然资源资产管理局等,可以为今后设置国家/地方自然资源资产管理委员会提供切实的实践样本。[2]

(二) 中央与地方行使所有权的关系:分别代表而非分级代理

《关于统筹推进自然资源资产产权制度改革的指导意见》指出,探索建立委托省级和市(地)级政府代理行使自然资源资产所有权的资源清单和监督管理制度,《自然资源统一确权登记暂行办法》第10条也使用了"……中央委托相关部门、地方政府代理行使所有权的……"的表述,意在表明中央与地方政府之间构成委托代理关系。也有观点认为,中央与地方行使主体之间是"授权"关系。[3]笔者认为,"授权"既可能是公法层面上级机关对下级机关的权力授予,也可能是私法层面本人对代理人的授权委托,"委托"也同时包含行政法上的行政委托与民法上的民事委托两种含义。其中的问题是,地方自然资源所有权行使主体与中央自然资源所有权行使主体之间是什么法律关系,是公法上的授权,还是民法上的委托。在解释上,自然资源国家所有权是民事权利,其行使机制原则上亦应遵循民法规则,故应将政策文件中的"授权""委托""代理"等表述理解为民法上的委托代理关系。

然而,将中央与地方行使主体之间的关系塑造为委托代理关系,虽然可以为地方行使自然资源国家所有权提供权利来源,却存在一定的实践困境,最突出的便是责任承担问题。依照民事代理制度,代理人的行为效果由被代

---

[1] 参见周达:"自然资源资产管理领域大部制的目标模式与路径选择",载《商业经济研究》2015年第21期,第118页。

[2] 参见潘佳:"自然资源使用权限制的法规范属性辨析",载《政治与法律》2019年第6期,第132页。

[3] 参见李维明、谷树忠:"自然资源资产管理体制改革之管见",载《中国经济时报》2016年2月19日。

理人承担，在委托代理关系下，地方自然资源资产管理委员会的行为后果将由国家自然资源资产管理委员会承担，因资产管理不当、未尽注意义务所导致的自然资源损害责任等也归于国家自然资源资产管理委员会。这就会导致一个可能的问题：地方自然资源资产管理委员会就某种自然资源进行管理利用时，当地民众难以对其实施监督，更难以进行公众参与，盖因地方自然资源资产管理委员会仅仅是国家自然资源资产管理委员会的代理人，若当地民众想要就自然资源所有权行使进行参与、监督等，应向国家自然资源资产管理委员会作出参与或监督要求，这必然是低效率且难以实现的。地方自然资源资产管理委员会若存在过错而造成损失，应承担的是委托代理关系中的合同责任，应根据合同约定或法律规定承担具体责任，而这一责任内容是模糊而难以确定的。而且有权进行追责的主体是作为合同相对人的国家自然资源资产管理委员会，而非合同之外的公众。此外，在当地自然资源遭受损害时，若地方自然资源资产管理委员会仅为代理人身份，在未取得委托授权时，是无法以所有者身份提起自然资源损害赔偿之诉的。综上所述，将中央与地方的自然资源所有权行使主体之间的关系界定为委托代理关系，并非最优选择。

这一问题的解决，应秉持"制度目的-制度设计"的逻辑思路，自然资源国家所有权行使机制设计的目的是有效管理、保护和开发利用自然资源，同时约束所有权的行使，以维持公共利益和全民受益的目的。以委托代理关系定位央地行使主体之间的关系只能实现前者，难以达成后者。因此，宜以中央和地方"分别直接代表国家"行使自然资源国家所有权，即国家和地方自然资源资产管理委员会均为国家的直接代表者，二者之间不存在委托代理关系。理由有二。其一，基于前文对自然资源国家所有权行使的公益约束，地方自然资源资产管理委员会直接代表国家行使自然资源所有权，将会受到严格的法律约束，不会造成国有资产流失，也不会分解国家所有权或全民所有权。有学者提出中央和地方对自然资源"分别代表、分级所有"，将部分自然资源设定为地方所有。[1]对此观点，本书不予认同。我国《宪法》和《民法典》均已明确规定，除集体所有的之外，自然资源归国家所有即全民所有，在《宪法》和《民法典》未修改的情形下不能将部分自然资源的所有权转移

---

[1] 参见王克稳："论自然资源国家所有权的法律创设"，载《苏州大学学报（法学版）》2014年第3期，第97页。

给地方政府或所谓地方民众。故而，我国的自然资源国家所有权应是统一的，只不过在行使机制上，可以由地方自然资源资产管理委员会代表国家行使部分自然资源的所有权。其二，"分别直接代表"既可以为地方行使部分自然资源所有权提供权源，也有利于实现民众对权利行使的监督制约，能够更全面地实现制度目的。在地方自然资源资产管理委员会行使部分自然资源的所有权时，因为其是国家的代表者，那么民众可以基于其实质所有权人和最终受益人身份参与民主决策、监督，形成"公共信托委托人（民众）──→公共信托受托人（国家）──→国家代表者（地方自然资源资产管理委员会）"的权力制约链条。

四、全民所有自然资源损害救济的路径设计

综上所述，自然资源资产管理应坚持所有者与监管者分开的原则，建立国家/地方自然资源资产管理委员会，"分别直接代表"国家作为所有者行使自然资源所有权，自然资源部及其相关部门则作为监管者行使自然资源行政监管职责。在此权利设计基础上，本书对我国全民所有自然资源损害救济制度作以下安排。

（一）自然资源资产管理委员会的救济路径

作为自然资源国家所有权的行使主体，国家/地方自然资源资产管理委员会分别直接代表国家行使所有权，行使出资、经营、决策、收益等权能，并对全国/地方人民代表大会负责，接受全国/地方人民代表大会监督。若发生自然资源损害情形，国家/地方自然资源资产管理委员会应依据法律规定，及时与责任方进行自然资源损害修复或赔偿磋商，达成修复或赔偿协议，并申请司法确认；若无磋商空间，则国家/地方自然资源资产管理委员会应依据自然资源国家所有权提起自然资源国家所有权诉讼，该诉讼属于民事诉讼范畴。若国家/地方自然资源资产管理委员会怠于追究责任人修复或赔偿责任的，自然资源部等监管部门可依法提出督促履责建议，检察机关也可作为公益监督人提出检察建议；仍不行使权利的，则检察机关/社会组织可提起环境民事公益诉讼以追究违法行为人责任。同时，若国家/地方自然资源资产管理委员会怠于履责，或者未尽注意义务造成自然资源损失，检察机关/社会组织也可以提起行政公益诉讼，追究其法律责任。若国家/地方自然资源资产管理委员与其他组织或个人串通，背离公共利益和全民受益的目的处分自然资源，那么

该行为既可以根据民法归于无效,也可以基于国家与全民之间公共信托关系,由民众通过公益诉讼请求法院撤销该处分行为,并要求行使主体恢复原状或予以赔偿。

(二) 自然资源部及其相关部门的救济路径

与自然资源资产管理委员会主要以所有者身份对自然资源进行管理与救济不同,自然资源部及其相关部门(以下简称"自然资源部门")主要基于行政监管权对自然资源的规划、用途管制以及开发利用行为进行监督管理。依据法律规定,目前我国自然资源部门已拥有广泛的行政职权进行自然资源管理,例如,《水污染防治法》第85条规定,针对水体损害,相关主管部门可责令停止违法行为,限期治理或处以罚款;逾期不采取治理措施的,可代为治理,所需费用由违法者承担。因此,若自然资源部门在监管的过程中,发现他人存在违反自然资源规划、管制用途或不当开发利用行为的,自然资源部门应根据自然资源损害实际状况及时发出行政命令或行政处罚,要求责任方及时采取相应的清理或修复措施。若自然资源部门穷尽自身行政规制措施后仍无法完全救济自然资源损害,此时,自然资源部门应及时将相关损害状况通告国家/地方自然资源资产管理委员会,由国家/地方自然资源资产管理委员会以所有者身份就损害赔偿等问题,进行赔偿磋商或提起自然资源损害赔偿之诉。同样,若自然资源部门怠于履行其行政职责,检察机关可以行使诉前程序,提出检察建议,督促相关主体履行其职能;仍怠于行使职责,则检察机关/环保组织可就其不当作为或不作为依法提起行政公益诉讼。[1]

(三) 自然资源损害救济竞合时的解决方案

针对同一起自然资源损害,自然资源资产管理委员会与自然资源部门存在救济竞合的问题。譬如,针对同一起森林资源损害问题,自然资源资产管理委员会可以以所有者身份对责任人提出修复或赔偿请求,自然资源部门也可以依行政职权对责任人进行行政处罚或发出行政命令,责令责任方进行损害修复等。由此,在修复或赔偿方案上,该两个部门极有可能发生分歧。就此,笔者认为,自然资源损害治理是一项复杂活动,涉及损害事实调查、因果关系分析、损害实物/价值量化等一系列步骤和过程,因此,需要两个部门

---

[1] 关于检察机关和环保组织提起公益诉讼的诉权基础、具体路径等问题,将统一在本章第四节进行论述,在此不做赘述。

与责任方共同进行协商，达成修复方案，以提升修复或赔偿方案的科学性。若各方无法达成共同方案，且修复事态紧急的，自然资源部门可依据行政职权责令责任方及时进行修复；无法修复需要进行赔偿的，则由自然资源资产管理委员会向责任方提出或提起诉讼。若自然资源资产管理委员会或责任方对自然资源部门的监管职权产生异议的，也可以通过诉讼形式进行司法救济。

（四）与现有生态环境损害赔偿制度的衔接

综上所述，"坚持所有者与监管者分开的原则，建立国家/地方自然资源资产管理委员会，分别直接代表国家作为所有者行使自然资源国家所有权，自然资源部门则作为监管者行使自然资源行政监管职责"，是厘清、解决当前自然资源损害救济乱象的最彻底、有效的方案。但从国家组织结构层面来看，"建立国家/地方自然资源资产管理委员会"这一方案关涉众多，若施行还将进行多方论证，是一项长期的法律工程。因此，在正式建立国家/地方自然资源资产管理委员会之前，笔者认为，可由自然资源部门暂代行使自然资源国家所有权，由生态环境部及其相关部门（以下简称"生态环境部门"）暂代行使自然资源监管职责，待国家/地方自然资源资产管理委员会建立后，再按照前述方案，进行权利/权力的移转。

具体而言，第一，自然资源部门暂代行使所有权职责。在正式建立国家/地方自然资源资产管理委员会之前，由自然资源部门以自然资源所有者身份，对全民所有的森林、水流、矿藏、草原等各类自然资源资产统一行使所有权，行使出资、经营、决策、收益等权能；在发生自然资源损害时，自然资源部门应及时与责任方进行赔偿磋商，达成赔偿协议；若无磋商空间，则应以所有者身份提起自然资源国家所有权诉讼。若自然资源部门怠于追究责任或存在违法行为，则检察机关/环保组织可以依法提起环境民事或行政公益诉讼。第二，生态环境部门暂代行使监管权职责。为贯彻"所有者与监管者分开原则"，在自然资源部门暂代行使自然资源国家所有权期间，由生态环境部门以监管者身份对全民所有自然资源的规划、用途管制以及开发利用行为等进行监督管理，并针对违法行为及时行使行政职权，如对违法行为作出停止侵害、责令修复生态环境等行政命令或行政处罚等；当穷尽自身行政规制措施后仍无法完全救济生态环境损害时（如涉及损害赔偿问题），则应及时告知自然资源部门及时提起自然资源国家所有权诉讼；若生态环境部门怠于行使职权，则检察机关/社会组织应及时提起环境民事或行政公益诉讼。[1]

第三节 非全民所有自然资源损害赔偿主体的认定

尽管《建立国家公园体制总体方案》《关于建立以国家公园为主体的自然保护地体系的指导意见》强调，要确保全民所有的自然资源资产占主体地位，但目前部分地区土地、森林、湿地、草原等各类自然资源的集体产权仍占有较高比例。例如，钱江源国家公园试点区总面积252平方公里，国有产权比例仅为20.4%，集体产权比例则高达为79.6%；武夷山国家公园试点区总面积983平方公里，国有产权比例仅为28.7%，集体产权比例则高达71.3%，等等。[2]而根据我国第九次全国森林资源清查（2014年至2018年）结果显示，关于林木权属的统计中，国家所有占37.92%，集体所有占17.75%，个人所有占44.33%。[3]这些地区或领域的自然资源产权比例较高的原因，除历史因素外，还在于大部分农牧民集体对土地、森林、草原等自然资源具有天然的依赖性，农牧民对自然资源的强烈归属感加大了征收自然资源产权的难度。[4]

正是在这种社会背景之下，为缓解强制性征收所带来的负面抵触局面，《关于建立以国家公园为主体的自然保护地体系的指导意见》才特别强调，对于划入各类自然保护地内的集体所有土地及其附属资源，除征收外，应积极探索通过"租赁、置换、赎买、合作等方式"维护产权人权益，实现多元化保护。

2019年中共中央办公厅、国务院办公厅《关于统筹推进自然资源资产产权制度改革的指导意见》，明确农村集体所有自然资源资产由农村集体经济组织代表集体行使所有权，增强对农村集体所有自然资源资产的管理和经营能

---

[1] 李兴宇："生态环境损害赔偿诉讼的类型重塑——以所有权与监管权的区分为视角"，载《行政法学研究》2021年第2期，第134~152页。

[2] 黄宝荣等："我国国家公园体制试点的进展、问题与对策建议"，载《中国科学院院刊》2018年第1期，第78页。

[3] 国家林业和草原局编：《中国森林资源报告（2014—2018）》，中国林业出版社2019年版，第40页。

[4] 秦天宝："论国家公园国有土地占主体地位的实现路径——以地役权为核心的考察"，载《现代法学》2019年第3期，第57页。

力；农村集体经济组织成员对自然资源资产享有合法权益。由此产生出的法律问题便是，在集体自然资源受损时，集体组织是否为唯一的所有权代表主体？在租赁、置换、合作等方式等不改变集体所有性质的前提下，是否还有其他主体可以对集体所有的各类自然资源的保护、利用、监管及救济负责？此外，若集体并未将自然资源交由政府或企事业单位进行管理或使用，在发生自然资源损害时，其救济规则又为何？

笔者认为，针对集体或个人所有的各类自然资源的保护和利用等问题，应区分不同情形，并综合"公益监管""所有权""公益诉权"等多个标准，制定出符合实际的权利/权力主体规则。

一、集体自然资源所有权与使用权分离情形

如前所述，针对大部分试点区存在集体自然资源面积比例高、监督管理难度大，造成生态环境损害后缺乏救济等问题，在国家公园相关立法规范性文件的指引下，目前已有不少试点区探索采用征收、置换、租赁、补偿、签订地役权等方式实现集体所有自然资源的高效保护、合理利用与损害救济等。例如，湖南南山试点区选择2.1万亩林地开展地役权协议试点，在不改变林地权属情况下，政府通过与所有者签订协议，对土地的利用方式、强度进行限制，并进行合理补偿；[1]福建武夷山试点通过购买、租赁、合作经营等方式对九曲溪流域人工商品林进行了收储管理等。[2]那针对此种由集体所有、政府主体采用租赁、合作经营、公共地役权等方式实际使用的自然资源应确定以下损害救济规则。

（一）政府主管部门作为公益监管人的救济路径

若自然资源属于集体所有，政府部门采取租赁、合作经营、公共地役权等方式进行实际使用的，例如，政府通过公共地役权的方式对集体所有的森林、草原或湿地进行统一管理的。此时若发生自然资源本身及其周边生态环境损害，可以由政府相关主管部门（诸如生态环境部门、林业主管部门等），及时对损害自然资源的行为进行行政处理，督促责任人修复受损自然资源及

---

[1] "国家公园体制在多省份试点 成效与目标仍存较大差距"，载 http://news.cnr.cn/native/gd/20170412/t20170412_523703061.shtml，最后访问日期：2024年3月1日。

[2] "福建武夷山：坚守生态红线 守护青山绿水"，http://www.forestry.gov.cn/Zhuanti/content_lqgg/982236.html，最后访问日期：2024年3月1日。

相关生态环境。理由有二：一则，尽管该受损自然资源产权为集体所有，但自然资源除经济利益价值之外，还具有重要的生态价值，尤其是森林、草原、湿地等自然资源对涵养水土、防风固沙、气候调节等有着非常重要的作用，因此，集体所有自然资源的利用与保护关涉公共利益，需要政府相关主管部门对其利用、保护情况进行监督管理，并对违法行为进行及时处理；二则，作为自然资源的实际控制者，政府相关部门对这些集体所有自然资源的性状、数量、使用状况以及保护程度等具有直接的信息来源和优势，且相比于集体组织（集体代表、集体经济组织或村委会），政府相关主管部门在科学技术、人力资源以及财政力量等方面能更大程度上保证作出相对科学、专业的行政决策，并可根据客观情况的复杂多变而灵活应对生态环境损害修复事宜。因此，由政府相关主管部门对政府"实际控制"的集体所有的自然资源进行监管、查处具有相当的合理性。

需要注意的是，尽管政府基于公益监管人，能够对自然资源及其相关生态环境损害作出行政决策或行政处罚，但关涉自然资源的修复问题，应将相关的修复事宜（诸如自然资源损害实物或价值量化、评估报告结果、修复方案制定等一系列事项），及时告知自然资源的所有权主体（如集体组织）和使用权主体（如某自然保护区管理委员会），积极吸纳所有权人或使用权人的意见，确保权利主体对该修复方案的理解或认可，避免针对该修复方案又产生更多争论。

(二) 所有权或使用权人作为民事权利人的救济路径

如上，针对由集体所有、政府主体采用租赁、合作经营、公共地役权等方式实际使用的自然资源，在发生损害时，政府相关主管部门可基于公益监管人身份进行行政命令或处罚，并监督执行修复方案等。但并非所有受损生态均可修复，在无法修复需要进行损害赔偿之情形，行政规制手段即存在其短板，力所不及。此时，也应及时将相关事宜告知集体所有权人和使用权人，各方针对不可修复之损害赔偿问题进行赔偿磋商，无法达成磋商一致意见的，则由所有权人或使用权人针对自然资源的损害赔偿问题提请人民法院进行诉讼，该诉讼性质为自然资源损害赔偿之诉，属于民事诉讼的范畴。

这里需要注意的是，在"集体所有、政府主体采用租赁、合作经营、公共地役权等方式实际使用的"情形，可能存在政府主管部门与自然资源使用权人重合的情形。例如，某集体所有的自然资源被划归为国家公园范畴，但该国家公园并未设立独立的管理机构，而是由当地生态环境或林业部门代为管理。此时，就会存在该主管部门集使用权人与监管者于一身的情况。在理论上，使用权人享有自然资源占有、使用、收益和部分处分等使用权，而监管者则主要负责自然资源的规划、用途管制及对开发利用行为合理合法的监管等。这两类权能在某种程度上存在冲突，若同时集于一身，则很有可能基于经济价值目的而牺牲自然资源的生态价值，不利于对自然资源的保护。而从实践情况来看，据不完全统计，目前我国有16个省（自治区、直辖市）的60个国家级自然保护区没有独立管理机构，有26个省（自治区、直辖市）的114个省级自然保护区没有管理机构。[1] 而即便是建有独立管理机构的保护区，多数自然保护区管理机构也广泛存在集行政、事业和企业职能于一身，政企不分、事企不分的问题，这就为无序开发建设活动埋下了诸多隐患。[2] 因此，仍应按照《生态文明体制改革总体方案》提出的所有权、监管权分离和一件事情由一个部门管要求对各类主体的权利/权力进行有效、合理的分配，确保自然资源损害救济规则的科学化、规范化。

（三）检察院/环保组织作为公益代表人的救济路径

若自然资源政府主管部门、所有权或使用权人均怠于追究责任人修复或赔偿责任的，检察机关也可作为公益监督人提出检察建议；仍不行使权利的，则检察机关/社会组织可提起环境民事公益诉讼以追究违法行为人责任。同时，也可以针对政府主管部门的违法作为或不作为，提起行政公益诉讼，追究其法律责任。

需要注意的是，自然资源所有权人或使用人很有可能与责任人存在重合。例如，造成自然资源或生态环境损害的主体，就是该自然资源的所有者或使用者。此时，因涉及公共利益，自然资源所有者或使用权人并不能以自己是权利主体而当然免除自己的责任。政府主管部门、检察机关或环保组织，仍可针对其损害公共利益的行为，依法作出行政命令/处罚或提起相应的自然资源与生态环境的修复请求。

---

[1] "60个国家级自然保护区没有独立管理机构"，载 https://baijiahao.baidu.com/s?id=1604595893882587180&wfr=spider&for=pc，最后访问日期：2024年3月1日。

[2] "多数自然保护区管理机构政企不分"，载 http://www.npc.gov.cn/zgrdw/npc/cwhhy/12jcwh/2016-07/01/content_1992725.htm，最后访问日期：2024年3月1日。

二、集体自然资源所有权与使用权统一情形

与前述分离情形不同，集体并未将土地、森林、草原等自然资源交由政府或企事业单位进行管理或使用，而是由集体或个人直接经营管理。此时，在发生自然资源损害时，其救济规则又为何？需要注意的是，从实践来看，农村地区除存在盗伐、滥伐森林、践踏草原等破坏集体或个人所有自然资源情形之外，还有很多破坏自然资源的行为乃是集体组织或个人等自然资源权利人所为，比如集体或个人买卖或者以其他形式非法转让林地、草原用于非农业建设，非法占用农用地进行养殖、建设厂房、房屋等。因此，应注意区分不同情形，如若损害是由自然资源权利人（集体或个人）之外的主体造成的，那么集体组织或个人、政府主管部门、检察院或环保组织均可进行相应救济；如若损害本身即是自然资源权利人（集体或个人）非法利用所造成的，此时就需要政府主管部门、检察院或环保组织及时调查损害事实，甄别责任人，避免集体或个人所有自然资源所涉及的公共利益无人救济的状况发生。具体如下。

（一）集体组织或个人作为民事权利人的救济路径

在集体组织或个人直接经营管理自然资源的过程中，发生自然资源或生态环境损害，集体组织或个人可直接针对违法行为提起修复或赔偿请求。修复或赔偿请求范围既应包括自然资源经济价值损失，也应包括生态价值损失。

然而，这种情形之下，关键点在于，集体组织或个人在自然资源损害修复或赔偿请求问题上享有多大的处分权？某些自然资源，如集体组织或个人栽种、培育的防护林，对水源涵养、纳污净化、防风固沙、气候调节等都具有非常重要的作用，因此，其生态价值将远超其经济价值。此时需要注意的便是，避免集体组织或个人仅关注经济利益损失，而忽略生态公益损失。那如何防止这种状况的发生呢？笔者认为，在自然资源损害救济问题上，应始终贯彻一种理念，即"修复"优先于"赔偿"，在可能修复之情形下，责任方必须采取措施修复受损自然资源或生态环境；仅在不可修复之情形下，才涉及赔偿问题。

因此，在该情形之下，集体组织或个人可直接对责任方提起修复请求；责任方不予配合时，政府相关主管部门应及时针对违法行为作出行政命令或处罚，要求责任方履行相关的修复义务；责任方仍不予配合或存在异议的，

集体组织或个人则可提起自然资源损害赔偿之诉。

(二) 政府主管部门作为公益监管人的救济路径

为维护自然资源之公益价值，政府主管部门应在集体组织或个人与责任方之间的赔偿磋商，起到监督管理的作用，避免集体组织或个人忽视或者与责任方串通，背离公共利益和全民受益的目的处分自然资源。这就需要各级政府主管部门清晰掌握本区域内的集体或个人自然资源的利用情况，在发现他人、集体组织或个人存在违反自然资源规划、管制用途或不当开发利用行为的，政府主管部门应根据自然资源损害实际状况及时发出行政命令或行政处罚，要求责任方及时采取相应的清理或修复措施。

若自然资源部门穷尽自身行政规制措施后仍无法完全救济自然资源损害的（譬如在生态环境损害无法修复，或涉及公共利益的期间损害，需要确定赔偿金数额时，仅依靠行政规制措施无法解决赔偿问题），此时，针对纯经济价值损失，可由集体组织或个人与责任方协商解决；涉及公共利益部分的，可以由政府主管部门作为公益之代表提起环境民事公益诉讼予以解决，其诉权基础为《环境保护法》第 6 条，该条明确规定了政府环境质量责任，即地方各级人民政府应当对本行政区域的环境质量负责，故在无法利用行政规制手段处理自然资源损害赔偿问题，基于对国家环境义务的落实，政府部门可以提起环境民事公益诉讼，以寻求司法权的救济。同样，若政府主管部门怠于履行其行政职责，检察机关可以行使诉前程序，提出检察建议，督促相关主体履行其职能；仍怠于行使职责，则检察机关/社会组织可就其不当作为或不作为依法提起行政公益诉讼。

(三) 检察院/社会组织作为公益代表人的救济路径

若存在违法利用自然资源的行为，且自然资源政府主管部门、所有权或使用权人均怠于追究责任人修复或赔偿责任的；或者自然资源损害本身就是权利人（集体或个人）的违法行为所致，而自然资源主管部门怠于行使职权的，此时，检察机关可作为公益监督人提出检察建议；仍不行使权利的，则检察机关/社会组织可提起环境民事公益诉讼以追究违法行为人责任。同时，也可以针对政府主管部门的违法作为或不作为，提起行政公益诉讼，追究其法律责任。

需要注意的是，与自然资源全民所有的代表者（国家/地方自然资源资产管理委员）相比，集体组织/个人，或基于人力物力财力的有限性，或基于公益保护意识的缺乏，并不一定有能力或者意愿提起关涉公共利益的自然资源损害赔偿之诉。因此，检察院/环保组织应为集体或个人所有自然资源的损害救济提供更多的支持或代表公益提起诉讼。从司法实践情况来看，目前检察机关或环保组织更集中于关注诸如"泰州天价案""常州毒地案"等环境污染方面的"大案""要案"，而农村所存在的一些自然资源及生态环境损害案件还未受到广泛关注。2020年12月自然资源部办公厅公布《自然资源部行政处罚事项清单》，该清单显示，目前农村地区存在诸多乱占耕地建房，非法占用基本农田建窑、建房、建坟、挖砂、采石、采矿、取土、堆放固体废弃物或者从事其他活动破坏基本农田的现象，毁坏种植条件，侵占、损坏、损毁矿山生态环境等。因此，未来政府主管部门、检察机关和环保组织还应针对农村地区的自然资源破坏行为给予更多的关注。[1]

第四节 "狭义"生态环境损害索赔主体的认定

自然资源或生态环境损害赔偿的权利/权力主体，一般是指在发生自然资源或生态环境损害时，可以依据法律规定的权利或权力，向行为人或责任人提出自然资源或生态环境损害修复治理或索赔请求的主体。从该定义可以看出，能够提起自然资源或生态环境损害索赔请求的主体，必须是在法律上享有一定权利或权力的主体。然而，并非所有的环境、资源或生态利益均可"权利化"。其至少应同时满足"有用性"与"可控性"两种特征。具体而言，当某种自然客体具有"有用性"（经济、社会或生态价值），且能够为主体所直接或间接利用时，我们可将之称为自然资源，包括气候资源、土地资源、水资源、矿产资源、生物资源、海洋资源和旅游资源等。若该自然资源不仅具有"有用性"特征，还具备"可控性"特征，即不仅具有可预期的利益或价值，且能够为主体所拥有或稳定控制时，则意味着该自然资源具有了进入财产法秩序范畴的可能性，即可在该自然资源之上设立诸如所有权、用益物权等各种权利类型。若该自然资源仅具有"有用性"而不具有"可控性"，则很难将其纳入财产权的范畴。例如，候鸟作为一种生物资源，对人类社会和自然生态系统具有相当的生态价值，却因其迁徙特性而不能在其之上

---

[1] "禁止违背农民意愿搞大拆大建"，载 https://baijiahao.baidu.com/s?id=1653267036973093627&wfr=spider&for=pc，最后访问日期：2024年3月1日；"农村乱占耕地建房典型案例通报"，载 http://www.mnr.gov.cn/dt/ywbb/202103/t20210316_2617246.html，最后访问日期：2024年3月1日。

设定所有权或使用权。可见，并非所有的自然资源都可以权利化。

那针对这些不可权利化自然资源或生态环境客体，如大气、阳光、微生物等生态环境要素和服务功能的损害（本书统称为"狭义"生态环境损害），应如何设置有效的损害救济路径呢？本书认为，前两类损害（全民所有自然资源损害、集体/个人所有自然资源损害）更强调自然资源所有人或使用权人的索赔请求权，在发生自然资源损害时，更多关注权利人诉求，政府相关部门/检察机关/环保组织主要起着监督和补充的作用。而在大气、纯生态服务系统损害情形，因缺乏具体的权利人或权利人代表，此时，政府部门/检察机关/环保组织更应积极参与到自然资源或生态环境损害的救济当中来，即在此情形，主要应交由政府部门进行规制，或由检察机关/环保组织提起公益诉讼予以救济。

一、政府部门作为公益监管人的救济路径

"人们联合成为国家和置身于政府之下的重大的和主要的目的，是互相保护他们的生命、特权和地产。"[1]"社会秩序乃是为其他一切权利提供了基础的一项神圣权利。然而这项权利绝非出于自然，而是建立在约定之上的。"[2]故与自然资源国家所有权基于公共信托理论不同，政府公共环境管理职责来源于社会契约理论。公共信托理论指向财产信托问题，社会契约理论才是主权/行政管理委托之基础。[3]在社会契约理论与权力制衡规则之下，行政与司法有明确的职权分工，即行政机关承担着管理环境公共事务的职责，并基于对管理效率、资源分配以及社会公正等考量，对哪些事项应优先纳入行政管理范围，哪些事项应暂缓或排除在外享有法律授权范围的裁量权；司法权则是采用个案审理的方式，对行政管理中产生的法律争议作出具有约束力的最终裁判。因而，强调生态环境行政管理是政府积极履行我国《宪法》第9条第2款、第26条及第89条第6款所确定的国家环境保护义务、追究生态环境损害责任、实现环境公共利益的应有之义。[4]

---

[1] [英]约翰·洛克：《政府论译注》（下篇），杨宇冠、李立译，中国政法大学出版社2018年版，第182页。

[2] [法]卢梭：《社会契约论》，何兆武译，商务印书馆2003年版，第4页。

[3] 参见程雪阳："中国宪法上国家所有的规范含义"，载《法学研究》2015年第4期，第105~126页。

[4] 参见蒋银华："论国家义务的理论渊源：现代公共性理论"，载《法学评论》2010年第2期，第14~19页。

在大气、纯生态服务系统之上难以设定所有权,因此,针对不可纳入自然资源国家所有范畴的大气、生态服务系统等损害问题。首先,应寻求行政救济,而非越过行政管理直接迈入司法领域。对于大气、生态服务系统等损害问题,政府及其相关部门(如生态环境厅)首先应站在系统性、综合性的高度上对生态环境风险进行总体识别,并对需要进行修复的生态环境损害进行风险排序与分类管控。其次,在确定生态环境损害修复对象之后,行政机关须运用其专业技能与资源优势对修复对象进行鉴定评估,并结合鉴定评估报告,与责任方进行深入、有效的沟通和磋商,在协商合作的环境下,达成对损害事实的认定、评估和量化以及修复目标和方案的确定,并将达成的赔偿协议进行司法确认。若磋商未达成一致的,政府及其相关部门应当根据生态环境损害实际状况及时发出行政命令或行政处罚,要求责任方采取相应的清理或修复措施,而非立即谋求人民法院的介入。若政府穷尽了自身行政规制措施后,仍无法完全救济生态环境损害,譬如在生态环境损害无法修复或涉及期间损害,需要确定赔偿金数额时,仅依靠行政规制措施无法解决赔偿问题。此时,由于《环境保护法》第6条确定了政府环境质量责任,即地方各级人民政府应当对本行政区域的环境质量负责,故在无法利用行政规制手段处理时,基于对国家环境义务的落实,政府及其相关部门才可以提起环境民事公益诉讼,以寻求司法权的救济。[1]当然,若责任方对政府采取的措施持异议态度,也可以要求进行行政复议或提起行政诉讼以解决彼此的纷争。

具体到能够提出索赔请求的政府级别问题,《改革方案》规定的是,国务院可以授权"省级、市地级政府"作为本行政区域内生态环境损害赔偿权利人。从实践情况来看,部分地区正在探索将赔偿权利人向区县延伸。例如,南通、常州等地在实践中充分发挥区县政府及有关部门的作用,鼓励区县生态环境部门开展磋商索赔,以此发挥了基层部门在生态环境损害索赔方面的作用。[2]关于是否需要将生态环境损害索赔权限下放的问题,本书认为,对于影响较大的生态环境损害案件,应保留省、地市级政府的直接索赔权限;

---

〔1〕 赔偿是不能履行法律义务的一种金钱替代,须由司法程序予以确定,而不能由行政机关通过单方行政命令等行政职权行为来进行决定。参见徐以祥:"论生态环境损害的行政命令救济",载《政治与法律》2019年第9期,第82~92页。

〔2〕 章正勇等:"生态环境损害赔偿制度的江苏实践",载《环境保护》2020年第24期,第30~33页。

而对于较小的生态环境损害赔偿案件，可以将区县政府纳入生态环境损害赔偿权利人范围，并明确区县政府生态环境损害赔偿案件受理标准。由区县政府或指定部门直接开展的优点在于可以简化工作流程，调动区县工作积极性，提高工作实效。但在权力下放的同时，也应注意为省、地市级层面的统筹协调、二次磋商等留足空间和余地。

二、检察机关作为公益代表人的救济路径

在自然资源全民所有、集体所有情形下，提起自然资源损害救济的主体首先是所有权主体，仅在所有权主体怠于行使权利，而该权利又关涉公共利益时，由政府主体/检察机关/环保组织等作为补充主体，提出相应的索赔主张。而在大气、纯生态服务系统损害情形，因缺乏所有权主体，因此，政府主体/检察机关/环保组织应在此方面承担更多的公益责任。根据我国《宪法》第134条规定，人民检察院是国家的法律监督机关；而依据最高人民检察院、最高人民法院发布的《关于检察公益诉讼案件适用法律若干问题的解释》（以下简称两高解释）第4条之规定，人民检察院可以以公益诉讼起诉人的身份提起公益诉讼。就此，针对检察机关在公益诉讼中的法律定位，理论界产生分歧。

肯定观点认为，检察机关是特殊的公益诉讼原告，其享有宪法规定的法律监督职能，身份上有一定的特殊性。[1]检察机关在公益诉讼中的身份和地位是双重的：一方面，民事公诉人或行政公诉人属于诉讼中的诉讼主体，享有诉讼当事人所应有的诉讼权利，负有诉讼当事人所应负的诉讼义务；另一方面，民事公诉人或行政公诉人又是诉讼中的监督者，其对公益诉讼的公正高效以及人民法院对公益诉讼的中立客观裁判有权实施法律监督。[2]因此，检察机关在公益诉讼案件中，可同时扮演当事人与法律监督者的角色。

否定观点则认为，法律监督者在履行监督职能时，不可能与作为被监督者的人民法院处于平等的法律地位，何况监督者也不应在被监督事项中拥有自身利益，然而享有民事公诉权的检察机关对其提起的公益诉讼案件，显然

---

[1] 参见肖建国："检察机关提起民事公益诉讼应注意两个问题"，载《人民检察》2015年第14期，第47页。

[2] 汤维建："检察机关提起公益诉讼试点相关问题解析"，载《中国党政干部论坛》2015年第8期，第56页。

有着追求胜诉结果的"自身利益",故检察机关不能身兼诉讼监督的职能,而只能作为公益代表人的民事诉讼当事人。[1]也有观点指出,法律监督职能与公诉职能从法理上来说是相冲突的,若将法律监督行为和诉讼行为混为一体,不仅与诉讼法律关系中诉讼主体之间权利和义务必须相一致的基本原理相悖,造成诉讼理论上的混乱,也会大大降低法律监督机关独立的法律地位。[2]

而从立法实践角度来看,现有的法律规范也呈现出"模棱两可"的态度。一方面,《人民检察院提起公益诉讼试点工作实施办法》(以下简称《实施办法》)和《两高解释》均明确了检察机关的公益诉讼起诉人身份,强调其拥有类似原告主体的法律地位,可"依照民事诉讼法、行政诉讼法享有相应的诉讼权利,履行相应的诉讼义务"。另一方面,又基于公益诉讼事务的特殊性和检察机关的法律监督身份而赋予了其一定的调查职能。根据《实施办法》第33条规定,检察机关享有调阅、复制行政执法卷宗材料等7项调查核实权,以调查核实有关行政机关违法行使职权或者不作为的相关证据及有关情况;并且规定人民检察院调查核实有关情况,行政机关及其他有关单位和个人应当配合。同时,根据《两高解释》第6条规定,人民检察院办理公益诉讼案件,可以向有关行政机关以及其他组织、公民调查收集证据材料;有关行政机关以及其他组织、公民应当配合。随后,2021年《人民检察院公益诉讼办案规则》又进一步明确了检察机关在行政/民事公益诉讼中的立案与调查权限,强化了检察机关在公益诉讼案件中的办案职权与手段。

如此立法安排,使得检察机关的法律属性更加模糊,不免让人产生怀疑:①既然强调检察机关在公益诉讼中的起诉人身份,参照民事诉讼法、行政诉讼法中原告主体享有相应的诉讼权利,履行相应的诉讼义务,那作为"原告",是否也应成为被监督对象,而非监督主体?②调研显示,在检察机关提起行政公益诉讼的试点工作中,行政机关对检察机关的调查取证工作具有抵触情绪,不予配合、故意隐瞒证据的情况时常发生。[3]为了克服该问题,《实施办法》和《两高解释》赋予了检察机关一定的调查取证权,这又是否意味

---

[1] 参见洪浩、邓晓静:"公益诉讼制度实施的若干问题——公益诉讼中检察权的配置",载《法学》2013年第7期,第119页。

[2] 参见郝银钟:"检察权质疑",载《中国人民大学学报》1999年第3期,第72~73页。

[3] 孔祥稳、王玎、余积明:"检察机关提起行政公益诉讼试点工作调研报告",载《行政法学研究》2017第5期,第91页。

着在公益诉讼过程中,检察机关事实上承担着公共利益起诉人和法律监督者双重身份?③考察《人民检察院组织法》,并没有规定检察机关享有公益诉讼调查取证权。检察机关通过《实施办法》和《两高解释》确定自身享有调查取证权,这种以司法文件形式规定的行政机关义务对行政机关具有多大约束力?检察机关是否存在"自我授权"的嫌疑?[1]④面对公益诉讼事务,检察机关是应进一步形塑自身的强制调查权?或将其对行政机关违法行为的调查权写入《人民检察院组织法》?[2]还是回归纯粹的"公益起诉人"身份,避免检察机关自身定位的矛盾,减轻行政机关对检察机关"既当运动员又当裁判员"的抵触和质疑?

本书认为,对检察机关公益诉讼人与法律监督者双重定位的质疑的根本原因在于,担忧检察机关为强化自身公诉利益而滥用法律监督权或调查权,而从当前的国家监察体制改革情况来看,也是基于此番考虑。具体来讲,我国现代检察制度自建立以来,始终以公诉职能为中心事务,除此之外,检察机关还承担着侦查监督、审判监督等一系列法律监督职能。创设检察制度的目的在于,在人民主权的权力结构之下贯彻检察机关与行政机关、监察机关、审判机关、公安机关"分工负责、互相配合、互相制约"的宪法原则,通过发挥检察机关的职能作用,控制警察活动的合法性,实施立案侦查活动监督、审判监督,以保证宪法法律统一正确实施。[3]然而,自我国《刑事诉讼法》多次修改以来,检察机关的职务犯罪侦查权得以强化。[4]"如此一来,却与检察机关的法律监督者地位产生了内在冲突。检察机关侦查权的膨胀势必强化其追诉者立场,继而可能产生权力滥用现象,'谁来监督监督者'成为一个现实的问题。"[5]为了克服这一弊端,2017年《关于在全国各地推开国家监察体制改革试点方案》在认真总结北京市、山西省、浙江省开展国家监察体制

---

[1] 参见贾永健:"中国检察机关提起行政公益诉讼模式重构论",载《武汉大学学报(哲学社会科学版)》2018年第5期,第155页。

[2] 参见万春:"《人民检察院组织法》修改重点问题",载《国家检察官学院学报》2017年第1期,第62页。

[3] 徐汉明、张乐:"检察机关法律监督属性的再诠释",载《法治研究》2018年第6期,第143页。

[4] 田夫:"检察院性质新解",载《法制与社会发展》2018年第6期,第89页。

[5] 熊秋红:"监察体制改革中职务犯罪侦查权比较研究",载《环球法律评论》2017年第2期,第55页。

改革试点工作经验的基础上,将检察机关职务犯罪的预防、监督和侦查等权限整合至监察机关,这使得检察权的法律监督属性一定程度的削弱。随后,在2018年《监察法》中也对监察机关与检察机关的职能关系进行了整合、协调。当然,需要注意的是,在2018年《宪法》修改时,并未改变检察院法律监督机关的性质。这一系列改革措施意味着国家对检察机关权限的适当修正,避免"既当运动员又当裁判员",防止其自身定位的矛盾和权力的滥用。

此改革思路也暗示着希冀通过法律修改的方式扩大检察机关在公益诉讼中的调查权并不妥当。原因在于,在公益诉讼事务中若将调查权以法律形式赋予检察机关,将不可避免强化检察机关的公益职权从而可能产生权力滥用问题,"谁来监督监督者"问题依旧得不到解决。

据此,应顺应国家监察体制改革以及公益诉讼制度改革的立法思路,在今后公益诉讼中,逐渐削弱检察机关的侦查、调查职能,更加突出检察机关的公诉职能、侦查/调查监督职能以及其他诉讼监督职能,即检察机关作为专门的公益起诉机关:

(1)在环境公益诉讼案件中,检察机关首要定位应是公益起诉人身份,应明确公诉职能是其最主要的职能,专司公诉权的行使,以公诉权为其资源配置方向和工作重心。

(2)检察机关应将公益诉讼案件的立案和调查职能交由监察机关行使,以顺应检察机关作为公益诉讼起诉人的改革方向。实际上,《两高解释》及相关法律将检察机关提起诉讼的案源限于"人民检察院在履行职责中发现",检察机关在职务侦查职能分解后,其监督和调查行政机关的权威,已经从根本上受到削弱。监察机关承接了职务侦查工作,也意味着承接了公益诉讼的主要线索资源。掌握了线索,才能启动案件调查,可见监察机关承担公益案件的调查权,实则是"顺水推舟"。[1]从比较法考察来看,这种调查权与起诉决定权相分离的模式,也是当前国际上公权机关权力相互制衡的重要方法。比如在各国/地区反贪腐体制中,职务犯罪调查权/侦查权与逮捕权、起诉决定权,除紧急情况外,通常是由不同性质的公权力机关分别行使的,以防止权力过于集中缺乏制约。[2]

---

[1] 贾永健:"中国检察机关提起行政公益诉讼模式重构论",载《武汉大学学报(哲学社会科学版)》2018年第5期,第160页。

[2] 童之伟:"对监察委员会自身的监督制约何以强化",载《法学评论》2017年第1期,第6页。

（3）检察机关并非全然处于被动，而是对监察机关立案调查权负有监督职责，针对监察机关应当立案而不立案的，检察机关可以通知立案或者自己立案；经审查认为需要补充调查的，也可以退回监察机关补充调查等。由此，既可以增强检察机关对监察机关的行为监督，也可以避免监察机关权力滥用，更可以避免检察机关调查权与起诉权"集于一身"而产生自身定位的矛盾和质疑。

综上，尽管不乏检察机关、监察机关以及法院主体公正行权的主观意愿，但在缺乏完备的制衡体制的情况下，就不应对权力滥用存有侥幸心理。由是，立法必须建立起由监察机关立案调查、检察机关起诉监督、法院审理判决的调查、起诉、审理相互分离、相互制约的监督格局、诉讼格局，防止公权力的"目的理性"衍化，以权力制约权力，促进我国生态环境公益诉讼形成科学、公正、法治的合作与制约关系。[1]

三、环保组织作为公益代表人的救济路径

同样，在大气、纯生态服务系统损害等情形，因缺乏自然资源所有权主体，为有效保护公共利益，环保组织也应更多地参与到生态环境损害的救济当中来。近年来，"泰州天价赔偿案""云南绿孔雀保护案"等典型案件均是由环保组织提起的公益诉讼案件。在环保组织提起的环境公益诉讼案件中，最为核心的问题便是，环保组织提起索赔主张的权利基础为何？自2012年修改后的《民事诉讼法》第55条、2014修订后的《环境保护法》第58条确立环境民事公益诉讼制度以来，《环境民事公益诉讼司法解释》对于公益诉讼的起诉条件、原告主体、证据规则以及责任承担方式等进行了详细的规定，但对于环保组织提起环境民事公益诉讼的理论基础，却始终未有明确。目前学界主要有"环境权"与"诉讼担当"两类观点。

1. 环保组织索赔主张的请求基础

环境权理论从实体法角度出发，认为公民依法享有在良好的环境中工作和生活的权利。[2]由于环境利益并不具有排他性和竞争性，相反，即便是可归于私人"环境权"的环境利益，如清洁空气、清洁水权等，仍具有显著的公共性或可共享性，故无论是作为私权的"环境权"，抑或作为公权的"环境

---

[1] 李义松、刘永丽："我国环境公益诉讼制度现状检视及路径优化"，载《南京社会科学》2021年第1期，第91~98页。

[2] 参见韩波："公益诉讼制度的力量组合"，载《当代法学》2013年第1期，第31~37页。

权",其背后所要保护的利益是共通的——环境公益,以此为请求权基础而提起的诉讼,无疑属于环境公益诉讼的范畴。[1]考虑到环境权主体起诉能力、起诉意愿等问题,为提高环境公益诉讼的制度实效,借助于公共信托理论,立法一般将环境公益诉讼的诉权委托给符合条件的环保组织行使。[2]由此,若环境权利遭受损害,享有实体权益和请求权的主体(全体公民)和享有公共信托权益的主体(索赔主体)可就受损生态环境利益纠纷提请人民法院审理并作出裁判。

对此,有观点提出质疑,认为在我国《宪法》和相关法律规范体系之下,并不存在法定的实体环境(请求)权,故将并不存在的实体环境权作为环境民事公益诉讼的诉讼基础并不妥当。[3]一种可能的路径,便是从诉讼法角度对诉讼标的重新作出解释。对于环境民事公益诉讼的诉讼标的,目前我国相关法律规则实际上已经作出与私益诉讼不同的安排。[4]即不同于《民事诉讼法》第119条的规定,最高人民法院发布的《关于适用〈中华人民共和国民事诉讼法〉的解释》(以下简称《民事诉讼法司法解释》)第282条仅要求提起公益诉讼须有"具体的诉讼请求",未提及"事实"和"理由"两个要素。换言之,针对环境公益诉讼与环境私益诉讼,立法分别选择了"一分肢说"(诉之声明)和"传统诉讼标的说"两种不同的诉讼标的观。可见,在环境民事公益诉讼领域,存在实体权利与诉权相分离的现象。尽管当前立法没有明确公众环境权,但环保组织仍可基于《民事诉讼法司法解释》关于起诉条件的要求(诉之声明)提起公益诉讼。[5]

上述两类观点揭示出环境民事公益诉讼制度的困境,即尽管《环境保护法》第58条规定了环保组织提起环境民事公益诉讼的诉权,但并未明确该诉权的请求权基础,检索我国《宪法》和相关法律规范,也确实不存在法定的

---

[1] 参见杨朝霞:"论环境公益诉讼的权利基础和起诉顺位——兼谈自然资源物权和环境权的理论要点",载《法学论坛》2013年第3期,第102~112页。

[2] 譬如《环境保护法》第58条、《关于检察公益诉讼案件适用法律若干问题的解释》将环境公益诉讼的诉权委托给环保组织、检察机关行使。

[3] 参见吴良志:"论生态环境损害赔偿诉讼的诉讼标的及其识别",载《中国地质大学学报(社会科学版)》2019年第4期,第30~43页。

[4] 段厚省:"环境民事公益诉讼基本理论思考",载《中外法学》2016年第4期,第889~901页。

[5] 参见黄锡生、谢玲:"环境公益诉讼制度的类型界分与功能定位——以对环境公益诉讼'二分法'否定观点的反思为进路",载《现代法学》2015年第6期,第108页。

实体环境（请求）权，故当前环保组织提起环境民事公益诉讼，实际上缺乏应有的请求权规范支持，由此导致"实体请求权利"与"诉讼担当主体"之间的"断裂"。对此，本书认为，环境权理论对于环境民事公益诉讼具有重要的理论意义，故应以法律的方式确认"环境权"。由此，在发生生态环境损害之情形时，环保组织作为环境公共利益的归属者和代表者，可以基于环境权提起环境民事公益诉讼。

2."环境权"的法律表达

与传统的民事权利以人身利益和财产利益为保护客体不同，环境权的保护客体为环境利益。有观点指出，可以通过环境人格权、环境相邻权或环境财产权等权利形态在传统权利体系中对环境利益予以确认。[1] 不可否认，这些学说对于拓展传统民法在生态环境利益保护方面具有重要的推进作用，但解释论的方法，并不能为全面的生态环境利益保护提供充分的诉权基础。而"环境权"设立的重要意义即在于"为传统部门法无法保护或者不足以保护的具有公共性和扩散性的环境利益提供特别的法律规则"。[2] 因此，对于"环境权"在我国法律上的表达，本书作以下思考：

（1）应在宪法中规定作为基本权利的"环境权"，即公民享有在清洁、健康的环境中生活的权利。从宪法层面确立环境权，解决的是公民在良好环境中生存的法源性依据，从而在根本上解决我国生态环境公益请求权规范基础的问题。从目前我国《宪法》的相关规定来看，"环境权入宪"存在一定的制度基础。首先，《宪法》第 38 条规定，公民的人格尊严不受侵犯。维护人的尊严需要良好环境，良好的环境是公民的基本生存需要。因此，人的尊严不受侵犯可为环境权提供权利正当性的价值基础。其次，《宪法》第 9 条和第 26 条规定，国家保障自然资源的合理利用、国家保护和改善生活环境和生态环境。作为环境保护的基本国策，法条从环境权规范的外部构造角度对环境权的中心概念"环境利益"进行了宪法确认，从而外部证成了我国《宪法》对环境权的保护。[3]

---

[1] 参见吕忠梅：《沟通与协调之途——论公民环境权的民法保护》，中国人民大学出版社 2005 年版，第 26 页。

[2] 吴卫星：《环境权理论的新展开》，北京大学出版社 2018 年版，第 54 页。

[3] 参见张震："民法典中环境权的规范构造——以宪法、民法以及环境法的协同为视角"，载《暨南学报（哲学社会科学版）》2018 年第 3 期，第 2~14 页。

（2）从宪法层面确立"环境权"是一项长期的法律工程，在宪法正式确立"环境权"之前，可通过对现有环境法规范的解释来获取生态环境公益损害的请求权基础。有观点指出，《环境保护法》第5条、第6条第3款蕴涵了"环境公益损害"的法律事实与"环境公益损害民事救济"的法律效果，能够支撑环境公益原告提出的诉讼请求，可成为环境公益损害民事救济的请求权规范。[1]检视该两条，第5条确立了"损害担责"原则；第6条第3款规定了企事业单位主体的环境法律责任，但无论是对损害后果的确认，还是相应的救济手段安排，语句表达上都过于笼统、含混，将之作为请求权基础有些牵强。相形之下，《环境民事公益诉讼司法解释》第18条更符合请求权规范的组成，该条包括了生态环境损害（构成要件）与民事责任（法律效果）两个部分。[2]但囿于司法解释的性质，即不得僭越可能文义的限度进行创新，从而进入立法者的领域。故建议将来在进行《环境保护法》修订或制定环境法典时，将该条纳入，以明确生态环境公益救济的规范基础。

---

[1] 参见胡中华、陈妍："论环境公益损害民事救济的请求权基础"，载《中国地质大学学报（社会科学版）》2016年第2期，第14~21页。

[2] 王泽鉴：《法律思维与民法实例：请求权基础理论体系》，中国政法大学出版社2001年版，第56~60页。

第三章
生态环境损害修复与赔偿的责任主体

在生态环境损害责任承担问题上，过去我国环境立法主要集中于污染/破坏行为人的"行为责任"，但具体规则未臻完善；而对于污染/破坏行为人之概括继受人责任承担规则，也存有缺失。2015年以来，我国相继出台的《污染地块土壤环境管理办法（试行）》《土壤污染防治法》规定了土地使用权人责任，当土地使用权人非属污染/破坏行为人时，其所承担责任即属"状态责任"。法律对土地使用权人责任做此安排，实乃立法之重大突破。但整体而言，立法对土地使用权人责任与污染/破坏行为人责任的分际界限较为模糊，更多的是将二者责任进行并列连带；同时，也缺乏责任限制性规定，更未采用信赖保护与比例原则以衡平责任，从而使得对事实管领人责任的判断与识别变得含混、笼统。鉴于我国生态环境损害形势之严峻以及生态环境修复活动的公共性，建议在完善现有"行为责任"规则的基础上，进一步加强"状态责任"理论研究及其应用。若在生态环境损害责任当中，建立起以"行为责任"与"状态责任"为归责基础的二元责任体系框架，则将主要涉及污染/破坏行为人、污染/破坏行为人之概括继受人、事实管领人及政府四类主体。因此，本章主要以主体区分为视角，微观分析了各类主体在生态环境修复过程中的归责基础与具体责任承担规则，以此实现生态环境修复责任追究的公正与效率。

第一节 行为责任与状态责任的区分

法律中"责任"一词，散见于各类法律书籍或法律规范当中，且其内涵不尽相同。在德国法上，根据引起危害或损害的方式，将因人的行为所致的危害之法律责任称为行为责任；将因物的性质或状态所致的危害之法律责任称为状态责任。[1]本书对责任主体的界定与区分即是以"行为责任"与"状态责任"划分为基础，即本书中"行为责任""状态责任"之"责任"乃秩序法上责任体系之"责任"，是指构成义务之原因及公民何以负义务的正当性基础，与民事责任或行政责任中的"责任"概念不同，也与故意、过失之"有责性"相区分。

一、"行为责任"归责型态与局限

行为责任，指行为人因作为或不作为而导致法益受到危害而应负之责任。[2]行为责任乃以因果关系为核心要素的责任类型，行为人因其行为与损害后果之间存在因果关系而承担责任。我国法律规范多是以"权利-义务-责任"的逻辑建立起来的规范体系，因而除"主体"这一责任构成要素之外，"行为"则成为判定责任成立的重要前提。这一归责逻辑在环境立法领域即体现为"污染者负担"原则，《环境保护法》第5条将其表述为"损害担责"原则，[3]即强调对污染行为的责任追究。《生态环境损害赔偿制度改革试点方案》《水污染防治行动计划》《污染地块土壤环境管理办法（试行）》以及各环境单行法律法规，其责任体系与具体条款也主要围绕着污染/破坏行为人的行为责任而展开。在"行为责任"这一责任类型框架之下，主要分化出过错责任与无过错责任两种归责原则。就宪法基本权角度而言，过错责任的设定旨在保障公民基本权在受到侵害之后，通过该制度恢复到"合宪状态"；无过错责任则是对传统过错责任原理相当程度的偏离，其本质乃是基于公益等原因对公民的基本权进行限制，使得无过错侵害他人的行为亦需承担责任。[4]

---

[1] 古小东："土壤环境保护立法中的民事责任机制"，载《学术研究》2015年第8期，第56页。

[2] 参见李介民："危险防止法上责任继受与成本分担"，载《法令月刊》2014年第12期，第45页。

[3] 从学理上解读，"损害担责"原则是对"污染者负担"原则的发展，其追责的原因行为不仅包括污染环境的行为，还包括破坏生态的行为，与《环境保护法》第64条对环境侵权责任原因行为的二分法保持一致。参见竺效：《生态损害综合预防和救济法律机制研究》，法律出版社2016年版，第116页。

[4] 章程："再论民法上状态责任与行为责任的区分——从功能法的角度看两者在公私法体系中的定位"，载《月旦民商法杂志》2014年第12期，第91页。

（一）生态环境损害责任的归责原则

责任形态与归责原则的选择，直接关涉到法律关系主体之间权利义务的分配是否公正。就一般环境侵权而言，《侵权责任法》第 65 条规定："因污染环境造成损害的，污染者应当承担侵权责任。"此处的"损害"究竟是指人身、财产损害，抑或还包括生态环境本身的损害，该问题曾引起广泛争论。关于《侵权责任法》第 65 条，全国人大常委会法工委的相关释义书籍中指出，该条款确立了环境污染责任的无过错责任。[1]对此，学界仍存较多争议，有学者认为环境侵权一元归责存在诸多弊端，应以"类型化"思维为前提，将污染区分为拟制型污染与实质性污染，对不同类型的环境侵权适用不同的归责原则。如拟制型污染（噪声、噪光、电磁辐射等）不具备适用无过错责任的法理基础（行为间接性、持续性，后果潜伏性、滞后性，以及因果关系的复杂性、不确定性等），采用"一刀切"的无过错责任原则方法并不科学，因此，在这些污染领域应适用过错责任原则。[2]2015 年，《环境侵权司法解释》第 1 条将环境侵权行为从"污染环境"扩展至"污染环境、破坏生态"两个方面，并重申"因污染环境、破坏生态造成他人损害，不论侵权人有无过错，侵权人应当承担侵权责任"，从文义解释角度来看，该条款中的"他人损害"仅指被侵权人的人身损害和财产损害，并不包括生态环境本身的损害。2023 年出台的《生态环境侵权司法解释》在《环境侵权司法解释》的基础上，进一步明确该司法解释中的损害仅指"他人人身、财产损害"（第 1 条），不包括"生态环境损害"，被侵权人请求侵权人赔偿的范围仅为"人身、财产损害，以及为防止损害发生和扩大而采取必要措施所支出的合理费用"；若被侵权人根据《民法典》第 1235 条请求侵权人承担"生态环境损害赔偿责任"的，人民法院将不予支持，从而将生态环境损害的责任承担问题排除在外。也就是说，该司法解释也未明确指出侵权人在造成生态环境本身损害时，究竟应承担过错责任，抑或无过错责任。

对于生态环境损害责任的归责原则，《民法典》给出了相对明确的答案。针对生态环境损害事件所造成的人身损害、财产损害的责任追究问题，《民法

---

[1] 参见全国人大常委会法制工作委员会民法室编：《〈中华人民共和国侵权责任法〉条文说明、立法理由和相关规定》，北京大学出版社 2010 年版，第 276 页。

[2] 参见张宝：《环境侵权的解释论》，中国政法大学出版社 2015 年版，第 107~115 页；侯佳儒：《中国环境侵权责任法基本问题研究》，北京大学出版社 2014 年版，第 76~82 页。

典》第 1229 条延续了《环境侵权司法解释》第 1 条的表述,即因污染环境、破坏生态造成他人损害的,应当承担无过错责任;针对生态环境本身所遭受的损害,《民法典》第 1234 条则作出了特殊性规定,即"违反国家规定造成生态环境损害,生态环境能够修复的,国家规定的机关或者法律规定的组织有权请求侵权人在合理期限内承担修复责任……"。在该条款中,"违反国家规定"(即违法性)成为追究生态环境损害责任的必要条件。同样,《若干规定》中也以"违法性"为生态环境损害赔偿责任的构成要件,即第 11 条规定:"被告违反国家规定造成生态环境损害的,人民法院应当根据原告的诉讼请求以及具体案情,合理判决被告承担修复生态环境、赔偿损失……等民事责任。"《生态环境损害赔偿管理规定》第 18 条则表述得更为直接,即在"赔偿义务人依法持证排污,符合国家规定的"情形,赔偿权利人及其指定的部门或机构"可以"不启动索赔程序。2023 年出台的《关于生态环境侵权民事诉讼证据的若干规定》同样对"违法性"要件进行了确认,该规定第 3 条第 1 款规定,"生态环境保护民事公益诉讼案件的原告应当就被告实施了污染环境或者破坏生态的行为,且该行为违反国家规定"承担举证责任。然而,与《民法典》《若干规定》《管理规定》不同的是,《环境公益诉讼解释》第 1 条仅以存在损害后果(或损害之虞)和污染行为作为起诉要件,并不要求"违法性"要件,从而形成了规范间的冲突。

从学界观点来看,有观点认为,在环境侵权中,无论是对损害私益的救济还是对损害公益的救济,都不应该以侵害行为的违法性作为前提,行为人不得以无过错和符合国家或者地方污染物排放标准主张不承担民事责任,因此建议删除"违反国家规定"或"违反法律法规"这样的规定。[1]也有观点认为,应采取类型化的思路来看待"违法性"或"过错"的问题,来源分散、涉及面广的社会源危险废弃物产生者造成的生态环境损害应适用过错责任原则,以协调行为自由与生态环境保护之间的关系;社会源危险废弃物的运输、收集、贮存和处置单位因危险废弃物由分散走向集中,"面源点源化",

---

[1] 参见冯汝:"论生态环境损害赔偿责任违法性要件的确立",载《南京工业大学学报(社会科学版)》2018 年第 5 期,第 22~30 页;晋海:"生态环境损害赔偿归责宜采过错责任原则",载《湖南科技大学学报(社会科学版)》2017 年第 5 期,第 89~96 页;李爱年、彭本利:"生态环境损害赔偿诉讼规则的审视与重构——以《关于审理生态环境损害赔偿案件的若干规定(试行)》为视角",载《广西大学学报(哲学社会科学版)》2019 年第 6 期,第 138~142 页。

应当适用无过错责任原则。[1]

对此，需要思考的问题是：其一，"违法性"与"过错"是什么样的关系？其二，"违法性"或"过错"是否可作为生态环境损害修复与赔偿责任的构成要件。换句话说，生态环境损害修复与赔偿责任是采用过错责任抑或无过错责任？

针对第一个问题。在现代社会中，关于"违法性"是否可以作为独立的构成要件，还是为过错要件所吸收，曾引起诸多争论。有学者认为，违法性仅为过错客观化的一个判断标准，《侵权责任法》第6条第1款的规定实际上采纳了以过错吸收违法性的制度选择。[2]也有观点指出，应根据侵害对象、行为损害结果来认定行为的违法性，对于侵害绝对权的行为，根据其损害结果来认定违法性；而对于侵害绝对权以外的利益的行为，则根据行为本身来认定其违法性。[3]无论是将违法性视为过错，抑或将其独立，在现代侵权法理念下，过错与违法性的分野已逐渐变得狭窄，过错与违法性常常需要一体考虑。[4]

由此，在"过错"吸收"违法性"这一背景之下，生态环境损害修复与赔偿责任是采用过错责任抑或无过错责任？

从法律文本分析的角度来看，《民法典》和《若干规定》在生态环境损害责任中增加了"违反国家规定""违反法律法规"这一构成要件，从而有别于《环境公益诉讼解释》所确认的无过错责任原则，这就造成了法规冲突。由于生态环境损害赔偿诉讼与环境民事公益诉讼的受案范围并不相同，且基于《若干规定》第17、18条所规定的生态环境损害赔偿诉讼和环境民事公益诉讼关系的协调机制。如果按照各自规定，其法律适用规则便是：对于因违反国家规定或法律法规而造成的生态环境损害，优先适用《若干规定》，通过生态环境损害赔偿诉讼制度来解决；对于尚未违反国家规定或法律法规而造

---

[1] 吴卫星、贾晓冉："论社会源危险废弃物生态环境损害赔偿的归责原则——基于社会源危险废弃物生命周期的分析"，载《中国高校社会科学》2019年第5期，第61~69页。

[2] 王利明："我国《侵权责任法》采纳了违法性要件吗？"，载《中外法学》2012年第1期，第5~23页。

[3] 李承亮："侵权责任的违法性要件及其类型化——以过错侵权责任一般条款的兴起与演变为背景"，载《清华法学》2010年第5期，第74~93页。

[4] 张敏纯："论行政管制标准在环境侵权民事责任中的类型化效力"，载《政治与法律》2014年第10期，第23~32页。

成的生态环境损害（之虞），则只能由检察机关或环保组织通过环境民事公益诉讼的途径进行救济。就上述法律适用的结果而言，实际上已经造成了生态环境损害救济制度分段切割的结果。[1]

本书认为，生态环境损害的发生原因时常复杂、多元，尤其是部分污染行为虽然违反了当前的法律规范，但于彼时责任规范而言，并不具有违法性抑或仍享有相当的信赖利益，并且对当时之社会经济运行产生过积极效应（如活络生态环境资源利用、创造就业机会等）。因此，生态环境修复活动并非单纯的私法活动，而是具有公共属性的社会性活动，这决定了生态环境修复与赔偿责任承担的公共性。这也就是为何《民法典》《若干规定》等要强调"违法性"要素的重要原因之一，其目的就在于，基于公平原则，减轻相关责任人的生态环境损害修复与赔偿责任。但"责任成立"与"责任范围"是两个不同的法律问题，应分类设定。具体而言：首先，为贯彻《改革方案》所规定的"应赔尽赔""各地区可根据需要扩大生态环境损害赔偿义务人范围，提出相关立法建议"等要求，在"责任成立"问题上，应确立较为严格的构成要件，即排除"违法性"要件，适用"无过错"的归责原则。这样规定，一则可以扩大生态环境损害责任主体的范围；二则也避免了相关法律规范间的冲突切割问题。其次，在"责任范围"问题上，应区分不同主体、主体不同情形，综合考量生态环境损害发生的历史背景、行为情节等因素来确定责任内容，即在责任人行为存在违法性的前提下，追究其全面的生态环境损害修复与赔偿责任；若责任人行为不存在违法性问题，应确保对责任人的追究没有超过必要的限度，以保护责任人的信赖利益。此时，法律应设定相应的责任限额/减免规则、社会化机制以共同分担责任。例如，强化政府生态环境管控与修复职责，并与责任方就生态环境损害量化、治理方案制定、治理设施建设等问题进行合作评估、平等磋商以共同承担生态环境修复责任；政府还应提供充分的生态环境经济政策措施（财税优惠、绿色金融等），为全面的生态环境修复治理提供充裕的资金保障等，以此实现生态环境损害修复与赔偿责任追究的效率与公平。

（二）行为责任视域下的归责局限

毫无疑问，造成生态环境损害的污染/破坏行为人应负担第一和最后责

---

[1] 楚道文、唐艳秋："论生态环境损害救济之主体制度"，载《政法论丛》2019年第5期，第139~150页。

任,但公正的法律责任分配并不意味着损害治理的效率,严重的生态环境损害甚至不可逆,及时地确定责任主体以对损害进行治理、修复至关重要。因此,现行法采无过错原则,虽是公平、高效应对环境风险的需要,但单一的"行为责任"归责形态是否能全面、及时地控制生态环境风险,仍有待商榷。如在污染地块整治中,《污染地块土壤环境管理办法(试行)》第10条规定,按照"谁污染谁治理"原则,由造成污染损害的行为人承担治理与修复责任。这种规定看似合理,但在出现污染/破坏行为人不明时,其实效性将大打折扣。土壤污染发生原因时常复杂、隐秘,受污染的土地究竟是一个污染行为造成,还是多个污染行为复合造成,其判定过程往往艰难而漫长,短时间内判定并分配法律责任时有难度。加之,行为责任制即便可以透过因果关系的推演,来推定有责之人,但若污染/破坏行为人无力承担,或者损害是由于台风、地震等天灾所造成且情势紧迫等情状,立基于行为与因果关系的行为责任制,恐难及时、有效地担当清理、排除危害、恢复原状等治理重任。

二、"状态责任"内涵与功能填补

(一)状态责任的基本内涵

状态责任概念源自德国行政法,指物之所有人或对物有事实管领力之人,基于对物的支配力,就物之状态所产生的危害,负有制止或排除危害的责任。[1]所谓"对物有事实上管领力之人",包括"民法上有权之直接占有人、间接占有人、占有辅助人、使用人、承租人、管理人,乃至无权占有人"。与行为责任立基于"行为"不同,状态责任以物的状态作为设定义务的连结点,不符合法定状态秩序的状态本身就构成归责的基础。[2]状态责任人以其具备排除危害可能性为前提,并不需要其行为与损害后果之间存在因果关系,亦与责任人有无故意、过失无必然联系,[3]甚至不需要其有违反状态的行为存在。换言之,状态责任非诉诸责任人的行为,而是强调其对物存在事实上的管领力,

---

[1] 参见李介民:"危险防止法上责任继受与成本分担",载《法令月刊》2014年第12期,第47页。

[2] 章程:"再论民法上状态责任与行为责任的区分——从功能法的角度看两者在公私法体系中的定位",载《月旦民商法杂志》2014年第12期,第102页。

[3] 关于状态责任是否以故意、过失为构成要件,颇具争议,吴志光、洪家殷等学者持肯定态度;陈正根、蔡宗珍等学者则持否定意见,认为状态责任的存在,与责任人有无故意或过失无必然联系。本书采后者观点,但同时认为,于第三人致害、善良所有人等情形,应以"有责性"作为状态责任界限的考量因素,以补正责任课予的正当性要求。

进而导致其负有义务,若相关主体一旦丧失这种管领力,则"状态责任"也随即解除。[1]

状态责任的正当性法理基础,一方面是基于事实管领人对物所生危害的防止具有可能,可以有效补充行为责任的不足,达成公共安全或秩序免受危险的目的;另一方面,则是依据传统行政法理论,虽事实上管领人对物具有财产权之使用、收益及处分权能,但财产权亦附有社会义务,如德国《联邦基本法》第14条规定,财产权之行使应同时有益于公共福利。因此,规定物的所有者或经营者等成为责任主体,也符合对财产权的社会性要求。[2]基于此,为有效地恢复受损的生态环境,多个立法例在生态环境修复领域引入"状态责任",责令状态责任人及时消除危险状态,防止损害进一步扩大,并对受损生态环境进行清除、整治,这对于受损生态环境的修复意义重大。

(二) 状态责任的比较法例

以德国法为例,"状态责任"是德国法上的一个重要概念,为建立更为全面的生态环境损害责任主体制度,立法不仅强调污染/破坏行为人及其继受人责任,也着重将对受损生态环境具有事实管领力的所有人、管理人等纳入规制对象范畴。如德国《联邦土壤保护法》第4条所规定的义务人,即直接沿袭了行为责任人与状态责任人的二分概念。该条第2款规定,土地所有人与对土地有事实上管领力之人,基于财产权,有义务对土地所面临之有害土壤变化,采取防止措施。[3]第3款规定,导致土壤产生有害变化的污染/破坏行为人及其概括继受人,土地所有人、对土地有事实上管领力之人,有义务对土壤、污染场地,及有害土壤变化与污染场地所导致的地下水污染进行整治,以免对个人或公众产生持续性的危险或显著不利益。基于商法或公司法之法律上的原因,为法人承担责任之人,若该法人所有之土地发生有害土壤变化或受污染,或将此种土地抛弃者,亦应负整治义务。[4]其中,污染/破坏行为人及其概括继受人,系因污染/破坏行为人之行为,而负担行为责任;土地所有权人、对土地有事实上管领力之人、对拥有土地所有权之法人应负责任之人、

---

[1] 若物之所有人或其他有事实管领力之人同时负有行为责任,则该行为责任并不因此免除。
[2] See Grundgesetz für die Bundesrepublik Deutschland (2010). § 14 (2).
[3] See Bodenschutzgesetz, BbodSchG (1998). § 4 (2).
[4] See Bodenschutzgesetz, BbodSchG (1998). § 4 (3).

抛弃所有权之人，对土地之危险状态负责，所负担之责任，属状态责任。[1]可见，德国法同时对"行为责任"与"状态责任"进行立法，以达到全面修复治理之目的。此种立法方式已渐成趋势，日本《土壤污染对策法》[2]、韩国《土壤环境保护法》[3]等立法亦强调事实管领人的状态责任，以实现对受损土壤的修复治理。

美国关于自然资源损害责任的立法主要集中于《综合环境反应、赔偿与责任法》（CERCLA）。美国法并无德国法上"行为责任"或"状态责任"的概念及其区分，其科以自然资源损害责任主体清除、修复责任的理论基础，源于对传统侵权行为法理论的扩张解释。[4]该法第107条（a）款详细规定了四类潜在责任人类型，[5]其中，关于"所有人和经营人"的责任追究，即类似于"状态责任"之情形，所有人和经营人责任不需要有过错，其责任的落脚点在于对设施的"控制"。根据该法第101条（20）款，所有人和经营人除了通常意义上的拥有、经营或租赁船舶的人以及拥有、经营陆地上或离岸设施的人之外，还包括拥有所有权迹象[6]并对设施控制的人，如贷款人、受托人、转租人等。此外，美国判例还指出，如果涉案公司是负有超级基金法责任的所有人或经营人，在一定条件下，公司股东和公司职员亦可能会与公司连带承担所有人或者经营人责任。[7]从法律效果角度而言，采严格责任规则的CERCLA，已经偏离以往美国普通法上的侵权行为体系，造成类似以法律地位或身份为责任认定方式的结果，而与状态责任制在认定清除、整治责任人时颇为相似。[8]

---

[1] 参见林昱梅："土壤污染/破坏行为人整治责任概括继受之法律问题——以德国法之比较为中心"，载《东吴法律学报》2014年第3期，第51页。

[2] 参见日本《土壤污染对策法》（2011年）第3条、第7条、第8条之规定。

[3] 参见韩国《土壤环境保护法》（2011年）第10条之规定。

[4] See John S. Applegate & Jan G. Laitos, *Environment law: The RCRA, CERCLA, and the Management of Hazardous Waste*, Foundation Press, Mineola, NY, 2006, pp. 145~149.

[5] ①存在危险物质的船舶或者设施的当前所有人和经营人；②危险物质处置时设施的所有人和经营人；③危险物质处置安排人或危险物质的产生人；④为处置危险物质而负责运输的运输人。参见42 U.S.C. §9607（a）.

[6] 有所有权迹象指的是有出租、出售财产并对其运营进行管理的能力。

[7] 参见贾峰等编著：《美国超级基金法研究》，中国环境出版社2015年版，第52~54页。

[8] 参见胡静："污染场地修复的行为责任和状态责任"，载《北京理工大学学报（社会科学版）》2015年第6期，第135页。

(三) 状态责任在我国法上的体现

相较而言，我国立法以追究污染/破坏行为人"行为责任"为主，较少涉及状态责任。部分学者认为《物权法》第 34 至 36 条（《民法典》第 235 至 237 条）关于物上请求权的规定即为状态责任；也有学者指出，所谓"物上请求权"条文不妨看作是物权法引致侵权法的规范。[1] 对此，笔者认可《民法典》中相关立法之状态责任性质，以及该种归责原理对于弥合行为责任功能局限的重要作用。

除《民法典》第 235 至 237 条可视为状态责任的规定之外，第 1233 条也可视为对相关事实管领人的状态责任的规定。具体而言，第 1233 条规定："因第三人的过错污染环境、破坏生态的，被侵权人可以向侵权人请求赔偿，也可以向第三人请求赔偿。侵权人赔偿后，有权向第三人追偿。"据此，若第三人行为是导致损害发生的全部原因时，则此处的侵权人可视为事实管领人。根据该条款之意，在第三人侵权情形，侵权人不能以自身没有"污染/破坏行为"而当然免责，即便其没有侵权行为，但仍应承担相应的"状态"责任。例如，第三人故意将废弃物倾倒至他人土地之上，从而引起其他人的人身、财产损害以及生态环境本身的损害，此时，根据该条款规定，在面对被侵权人时，土地所有人或使用人不得以其没有"污染行为"而免责，被侵权人依旧可以向土地所有人或使用权人索要赔偿，此种责任追究正是"状态责任"的集中体现。此外，《土壤污染防治法》中，第 4 条、第 35 条、第 39 条、第 45 条、第 59 条、第 60 条等条文中对土地使用权人的责任规定也属于"状态责任"的范畴。例如，第 45 条第 1 款规定："土壤污染责任人负有实施土壤污染风险管控和修复的义务。土壤污染责任人无法认定的，土地使用权人应当实施土壤污染风险管控和修复。"此处，当土地使用权人非属污染/破坏行为人时，从其责任性质而言，即属状态责任立法范畴。

状态责任人类型和范围广泛，根据我国《民法典》以及相关环境法律规范，除通常意义上的物之所有人或对物有事实管领力之人（直接占有人、间接占有人、占有辅助人、使用人、承租人、管理人、无权占有人等）可能基于对物的支配力，就物之状态所产生的危害承担"状态责任"外，一些特殊

---

[1] 魏振瀛："论请求权的性质与体系未来我国民法典中的请求权"，载《中外法学》2003 年第 4 期，第 386 页。

型主体，如贷款人、受托人、转租人等，也极有可能成为我国法上的"状态责任人"。这里以银行金融机构等贷款人责任承担为例，例如在借款人违约情形下，若贷款人根据担保法规则取得污染设施等抵押物的抵押权，此时，若贷款人（银行等）违反法律规定处置抵押物或者在对抵押物处置之前以违法方式经营，造成生态环境损害的，应依据其行为承担"行为责任"；若贷款人并未违法处置或运营抵押物，但抵押物属于高度危险物（易燃、易爆、剧毒、放射性、氧化等危险物质），且造成生态环境损害时，亦应承担相应的"状态责任"，因此在实践中应予以有效识别。

需要说明的是，尽管本书对责任主体的划分以行为责任与状态责任的区分为前提，但行为责任与状态责任之间的划分也并非泾渭分明，比如在判别某种责任是不作为的行为责任抑或状态责任时，就时常使人疑惑。本书认为，不作为的行为责任与状态责任客观上存在交叉重叠部分，这归因于立法者对某些事项的风险可以提前预见，而事先课予所有人或有事实上管领力的人有防止该事项的性质造成损害或危害，将原本属于物之状态的危险（状态责任）转化为作为义务（行为责任）。因此，行为责任与状态责任之间并非判若鸿沟，而是根据具体情形存在一定的转换空间。

综上，整体而言，我国现有立法中有关状态责任内容与范围相对简单、粗略，可操作性不强。鉴于此，今后还须在完善现有"行为责任"规则的基础上，注重并加强"状态责任"理论研究及应用。

第二节 责任主体类型划分与承担规则

在生态环境修复过程中，若建立起"行为责任"与"状态责任"的二元责任体系框架，则将主要涉及四类责任主体：①污染/破坏行为人；②污染/破坏行为人之概括继受人；③事实管领人；④政府。就目前我国立法而言，污染/破坏行为人责任规则未臻完善，污染/破坏行为人之概括继受人、事实管领人责任规则零散缺位，以至于出现污染/破坏行为人破产、不明或履行不能等情形时，责任往往统归于政府承担。由政府自己负起整治责任，虽有合于国家保护义务之意旨，但更多情形下，意味着生态环境损害责任由全社会负担，也实难与正义原则允洽。

一、污染/破坏行为人责任

污染/破坏行为人责任乃典型的"行为责任",以污染/破坏行为人为责任课予对象,符合正义观念,也是环境立法"损害担责"原则的直接体现。针对我国目前严重的生态环境损害状况,《污染地块土壤环境管理办法(试行)》第10条确立了生态环境修复治理的"终身责任制",以严格规制损害环境的污染行为。但对于该条规定,其效力是指向该法颁行后未来之污染/破坏行为人,还是可溯及指向该法颁行前行为已终了之污染/破坏行为人,法律并未具体明确。该条款涉及新颁布的环境法规范的溯及效力问题,是追究污染/破坏行为人行为责任,首先需要释明的问题。

(一)"要件事实"与"溯及既往"之辩

对于该问题,一种观点认为,环境立法的目的在于预防环境风险,并对已受损的生态环境进行治理、修复,尽管污染/破坏行为于新法施行前已终了,但污染/破坏状态于新法施行后仍继续存在,则其受规范的事实并未终结,因而法规并非单纯地针对"污染/破坏行为"进行追责,其真正规范的是"污染/破坏状态"的整治。换言之,法规变动针对的并非整治责任形成的时间点,而是整治土地本身,既然污染/破坏状态持续存在,则新法的适用自非"真正溯及既往",而是"不真正溯及既往"。[1]有学者进一步指出,此种情形,并非把新的法律规范,溯及地适用于过去之事实,而是针对立法当时的土壤污染损害事实,进行当下的法律上的规范。这也是环境法律法规制定的主要目的。换言之,环境法律法规具有未来的规范取向。就此,若新法科以污染/破坏行为人整治义务,并不会引起溯及效力的问题。另有观点则表示,"行为责任"立基于"行为",若增加"污染/破坏状态"要件以改变"行为责任"的责任构成,虽可规避溯及性适用问题,但无疑会破坏行为责任体系原有结构和逻辑。法不溯及既往原则系法治国家法安定性原则内涵——信赖保护原则之必要推论,公法义务的设定必须谨慎,不可任意扩张权力边界,侵蚀公众的信赖利益。若新法增加行为时所不可预知的法律义务,行为人将受突袭,该义务论其性质,即为"溯及义务"。但承认其性质为法之溯及既

---

[1] 所谓不真正溯及既往,乃指法律法规适用于过去发生、但现在仍存在、尚未终结之事实或法律关系。

往，并不一定会构成违宪，相反，立法者对此依然可行使裁量权，若其立法目的论证为正当者，可得例外。唯应特别注意是否会对公民基本权利造成侵害，并对于是否存有信赖利益进行检验。

两种观点采取了截然不同的思维逻辑以证成"对新法颁行前的污染/破坏行为科以整治责任"的正当性。前者试图将污染/破坏行为与污染/破坏状态结合为一个法律要件事实，以避开法律溯及适用的质疑，从而科以污染/破坏行为人整治责任。后者则是在认可此种规定为溯及性规范的前提下，在公益性、信赖保护等审查上为回溯性追责寻找突破口。

（二）基于"公共利益"的溯及既往规则

于此争议，笔者采"真正溯及既往"的见解，污染/破坏者于行为时，并无针对该行为的相关法律规范，嗣后立法科以其整治责任，实为法之回溯，此为前提。但法律非绝对禁止溯及既往，溯及效果也可基于"重大公益"而设。论及土壤污染损害整治，其规范目的在于确保自然资源与环境永续利用、改善生活环境、维护公民健康，属于重要的"增进公共利益"事由，且所涉之公共利益甚高。加之，对新法颁行前的污染/破坏行为科以整治责任，属无其他侵害较小且可达成相同立法目标之必要方式，若非科以污染/破坏行为人溯及既往的清除、整治措施义务，势必无法达成排除危害之目的，最终得由其他人或国家负担，有违社会正义。况且我国污染所致生态环境损害区域甚多，全由国家财政承担亦不现实。再者，对新法颁行前的污染行为科以整治责任，也是防止污染/破坏行为人轻易借由改组或合并等形式规避法律责任的有效方法。是故，应当认可该"溯及既往"为达成前述立法目的之必要手段，以妥善处理遗留的生态环境损害问题。当然，鉴于此种溯及情形，污染/破坏行为并不一定具有行政违法性，故必须设定调适机制以衡平责任。如基于信赖保护原则给予一定的缓冲（过渡条款）或补救，或辅以其他公力介入的方式（如由政府环境基金来承担部分整治责任）。[1]

总结而言，溯及既往规则反映了对国家利益、公共利益的强调，与强化国家社会管理与环境公益保护的政策相适应。在公共利益较信赖利益具有优先性的情况下，对生态环境损害修复责任进行溯及既往的追究便具有了相当的必要性和合理性。惟应同时注意过于宽泛的责任追究对于"活络生态环境

---

[1] 陈新民：《德国公法学基础理论》（下册），山东人民出版社2001年版，第582~589页。

资源之再利用"等方面的负面作用。美国 CERCLA 在历经了对危险物质的处置实行溯及既往的严格责任、无限连带责任之后，转向了增加减免责规则以减轻污染/破坏行为人责任，[1]其规则目的即在于，避免过度苛责污染/破坏行为人以致侵犯其财产权，减少对社会经济运行产生的负面效应。故对于污染/破坏行为人责任追究，仍须加以比例原则的审查，方符合法治国家的原则。

二、概括继受人责任

在自然人继承或法人合并、分立或其他变更组织的情形下，会发生责任之概括继受[2]。尽管《污染地块土壤环境管理办法（试行）》第 10 条规定，责任主体发生变更的，由变更后继承其债权、债务的单位或者个人承担相关责任。但概括继受人的继受边界为何，是否包括"抽象整治责任"[3]的继受，不无疑问。

（一）责任概括继受的两类情形

依据概括继受发生时间的不同，生态环境修复责任的继受，大致可分为两种类型：其一，概括继受人的继受发生于行政机关对污染/破坏行为人作出整治处分之后；其二，概括继受人的继受发生于主管机关对污染/破坏行为人作出整治处分之前。

对于第一类情形，概括继受发生之时，污染/破坏行为人的生态环境修复责任已被行政机关具体化，此时，需要依据行政处罚或决定的内容来判断概

---

[1] 例如，2000 年美国增加了 CERCLA 第 127 条，设置了"回收利用行为"抗辩条款，以减少过于严苛的污染/破坏行为人责任对回收利用行为的负面影响。2002 年 CERCLA 第 107 条中增加了第（o）款，设置了"微量豁免"抗辩条款，规定免除那些污染了国家优先名录上的场地但污染责任极其轻微的污染者偿付反应费用的责任，同时增加了（p）款，设置了"城镇固体废物"抗辩条款，免除了在国家优先名录中的设施上造成较小份额城镇固体废物污染的危险物质处置安排或危险物质产生人责任。

[2] 权利义务之继受，可分为概括继受与个别继受，概括继受指前一权利义务主体之多数权利义务，基于同一法律原因，一次移转给后一权利义务主体，例如继承或公司合并；个别继受指个别权利义务，基于个别之法律原因，因依其法律性质而移转。

[3] 行为责任人与危险防止义务关系可以分为三个阶段：第一阶段，公民受一般抽象性规定之规范（相当于"危险防止，人人有责"），此时危险尚未发生，未出现具体之责任人，由于义务内容尚未具体化，无法概括继受；第二阶段，于个案发生危险状态时，行为妨害人产生抽象的危险防止义务，由于尚未有具体行政处分确定义务内容，学理上称之为"抽象危险防止责任"（抽象整治责任），此种抽象责任是否继受，存在争议；第三阶段，行政机关已为具体化的行政处分，将义务内容明确化，称之为"具体危险防止责任"（具体整治责任），一般得为概括继受。参见李介民："干涉行政法上整治责任之继受及界限——以'土壤及地下水污染整治法'为范围"，载《警学丛刊》2007 年第 3 期，第 63 页。

括继受人的继受范围：其一，若行政处罚内容为罚金，则由于罚金的裁处是行政机关基于污染/破坏行为人行为性质、次数、主观恶性等综合处之，具有高度人身属性，故对概括继受人而言，不可继受；其二，若行政决定为拟定整治计划、危险防止、恢复治理及相关清理、修复费用等，由于该类决定属于具有财产性质的可替代行为或赔偿，本身不具有人身专属性，故根据行政处理的存续效力，应属于概括继受人的继受范围。

而对于第二类情形，概括继受发生之时，污染/破坏行为人的土壤污染整治责任并未被行政机关具体化，此时涉及"抽象整治责任能否继受"的问题，而该问题素有争议。考察相关法律实践，德国《联邦土壤保护法》第4条虽明确了行为责任人之概括继受人的整治责任，但对于抽象整治责任应否继承存在多种见解故行政机关是否能对污染/破坏行为人或潜在污染责任人之概括继受人课予抽象整治责任，在法律适用上仍存在争议。

（二）"抽象整治责任"不得继受

对于该问题，采肯定观点者认为，当发生危害时已存在特定义务，人民负有实质的危险防止义务，故主管机关行政处罚或决定的作出，并非涉及整治"责任之成立"，而是整治"义务之执行"。换言之，当污染/破坏行为人有污染行为时，其整治责任即已成立，此种抽象公法责任，于概括继受时即已设定，而具有充分的明确性。[1]进而，发生概括继受时，该抽象整治责任可一并继受。采否定说者则表示，行为责任被具体化之前，不存在继受问题。因为当某一危害发生时，相关主体只是行政机关作成处分科以义务的潜在对象，即是否对危害防止采取行动，行政机关享有自由裁量权。当有抽象的义务存在时，充其量只能说潜在的对象有被当作义务人的可能性，危害防止义务必须等到行政机关作出具体行政处分始存在。

本书认同"抽象整治责任"不可继受的观点，行政机关在作出具体的整治处分之前，污染行为责任人及其概括继受人的责任内容和范围并不明确，若抽象整治责任可为概括继受，则将缺乏明确性的支撑，使概括继受人无法预见，有违法律保留原则与明确性原则，危害防止责任必须由行政机关作成，具体的整治处分始存在。是故，《污染地块土壤环境管理办法（试行）》第

---

[1] 林昱梅："土壤污染/破坏行为人整治责任概括继受之法律问题——以德国法之比较为中心"，载《东吴法律学报》2014年第3期，第59页。

10 条有关责任继受之规定,其范围仅指向已被具体化的整治责任,"抽象整治责任"于概括继受者而言,不具约束力。但需要注意的是,当概括继受人同时处于事实管领人地位时,基于对危险或受损区域的支配力,也须对此状态所产生危害,负担承担及时制止或排除危害的责任。即,此时,概括继受人对于整治责任的承担,并非承自其前手"行为责任"之继受,乃是基于其事实管领人地位而生之"状态责任"。[1]进而,其对应的责任范围应当依据事实管领人责任规则予以确认。

三、事实管领人责任

目前《污染地块土壤环境管理办法(试行)》《土壤污染防治法》规定了土地使用权人责任,当土地使用权人非属污染/破坏行为人时,从其责任性质而言,其所承担责任即属"状态责任"。但整体而言,我国立法对土地使用权人责任与污染/破坏行为人责任的分际界限较为模糊,对状态责任的判断与识别也相对笼统。因此有必要进一步加强状态责任的理论研究,以确定事实管领人的具体责任范围。

(一)责任内容与责任继受

构成状态责任的法律思维是,对物享有事实上支配权之人,其既享有权利,也应同时承担该物所造成的不利和风险,即必须对支配之物所可能产生的危害承担责任。其目的在于,责令状态责任人及时对受损生态环境进行清理、修复,以减轻或消除损害状态。鉴于此,在生态环境修复领域,多个立法例采取了"行为责任制"与"状态责任制"两种立法模式,但比较而言,仍存差异。德国《联邦土壤保护法》第 4 条第 3 款规定污染/破坏行为人与事实管领人,均应承担起污染整治的义务。其中,事实管领人负担状态责任,乃是基于德国《基本法》第 14 条第 2 项"财产权社会义务性"的规定。事实管领人为受损区域整治成果之直接受益者,故对于财产造成的环境损害,便负有无过失之整治责任。由此,德国联邦宪法法院一贯的见解是,状态责

---

[1] 对于此种情形,污染/破坏行为人之概括继受人究竟应课以行为责任抑或状态责任存在争议,但基于抽象性法定责任不得概括继受之法理,该概括继受人所负担的法定责任应与土地所有人等事实管领人所负担的状态责任同为派生责任,而非污染/破坏行为人之原始责任。参见李介民:"干涉行政法上整治责任之继受及界限——以'土壤及地下水污染整治法'为范围",载《警学丛刊》2007 年第 3 期,第 63 页。

人承担此种整治责任，并非为公共利益之特别牺牲，而是对行使自身财产权的合法限制而已，唯负担过重时，将"期待可能性"理念与比例原则纳入作为减轻其状态责任的要件。[1]

我国《土壤污染防治法》详细规定了土地使用权人义务与责任，具体包括采取有效预防措施；调查；实施土壤污染风险评估、风险管控、修复、修复效果评估、后期管理等。[2]当土地使用权人非属污染/破坏行为人时，从责任性质而言，其所承担责任即属状态责任，法律对土地使用权人责任做此安排，实乃立法之重大突破。但整体而言，该法对于土地使用权人责任与污染/破坏行为人责任的分际界限较为模糊，更多的是将二者责任进行并列连带；同时，也缺乏责任限制性规定，更未采用信赖保护与比例原则以衡平责任，从而使得对"事实管领力"的判断与识别变得含混、笼统，故仍有相当立法完善的空间。

关于状态责任的继受问题，本书认为，状态责任强调相关人对物或受损生态环境存在事实上的管领力，进而导致其负有义务。换言之，状态责任乃是一种原始责任，身为前手之事实管领人因其所有权或管理、占有等权利的丧失而解除其状态责任，[3]其继受人所应负之状态责任，非基于义务继受而来，而是基于其法律上或事实上之管领力。因此，不存在"抽象整治责任"之继受问题。而关于行政机关对前事实管领人之状态责任已作具体化处分，是否对继受人产生效力问题，多数学者认可该具体行政处分对继受人存有效力。因该种处分非"人之负担"，而为"物之负担"，其随着标的物之移转而发生移转。故行政机关无须再为新的行政处分，这也符合危险防止有效性原则，可增强行政执行程序效率。但仍应考量继受人之期待可能性，若对该处分不服或存有异议，可在限定期限内提起行政争讼。[4]

（二）基于比例原则的责任范围

相对于污染/破坏行为人的"终局责任"，事实管领人责任乃是一种出于

---

[1] 参见林昱梅："土地所有人之土壤污染整治责任及其界限——德国联邦宪法法院判决（BVerG, 1 BvR 242/9/1）"，载黄宗乐教授祝寿论文编辑委员会编：《黄宗乐教授六秩祝贺——公法学篇（二）》，学林文化事业有限公司2002年版，第231页。

[2] 参见《土壤污染防治法》第4条、第35条、第39条、第45条、第59条、第60条之规定。

[3] 若存在义务人假借所有权或管理权转移以规避状态责任，则不能解除责任。

[4] 参见黄启祯："干涉行政法上责任人之探讨"，载翁岳生教授祝寿论文编辑委员会编：《当代公法新论（中）——翁岳生教授七秩诞辰祝寿论文集》，元照出版公司2002年版，第315~316页。

紧迫性而课予的"过程责任",故基于公平性要求,必须限定事实管领人责任范围,以符合"期待可能性"理念与比例原则。对此,美国法与德国法相关规定值得借鉴。美国 CERCLA 第 101 条（35）款确立了"善意所有人"抗辩条款,旨在排除那些在购买土地时不知道所购土地已被污染的土地所有人的责任,仅要求其在期待可能性之范围内承担责任。第 101 条（40）款规定了"善意潜在购买人"条款,目的亦旨在活络污染土地之再利用。即"善意潜在购买人"有充分证据证明,在购买时进行了相应的调查、法定告知等法定注意义务,则可对其限制责任或免责。德国《联邦土壤保护法》第 4 条第 5 款、第 6 款对善意所有人之信赖利益保护作出安排。德国联邦宪法法院判决亦指出,除非所有权人知悉土地被前所有人或其他利用人污染而仍购买土地,或容许土地以有风险之方式利用,而有意承担风险外,其整治土地之费用负担,不得超过土地市价。

由此,建议我国立法对事实管领人的责任范围作以下规定:

其一,于发生生态环境损害危险状况时,事实管领人须按照法定或行政决定采取相应的调查、评估、应变必要措施、制定污染控制计划等事宜,以迅速有效防止危险或损害的发生或扩大,不得以其无可归责事由而拒绝负担。

其二,对于整治责任费用（调查评估费用、应变必要措施费用、恢复治理费用等）之课予,则须根据事实管领人的实际状况（是否尽到必要的注意义务、主观上有无过错等）进行判定,并配以责任保险、国家分担或责任限额等必要考量,确保义务人仅于其期待可能性范围内负担,避免责任过苛。比如,在台风、地震等不可抗力情形,基于危害一般非可由事实管领人预见,则该风险就不应仅由其负担,而应利用环境责任保险或政府环境基金[1]等社会化机制分散风险；第三人致害或"善意所有人"情形,若事实管领人对所管领区域已尽相应的注意义务或已采取相应的预防措施避免危害的发生,则应根据实际情况来确定其整治责任之轻重。当然,若事实管领人并未履行相应义务,或管领受损区域时已知,或事后得知前手之损害事实,而并未采取相应整治措施者,则应负全面的整治责任。

---

〔1〕 比如,我国《土壤污染防治法》第 71 条规定,国家建立土壤污染防治基金制度,土地使用权人实际承担土壤污染风险管控和修复的,可以申请土壤污染防治基金,集中用于土壤污染风险管控和修复。

（三）多数责任人之选择

在生态环境修复治理过程中，首要的责任主体为污染/破坏行为人，若污染/破坏行为人为多数时，则行政机关可裁量，选择最有效及快速防止危险或损害发生或扩大者、时间上最晚造成危险者或造成危险比例最重者承担责任；当污染/破坏行为人与状态责任人并存时，或当污染/破坏行为人缺失、不明，概括继受人与状态责任人并存时，德国学说与实务认为，若能找到污染/破坏行为人或其继受人，而主管机关选择状态责任人，将导致裁量瑕疵；但有关责任人的选择，仍应考虑迅速有效之危险防止之原则，若具有事实管领力的人对于调查污染或损害的有效控制极为便利，则此种裁量并无瑕疵。[1]因此，原则上，行为责任先于状态责任，但对状态责任的追究，不限于污染/破坏行为人及其概括继受人缺失、不明或履行不能之情形，若状态责任人履行责任更具危险防止的有效性，且符合行政裁量比例原则之要求时，则行政机关亦可优先选择状态责任人。被课以危险防止或损害控制之状态责任人，其与行为责任人（概括继受人）关于状态回复之内容相同时，会因具有外部连带特征而与之构成不真正连带债务，故在法律规定的范围之内，对行为责任人（概括继受人）有求偿权。

四、政府主体责任

政府承担生态环境修复责任包括三种具体情形：第一，政府或其部门人员直接导致或促成生态环境损害的发生（如倾倒有毒有害物质）；第二，政府或其部门人员怠于行使职权导致生态环境损害的发生；第三，污染/破坏行为人或事实管领人无法确定或无力承担时，由政府替代承担生态环境损害修复责任。针对这三类情形，本书认为：

（1）若政府或其部门人员行为直接导致或促成生态环境损害的发生，则应按照"损害担责"原则承担相应的修复/赔偿责任，其责任性质为行为责任。关于政府责任豁免问题，美国CERCAL第101条（20）（D）规定，政府责任豁免不适用于任何州或地方政府自己造成或者促成危险物质释放或是否威胁的情形。在该情形下，州或地方政府应当以与任何非政府实体相同的方

---

[1] 2006年，德国Kassel高等行政法院曾判决，基于调查污染及快速有效排除污染之需求，选择所有权人负整治责任，而非污染/破坏行为人之概括继受人为责任人，无裁量瑕疵。See VCH Kassel Beschl. V. 6. 1. 2006-6 TG 1392/04, KommJur 2006 Heft 12, 474, 476.

式和程度，遵守第107条所规定的责任。换言之，政府主体行为导致的生态环境损害发生时，不存在责任豁免问题，而应对其行为承担行为责任。

（2）若政府或其部门人员怠于行使职权导致生态环境损害的发生，也应按照"损害担责"原则承担相应的修复/赔偿责任。政府作为环境管理者或受托者，应对其行政管辖区域内的生态环境质量负责。若在政府负有特定环境安全保障义务的情况下，因未尽生态环境安全保障义务而间接引发生态环境损害，则应根据自身行为的可责性及其程度，对生态环境损害承担连带修复/赔偿责任或补充性的修复/赔偿责任。对于政府主体责任的性质，本书更倾向于将其认定为因行政不作为导致的行为责任。

（3）若污染/破坏行为人或事实管领人无法确定或无力承担时，基于危害防止之目的，则由政府依法承担补充责任。此时，政府承担生态环境损害责任的性质应为状态责任，即，政府基于作为其生态环境管理者或受托者的身份，而负有危险排除或损害修复治理的责任。具体情形包括：

第一，污染/破坏行为人为自然人，其死亡后，无继承人，且无其他可追责主体（如无事实管领力人之存在），则由政府承接起整治责任；

第二，污染/破坏行为人为法人，其破产解散后，已无剩余财产可供清偿整治所生之费用，且无其他可追责主体，则由政府承接起整治责任。

第三，污染/破坏行为人缺失（如因自然灾害而致生态环境损害）、不明或履行不能，且无其他责任主体，则由政府承接起整治责任。

另外，若生态环境损害情势危急，并且无法立即辨明污染/破坏行为人或事实管领者情形，政府亦应先行承担排除危害等责任，而后再对其他责任人求偿。

从法规范层面来看，《土壤污染防治法》第45条即是政府兜底/补充责任的规定。该条第1款和第2款规定："土壤污染责任人负有实施土壤污染风险管控和修复的义务。土壤污染责任人无法认定的，土地使用权人应当实施土壤污染风险管控和修复。地方人民政府及其有关部门可以根据实际情况组织实施土壤污染风险管控和修复。"这里确立了土壤污染责任人>土地使用权人>政府的责任序位，"可以根据实际情况"即应包括生态环境损害情势危急之情形，以确保全面、及时修复生态环境。

综上，为各类责任主体应承担或承接生态环境修复责任的主要情形，至于各类主体具体应如何承担责任，政府在责任实现过程中应当行使何种角色和功能，后文将予以详述，在此不作赘述。

第三节 特殊情形下的责任主体认定

环境侵权第三人、主体破产、第三方治理情形中的责任主体承担规则，一直是实践中的难点所在。针对环境侵权第三人责任承担问题，第三人侵权应是一种由第三人独立承担责任（最终责任）的单独侵权类型（共同侵权行为和分别侵权行为，都属于多数人侵权行为的范畴），而一旦损害结果的发生是侵权人和第三人的原因力共同作用的结果，侵权人就应当承担责任，不再属于第三人侵权这种侵权类型。因此，只有第三人的行为是损害发生的全部原因或者损害完全是由于第三人的过错行为造成的，才能成立第三人侵权责任。针对破产情形下的责任承担问题，若环境强制令是针对过去污染损害的救济，且该强制令已转化为清理费用等金钱费用，则该费用可构成环境债权；若环境强制令是针对正在进行或将来的污染损害的救济，则不可将其视为环境债权。对于后者，若债务人经过破产重整程序后继续存在，权利人可在破产重整程序结束后要求完成重整的债务人继续履行强制令；若债务人最终进入破产清算程序，则该强制令由其后续接管污染土地的管理人或使用人继续履行。针对第三方治理过程中的责任转移问题，污染治理责任能否发生转移，其关键要素仍在于污染损害是否能得到有效治理。换言之，若规则的设定能够促进污染治理效果提升，仅是存在一些需要改进之处，那么该项规则就应值得肯定。是以，在环境污染治理领域，适当拓展委托合同的效力边界，允许通过合同内容或违约条款将委托方的污染治理责任转移至专业第三方，应属合理。但责任转移仍应有所条件限制和配套机制，以保障该治理模式的有效施行。

一、环境侵权第三人责任承担规则

《民法典》第 1175 条规定："损害是由第三人造成的，第三人应当承担侵权责任。"可见，在一般侵权案件中，第三人过错可以成为侵权人的减责或免责事由。而在环境侵权[1]过程中，根据《民法典》第 1233 条规定，第三人

---

[1] 这里的"侵权"客体包括人身、财产利益和生态环境利益。

侵权则不能成为免责事由。第1233条规定："因第三人的过错污染环境、破坏生态的，被侵权人可以向侵权人请求赔偿，也可以向第三人请求赔偿。侵权人赔偿后，有权向第三人追偿。"因此，在面对被侵权人时，侵权人仍不得以其没有"污染/破坏行为"而主张免责，被侵权人依旧可以向侵权人索要赔偿。换句话说，在此种情形，侵权人和第三人对外承担连带责任，对内则依据各自过错与行为划分责任。那么这里的问题是，第三人侵权行为是独立的侵权类型吗？与共同侵权、分别侵权等多数人侵权有何异同？如何区分侵权人和第三人？侵权人和第三人责任承担的依据与法律性质为何？这样的责任划分是否合理？

在上述问题中，第三人承担责任的原因，是第三人侵权行为中最为重要的问题。《民法典》第1175条规定："损害是由第三人造成的，第三人应当承担侵权责任。"关于"第三人"的定义，《〈中华人民共和国民法典侵权责任编〉解读》解释"第三人"为"除污染者与被侵权人之外的第三人""第三人对损害发生具有过错，包括故意和过失"。[1]在民法学界，有学者将1175条称为"第三人过错"，第三人过错是指原告（受害人）起诉被告以后，被告提出该损害完全或部分由于第三人的过错造成，从而提出免除或减轻自己责任的抗辩事由，[2]有学者将其称为"第三人行为"，指受害人和加害人之外的第三人造成损害结果的，因而承担部分或者全部侵权责任的行为，[3]也有学者将其称为"第三人原因"，第三人原因是指除原告和被告之外的第三人，造成了原告损害的发生或扩大，第三人应当承担侵权责任。[4]无论是"第三人过错""第三人行为"抑或"第三人原因"，都旨在从不同侧面揭示第三人承担责任的真实原因所在。

下文主要通过案例的方式，对第三人侵权行为中的相关法律问题作出

---

[1] 参见黄薇主编：《〈中华人民共和国民法典侵权责任编〉解读》，中国法制出版社2020年版，第254页。

[2] 杨立新：《侵权责任法》，法律出版社2018年版，第223~224页。黄薇主编：《〈中华人民共和国民法典侵权责任编〉解读》，中国法制出版社2020年版，第39~42页。王胜明主编：《中华人民共和国侵权责任法条文解释与立法背景》，人民法院出版社2010年版，第117页。

[3] 参见程啸："论侵权法上的第三人行为"，载《法学评论》2015年第3期，第48~60页；吴高盛、邢宝军主编：《中华人民共和国侵权责任法精解》，中国政法大学出版社2010年版，第77页等。

[4] 王利明：《侵权责任法研究》（上卷），中国人民大学出版社2016年版，第437~438页；张新宝：《侵权责任法》，中国人民大学出版社2016年版，第73~74页。

解释。

案例一：×年×月，杨某所有的牵引车与濮阳公司所有的重型罐式货车尾随相撞致货车所载的一甲胺溶液泄漏，污染了当地鱼塘、农田。杨某一方承担事故全部责任，濮阳公司没有过错。后当地村委诉请杨某和濮阳公司连带赔偿因环境污染造成的财产损失××元，并进行相应的生态环境修复。

案例二：×年×月，杨某所有的牵引车与濮阳公司所有的重型罐式货车尾随相撞致货车所载的一甲胺溶液泄漏，污染了当地鱼塘、农田。杨某和濮阳公司都存在一定的过错。后当地村委诉请杨某和濮阳公司连带赔偿因环境污染造成的财产损失××元，并进行相应的生态环境修复。。

案例三：×年×月，王某在企业中的污水处理设备正常运行，张某未经同意擅自进入厂区，破坏了该污水处理设备，不仅将王某的土地污染，而且也将相邻单位和个人的土地污染，造成人身财产损失和生态环境损害。后相邻单位和个人诉请王某和张某连带赔偿该事故造成损失××元，并进行相应的生态环境修复。

问题：

（1）案例一与案例二的根本区别为何？是否都适用《民法典》第1233条的规定？

（2）三个案例中，是否都存在侵权人与第三人？分别是谁？判定依据为何？

（3）案例三与案例一有何不同？

（一）第三人环境侵权行为的成立要素

从责任构成角度视之，案例一与案例二最大的区别在于"杨某一方是否为造成损害的全部（唯一）原因"。在案例一中，事故完全是由杨某一方行为造成的，濮阳公司不存在过错，故杨某一方是造成损害的全部（唯一）原因；而在案例二中，杨某与濮阳公司都存在过错，二者行为共同构成了损害发生的原因。

回到《民法典》第1233条："因第三人的过错污染环境、破坏生态的，被侵权人可以向侵权人请求赔偿，也可以向第三人请求赔偿。侵权人赔偿后，有权向第三人追偿。"这里的"第三人过错"究竟指代的是事故或损害的

"全部原因"（唯一原因），还是部分原因，这关系到对"第三人侵权行为"的认定。对此，学界存在两种不同观点。一种观点认为第三人侵权既包括第三人行为是损害发生的全部原因情形，也包括部分原因情形。[1]另一种观点认为第三人过错是指第三人行为是造成损害的全部原因，这种观点得到了多数学者的赞同。[2]一则，在一般侵权当中，第三人侵权是法定免责事由，若侵权人存在过错，那么第1175条将不存在适用空间；二则，也是最为重要的一方面，若侵权人与第三人对于损害的发生或扩大都有过错，就可能形成共同侵权、分别侵权抑或竞合侵权，而不再是第三人侵权责任。[3]第三人侵权是一种由第三人独立承担责任（最终责任）的单独侵权类型（共同侵权行为和分别侵权行为，都属于多数人侵权行为的范畴），而一旦损害结果的发生是侵权人和第三人的原因力共同作用的结果，侵权人就应当承担责任，不再属于第三人侵权这种侵权类型。因此，只有第三人的行为是损害发生的全部原因或者完全是由于第三人的过错行为造成的，才能成立第三人侵权行为。[4]本书亦采"全部原因说"观点。由此，再回到前两个案例，案例一中，杨某是造成损害的"全部原因"，因此，在该案中，杨某是"第三人"，濮阳公司则是"侵权人"。[5]而案例二中，由于杨某和濮阳公司都对损害的发生"贡献"了原因，因此该案不属于第三人侵权行为，不适用第1233条。至于案例二中的侵权行为究竟是共同侵权行为、分别侵权行为抑或竞合侵权行为，则需要根据实际情况具体分析。

（二）第三人环境侵权行为的类型划分

案例一与案例三最大的不同在于，案例一中，濮阳公司（侵权人）与杨某（第三人）都存在一定的行为，杨某是在濮阳公司正常的驾驶行为过程中，以濮阳公司的行为为"媒介"，"加入"或"介入"了该行为，从而造成被侵

---

[1] 王利明：《侵权责任法研究》（上卷），中国人民大学出版社2011年版，第438~439页。
[2] 参见杨立新：《侵权责任法》，法律出版社2018年版；张新宝：《侵权责任法》，中国人民大学出版社2016年版等。
[3] 关于竞合侵权行为定义，以及竞合侵权与第三人侵权的关系，学界仍存在争议。参见杨立新、赵晓舒："我国《侵权责任法》中的第三人侵权行为"，载《中国人民大学学报》2013年第4期，第70~82页；张力、郑志峰："侵权责任法中的第三人侵权行为——与杨立新教授商榷"，载《现代法学》2015年第1期，第32~46页。
[4] 王胜明主编：《中华人民共和国侵权责任法释义》，法律出版社2010年版，第143页。张新宝：《侵权责任法》，中国人民大学出版社2016年版，第78页。
[5] "侵权人"一词有歧义，后文将进一步解释。

权人的损害。而在案例三中，王某始终不存在行为，仅是第三人"借用"污水设备进行侵权行为。由此，有学者将第三人侵权行为分为介入型第三人侵权行为和借用型第三人侵权行为，[1]也有学者将界分为行为关联型第三人侵权行为和客体关联型第三人侵权行为。[2]尽管称谓不同，但其内涵主旨是相似的，介入型（行为关联型）第三人侵权行为中，第三人的侵权行为是造成受害人损害的全部原因，侵权人实施某些行为，仅与损害之间存在关联（可能存在事实上的因果关系，但并无法律上的因果关系）；借用型（客体关联型）侵权行为，则指损害完全由第三人的侵权行为造成，但关联人与损害之间存在客体上的关联（如案例三情形）。

如前所述，"第三人的行为是损害发生的全部原因"是第三人侵权行为成立的基本前提，因此，在介入型（行为关联型）第三人侵权行为当中，一般形成"第三人过错+侵权人无过错"的行为结构。根据《民法典》第1233条，此时，"被侵权人可以向侵权人请求赔偿，也可以向第三人请求赔偿。"而根据前述案例二，其所形成的行为结构是"第三人过错+侵权人过错"，此时，由于双方都对损害发生承担责任，因此不属于第三人侵权行为，而属于多数人侵权行为的范畴，从法律适用的角度来看，则不适用《民法典》第1233条，应当根据具体情况适用《民法典》侵权责任编第一章中的"一般性"规定。然而，此时将产生以下悖论："第三人过错+侵权人无过错"结构下，无过错的侵权人尚且需要与第三人共同对外承担连带责任（不真正连带）；而"第三人过错+侵权人过错"结构下，侵权人则有可能依据1272~1274条对外仅承担部分责任。这显然说不通。

为防止"第三人过错+侵权人过错"行为结构下，环境侵权人责任承担向《民法典》侵权责任编的一般性规定"逃逸"，《生态环境侵权司法解释》第19条重构了第三人与侵权人的法律责任，该条第1款规定："因第三人的过错污染环境、破坏生态造成他人损害，被侵权人同时起诉侵权人和第三人承担责任，侵权人对损害的发生没有过错的，人民法院应当判令侵权人、第三人就全部损害承担责任。侵权人承担责任后有权向第三人追偿。"第2款规定：

---

[1] 杨立新、赵晓舒："我国《侵权责任法》中的第三人侵权行为"，载《中国人民大学学报》2013年第4期，第70~82页。

[2] 张力、郑志峰："侵权责任法中的第三人侵权行为——与杨立新教授商榷"，载《现代法学》2015年第1期，第32~46页。

"侵权人对损害的发生有过错的,人民法院应当判令侵权人就全部损害承担责任,第三人承担与其过错相适应的责任。侵权人承担责任后有权就第三人应当承担的责任份额向其追偿。"从该条文可以看出,侵权人在"没有过错"和"有过错"两种情形,对外均应对全部损害承担责任,对内则根据其与第三人的过错程度分配责任。换句话说,尽管"第三人过错+侵权人过错"行为结构不属于第三人侵权,而属于多数人侵权,但第 19 条为此种情形设定了例外规则,从而排除了《民法典·侵权责任编》一般性规定的适用空间。同时,《生态环境侵权司法解释》第 26 条结合生态环境侵权特点,遵循侵权责任法基本理论,规定"被侵权人对同一污染环境、破坏生态行为造成损害的发生或者扩大有重大过失,侵权人请求减轻责任的,人民法院可以予以支持。"从而进一步明确了生态环境侵权责任承担的适用规则。

(三) 第三人侵权当事人的称谓与归类

当前学界对第三人侵权行为中"侵权人"的称谓并不一致。《民法典》第 1233 条将"第三人"和"被侵权人"(受害人)之外的另一方主体称之为"侵权人",但从前述当中可以看出,第三人普遍存在侵权行为,甚至在借用型第三人侵权当中,只有第三人存在侵权行为,因此另一方主体称之为"侵权人"并不严谨。有学者采用"行为人"概念[1],也有观点认为,应当使用"实际加害人"这一概念,在加害人之前加上"实际"的修饰语,"能够区分不是侵权人的加害人与作为侵权人的加害人"[2]。但同样都存在概念不周延的问题,无法避免"第三人有侵权行为,另一方主体没有实际行为"情形下概念不准确带来的混淆。例如在"加害人"前面加上"实际"两字,更容易让人误解这些主体才是实实在在的侵权人,而第三人反而只是"名义加害人",这显然与实际情况不符。对此,有学者指出应使用"关联人"这样概念。其理由是,这些主体在很多借用型(客体关联)第三人侵权中并没有实施侵权行为,甚至没有行为,即便在介入型(行为关联)第三人侵权当中实施了侵权行为,但其侵权行为与损害之间也无法律上的因果关系,因此,称之为"行为人""实际加害人"或笼统称为"侵权人"等都不甚妥当。而使用"关联人"这一概念,则能够比较清晰描述这类主体之所以被卷入到第三人

---

[1] 张新宝:《侵权责任法》,中国人民大学出版社 2016 年版,第 78 页。
[2] 杨立新、赵晓舒:"我国《侵权责任法》中的第三人侵权行为",载《中国人民大学学报》2013 年第 4 期,第 79 页。

侵权行为法律关系中，其重点并不在于实施了侵权行为，或者是其与损害之间有法律上的因果关系，而是因为其与损害之间存在客体、行为或是主体上的关联。因此，称之为"关联人"，最能直接表述其特征且不易产生混淆。[1]

前文依据归责依据的不同，将责任承担基础划分为"行为责任"与"状态责任"，那第三人侵权当中，承担是何种责任呢？本书认为，在介入型（行为关联）第三人侵权中，尽管由于第三人和关联人都存在一定的行为，但前者与损害后果有直接的、事实上的、法律上的因果关系，是造成损害的全部（唯一）原因，因此理应承担"行为责任"，而关联人尽管存在一定行为，与损害后果也存在一定的关联性，但其行为也仅是第三人侵权行为的"媒介"，换句话说，关联人的行为与损害之间可能存在一些事实上的因果关系，但并没有法律上的因果关系，因此，不能用"行为责任"理论去解析关联人的责任，将之责任承担基础归为"状态责任"可能更为恰当。在借用型（客体关联）第三人侵权中，第三人与关联人承担责任的基础更容易辨别。第三人仍然是损害的直接原因者，因此其责任承担基础仍为"行为责任"，而关联人仅与损害之间存在客体上的关联而无侵权行为，当然更符合"状态责任"的特征。

二、主体破产情形责任承担规则

当污染/破坏行为人（概括继受人）或事实管领人处于破产程序，行政机关作出的排污禁令或整治修复命令［以下统称环境强制令（Environmental Injunction）］，以及由此产生的包括清污费用在内的金钱债务是否都构成破产债权？对此，我国《企业破产法》未有明定，致使环境强制令及相关费用支出的法律性质、偿付途径不明。鉴于目前我国立法对环境债权缺乏规定，故本书选取了有较多司法实践经验的美国法例进行研究，以期为我国破产立法提供建议。

（一）环境强制令不构成环境债权

美国关于"环境债权"判定标准的探索肇始于"Ohio v. Kovacs 案"[2]。

---

[1] 张力、郑志峰："侵权责任法中的第三人侵权行为——与杨立新教授商榷"，载《现代法学》2015年第1期，第38页。

[2] 469 U.S..274（1985）.

在"Ohio v. Kovacs案"[1]中,原告俄亥俄州希望法院能确认其对Kovacs享有的清污命令与赔偿要求并不构成破产法上的"债务",不能予以免责。由于在该案中,俄亥俄州已经指定托管人并剥夺了Kovacs对污染地的占有,使得Kovacs及其公司在事实上无法再履行清理义务,故联邦最高法院认定债务人的清污义务构成可免责的债务,赔偿金是给俄亥俄州的唯一赔偿,Kovacs其他义务都被免除。但在该案中,法院进行了说明:破产免责并不适用于"禁止导致或加剧污染的行为的命令",清污义务得以免除的原因是州政府指定托管人并接管污染地的行为在事实上使得债务人不可能再自行清污。换言之,在该案中,法院并未裁定在何种情况下,清污命令会转化成债权。而在随后的"United States v. Whizco案"[2]中,The Sixth Circuit试图澄清,在何种情况下能使强制令救济(Injunctive relief)变成环境债权。法院认为,第101(5)(B)条的"偿付权",其真实意旨为"向任何人偿付"。换句话说,只要针对债务人的强制令产生金钱义务,则该义务可以构成破产债权。

对此,各巡回法院认为The Sixth Circuit过度解读第101条(5)(B),绝对优先考虑了破产的"新开始"(fresh start)政策,从而牺牲了环境法的污染者负担原则,这会导致不当免除债务人的环境义务。[3]The Third Circuit指出,若强制令的目的是为防止未来损害而发出,即便遵守该强制令债务人将支出费用,也不构成破产债权。[4]The Second Circuit在In re Chateaugay Corp案[5]中,对可被其他请求偿付权利替代的强制令与寻求防止未来损害并且也补救过去损害的强制令进行了区分,并指出政府并不享有向债务人收取金钱

---

〔1〕 "Ohio v. Kovacs案"主要事实归纳如下:William Kovacs是一家违反了俄亥俄州相关环境规范的公司主要负责人。在破产申请之前,Kovacs作为个人及公司代表与环保机构达成了和解协议,同意停止污染、支付罚款并清理污染,但并未实际履行。在发现污染并未得到清理之后,俄亥俄州指定了一名托管人接管污染土地并清理污染。随后,Kovacs申请了个人破产。在破产申请提出后,俄亥俄州试图要求Kovacs偿付清污费用。由于环境债权在法律上并不具有优先偿付地位,只能通过普通债权程序进行清偿,而普通债权足额受偿概率较低,债务人极有可能被免责。故俄亥俄州政府希望法院能确认Kovacs所负清污义务并不构成破产法上的"债务",不能予以免责。

〔2〕 841 F. 2d 147 (6th Cir. 1988)

〔3〕 Daniel Belzil, "Why Congress should Clean up the Bankruptcy Code to Render Environmental Clean-up Orders into Claims", *Vt. J. Envtl. L*, Vol. 14, (2012), p. 109.

〔4〕 Ingrid Michelsen Hillinger, Michael G. Hillinger, "Environmental Affairs in Bankruptcy: 2004", *Am. Bankr. Inst. L. Rev*, Vol. 14, (2004), p. 375.

〔5〕 944 F. 2d 997 (2d Cir. 1991)

补偿而允许其继续污染环境的选择权,诚然,政府可自行清理污染并就相应费用向债务人追偿,但除此情形外,都不存在破产法意义上的债权。而 The Seventh Circuit 也在 In re CMC Heartland Partner 和 United States v. Apex Oil Co. 两案件[1]申明,所有强制令都在一定程度上给债务人带来金钱负担,除非法律明确授权环保机构可以向债务人寻求金钱赔偿,否则强制令不构成一个可免责的环境债权,尤其是当该强制令涉及公众健康与环境安全时,不得免除责任。此后,纽约南区法院结合 Kovacs 至 Apex Oil 的司法判例建立了 MarkIV 标准,用于决定环境强制令是否构成环境债权。该标准由三因素构成:第一,债务人是否有能力执行强制令;第二,污染是否正在进行;第三,政府机构是否存在选择权,即先进行清理再向债务人追偿。[2]遗憾的是,MarkIV 标准取决于债务人或政府的行动,使结果不可预测,从而难以给企业或政府机构提供明确的指引。比如,在 Apex Oil 一案中,EPA 最初援引 CERCLA 中有关强制令的规定,而后选择寻求 RCRA 中的强制令规定。[3]EPA 的策略改变给 Apex 带来了不确定性,使得 Apex 是否承担清理责任很大程度上取决于 EPA 如何进行选择。

尽管关于环境强制令构成破产债权的标准仍处于不断提炼完善阶段,但总结而言,本书认为:第一,若环境强制令是针对过去污染损害的救济,且该强制令已转化为清理费用等金钱费用,则该费用可构成环境债权;第二,若环境强制令是针对正在进行或将来的污染损害的救济,或强制令虽是针对过去污染损害的救济,也已部分转化为金钱补偿,但仍有损害持续到现在或将来,那么,除非该强制令可具体量化为确切的金钱债务,否则不可将其视为环境债权。比如,行政机关针对正在进行的具有紧迫性的土壤污染发出清理命令,债务人怠于清理,此时若能评估或确认紧急所需的污染清理费用,则该部分费用可认定为环境债权,参与破产财产的分配;其他难以用货币评估或量化的后续整治、修复命令,则不可认定为环境债权。对于该不可量化的正在进行或将来的污染损害,若债务人经过破产重整程序后继续存在,权

---

[1] 966 F. 2d 1143 (7th Cir. 1992);579 F. 3d 734, 738 (7th Cir. 2009).

[2] *In re* Mark IV Indus. , Inc. , 438 B. R. 460 (Bankr. S. D. N. Y 2010).

[3] 根据 *CERCLA* 规定 *EPA* 可先进行清理补救,然后再向债务人追偿;但 *RCRA* 不包括授权任何形式的金钱救济的条款,仅有发出强制令的权限。这意味着,若 *EPA* 援引 *RCRA*,债权人可在破产重整程序结束后就其不可免责的债权要求完成重整的债务人继续进行全额清偿。

利人可在破产重整程序结束后要求完成重整的债务人继续履行强制令；若债务人最终进入破产清算程序，则该强制令由其后续接管的管理人或使用人继续履行。

（二） 环境债权的清偿顺序

"债权"是破产法中最为重要的概念之一，依据美国《破产法》第 101 (5)（A）规定，"债权"是请求清偿的权利，拥有"求偿权"则享有破产债权。我国《企业破产法》第 114 条也规定，破产财产的分配应当以货币分配的方式进行。即债权应是可以用货币估算的债权，不能用货币估算的债权，不能作为破产债权。发生时间对于债权的实现意义重大，以"破产受理"[1]作为时间节点，一般将债权区分为破产案件受理前发生的债权和破产案件受理后发生的债权，并适用不同的清偿规则。就环境债权而言，司法实践有将破产案件受理前发生的环境债权认定为普通债权，将破产案件受理后发生的环境债权认定为管理费用（破产费用）而优先受偿的倾向。[2]但如此安排并未"平息"破产法与环境法之间的纷争。破产法论者指出，"管理费用"意指对破产财产的运营、维护有实际必要的费用开支，以及保护破产程序得以顺利运作的主体应得的报酬和补贴。显然，环境费用并非保全破产财产的实际、必要的费用开支，且对破产财产存有"负作用"，不应具有优先受偿的地位。[3]环境法论者则认为，破产企业须按照法律规定管理及经营其财产，不能无视环境法规来削减企业开支，环境债权涉及公众健康与环境安全，任何违反环境法规招致的罚款或赔偿，都应享有管理费用优先地位，以保证迅速有效清理、修复受损环境。[4]

环境债权"缺席"破产立法背后隐藏着的是两部法律价值目标的冲突。破产法目标在于实现债权人的平等受偿和赋予债务人重整的机会，环境法则

---

[1] 美国《破产法》第 502（b）；我国《企业破产法》第 107 条。

[2] 也有观点认为，破产申请受理后发生的环境债权因属于企业在日常运营中可以预见的成本，清理环境污染得以让破产企业因不违反法律而继续运营，有利于保存破产企业的运营价值，应当被归为破产企业的共益债务，在有担保债权后优先受偿。参见张钦昱："企业破产中环境债权之保护"，载《政治与法律》2016 年第 2 期，第 149 页。

[3] In re Wall Tube & Metal Prods. Co., 831 F. 2d. 121; In re Wall Tube & Metal Prods. Co., 56 B. R. 918, 924.

[4] David Van Epps, A Fiduciary's Liability Under CERCLA: The Collision of Fundamental Policies-Beyond Ohio v. Kovacs and Midlantic National Bank v. New Jersey Department of Environmental Protection. N. KY. L. REV, Vol. 14, (1993), pp. 585, 597~598.

以公共利益为保护宗旨，适用污染者负担原则，而非由纳税人承担污染损害的后果。政府机构希望法院优先考虑环境法，使环境债权优先受偿，但环境清理费用或其他履行强制令的成本高昂，优先受偿将不可避免减少企业的破产财产，使得其他债权人几无获偿可能，企业的重整计划也可能因资金缺乏而难以启动。至此，问题难点已不在于环境利益与债务人重组权的优劣对比，而是应如何制定一个解决方案，使政府和企业在明确的清偿规则指引下，既能解决环境违法问题，也能满足各自对法律的需求和期待。

结合相关司法实践与我国实际，本书对环境债权的清偿顺序作以下尝试：

（1）有限优先受偿。对环境债权进行必要区分，对于正在或即将发生环境损害，必须进行紧急清偿以防止污染的发生或遏制损害进一步扩大的预防性措施费用、污染清理或修复费用，给予其优先受偿的地位。环境债权的紧迫性与必要性，由破产法院根据污染损害的实际状况予以确认。由于该部分环境债权与破产法规定的管理费用（破产费用）在性质上仍有所差异，即难以将之认定为"维护破产财团的实际必要费用"，其实质更接近于我国《企业破产法》第113条第1款第（二）项规定的具有社会公益性质的"破产人欠缴的除前项规定以外的社会保险费用和破产人所欠税款"，故建议将必须紧急清偿的预防性措施费用、清理修复费用与"破产人欠缴的除前项规定以外的社会保险费用和破产人所欠税款"列为同等顺位。

（2）普通债权顺位。针对不具有紧急清偿属性的修复费用以及由此产生的调查、评估等费用，仍将其列为普通债权的清偿顺位。根据该区分原则，大部分在破产申请受理前权利人所支付的环境费用都将纳入普通债权的清偿范围。如果债务人经过重整程序后转入清算，其不能清偿的环境债权将予以免责；如果债务人经过重整程序后继续存在，则债权人仍可针对其未清偿的环境债权继续对债务人进行追责。需要注意的是，若企业债务人转入破产清算程序后，无法完全清偿责任时，还须考察其董事或高级管理人是否有滥用公司法人独立地位之情形，若有，则将揭开"公司面纱"，追究其污染整治责任；若无，则只能再确认是否存有相关环境基金或财政支持以进行清理、修复的可能。

对环境债权的清偿规则作此规定，旨在衡平环境法与破产法，一方面，保证债权人的利益不被破产法的重整功能压制或架空，并确保债务人的环境责任不会过分转嫁给无担保债权的普通债权人；另一方面，适当对债务人进行免责，也能确保债务人有重整机会以获得新生，从而实现破产法目标。从制度功能角度而言，在法律上明确环境债权的清偿规则，也能减少债权人与债务人长期谈判所带来的时间、金钱成本，避免规则不清而产生的诸多诉讼问题，从而进一步减少管理费用，法律规范的目的即在此。

三、环境治理第三方责任承担规则

在生态环境修复治理实践中，基于对污染整治的效率、成本及专业性等考量，委托专业第三方进行污染修复治理已渐成趋势。比如，在常州市环境公益协会诉储某等土壤污染民事公益诉讼案一案[1]中，一审法院组织行政主管部门、检察机关、鉴定评估机构以及责任方共同协定了第三方治理方案，由第三方具体实施生态环境的治理和修复。第三方治理模式，通过市场化运作，将生态环境修复治理交由专业公司实施，既有利于判决的及时执行，也有利于降低污染治理成本、提高治污效率。

(一) 责任分配的难点

随着第三方治理实践的深入，作为委托方的污染/破坏行为人或事实管领人与污染治理第三方的责任划分成了制约该制度继续发挥其优势的关键所在。在引入第三方治理情形下，若污染治理第三方由于自身不当行为造成新的污染，依据自己行为责任原理，污染治理第三方对自己行为承担责任应无障碍。[2]但若污染治理第三方未按照合同的约定完成污染治理任务，由此导致的继续履行以及行政处罚等责任，由谁来承担？换言之，委托方的污染治理责任能否通过民事合同转移给污染治理第三方？这是第三方治理模式中亟待明确的问题。在法律规范层面，《关于推进环境污染第三方治理的实施意见》仅规定，排污单位承担污染治理的主体责任；第三方治理单位按有关法律法规和标准及合同要求，承担相应的法律责任和合同约定的责任。可见，委托方与污染治理第三方的责任是否通过合同发生了转移，目前立法上并没有明确的规定。

对于该问题，一种观点指出责任不可约定转移。其主要依据在于，污染

---

[1] 参见江苏省常州市中级人民法院[2014]常环公民初字第2号判决书。
[2] 《关于推进环境污染第三方治理的实施意见》对此进行了明确，规定第三方治理单位在有关环境服务活动中弄虚作假，对造成的环境污染和生态破坏负有责任的，除依照有关法律法规规定予以处罚外，与造成环境污染和生态破坏的其他责任者承担连带责任。

修复治理责任论其性质应为行政责任，委托方虽可将具体的整治方案委托给专业第三方实施，但并不意味着可通过民事合同对具有行政属性的责任进行转移，相反，运用合同对行政责任进行处置在法律上应属无效行为。加之，基于目前第三方污染治理门槛较低、资质要求不规范、市场不健全等因素，若准许责任转移容易导致委托方通过与不规范的污染治理第三方签订委托协议以逃避其法律责任的现象发生，这对于污染损害的及时治理也极为不利。是故，委托方与污染治理第三方之间的合同不发生责任移转，在未完成修复治理责任时，仍应由委托方继续履行或接受行政机关罚款或停产等行政处罚。当然，委托方可通过违约责任等方式，向污染治理第三方进行追偿。[1]另有观点则指出，违反强制性规定的合同未必都无效，而应从合同目的、合同内容及公平性等角度综合判断。委托合同的目的在于降低治污成本、提高治污效率，并促进污染治理的专业化、集约化。与委托方不同，作为专业的治理单位，污染治理第三方对于污染的整治和各种紧急处理应对上都具有显著的专业优势，其收取了报酬、获得了对价，就应在未完成污染治理责任时承担相应的继续履行责任或接受行政机关的处罚。倘若此时仍由委托方承担法律责任，一则有失公平，二则也不利于第三方治理模式的继续推行。[2]

（二）附条件的责任转移

事实上，修复治理责任能否发生转移，其关键要素仍在于污染损害是否能得到有效治理。换言之，如果规则的设定能够促进污染治理效果提升，仅是存在一些需要改进之处，那么该项规则就应值得肯定。从效率角度检视第三方治理模式，一方面，委托方通过合同将污染治理交由专业第三方实施，自身则可专注于生产本身，对其而言提高了生产效率；另一方面，污染治理第三方通过其专业性设备、技术及其所具备的经验能力可以明显提升污染治理的效果、降低治理的成本。同时，基于集约化的治理模式，也使得行政机关的环境监管对象从众多分散的排污者转移至相对集中的污染治理专业单位，

---

[1] 参见常杪、杨亮、王世汶："环境污染第三方治理的应用与面临的挑战"，载《环境保护》2014年第20期，第21页。

[2] 参见胡静、胡曼晴："第三方治理中排污企业的行政责任"，载《世界环境》2017年第5期，第59页。

监管对象数量大为减少，[1]这对于减轻环境监管机构负荷，提高监管效率也大有裨益。再者，除去少数不规范治污企业的存在，大部分污染治理机构都具备了相当的专业能力和企业理性，其基于企业自身信誉的考量、委托协议的督促、治污绩效的考核等，都会促使污染治理第三方努力提升自身业务能力，提高环境污染的治理效果。

是以，在生态环境修复治理领域，适当拓展委托合同的效力边界，允许通过合同内容或违约条款将委托方的污染治理责任转移至专业第三方，应属合理。对此，2023年《生态环境侵权司法解释》环境治理第三方责任问题进行了规定，该解释第12至14条区分三种情形：其一，排污单位将所属环保设施委托第三方治理机构运营，第三方治理机构在合同履行过程中污染环境造成他人损害的，因污染治理设施由排污单位提供，第三方治理机构在排污单位管理下运营设施，故由排污单位承担侵权责任；排污单位承担侵权责任后，可以向有过错的第三方治理机构追偿。其二，排污单位将污染物交由第三方治理机构集中处置，第三方治理机构在合同履行过程中污染环境造成他人损害的，因污染治理设施由第三方治理机构建设运营并实际控制，故由第三方治理机构承担侵权责任；排污单位在选任、指示第三方治理机构中有过错的，也应当承担相应责任。其三，排污单位与第三方治理机构构成共同侵权的，应当承担连带责任。

当然，为从源头上减少环境治理第三方责任纠纷，除法律责任分配规则设定外，还应建立健全相应的配套机制，以保障该治理模式的有效施行。具体包括：其一，必要的资质审查义务。为加强第三方治理模式的规范化，政府应及时出台相关资质管理规定，污染治理企业必须具备一定资质条件才能进入第三方治理市场。而委托方在选择污染治理第三方时负有必要的注意义务，必须对受托方的资质条件进行必要的审核，不得与不符合国家资质管理规定的治污企业签订委托合同，否则污染治理责任将不发生转移。其二，规范化的第三方治理市场。针对目前第三方治理企业专业水平不一、服务信息不对称以及相关评价机制不完善等状况，政府必须尽快配套建立相应的考核标准与治理效果评价标准，对第三方治理企业实行全面的信息登记、综合检

---

[1] 刘畅：“环境污染第三方治理的现实障碍及其化解机制探析”，载《河北法学》2016年第3期，第166页。

查、信用评价等；行业协会也应制定相应的行业标准促进第三方治理市场的标准化，形成政府监管、协会引导、市场配置、企业自律的闭环监管模式，[1]有效确保第三方治理市场的健康运行。

第四节　环境侵权因果关系的证明责任

环境侵权案件中，涉及侵权行为、损害后果、因果关系、免责事由等诸多事项的证明问题。其中，环境侵权因果关系的证明责任分配问题是学界最具争议的疑难问题。我国民事诉讼法通常在证明责任上奉行"谁主张，谁举证"的原则，但传统侵权责任法学界及环境法学界均认为，环境侵权中原被告双方在信息获取、举证能力等方面力量悬殊，且环境侵权因果关系通常以环境为媒介，致害路径复杂，因果关系证明极为复杂，因此，依法应在环境侵权问题上应适用与一般侵权行为因果关系不一样的证明规则。[2]由此，《侵权责任法》第66条就此确立了所谓的"举证责任倒置"规则。《民法典》第1230条承袭了《侵权责任法》第66条的规定："因污染环境、破坏生态发生纠纷，行为人应当就法律规定的不承担责任或者减轻责任的情形及其行为与损害之间不存在因果关系承担举证责任。"《若干规定》《生态环境侵权司法解释》也进一步明确了原被告双方在与环境侵权因果关系中各自的证明范围。然而，在司法实践中，环境侵权因果关系问题并没有因这些立法规定而得到有效解决。

一、环境侵权因果关系的类型划分

尽管立法上确立环境侵权因果关系适用与一般侵权因果关系不同的"举证责任倒置"规则，但部分司法机关的判决还是坚持应当由原告承担环境污染侵权因果关系的证明责任。有学者选取起讫时间为1993年1月至2015年12月的环境污染侵权民事案件判决书共619份。从判决结果来看，在全部619份判决书中，由受害人就因果关系进行举证的判决至少在502份之上，比

---

[1] 陈啟信："佛山市南海区推进环境污染第三方治理实践研究"，载《环境与发展》2018年第5期，第46页。
[2] 杨立新：《侵权责任法》，法律出版社2012年版，第482页；汪劲：《环境法学》，北京大学出版社2011年版，第308页以下。

例高达 81.1%。而在仅有不到 20% 的判决中，受害人并未进行举证，主要包括有以下几种情形：①受害人损害结果无法证明；②双方对因果关系的成立无异议；③人民法院自主判定因果关系的成立；④由加害人证明因果关系成立与否。如果机械地理解《民法典》第 1230 条，即应由加害人（被告）来承担因果关系证明责任，但在 619 份判决书中仅有 12 份属于该种情形，占比仅达 1.9%。[1]可见，在环境侵权因果关系证明问题上，司法实践与立法之间形成了明显的矛盾与冲突。这种矛盾与冲突的根源即在于，立法和司法解释将环境侵权因果关系作为一个整体概念进行笼统的责任分配，而没有从环境侵权因果关系的特殊性出发，采用类型化思维，将不同类型、不同层面因果关系的证明责任合理地进行分配。

由此，有学者在考察德国法的基础上，引进了"一般因果关系"与"具体因果关系"证明规则。[2]在称谓上，也有学者将之定义为"一般因果关系"与"特定因果关系"。[3]一般因果关系主要解决的是普遍的因果法则是否存在的问题，致害因素与损害结果之间是否存在可能性，即"某种物质是否可能引发某种损害"[4]，这是在具体案件中确定行为与结果的因果关系的前提。而具体因果关系，则主要解决的是如何将一般的因果法则适用到具体案件中，即某种程度的暴露"事实上确实引起了本案中原告的伤害"[5]。

二、一般因果关系的证明责任分配

有学者根据科学认知难度把一般因果关系分为"常识型一般因果关系""科学确定型一般因果关系"和"科学不确定型一般因果关系"。[6]其中，常识型一般因果关系很容易确定，甚至不证自明，在举证能力方面，加害人

---

[1] 张挺："环境污染侵权因果关系证明责任之再构成——基于 619 份相关民事判决书的实证分析"，载《法学》2016 年第 7 期，第 102 页。

[2] 徐凌波："因果关系在产品刑事责任案件中的认定问题"，载《政治与法律》2014 年第 11 期，第 49 页。

[3] 陈伟："环境侵权因果关系类型化视角下的举证责任"，载《法学研究》2017 年第 5 期。

[4] [美] 约翰·斯普兰克林、格雷戈里·韦伯：《危险废物和有毒物质法精要》，凌欣译，南开大学出版社 2016 年版，第 380 页。

[5] [美] 吉恩·马基雅弗利·艾根：《毒物侵权法精要》，李冰强译，南开大学出版社 2016 年版，第 228 页。

[6] 陈伟："环境侵权因果关系类型化视角下的举证责任"，载《法学研究》2017 年第 5 期，第 133~150 页。

（被告）并不比被受害人（原告）更强，因此，没有必要使用举证倒置责任规则。科学确定型一般因果关系证明与传统侵权案件在因果关系证明也无不同，因此也无举证责任倒置的空间。而在科学不确定型一般因果关系当中，由于相关事实在科学上具有一定程度的不确定性，而有能力造成这类侵权的行为人相对于被侵权人大多处于强势地位[1]，此时，才存在举证责任倒置的空间。

当然，在科学不确定型一般因果关系中，受害人（原告）也并非不承担任何证明责任，原告仍需要首先证明"关联性"的存在。例如，《若干规定》第6条规定："原告主张被告承担生态环境损害赔偿责任的，应当就以下事实承担举证责任：（一）被告实施了污染环境、破坏生态的行为或者具有其他应当依法承担责任的情形；（二）生态环境受到损害，以及所需修复费用、损害赔偿等具体数额；（三）被告污染环境、破坏生态的行为与生态环境损害之间具有关联性。"《关于生态环境侵权民事诉讼证据的若干规定》第5条第1款规定，原告起诉请求被告承担环境污染、生态破坏责任的，应当提供被告行为与损害之间具有关联性的证据。而该规定第7条，即"被告证明其排放的污染物、释放的生态因素、产生的生态影响……存在其行为不可能导致损害发生的其他情形的……"，即是"一般因果关系举证责任由被告承担"的立法佐证。

综上，在一般因果关系中，由于常识型和科学确定型案件的一般因果关系不证自明或被特定因果关系的证明所吸收，故没有必要采取举证责任倒置；只有在科学不确定型案件中，才应由被告负举证责任。由此，在法律适用方面，常识型和科学确定型的案件，应当避免引用《民法典》第1230条的规定和《关于生态环境侵权民事诉讼证据的若干规定》第7条规定；而科学不确定型案件则应明确引用该两条规则，若被告在穷尽一切证据仍不能判断一般因果关系不存在时，则应承担败诉风险。这里需要注意的是，一个案件救济是否属于科学不确定型案件，应当由人民法院初步审理之后进行判断归类。

---

[1] 于敏：《日本侵权行为法》，法律出版社2015年版，第508页。

三、特定因果关系的证明责任分配

特定因果关系是在认定存在一般因果关系的前提下，判断特定损害是不是由加害人（被告）的行为或其他原因所造成或引发，而造成或引发损害的自然过程可分为到达的因果关系和致害的因果关系。[1]

针对到达的因果关系而言，其主要解决的是损害发生地的污染物与加害人（被告）排放的污染物之间具有同源性，即损害发生地的污染物是加害人（被告）所排放。与一般侵权直接作用于被侵权人不同的是，环境侵权路径时常复杂、隐秘，一般都需要以环境为"媒介"，通过一系列物理或者化学过程，才能到达损害发生地，直至损害生态环境、人身及财产。[2]就生态环境损害而言，常见的证据包括生物死亡、畸形或生存受到影响的证据，环境媒介质量恶化、污染物浓度超标的证明或其他生态系统受到影响的证据。[3]而提供或证明这些证据的真实性并非易事。此时，若要求原告来承担特定因果关系的成立，则有强人所难，超出受害人（原告）举证能力之嫌疑。因此，此时法律可作出规定，要求加害方（被告）来证明其排放的可造成该损害的污染物"未到达损害发生地"，或者"其行为在损害发生后才实施且未加重损害后果"。这便是《关于生态环境侵权民事诉讼证据的若干规定》第7条的规定。具体方法可以参考《生态环境损害鉴定评估技术指南总纲和关键环节第1部分：总纲》中关于污染物的"同源性分析"和迁移路径的"合理性分析"方法，即加害人（被告）可以依据这些技术方法来反向证明不存在到达的因果关系。当然，在这一过程中，原告也并非不承担任何证明责任，原告仍需依据《关于生态环境侵权民事诉讼证据的若干规定》第2条、第5条的规定，证明：被告排放了污染物、原告人身或财产受到损害或者有遭受损害的危险、被告行为与损害之间具有关联性的证据等基本事实要素。

针对致害的因果关系而言，其主要解决的是加害人（被告）所排放的污

---

〔1〕 陈伟："环境侵权因果关系类型化视角下的举证责任"，载《法学研究》2017年第5期，第133～150页。

〔2〕 陈小康："生态环境损害责任的因果关系认定探析"，载《重庆科技学院学报（社会科学版）》2019年第1期，第21～25页。

〔3〕 刘静："生态环境损害赔偿诉讼中的损害认定及量化"，载《法学评论》2020年第4期，第156～167页。

染物事实上造成了原告的损害。这个过程可区分为两个环节：暴露的因果关系与真实的因果关系，前者是指受害人或物真实暴露在损害发生地的污染物当中；后者则是指暴露于污染物中的受害者已经受到了污染物的损害。[1]就暴露的因果关系而言，举证责任由原告承担，原告需要根据不同污染致害的特征，从暴露量、暴露频率等方面来证明自己受到了损害，只要原告能够证明暴露的因果关系，即可推定致害的因果关系存在；如若被告提出异议，则其应当就真实致害的因果关系承担证明责任。

综上，在特定因果关系中，首先由被告承担到达的因果关系证明责任，被告需要就损害发生地的污染物与其排放的污染物之间不具有同源性负证明责任，如若被告不能证明，则应认定到达的因果关系成立；其次，由原告证明暴露的因果关系，即证明自己暴露于被告所排放的污染物中并遭受了损害，此时若被告没有提出异议或无法推翻原告的证明，那么应推定致害的因果关系成立；第三，当被告能够提出证据，证明暴露的因果关系不成立（如原告的损害于排放污染物、破坏生态行为实施之前已发生的，或者损害是由其他确切原因造成等）时，则应认定被告举证成功，致害的因果关系不成立。

四、"关联性"与"因果关系"的异同

前文提到，在一般因果关系与特定因果关系中，即便是在被告承担举证责任的情形下，原告也并非能完全排除证明责任，其必须根据《若干规定》第 6 条规定、《关于生态环境侵权民事诉讼证据的若干规定》第 5 条的规定对相关事实问题承担"关联性"证明责任。那么何为"关联性"？关联性的证明要求是否与因果关系的证明要求一致，二者有何异同？

环境侵权纠纷中的关联性，主要指损害结果和污染或破坏行为之间存在时间和空间上的牵连性，即时空牵连性。关联性和因果关系的构成要素存在某种程度的重合性，但关联性表明的是污染行为与损害结果之间存在低程度的联系，是一种弱联系；而因果关系表明的是污染行为与损害结果存在科学的必然的联系，是一种强联系。换句话说，相比于对因果关系的判断，关联性判断，一般是常识判断，而非技术判断，因此一般不存在鉴定问题，对关联

---

[1] 陈伟："环境侵权因果关系类型化视角下的举证责任"，载《法学研究》2017 年第 5 期，第 133~150 页。

性的证明标准,一般为低度盖然性标准;因果关系则是技术判断,多数情况需要申请鉴定才能予以证明问题,因而其证明标准一般为高度盖然性标准。[1]

因此,就关联性证明而言,如若原告依据《若干规定》第6条规定、《关于生态环境侵权民事诉讼证据的若干规定》第5条,能够证明其受到的损害,发生于排放污染物或者其次生污染物之后,即存在时间上的牵连性;或者能够证明排放的污染物或者其次生污染物已到达损害发生地,即存在空间上的牵连性,此时,原告即完成了关联性的证明责任,应当认定被告行为与损害之间具有关联性。当然,如若原告能直接证明因果关系也未尝不可,具体证明方法可参考《生态环境损害鉴定评估技术指南 环境要素第1部分:土壤和地下水》中"因果关系分析"部分。即只要同时满足以下条件,就可以确定污染环境行为与损害之间存在因果关系:①存在明确的污染环境行为;②土壤和地下水环境或生态服务功能受到损害;③污染环境行为先于损害的发生;④受体端和污染源的污染物存在同源性;⑤污染源到受损土壤与地下水之间存在合理的迁移转化过程。

然而,如前所述,尽管"因果关系分析"部分的这一规定非常明确,但在实践中原告的举证能力通常都比较薄弱,无法完成如此"高难度"的因果关系证明责任。因此,针对这类案件,立法一般采取反向思维路径,规定由被告对不存在因果关系承担举证责任,具体方法可以参考《生态环境损害鉴定评估技术指南 总纲和关键环节第1部分:总纲》,在此不再赘述。

---

[1] 范兴龙:"民法典背景下环境侵权因果关系认定的完善",载《法律适用》2020年第23期,第86页。

第四章
生态环境损害修复与赔偿的责任体系

"修复生态环境"在我国生态环境损害赔偿责任中无疑是一个焦点式的问题，从法律文本来看，其经历了从"恢复原状""恢复植被""修复生态环境"等语词转换与表述变迁。[1]《环境保护法》第64条通过引致条款将生态环境损害的责任方式导向民法规范，但依据《民法典》第1234条规定，法条并未使用"恢复原状"语词，而是使用了"修复生态环境"这一模糊表述。然而，"修复生态环境"与"恢复原状"的关系究竟为何，其是否属于《民法典》第179条所规定的责任方式之一，并不清晰。从司法实践来看，"修复生态环境"也出现在刑事判决当中，这是否意味着"修复生态环境"可成为一种新的刑罚种类？再者，在行政执法中，"责令修复生态环境"法律性质和实施程序为何？如何确定"修复生态环境"的修复目标和具体标准？此等问题立法至今未有明辨。对此，本章尝试厘清"修复生态环境"与"恢复原状"之间的关系，明确"修复生态环境"在法律责任体系中的位置，并确定修复生态环境的表现形式、修复标准等，以此明晰"修复生态环境"责任的体系定位及适用情形，为建构新的生态环境损害赔偿责任体系提供助力。

第一节 "修复生态环境"责任的民法溯源

目前已有观点指出，我国现行民法中的恢复原状与修复生态环境存在诸

---

[1] 参见2010年修订的《水土保持法》第30条；2014年修订的《环境保护法》第30条、第32条；2015年《环境民事公益诉讼司法解释》第20条；2015年《最高人民法院关于审理环境侵权责任纠纷案件适用法律若干问题的解释》第14条；2023年修订的《海洋环境保护法》第82条等。

多差异，以民事责任径行适用于生态环境损害领域并不妥当。譬如，生态环境损害并非民法意义上之"损害"，生态环境利益也难以纳入侵权法保护范畴，[1]修复生态环境的标准、方式均有别于民法中的恢复原状等。[2]然而，损害类型、救济对象、实现标准等方面的龃龉或冲突，并非我国现行民法中的恢复原状不能适用于生态环境损害情形的根本原因。从法教义学视角观之，深层缘由乃是"我国民法上的恢复原状，存在解释力和涵盖力不足的问题"。

一、狭义恢复原状：解释张力不足，适用情形受限

揆诸我国现行民事立法，虽然概念体系源于大陆民法，但具体条文中的恢复原状和传统大陆民法中的"恢复原状"存在较多差异。德国民法中的"恢复原状"存在于损害赔偿法之中，主要作用于侵权责任，在损害赔偿原则意义上指恢复到假如损害没有发生时的应有状态。如德国《民法典》第249条规定，其原型系德文"Naturalrestitution"，乃是指"应有状态"而不是"原状"。[3]此处的应有状态是在损害事故终结时如果损害没有发生的状况，也就是不仅将侵权所致损害考虑在内，而且把权益变动考虑其中。[4]

具体至损害赔偿方法，德国民法采用"恢复原状"与金钱赔偿的二元模式，前者指综合多种方法予以恢复应有状态，即"同类、同质、等值、等量"地恢复至应有状态。[5]在这种意义下，"恢复原状"的具体方式随破坏的形态而具有多样性和丰富性，物或权利遭到何种破坏，就相应地有何种恢复原状的方式。[6]在学说和判例上更主张"除因恢复原状而应给付金钱者（例如，侵占受寄之金钱而应返还金钱者）外，一般均解为事实上之修复。故身

---

[1] 参见李挚萍："生态环境修复责任法律性质辨析"，载《中国地质大学学报（社会科学版）》2018年第2期，第48~59页。

[2] 参见朱晓勤："生态环境修复责任制度探析"，载《吉林大学社会科学学报》2017年第5期，第171~181页。

[3] 参见李承亮："损害赔偿与民事责任"，载《法学研究》2009年第3期，第135~149页。

[4] 参见曾世雄：《损害赔偿法原理》，中国政法大学出版社2001年版，第147~149页。

[5] Vgl. Haug, Natural restitution und Vermögenskompensation-Der Stand der Rechtsprechungim Hinblick auf die geplante Gesetzesänderung, Vers R 2000, S. 1329（1330 ff.）

[6] 德国联邦最高法院判例认可的恢复原状的形态包括：①物被他人不法侵夺时，返还该物；②侵害可替代物而致其灭失或毁损时，重新购买同种类且价值相等的物；③物被损坏而未灭失时，对该物进行修复；④缔约过失时消解契约效力；⑤免除具有某种拘束力的负担；⑥撤回错误的事实陈述；⑦不动产登记簿存在错误时所为的更正登记；⑧有价证券的回购等。参见程啸、王丹："损害赔偿的方法"，载《法学研究》2013年第3期，第54~71页。

体、健康之损害应治愈之,物之灭失应恢复或以同种类、品质、数量之他物代替之,物之毁损应修缮之,以维护被害人权益状态之完整"。[1]

相形之下,我国现行民事立法将大陆民法中"恢复原状"的很多内容剥离出来,然后规定为独立的责任承担方式,以致我国法规范意义上的恢复原状的外延远小于德国、奥地利等大陆民法的规定。例如,就我国《侵权责任法》第15条、《民法典》第179条规定而言,我国民事立法中的恢复原状已剥离返还原物,使返还原物成立一种独立的责任方式。再例如,传统大陆民法上的"恢复原状"已扩充到人身权侵害范畴,使针对名誉权、姓名权等损害亦适用"恢复原状"之原则和方式。我国立法上也将此种情形的责任方式——赔礼道歉、恢复名誉、消除影响进行列举式的独立规定,从而在《侵权责任法》《民法典》中成为与恢复原状相并列的责任方式。[2]对此,全国人大常委会法工委指出,恢复原状有广义、狭义之分,因《侵权责任法》已将消除影响、赔礼道歉等单独规定,所以该法中的恢复原状为狭义。[3]

由此,我国民事立法中恢复原状的内涵已经不断限缩,指"行为人通过修理等手段使受到损坏的财产恢复到损坏发生前的状况的一种责任方式"。[4]此种狭义的恢复原状仅仅指恢复财产,仅在财产受到侵害时才可适用。[5]可见经过重重剥离和限缩的恢复原状已经严重缺乏解释力和涵盖力,无法通过解释等方法覆盖生态环境之修复,亦难以成为生态环境损害的责任方式。

二、广义"恢复原状":"原则"与"方法"的双重定位

近代大陆民法中"恢复原状"制度源于德国损害赔偿法。损害赔偿法之目的为填补损害,不仅恢复受害人被减少的财产额,更旨在恢复到"倘若损害事件没有发生时应处的状态",即"恢复原状"。故而通说认为德国《民法

---

[1] 参见邱聪智:《新订民法债编通则》(上),中国人民大学出版社2003年版,第224页。
[2] 参见胡卫:"民法中恢复原状类型与规范意义",载《行政与法》2015年第5期,第114~123页。
[3] 参见王胜明主编:《中华人民共和国侵权责任法释义》,法律出版社2010年版,第80页。
[4] 参见全国人大常委会法制工作委员会民法室编:《中华人民共和国侵权责任法条文说明、立法理由及相关规定》,北京大学出版社2010年版,第57页;石宏主编:《中华人民共和国民法总则条文说明、立法理由及相关规定》,北京大学出版社2017年版,第419页。
[5] 参见王利明:《侵权责任法研究》(上卷),中国人民大学出版社2016年版,第652页;张新宝:《侵权责任法》,中国人民大学出版社2016年版,第125页。

典》第 249 条第 1 款确立了完全赔偿原则。[1]"恢复原状"的制度价值在于当事人固有利益的重新完整再现，意即确立了作为损害赔偿原则的"恢复原状"——完全赔偿。

完全赔偿原则要求损害赔偿法不仅要回复符合受害人主观利益期望并以市场的"普通价值"为衡量依据的"价值利益"，即财产总额的减少，更要恢复权利主体对于自己具体的权益乃至实际生活目的所拥有的利益，即"完整利益"。[2]由此，为了对应"完整利益"的损害与"价值利益"的损害，大陆法系各损害赔偿法中相应地确立了"恢复原状"与"金钱赔偿"这两种不同的赔偿方法。

需要注意的是，作为损害赔偿原则的"恢复原状"与作为损害赔偿方法的"恢复原状"并不相同。前者蕴含的是损害赔偿法完全赔偿原则，旨在完整再现假如损害未发生时的应有状态，而后者则是客观世界实现这一原则的具体方法，二者在客观表现上存在差异。如若受损的权益无法通过（作为损害赔偿方法的）"恢复原状"在物理上达到应有状态，那么便需要通过金钱赔偿实现（作为损害赔偿原则的）"恢复原状"——完全赔偿。具体立法表现如德国《民法典》在第 249 条第 1 款规定"损害赔偿义务人必须回复假如没有发生赔偿义务的情况所会存在的状态"，以"恢复原状"作为最基本的损害赔偿方法，同时在第 250 条和 251 条确立了作为例外的金钱赔偿。

概言之，通过德国《民法典》第 249 条，"恢复原状"一方面成为损害赔偿法的基本原则，另一方面成为原则性的损害赔偿方法，金钱赔偿作为例外。[3]前者已几乎为大陆法系国家和地区所普遍认同和采纳，后者则由不同法域根据具体情况予以改造，形成了金钱赔偿主义、恢复原状优先原则和自由裁量主义等模式，不一而足。[4]我国在借鉴和移植大陆民法的过程中也进行了本土化改造，将完全赔偿作为我国损害赔偿的原则，[5]同时将恢复原状作为具体的民事责任方式，但其内容已不断剥离和限缩，因此无法和德国民法中的

---

[1] 参见李承亮："损害赔偿与民事责任"，载《法学研究》2009 年第 3 期，第 135~149 页。
[2] Vgl. Dieter Medicus, Naturalrestitution und Geldersatz, JuS 1969, 449.
[3] 参见朱岩："什么是'恢复原状'——兼评中国大陆侵权责任承担方式"，载《月旦民商法》2009 年第 26 期，第 106~130 页。
[4] 参见程啸：《侵权责任法》，法律出版社 2015 年版，第 665 页。
[5] 参见杨立新：《侵权损害赔偿》，法律出版社 2010 年版，第 233 页。

"恢复原状"之内涵相提并论。

三、"修复生态环境":广义"恢复原状"的延伸具象

"修复生态环境"与作为损害赔偿方法的广义"恢复原状"均以完全赔偿作为基本原则。完全赔偿即回复到"倘若损害事件没有发生时应处的状态"。不同之处在于,生态环境的全面填补意指生态价值的回复,而非传统民事领域的经济价值的回复。具体而言:

第一,全面填补原则要求"修复生态环境"与"赔偿损失"的综合运用。由于并非所有受损生态环境均可以被修复,因此需要区分作为损害赔偿原则的完全填补和修复标准之间的关系。目前我国环境科学和执法实践中已制定一定的环境修复标准,如《环境损害鉴定评估推荐方法(第Ⅱ版)》(2014年)详列了修复的多元标准,包括"基线状态""可接受风险水平"等。其中,可接受风险水平,是指"综合考虑科学、社会、经济和政治因素,依据危害性和脆弱性分析、成本效益分析、技术手段可行性分析等确定的人体健康或生态系统的可容忍的风险水平。"多元标准并不代表我国生态环境损害赔偿不以完全填补为原则,而仅仅意味着囿于我国当前的修复技术、社会考量等因素,可将人体健康或可接受风险水平均作为一种修复标准。故在无法修复至应有状态时,仍须用金钱赔偿予以补充,以达完全填补。

第二,全面填补原则并不意味着赔偿责任最终由责任者全部承担。有学者从充分救济的角度指出,生态环境损害赔偿"应当坚持全面赔偿和优先赔偿的原则";[1]也有学者担忧巨额赔偿责任给责任者的沉重压力,认为宜将生态环境损害赔偿限定在合理的范围和额度之内。[2]笔者认为,应区分全面填补的原则和损害赔偿责任的具体落实,前者重在明确生态环境损害赔偿制度的原则和目标,后者则可根据具体的技术、经济、社会因素而制定相应的机制予以执行,不能因责任沉重难以由责任人承担而限制损害赔偿责任的范围,更不能因此而动摇生态环境损害赔偿制度原则和目标。在国际领域,已经发展出多元化的责任分担机制,例如责任社会化使损失在全社会范围或特定群

---

[1] 参见刘长兴:"环境损害赔偿法的基本概念和框架",载《中国地质大学学报(社会科学版)》2010年第3期,第75~80页。

[2] 参见柯坚:"建立我国生态环境损害多元化法律救济机制——以康菲溢油污染事件为背景",载《甘肃政法学院学报》2012年第1期,第101~107页。

体范围内分散承担,主要有环境责任保险、环境共同基金等,有助于在追责与企业发展间实现平衡。[1]

综上所述,"修复生态环境"与广义的"恢复原状"在赔偿理念上具有同质性,二者本质相同,仅侧重点有所差异,即传统民法中的"恢复原状"侧重于对毁损物的物理状态进行恢复、修理或重做等;修复生态环境则侧重于对受损生态环境进行自然恢复或人工修复,原样修复或异地修复、直接修复或替代修复等。故"修复生态环境"乃是广义"恢复原状"在生态环境损害领域的延伸与具化。

四、体系定位:生态环境损害赔偿责任与生态环境修复

德国《民法典》所建立的以完全赔偿为原则和以"恢复原状"为主要方法的损害赔偿制度至今仍有强大的制度张力,经解释和调适后能够涵盖生态环境损害。当然,基于生态环境损害的特殊性,具体实现方式仍需调整。生态环境损害赔偿[2]方法有"恢复原状"和金钱赔偿两种,前者或可称为广义恢复原状,与我国现行立法中狭义恢复原状相区别。在我国《民法典》已然采狭义模式的背景下,于生态环境领域若改采广义恢复原状,有违概念一致性和体系统一性。是故不如"将错就错",既然我国现行实证法将大陆民法中"恢复原状"的表现形式剥离并独立为责任方式,在生态环境法领域亦可如此,将其表现形式如"生态环境修复"等塑造为独立的责任方式。从法规范层面来看,我国《民法典》第1234条和第1235条正是"生态环境修复"与"赔偿损失"二分法的具体体现。我国《民法典》第1234条将"生态环境修复"作为优先责任承担方式,规定:"违反国家规定造成生态环境损害,生态环境能够修复的,国家规定的机关或者法律规定的组织有权请求侵权人在合理期限内承担修复责任。侵权人在期限内未修复的,国家规定的机关或者法律规定的组织可以自行或者委托他人进行修复,所需费用由侵权人负担。"同时,针对不可修复情形和可修复情形下所涉及的相关费用问题,第1235条规定:"……国家规定的机关或者法律规定的组织有权请求侵权人赔偿

---

[1] 参见张梓太、张乾红:"我国环境侵权责任保险制度之构建",载《法学研究》2006年第3期,第84~97页。

[2] 在我国实务与理论研究中有将损害赔偿等同于赔偿损失的用法,笔者此处采用的损害赔偿(Ersatzanspruch)概念是指大陆民法中填补损害之意,此处说明以作区分。

下列损失和费用：（一）生态环境受到损害至修复完成期间服务功能丧失导致的损失；（二）生态环境功能永久性损害造成的损失；（三）生态环境损害调查、鉴定评估等费用；（四）清除污染、修复生态环境费用；（五）防止损害的发生和扩大所支出的合理费用。"以上规定为我国生态环境损害修复与赔偿责任的有效区分与界定奠定了基础，稍有遗憾的是，仍缺乏对预防性责任（如排除妨碍）、赔礼道歉等责任方式的有效安排。对此，笔者认为未来可建构生态环境损害赔偿责任体系，具体责任方式为排除妨碍、停止侵害、生态环境修复、赔偿损失、赔礼道歉。笔者在此将生态环境修复置于整个生态环境损害赔偿责任体系中分析，着重辨析其与其他责任方式（如排除妨碍）的边界、区别，从而实现生态环境修复责任的体系定位与边界识别。

（一）排除妨碍、停止侵害、消除危险

1. 绝对权请求权抑或损害赔偿责任

关于排除妨碍[1]、停止侵害、消除危险究竟是否属于侵权责任抑或民事责任，学界争议较大，尤其是在《物权法》和《侵权责任法》制定过程中。[2] 严格秉承德国民法理论的观点认为，三者乃绝对权请求权，不宜作为侵权责任乃至民事责任的方式。[3] 但《侵权责任法》《民法典》均将三者规定为民事责任方式，焦点问题便演变为如何理顺民事责任的内部结构。

我国民法上的排除妨碍请求权与消除危险请求权大体相当于德国《民法典》第1004条第1款[4]的排除妨害请求权与妨害防止请求权。[5] 其虽进入侵权责任和民事责任体系内，但是基于适用对象、构成要件、权利基础、法律效果等多方面的差异，民法学界多认为排除妨碍和消除危险虽作为侵权责

---

[1] 我国立法与理论中有称"妨碍"，亦有称"妨害"，笔者认为两种表述无实质差异，故不作区分，作同义处理。参见程啸：《侵权责任法》，法律出版社2015年版，第658页。

[2] 参见魏振瀛："民法通则规定的民事责任——从物权法到民法典规定"，载《现代法学》2006年第3期，第45~63页；王利明："我国侵权责任法的体系构建——以救济法为中心的思考"，载《中国法学》2008年第4期，第3~15页；崔建远："论物权救济模式的选择及其依据"，载《清华大学学报（哲学社会科学版）》2007年第3期，第111~116页。

[3] 参见崔建远："绝对权请求权抑或侵权责任方式"，载《法学》2002年第11期，第40页。

[4] 德国《民法典》第1004条（除去侵害和不作为请求权）第1款规定："所有权以因侵夺或者扣留占有之外的其他方式受到侵害的，所有权人可以向妨害人请求除去侵害。所有权可能继续受到侵害的，所有权人可以提起不作为之诉。"参见杜景林、卢谌：《德国民法典——全条文注释》（下册），中国政法大学出版社2015年版，第767页。

[5] 参见王洪亮："论侵权法中的防御请求权"，载《北方法学》2010年第1期，第47页。

任甚至普遍的民事责任,但终究不同于损害赔偿责任,故而应区分侵权损害赔偿责任和侵权预防责任〔1〕,绝对权请求权与损害赔偿责任。〔2〕

笔者认为,将排除妨碍与消除危险严格排除在损害赔偿责任之外,并将之作为绝对权请求权的类型化方法在逻辑上仍存混乱,且不适合生态环境领域。排除妨碍请求权与消除危险请求权并非只是一种绝对权请求权,作为民事责任,其与损害赔偿责任(主要是作为损害赔偿方法的"恢复原状")存在交叉,难以厘清。

德国《民法典》第1004条确立了排除妨害请求权与妨害防止请求权,由此形成了绝对权请求权和损害赔偿请求权并存的二元救济模式。排除妨害请求权与妨害防止请求权可以合称为否认性请求权或防御性请求权,其最初虽源自所有权,但后来在德国法的实践中出现了一般化的趋势,适用范围扩大至人格权、知识产权、环境污染等领域。若满足侵权构成要件,亦可生成侵权法上的排除妨害请求权与妨害防止请求权。若侵权法所保护的权利、利益被侵害或者有被侵害之虞,均可提起侵权法上的防御之诉。〔3〕经此扩充,侵权法的法律责任不仅包括损害赔偿,还包括排除妨害和妨害防止。在法国、瑞士、意大利等欧陆国家,防御性请求权经过发展也成为一种独立的侵权责任。事实上防御性请求权与损害赔偿责任并不能泾渭分明地区分,尤其是与"恢复原状"。故而在比较法上,俄罗斯《民法典》第1065条〔4〕以及荷兰《民法典》第6:167条则将防御性请求权直接纳入损害赔偿的范畴。

消除危险多用于对人身财产权益造成威胁的情形,此时尚未产生妨害与损害,仅仅是存在妨害之虞。故而从适用情形上分析,消除危险为单纯的防御性请求权,与损害赔偿责任截然不同。故在此重点分析排除妨碍与停止侵害。

2. 排除妨碍可作为生态环境损害赔偿责任方式

排除妨碍与广义的恢复原状存在交叉,可纳入生态环境损害赔偿责任体系。

---

〔1〕 参见叶名怡:"论侵权预防责任对传统侵权法的挑战",载《法律科学(西北政法大学学报)》2013年第2期,第129页。

〔2〕 参见程啸:《侵权责任法》,法律出版社2015年版,第655页。

〔3〕 参见王洪亮:"妨害排除与损害赔偿",载《法学研究》2009年第2期,第59页。

〔4〕 《俄罗斯联邦民法典》在"损害赔偿的一般规定"一节下第1065条规定:"1. 将来发生的损害危险,可作为提起禁止该危险活动诉讼的依据。2. 如果损害系企业、构筑物的经营或其他生产活动所致,并且该活动正在继续致害或构成新的损害危险,法院有权责成被告除赔偿损失外,还须暂停或终止有关活动。只有当暂停或终止有关活动违背社会利益时,法院方可驳回请求暂停或终止该活动的诉求。驳回暂停或终止该活动的诉讼请求时,受害人仍有权请求赔偿该活动所造成的损害。"

在因侵权人之干涉导致受害人无法行使或无法正常行使人身财产权益时，受害人可以通过排除妨碍请求权要求侵权人排除此种妨碍，以使权益回归圆满状态。就此种意义而言，排除妨碍也可产生与侵权法上"恢复原状"或损害赔偿请求权类似的效果。在时间顺序上，妨碍一般先于损害，故而排除妨碍可以作为防御性请求权于损害尚未发生，但已存妨碍之时行使。但若损害已经发生，妨碍仍然持续存在，则受害人既可以要求侵权人承担损害赔偿责任，还可以同时要求排除妨碍。在这种情形下排除妨碍与"恢复原状"并不容易区分开来。施瓦布教授对此指出："人们也把后果排除请求权[1]称为'恢复原状的停止侵害请求权'，而把真正的停止侵害请求权称作'预防性的停止侵害请求权'，以同前者相区别。"[2]鲍尔·施蒂尔纳也指出，德国法上妨害排除请求权的行使会产生恢复原状的效果，但"并非损害赔偿法意义上的恢复原状"。[3]

然而要将二者明确区分十分困难。[4]就逻辑而言，排除妨碍乃使权益恢复圆满状态，在损害已经发生且妨碍持续存在的情形下，它与损害赔偿责任是重合的。德国学者沃尔夫认为二者难以区分，因为德国法损害赔偿是以"恢复原状"为原则的。[5]我国有学者在对《物权法》关于相邻关系救济的规定进行考察后认为，此种情形下恢复原状是停止侵害、排除妨害等责任方式的行使结果与效果目的，恢复原状的行使方式便是停止侵害、排除妨害等，由此指出我国民法中已经确立了新类型的恢复原状——妨害排除型恢复原状。[6]

虽有学者尝试将排除妨碍与损害赔偿责任进行区分，但这种努力似乎并不成功。有学者将排除妨碍限定在仅适用于针对绝对权（一般为物权）的妨碍行为，主要为并非以剥夺占有或扣押的方式所为的干预行为。[7]该观点在

---

[1] "后果排除请求权""除去（侵害）请求权""排除妨害请求权"等均为同义，均指德文"Beseitigungsanspruch"，仅为译法不同。

[2] [德]迪特尔·施瓦布：《民法导论》，郑冲译，法律出版社2006年版，第255~256页。

[3] [德]鲍尔·施蒂尔纳：《德国物权法（上）》，张双根译，法律出版社2004年版，第238页。

[4] 参见魏振瀛："论请求权的性质与体系未来我国民法典中的请求权"，载《中外法学》2003年第4期，第385~410页。

[5] 参见[德]沃尔夫：《物权法》，吴越、李大雪译，法律出版社2004年版，第142页。

[6] 参见胡卫："民法中恢复原状类型与规范意义"，载《行政与法》2015年第5期，第117~118页。

[7] 参见叶名怡："论侵权预防责任对传统侵权法的挑战"，载《法律科学（西北政法大学学报）》2013年第2期，第130页。

防御性请求权一般化的趋势中已经不再严谨，排除妨碍正在扩及绝对权之外的权益。亦有学者为了区分妨害排除与损害赔偿，认为应将妨害排除请求权限定于对被妨害人构成持续且不断更新的妨害源的妨害的情况。[1]施瓦布认为，两种请求权的区分最好是从排除妨害请求权出发，明确其适用的前提是，"在作出评判的这个时刻，存在着对有关权利和受保护利益的危害仍在延续的状态"，而且排除妨害请求权"在任何情况下都不把为消除（侵害的）措施提供资金而支付一笔金钱作为其内容"。[2]这种观点将排除妨碍指向妨碍源，殊值赞同，唯有妨碍持续存在才有排除之适用可能，唯有将对象限定于妨碍源才能保持防御性、不作为之本质，但是就客观效果而言，在损害产生与妨碍持续同时存在的情形，排除妨碍与"恢复原状"会发生交叠。故而有学者对德国民法进行分析后指出，作为损害赔偿方法的"恢复原状"会导致损害赔偿请求权与物上请求权竞合，排除妨碍、返还财产等既是物上请求权的形态，也是"恢复原状"的具体内容。[3]

3. 停止侵害可以作为生态环境损害赔偿责任方式

更为复杂的是"停止侵害"。其为我国较为独特的一种责任方式，德国民法中并未规定。[4]张谷教授经过考证，认为我国民法中的停止侵害源自前东德民法典的"制止侵犯"（Unterlassung），适用于知识产权、人格权、环境污染等领域，是对欧陆民法中妨害防止请求权（消除危险请求权）的扩张。[5]我国引入该概念后经过本土化改造，成为与消除危险相并列的独立责任方式，主要适用于物权以外的权益。吊诡的是，前东德民法之所以扩张妨害防止请求权，是因为德国《民法典》第1004条的适用对象仅为物权，但其经实践已扩充至人格权等其他领域，故而有学者指出消除危险请求权已然包含停止侵

---

[1] 参见王洪亮："论侵权法中的防御请求权"，载《北方法学》2010年第1期，第54页。
[2] [德]迪特尔·施瓦布：《民法导论》，郑冲译，法律出版社2006版，第272页。
[3] 参见李承亮："损害赔偿与民事责任"，载《法学研究》2009年第3期，第146页。
[4] 作为我国民法中"消除危险"原型的《德国民法典》第1004条第1款后段"Unterlassungsanspruch"往往被译为"不作为请求权"或"妨害防止请求权"，如学者陈卫佐、杜景林、卢谌、张双根、吴越、李大雪等。但学者郑冲在翻译施瓦布教授的著作《民法导论》时译为"停止侵害请求权"。有学者推测译为"停止侵害请求权"或许是受我国立法表述的影响。参见茅少伟："防御性请求权相关语词使用辨析"，载《法学》2016年第4期，第27页。
[5] 参见张谷："作为救济法的侵权法，也是自由保障法——对《中华人民共和国侵权责任法（草案）》的几点意见"，载《暨南学报（哲学社会科学版）》2009年第2期，第23页。

害请求权，无须单独规定。[1]此种争议实际上是德国立法模式与我国或前东德立法模式的对立。

在我国民事立法的实证规范层面，仍然保持了前东德民法的基本框架，即消除危险主要规定于物权保护领域，停止侵害则规定于人格权、知识产权等领域，未用于物权保护。[2]可见在实证法层面，消除危险与停止侵害的适用范围不同，消除危险并未像其德国民法中的原型——妨害防止请求权般进行范围的扩张。问题是消除危险与停止侵害亦并非如前东德民法仅为适用范围的差异，二者虽"本为同根生"，但在我国民法理论中越走越远。学界似乎忽略了立法者对二者适用范围差异的刻意区分，不断扩大停止侵害的内涵与外延。有观点认为，停止侵害的适用范围极为广泛，可用于任何绝对权，亦不论是否造成实际损害，只要侵害行为存续，便可请求。[3]也有观点认为停止侵害不仅适用于绝对权，同样适用于受法律保障之利益。[4]全国人大法工委关于《民法总则》的释义中也忽视了适用范围差异，将二者的适用对象均界定为人身、财产权益。[5]故而在立法未明确其边界的背景下，停止侵害已经趋于广义，适用对象包括绝对权及其他受法律保护的权益，适用情形为各种正在进行的侵权行为，不论是否造成损害。在这种含义下，停止侵害与消除危险、排除妨碍存在交叉的可能。生态环境领域已较早使用停止侵害这一责任方式，在生态环境发生损害而侵害行为仍在进行时，自可以通过停止侵害防止损害的继续扩大，此时停止侵害与广义的恢复原状亦发生重叠，可以认为前者是后者的一种表现形式和实现方式。

4. 防御性请求权与恢复原状存在明显重叠

在生态环境损害领域，将排除妨碍和停止侵害区分为防御性请求权（或绝对权请求权）与损害赔偿责任并无实益。除却上文所述的排除妨碍和停止

---

[1] 参见王洪亮："论侵权法中的防御请求权"，载《北方法学》2010 年第 1 期，第 47 页。

[2] 《民法典》第 236 条（原《物权法》第 35 条）使用"消除危险"而未使用"停止侵害"。使用"停止侵害"的法律规范如《民法通则》《民法总则》《侵权责任法》《著作权法》《信息网络传播权保护条例》《环境侵权司法解释》《环境民事公益诉讼司法解释》《最高人民法院关于确定民事侵权精神损害赔偿责任若干问题的解释》等。

[3] 参见程啸：《侵权责任法》，法律出版社 2015 年版，第 656 页。

[4] 参见王利明：《侵权责任法研究》（上卷），中国人民大学出版社 2016 年版，第 638 页。

[5] 参见石宏主编：《中华人民共和国民法总则条文说明、立法理由及相关规定》，北京大学出版社 2017 年版，第 418 页。

侵害与损害赔偿责任存有交叉而难以明确区分，生态环境损害尚有其自身特殊性，决定了可将二者作为广义恢复原状的具体表现和责任方式，纳入损害赔偿责任。

第一，生态环境与绝对权难以挂钩。生态环境损害的概念本身意味着对以人为中心的私权体系的批判与革新，围绕生态环境自身展开，故而难谓将对生态环境的妨碍与绝对权请求权相等同。即便采所谓环境权概念，其权利属性究竟为何尚有待探究，直接界定为民法中的绝对权恐有不妥。故而在生态环境妨碍情形，将消除危险、排除妨碍和停止侵害纳入绝对权请求权并不合理，但可作为防御性请求权。

第二，生态环境损害赔偿责任的构成要件与防御性请求权几乎重合。民法学者之所以竭力区分防御性请求权与损害赔偿责任，主要原因在于二者构成要件不同，若不加区分将会导致侵权责任体系的混乱，甚至瓦解损害赔偿法。传统侵权责任或损害赔偿责任以过错责任为原则，以损害为前提，而防御性请求权则无须过错要件，亦不以损害为必要。根据前文所述，尽管目前我国有关生态环境损害的立法强调"违法性"要件（过错吸收），但本文认为，应在"责任成立"问题上排除违法性要件，而在"责任范围"问题上，则可依据违法性的不同情形来确定责任范围。换句话说，在责任成立问题上，适用"无过错原则"；而在责任范围问题上，适用"过错原则"。由此，在生态环境发生损害之时，损害赔偿责任的成立与过错无关，此时若妨碍或侵害行为持续存在，排除妨碍请求权与停止侵害请求权不论作为防御性请求权还是恢复原状的具体形式，均不考虑过错因素。此时防御性请求权的行使效果客观上便是恢复原状。例如在土壤污染情形，排除妨碍请求权的内容与效果便包括恢复土壤原有状态。[1]

损害与妨碍或侵害行为持续并存的情形，在生态环境损害中极为常见，这也是其相较于普通民事侵权不同之处。例如大气、水、土壤等生态环境的损害一般不是一蹴而就的，而是经过一定时间一定量的持续侵害，最终造成损害并不断扩大。基于自然的自我修复能力，一旦侵害消除，便可能起到恢复生态的效果。这种特殊性决定了排除妨碍、停止侵害的重要性，欲修复环境、追究责任必先要求侵害人停止侵害、排除妨碍，妨碍与侵害的消除则产

---

[1] 参见王洪亮："论侵权法中的防御请求权"，载《北方法学》2010年第1期，第54页。

生一定的恢复原状效果。

故而在承认排除妨碍、停止侵害是防御性请求权的同时，也应认识到二者与恢复原状存在交叉，存在作为恢复原状具体实现方式的排除妨碍请求权和停止侵害请求权。

（二）生态环境修复（费用）

生态环境修复具有技术性，其实施方案、修复标准等与一个国家具体时期的经济、技术水平等密切相关。这也就决定了修复的动态性和多元性。其一，修复标准的动态性。虽损害赔偿责任以恢复应有状态为原则，但并不意味着每一项具体责任方式均能够达此目的，而是通过多种责任方式的组合运用以达到或尽可能接近此目的。生态环境损害具有不可逆性，恢复原貌实无可能，但可以根据社会经济技术水平设置合理的修复目标和标准。我国目前已经通过相关技术方法确立了基本恢复、补偿性恢复和补充性恢复三种恢复目标，和可接受风险水平、基线状态两种标准，以根据具体情况予以选择实施。未来随着我国经济技术等不断发展和生态环境价值需求的不断提升，修复标准也可能随之变动。其二，修复方法的多元性。基于生态环境损害的特殊性，修复方法日趋多元，例如增殖放流、异地恢复等。《环境民事公益诉讼司法解释》第20条便规定，生态环境无法完全修复的，可以准许采用替代性修复方式。责任人无力或拒绝修复的，可以承担修复费用，由第三方机构进行修复。由此，承担修复费用实际上是生态环境修复的替代实现方式，在性质上仍属于生态环境修复。从法规范层面来看，《民法典》第1234条规定了生态环境修复及修复费用问题，即"违反国家规定造成生态环境损害，生态环境能够修复的，国家规定的机关或者法律规定的组织有权请求侵权人在合理期限内承担修复责任。侵权人在期限内未修复的，国家规定的机关或者法律规定的组织可以自行或者委托他人进行修复，所需费用由侵权人负担。"从而与"赔偿损失"进行了有效的区分。

（三）赔偿损失

关于赔偿损失，其核心问题主要集中于赔偿损失的范围、是否适用惩罚性赔偿以及"技改抵扣"的适用规则等。

1. 赔偿损失的法定范围

我国采取民事责任列举和统一编排模式，杂糅民法体系中几乎所有责任方式，并以列举方式予以规定。虽部分效仿德国立法，但是分裂、凌乱的责任方式概念却已远远脱离德国民法模式。例如我国责任方式中的恢复原状已经分裂剥离出修理、重作、更换、返还原物等，并采取了消除影响、恢复名誉、赔礼道歉等德国民法所没有的概念表述，赔偿损失也是其中之一。过去，我国学界多认为赔偿损失是指责任人填补他人财产损失。[1]一般是以金钱支付的方式，但也可以采用给付替代物等方式，故而其与传统民法上的损害赔偿不同，赔偿损失的范围要狭小很多[2]，也不同于金钱赔偿，因为采用财产给付的方式几乎均可纳入其中，故而恢复原状费用也为其所吸收[3]。换言之，过去我国的"赔偿损失"仅关注于表面的金钱支付形态，而抛却了背后的完整利益与价值利益保障机理，从而给司法实践带来混淆。针对这种状况，《民法典》第1235条溯本清源，明确了生态环境损害情形下的"赔偿损失"范围，即"……（一）生态环境受到损害至修复完成期间服务功能丧失导致的损失；（二）生态环境功能永久性损害造成的损失；（三）生态环境损害调查、鉴定评估等费用；（四）清除污染、修复生态环境费用；（五）防止损害的发生和扩大所支出的合理费用"，从而有效地将生态环境修复费用排除在"赔偿损失"的范围之外。

对此规定，本书有以下看法：一则，将赔偿损失剥离为金钱赔偿和生态环境修复费用，有利于损害的有效救济。因为二者所保护的利益不同，计算方式不同，如果采用赔偿损失来简单涵盖容易导致赔偿数额难以合理判定。例如在机动车损坏情形，由于我国采取财产利益贬损的赔偿损失机制，以至人民法院往往关注维修费用、可得利益等经济减损的赔偿，而机动车自身的贬值等赔偿问题在实践中仍然困难重重。[4]唯有正确区分生态环境修复和金钱赔偿的关系，将赔偿损失解构剥离，合理地单独或者合并适用生态环境修复和金钱赔偿才能够公正救济。二则，关于"赔偿损失"与"金钱赔偿"，应作同一概念理解，建议我国的"赔偿损失"应与大陆法系国家的"金钱赔偿"保持一致，以实现"价值利益"为目标，这样可进一步与以实现"完整利益"为己任的"恢复原状"概念作出区分。唯其如此，我国民法方能充分贯彻完全赔偿原则，实现损害赔偿法的补偿功能。但从术语选择上来看，建议

---

[1] 王利明：《合同法新问题研究》，中国社会科学出版社2011年版，第631页。
[2] 张新宝：《侵权责任法立法研究》，中国人民大学出版社2009年版，第118页。
[3] 参见李承亮："损害赔偿与民事责任"，载《法学研究》2009年第3期，第145页。
[4] 参见程啸、王丹："损害赔偿的方法"，载《法学研究》2013年第3期，第69页。

继续使用"赔偿损失"这一术语,理由在于"赔偿损失"要比"金钱赔偿"显得更加清晰,不容易造成歧义。"金钱赔偿"是指以支付一定金钱的方式来保障受害人的价值利益的赔偿方式,但通过支付一定金钱的方式进行的赔偿却不一定都是"金钱赔偿",如"生态环境修复费用"。因此,为了避免这种歧义的产生,建议将保障受害人价值利益的赔偿方式统称为"赔偿损失"。

2. 惩罚性赔偿制度的应用

关于生态环境损害案件中是否使用"惩罚性赔偿",《民法典》第1232条规定,即侵权人违反法律规定故意污染环境、破坏生态造成严重后果的,被侵权人有权请求相应的惩罚性赔偿。2021年"江西省浮梁县人民检察院诉浙江海蓝化工集团有限公司环境污染民事公益诉讼案"公开开庭审理并当庭宣判,浮梁县人民法院判令海蓝公司承担环境污染惩罚性赔偿金171 406.35元,该案是《民法典》施行后首次适用《民法典》第1232条的环境民事公益诉讼案件。但关于惩罚性赔偿制度是否应适用于生态环境损害领域,仍然引起了广泛的争论。目前的争点主要集中于"惩罚性赔偿"的适用范围、构成要件及数额规则。

在适用范围方面,有观点认为,惩罚性赔偿责任不能与生态环境修复责任并用,惩罚性赔偿规定主要适用于私益遭受侵害的情形,原则上不适用于《民法典》第1234至1235条确定的环境公益诉讼和生态环境损害赔偿诉讼。《民法典》第1232条中的"被侵权人"仅指民事权益受到侵害的民事主体,不包括国家规定的机关或者法律规定的组织。[1]环境民事公益诉讼以预防为主,且已经体现惩罚性因素,引入惩罚性赔偿可能产生激励偏差,易导致行政权与司法权的错配,不利于环境保护。[2]对环境公共利益的保护需要借助私法但更倚重公法。[3]但更多的观点认为,《民法典》第1232条惩罚性赔偿请求权主体不仅包括民事权益遭受侵害的私主体,也应包括生态环境损害中提起公益诉

---

[1] 参见王利明:"《民法典》中环境污染和生态破坏责任的亮点",载《广东社会科学》2021年第1期,第216~225页;邹海林、朱广新主编:《民法典评注:侵权责任编》,中国法制出版社2020年版,第619、650页。

[2] 阙占文、黄笑翀:"论惩罚性赔偿在环境诉讼中的适用",载《河南财经政法大学学报》2019年第4期,第45~50页。

[3] 李丹:"环境损害惩罚性赔偿请求权主体的限定",载《广东社会科学》2020年第3期,第246~253页。

讼的主体。[1]适用范围宜涵盖环境民事私益诉讼、环境民事公益诉讼以及生态环境损害赔偿诉讼两大类三种诉讼形式，[2]其有助于突破"同质补偿原则"限制，制裁恶意或潜在损害生态环境行为，是公法私法化的表现。[3]

在构成要件方面，有观点指出，环境侵权惩罚性赔偿的构成要件由主体要件、主观要件、行为要件、结果要件和因果关系要件组成。其中，主观要件明确为"明知+实施"或"明知+放任"两种故意情形，同时建议扩展到"重大过失"。环境侵权行为必须具有违法性，以作为或不作为的方式污染环境、破坏生态。因果关系应回归传统侵权责任，由被侵权人承担举证责任，并达到"真实的高度盖然性"标准。[4]有观点强调，生态环境侵权惩罚性赔偿责任的主观要件为故意和重大过失；行为要件为积极实施侵害行为以及未及时采取补救措施；结果要件为造成他人死亡或者健康严重损害。[5]

在数额确定方面，有观点认为，具体以被侵权人能够证明的全部损失为基准，优先以"生态服务功能损失"或"生态修复费用"作为计算依据，并将目前较为笼统粗疏的区间倍率式计算方法改进为递增与递减相结合式倍率法，即根据不同的主观恶性程度（考量情形包括间接故意、直接故意、首次违法、多次违法、混合过错等）适用不同的惩罚性赔偿区间倍率。[6]同时，考虑侵权人需要支付的罚金数额，来确定惩罚性赔偿额度。[7]也有观点认为，考虑生态环境本身损害的赔偿金额巨大以及企业的承受能力等因素，应以填补性赔偿金的0.1至1倍计算，并规定一定的赔偿金上限[8]。同时，在惩罚

---

[1] 参见房绍坤、张玉东："论《民法典》中侵权责任规范的新发展"，载《法制与社会发展》2020年第4期，第144~161页；季林云、韩梅："环境损害惩罚性赔偿制度探析"，载《环境保护》2017年第20期，第52~56页。

[2] 申进忠："惩罚性赔偿在我国环境侵权中的适用"，载《天津法学》2020年第3期，第42~47页。

[3] 李华琪、潘云志："环境民事公益诉讼中惩罚性赔偿的适用问题研究"，载《法律适用》2020年第23期，第124~133页。

[4] 梁勇、朱烨："环境侵权惩罚性赔偿构成要件法律适用研究"，载《法律适用》2020年第23期，第113~123页。

[5] 杨立新、李怡雯："生态环境侵权惩罚性赔偿责任之构建——《民法典侵权责任编（草案二审稿）》第一千零八条的立法意义及完善"，载《河南财经政法大学学报》2019年第3期，第15~24页。

[6] 陈海嵩、丰月："生态环境损害惩罚性赔偿金额的解释论分析"，载《环境保护》2021年第13期，第27~31页。

[7] 朱晓峰："论《民法典》中的惩罚性赔偿体系与解释标准"，载《上海政法学院学报（法治论丛）》2021年第1期，第137~152页。

[8] 季林云、韩梅："环境损害惩罚性赔偿制度探析"，载《环境保护》2017年第20期，第52~56页。

性赔偿责任的计算上，应当对故意侵权和重大过失侵权有所区别。[1]

结合上述观点，关于"赔偿损失"的确定原则，本书持"全面填补""完全赔偿"原则，这一原则也为《民法典》第1235条所确认。然而，即使存在当前的"全面填补"原则，在很多案例中，也很难将受损生态环境完全修复。例如，在"自然之友起诉现代汽车（中国）投资有限公司大气污染损害赔偿案件"中，即使按照自然之友所诉赔偿500万元，也难以对涉事企业及其他汽车制造商形成震慑，反而可能会因为此类违法行为的赔偿金相对较少而诱发继续实施违法行为的侥幸心理。[2]因此，在环境公益侵害或生态环境损害赔偿领域引入惩罚性赔偿制度，一方面可以弥补现有补偿规则的不足，更好地实现全面填补的要求；另一方面，也可以加重对恶意侵权行为的惩处力度，对潜在违法行为形成一定的威慑、惩戒作用。因此，有必要将惩罚性赔偿制度扩展至生态环境损害领域。

在构成要件方面，正如现有文献所述，目前《民法典》第1232条的适用条件过于模糊，主客观要件、结果要件以及因果关系等都必须在审慎原则的基础上进行进一步细化，避免惩罚性赔偿制度运用的泛化。

在数额确定方面，应考虑被告给原告造成的或希望造成的损害的性质和范围，并综合考虑以下因素：①被告的财产情况、经济条件。②被告过错的性质和影响程度。③赔偿是否能够有效救济原告的损害。④被告的动机及对损害后果的意识程度。⑤被告过错行为的持续程度及被告是否企图隐藏该行为。⑥被告是否从该行为中获利。⑦被告行为对社会的影响等。[3]一般而言，建议将惩罚性赔偿水平控制在总体上低于或等于加害行为导致的社会成本的范围之内。[4]同时，鉴于惩罚性赔偿制度对侵权人的权益影响较大，在适用上必须慎重考虑。[5]尤其是在被告已被处以行政罚款、刑事罚金以及在适用

---

[1] 杨立新、李怡雯："生态环境侵权惩罚性赔偿责任之构建——《民法典侵权责任编（草案二审稿）》第一千零八条的立法意义及完善"，载《河南财经政法大学学报》2019年第3期，第15~24页。

[2] 季林云、韩梅："环境损害惩罚性赔偿制度探析"，载《环境保护》2017年第20期，第52~56页。

[3] 谢海波："环境侵权惩罚性赔偿责任条款的构造性解释及其分析——以《民法典》第1232条规定为中心"，载《法律适用》2020年第23期，第134~140页。

[4] 陈灿平："惩罚性赔偿制度的理论定位与适用范围"，载《湖南大学学报（社会科学版）》2011年第4期，第133~139页。

[5] 梁勇、朱烨："环境侵权惩罚性赔偿构成要件法律适用研究"，载《法律适用》2020年第23期，第113~123页。

虚拟治理成本评估生态环境损害等情形，该类措施已然具有惩罚意味，此时，为避免责任的二次计算，更应注意惩罚性赔偿制度的审慎适用。[1]例如，有观点指出，应建立惩罚性赔偿金与罚款、罚金的"量化—分责—抵扣"抵扣规则。[2]需要注意的是，惩罚性赔偿与行政处罚和刑事处罚在责任承担方面并不总是冲突，究竟是否应当适用金额折抵的方式，关键要看行为规范的目的实现情况，若是行政处罚、刑事处罚的金额不足以实现对行为人的制裁、威慑和预防，那么惩罚性赔偿金应当与罚款和罚金同时适用。[3]

值得注意的是，以上观念一定程度上也为当前立法所认可。2022年1月最高人民法院发布了《关于审理生态环境侵权纠纷案件适用惩罚性赔偿的解释》，该解释针对生态环境侵权纠纷案件适用惩罚性赔偿的诸多问题进行了规定。归结起来，主要规定了以下几方面内容：

（1）适用范围。该解释第2条规定"因环境污染、生态破坏受到损害的自然人、法人或者非法人组织"均可依据《民法典》第1232条的规定，请求判令侵权人承担惩罚性赔偿责任。第12条规定："国家规定的机关或者法律规定的组织作为被侵权人代表，请求判令侵权人承担惩罚性赔偿责任的，人民法院可以参照前述规定予以处理。……"换言之，该解释将《民法典》第1232条中的"被侵权人"界定为民事权益受到侵害的民事主体以及国家规定的机关或者法律规定的组织，由此，惩罚性赔偿的适用范围不仅包括环境民事私益侵害情形，还包括了环境民事公益侵害、生态环境损害赔偿等情形，以更为全面地预防和规制违法行为。

（2）构成要件。该解释第4条规定，被侵权人主张侵权人承担惩罚性赔偿责任的，应当提供证据证明以下事实：①侵权人污染环境、破坏生态的行为违反法律规定（违法性要件）；②侵权人具有污染环境、破坏生态的故意（主观要件）；③侵权人污染环境、破坏生态的行为造成严重后果（结果要件）。具体而言：①违法性。该解释第5条规定"违法性"的判定"应当以法律、

---

[1] 参见阙占文、黄笑翀："论惩罚性赔偿在环境诉讼中的适用"，载《河南财经政法大学学报》2019年第4期，第45~50页；陈海嵩、丰月："生态环境损害惩罚性赔偿金额的解释论分析"，载《环境保护》2021年第13期，第27~31页等。

[2] 吴卫星、何钰琳："论惩罚性赔偿在生态环境损害赔偿诉讼中的审慎适用"，载《南京社会科学》2021年第9期，第91~100页。

[3] 李华琪、潘云志："环境民事公益诉讼中惩罚性赔偿的适用问题研究"，载《法律适用》2020年第23期，第129页。

法规为依据，可以参照规章的规定"；②故意。该解释第 6 条规定，侵权人是否具有"故意"应根据侵权人的职业经历、专业背景或者经营范围，因同一或者同类行为受到行政处罚或者刑事追究的情况，以及污染物的种类，污染环境、破坏生态行为的方式等因素综合判断。同时该解释第 7 条规定了直接认定"故意"的 10 类情形。③结果要件。该解释第 8 条规定，是否造成"严重后果"，应当根据污染环境、破坏生态行为的持续时间、地域范围，造成环境污染、生态破坏的范围和程度，以及造成的社会影响等因素综合判断。若侵权人污染环境、破坏生态行为造成他人死亡、健康严重损害，重大财产损失，生态环境严重损害或者重大不良社会影响的，人民法院应当认定为造成严重后果。

（3）数额确定。该解释针对不同类型的损害，确定了不同的惩罚性赔偿金数额确定方式。在环境民事私益侵害情形，惩罚性赔偿金数额的确定"应当以环境污染、生态破坏造成的人身损害赔偿金、财产损失数额作为计算基数"。同时，还应考虑"……侵权人的恶意程度、侵权后果的严重程度、侵权人因污染环境、破坏生态行为所获得的利益或者侵权人所采取的修复措施及其效果等因素，但一般不超过人身损害赔偿金、财产损失数额的二倍"。在环境公益侵害或者生态环境损害赔偿情形，惩罚性赔偿金数额的确定"……应当以生态环境受到损害至修复完成期间服务功能丧失导致的损失、生态环境功能永久性损害造成的损失数额作为计算基数"。此外，为避免责任的重复计算，该解释还规定："因同一污染环境、破坏生态行为已经被行政机关给予罚款或者被人民法院判处罚金，侵权人主张免除惩罚性赔偿责任的，人民法院不予支持，但在确定惩罚性赔偿金数额时可以综合考虑。"

总结而言，该司法解释在适用范围、构成要件、数额确定、责任承担等多个方面，为当前的司法实践提供了指引。但相关争议并不会因此终结，有关惩罚性赔偿的相关问题（诸如主观"故意"是否需要分类？是否应将"重大过失"情形纳入？罚款或罚金与惩罚性赔偿如何抵扣？因果关系证明责任如何分配？等），仍有待于进一步的讨论和研究。

3. "技改抵扣"的适用规则

目前已有指导案例明确了"在环境民事公益诉讼期间，污染者主动改进环保设施，有效降低环境风险的，人民法院可以综合考虑超标排污行为的违法性、过错程度、治理污染设施的运行成本以及防污采取的有效措施等因素，适当减轻污染者的赔偿责任"的裁判规则，[1]但针对技改费用能否用以抵扣生态环境损害赔偿金的问题，实践中一直存在较大争议。当前司法实践中人民法院对"技改抵扣"存在肯定与否定两种态度。例如，在"泰州天价公益诉讼案"[2]"重庆市检察院五分院诉重庆市鹏展化工有限公司等环境污染责任纠纷案"[3]中，人民法院支持"技改抵扣"的理由主要集中于"技改抵扣"符合《循环经济促进法》《排污费征收使用管理条例》等法律规范对于鼓励污染防治新技术、新工艺的开发利用的规定，属于积极履行社会责任的表现，因此可以允许以"技改"来"抵扣"赔礼道歉责任，以此发挥良好的社会导向作用。而在"自然之友环境研究所与江苏大吉发电有限公司大气污染责任纠纷"[4]"海南省人民检察院与澄迈中兴橡胶加工厂有限公司公益诉讼案"[5]中，人民法院否定"技改抵扣"的理由主要包括"责任人作为化工企业，理应积极进行技术改进；以"技改"来"抵扣"生态环境修复费用会导致责任人本应支付的金额减小，本应承担的责任也被减轻"等。

关于"技改抵扣"的法律性质，学界主要存在"责任承担方式"[6]"判决执行（履行）方式"[7]"损失赔偿方式"[8]和"责任减免方式"四种观点[9]。前三种观点实质上都是落实责任的具体方式，仅在表述及细节方面存在差异，第四种"责任减免方式"观点则认为，"技改抵扣"属于一种附条件的责任减免，既包括责任减免，也包括责任减免所附的条件，其中只有责任减免所

---

[1] 最高人民法院指导案例132号：中国生物多样性保护与绿色发展基金会诉秦皇岛方圆包装玻璃有限公司大气污染责任民事公益诉讼案。
[2] 参见江苏省高级人民法院［2014］苏环公民终字第00001号判决书。
[3] 参见重庆市高级人民法院［2020］渝民终387号判决书。
[4] 参见江苏省盐城市中级人民法院［2018］苏09民初25号判决书。
[5] 参见海南省海口市中级人民法院［2018］琼01民初737号判决书。
[6] 郭雪慧："社会组织提起环境民事公益诉讼研究——以激励机制为视角"，载《浙江大学学报（人文社会科学版）》2019年第3期，第214~226页。
[7] 於方、刘倩、牛坤玉："浅议生态环境损害赔偿的理论基础与实施保障"，载《中国环境管理》2016年第1期，第50~53页。
[8] 梁晓敏："环境行政罚款的替代性履行方式研究"，载《中国地质大学学报（社会科学版）》2019年第3期，第52~62页。
[9] 唐绍均、魏雨："环境民事公益诉讼中'技改抵扣'的淆乱与矫正"，载《中州学刊》2020年第8期，第48~53页。

附的条件才是落实责任的具体方式。[1]对此,本书亦倾向于将"技改抵扣"认定为责任履行的方式,以促进企业的技术改进,但为避免司法裁量权滥用,在"技改抵扣"规则适用上应持谨慎态度,这就需要对"技改抵扣"制度进行精细化的制度设计,细化"技改抵扣"的适用情形与具体条件。例如,关于"技改抵扣"的适用范围,有观点认为,其适用于主体是非生物意义上自然人的生态环境损害案件和生态环境服务功能损失赔偿、赔礼道歉等责任形式,技改抵扣数额最多不应超过原生态环境服务功能损失赔偿金的50%,且以技改投入的成本金额为限。在适用条件上,抵扣的"技改项目"应当具备取得环境整治实效、关联性和严于国家或地方有关达标排放标准三要素。同时,"技改抵扣"须由责任人主动申请,人民法院决定是否适用等。[2]由此,"技改抵扣"规则可控制在法定范围之内,减少人民法院自由裁量空间,并可以在鼓励责任人技术改进与实现生态环境损害全面填补之间获取平衡。

(四) 赔礼道歉

赔礼道歉主要适用于侵犯人身权益的情形,在本质上是广义的恢复原状的一种具体实现方式,属于损害赔偿责任。[3]受害人既可以要求侵权人赔礼道歉,以实现精神状态的恢复与抚慰,也可以要求金钱赔偿,即采用精神抚慰金的形式替代填补。鉴于赔礼道歉多针对人格权益损害,有学者认为赔礼道歉不适用于生态环境损害。[4]本书认为,赔礼道歉可以作为生态环境损害赔偿责任方式。

第一,在损害类型日益丰富和多元化的趋势下,赔礼道歉的适用范围可以适度扩大。[5]该责任是"一种具有人道性质、深富道德建设意蕴的对越轨行为的矫正方法",能够"防止市场规则的过度膨胀"。[6]生态环境问题的出

---

[1] 唐绍均、魏雨:"环境民事公益诉讼中'技改抵扣'的淆乱与矫正",载《中州学刊》2020年第8期,第48~53页。

[2] 乔刚:"生态环境损害民事责任中'技改抵扣'的法理及适用",载《法学评论》2021年第4期,第163~172页。

[3] 参见葛云松:"赔礼道歉民事责任的适用",载《法学》2013年第5期,第102页。

[4] 参见代杰:"环境侵权责任承担方式立法研判与规则构建",载《渤海大学学报(哲学社会科学版)》2012年第6期,第31页;陈学敏:"环境侵权诉讼应慎用赔礼道歉责任承担方式",载《环境经济》2017年第12期,第53页。

[5] 万挺:"环境民事公益诉讼民事责任承担方式探析",载《人民法院报》2014年12月31日。

[6] 黄忠:"赔礼道歉的法律化:何以可能及如何实践",载《法制与社会发展》2009年第2期,第118页。

现正是私利导向的市场行为所引发的道德歧向,即便符合民事规则和市场规则,但却背离生态环境与社会的整体正义。赔礼道歉通过对内心的苛责而矫正此种偏离行为和片面心理,从而达到矫正正义的制度目的。

第二,生态环境损害不仅损及公共利益,而且伤害私益,公益与私益往往是交织在一起的,以目前我国发生的环境公益案件为例,生态环境的损害同时往往造成社会公众生命健康的损害,这为精神损害赔偿和赔礼道歉的存在提供了可能。

第三,我国在司法实践中已经开始了探索。例如在"重庆绿色志愿者联合会诉恩施自治州建始磺厂坪矿业有限责任公司水污染责任纠纷案"中,法官判令责任人在全国性平面媒体上向公众道歉。《环境民事公益诉讼司法解释》亦明确赔礼道歉可以作为责任方式。该方式有助于教育责任人、警示环境污染和破坏生态行为,填补社会公众因生态环境损害而受损的精神利益。

第二节 "修复生态环境"责任的刑法意蕴

传统刑法正当性理论主要以报应论、功利论、综合论等为理论基础。[1]而当前刑事司法中,补植复绿、增殖放流等责任方式已普遍出现在刑事判决中,被认为是修复性司法理念对传统报应性司法理念的革新。[2]譬如在"简某滥伐林木案"[3]中,人民法院除判决被告人承担有期徒刑、罚金等责任外,还判决被告人应按照要求对滥伐迹地进行更新造林。在"尹某等非法捕捞水产品案"[4]中,人民法院除判决被告人承担有期徒刑、没收并追缴违法所得等责任外,还要求其以增殖放流方式修复被其破坏的海洋生态环境。如此判决,引起不少争论:其一,"修复生态环境"在刑事制裁中,究竟是一种量刑情节,抑或刑罚处罚方法,是否违反罪刑法定基本原则?其二,刑事判决抑或民事判决等司法裁决方式,是否为"修复生态环境"的最佳实现方式?

---

[1] 参见陈瑞华:"论量刑程序的独立性——一种以量刑控制为中心的程序理论",载《中国法学》2009 年第 1 期,第 163~179 页。
[2] 陈晓明:"论修复性司法",载《法学研究》2006 年第 1 期,第 52~61 页。
[3] 参见福建省寿宁县人民法院[2017]闽 0924 刑初 5 号判决书。
[4] 参见连云港市连云区人民法院[2015]港环刑初字第 00005 号判决书。

一、"修复生态环境"的性质定位

针对第一个问题,本书认为,"修复生态环境"在刑事司法领域可作为酌定量刑情节、非刑罚处罚方法予以适用,"刑事附带民事"的诉讼形式应予以限制。

首先,量刑情节是指对犯罪人裁量刑罚时,据以决定刑罚轻重或免除处罚所依据的各种事实情况。量刑情节有法定量刑情节和酌定量刑情节之分。前者是法律明确规定,确定量刑方向和量刑幅度的事实情节,如没有造成损害的中止犯(《刑法》第24条)、防卫过当(《刑法》第20条)等。后者则主要是指在审判实践经验中总结出来的,在量刑时灵活适用的各种事实情况,如犯罪手段、动机、态度及造成的危害后果等。若犯罪人在法院判决之前,意识到自身行为的违法性,并积极主动采取措施修复受损生态环境,以降低自身危害性和损害后果,那么,该事实在性质上应当属于犯后态度的酌定量刑情节。2016年最高人民法院、最高人民检察院发布的《关于办理环境污染刑事案件适用法律若干问题的解释》(以下简称《刑事解释》)第5条规定:"实施刑法第三百三十八条、第三百三十九条规定的行为,刚达到应当追究刑事责任的标准,但行为人及时采取措施,防止损失扩大、消除污染,全部赔偿损失,积极修复生态环境,且系初犯,确有悔罪表现,可以认定为情节轻微,不起诉或者免予刑事处罚;确有必要判处刑罚的,应当从宽处罚。"可见,从法规范角度观之,"修复生态环境"作为酌定量刑情节已得到司法解释的认可。但目前该解释仅适用于环境污染的轻微刑事犯罪,适用范围相对狭窄,同时将主体限定为"初犯"。建议未来修法时扩大适用范围,不仅适用于环境污染领域,还可拓展至自然资源或生态服务系统破坏领域;并且,无论是初犯或累犯,只要有修复生态环境行为的客观事实,均应将其修复事实纳入量刑的考量范围。

其次,在刑事判决中,"修复生态环境"也可以非刑罚处罚方法予以适用。非刑罚处罚方法,是实现刑事责任的非基本的次要方法。根据《刑法》第36条、第37条规定,非刑罚处罚方法包括训诫、具结悔过、赔礼道歉(教育性处罚措施);赔偿损失(民事性处罚措施);行政处罚或者行政处分

（行政性处罚措施）和没收性处罚措施。[1]而对于"赔偿损失"，根据《刑事解释》第 17 条规定，"公私财产损失"不仅包括直接造成财产损毁、减少的实际价值，也包括为防止污染扩大、消除污染而采取必要合理措施所产生的费用，以及处置突发环境事件的应急监测费用。换言之，我国法上的"赔偿损失"，不同于德国法上的"损害赔偿"和"金钱赔偿"，不仅包含了金钱赔偿的大部分内容，也蕴含了生态环境修复费用的内容。那么，是否可据此将之作为"修复生态环境"在刑事修复判决中适用的法源依据呢？本书认为，"修复生态环境"与"赔偿损失"是截然不同的两种损害赔偿方法，不宜混用或相互替代。"修复生态环境"作为非刑罚处罚方法，是我国刑事责任的必然选择，建议未来修法时，以明文的方式将"修复生态环境"作为一种非刑罚处罚方法纳入刑法，以做到刑事责任的罪刑法定。由此，对污染或破坏生态环境的犯罪人，除依法判处刑罚外，还可根据情况判处其承担修复生态环境的责任。

有观点指出，"修复生态环境"还可以刑事附带民事赔偿方式予以适用。[2]实际上，实践中之所以出现"刑事附带民事"这一诉讼形式，根源即在于刑事处罚主要以惩罚性处罚为主，在受损权益修复方面有所不及，因此才需要以"附带民事"的方式予以补足。然而，刑事公诉与民事诉讼在法律定位、举证责任等方面多有不同，故应对"刑事附带民事"持谨慎态度。相较而言，将"修复生态环境"纳入非刑罚处罚方法，更为合理。当然，修复生态环境不仅可在刑事审判中适用，未来在刑事和解、附条件不起诉、社区矫正等制度中均具有相当的适用空间。[3]

二、"修复生态环境"的适用困境

针对第二个问题，本书认为，当前以司法裁判方式作出"修复生态环境"判决，能在一定程度上缓解我国生态环境损害状况。但在生态环境损害治理

---

[1] 参见蒋兰香："生态修复的刑事判决样态研究"，载《政治与法律》2018 年第 5 期，第134~147 页。

[2] 参见徐本鑫："刑事司法中环境修复责任的多元化适用"，载《北京理工大学学报（社会科学版）》2019 年第 6 期，第 140~148 页。

[3] 参见侯艳芳："论环境资源犯罪治理中刑事和解的适用"，载《政法论丛》2017 年第 3 期，第 153~160 页；王树义、赵小姣："环境刑事案件中适用恢复性司法的探索与反思——基于 184 份刑事判决文书样本的分析"，载《安徽大学学报（哲学社会科学版）》2018 年第 3 期，第 102~110 页等。

事务中，过于强调司法职能，弱化行政公共管理职责，将导致司法与行政各自资源优势及功能的遮蔽和错位。生态环境损害治理是一项复杂活动，涉及损害事实调查、因果关系分析、损害实物/价值量化、修复方案筛选等一系列步骤和过程，需要行政机关从整体上把握修复治理的深度和方向，并对经济、社会以及环境资源进行全面的、合目的性的权衡、分配与矫正，以实现损害治理的效率、公正与安全。反观当前的司法实践，人民法院在损害评估、修复标准以及执行等方面均存在不可克服的科学技术、人力及物力资源瓶颈。实践中，部分人民法院所判决的修复性措施，实质上是责令被告人依照行政管理部门的要求进行修复，从而变相为对行政行为的确认。[1]可见，对修复生态环境责任的认定，没有行政主体在技术或资源方面的支持，人民法院不仅很难进行正确的法律适用，更有司法裁量失衡的风险。因此，本书认为，"修复生态环境"应首先通过行政追责方式予以实现，仍无法填补损害时，方可寻求司法救济。

第三节　"修复生态环境"的行政法定位

"修复生态环境"的制度来源系民法，是传统民法中广义"恢复原状"的具象表达。这是否意味着"修复生态环境"仅能归于民事责任范畴，而对于公法领域的责任追究无所功用？显然，这是对修复生态环境责任的一种误读。实际上，从法律文本与司法实践来看，修复生态环境责任方式虽发端于民法，却早已"超越"民法，而成为一种可适用于多学科的普遍性法律责任方式。在行政法领域，对于生态环境污染或破坏行为，行政主体一般以"责令改正"的方式要求责任主体纠正违法状态，并对受损生态环境进行补救。例如，《水污染防治法》第85条明确规定，针对水体损害，行政主体可责令停止违法行为，限期治理；《森林法》第76条规定，针对盗伐、滥伐森林等违法行为，行政主体可责令补种盗伐、滥伐株数一定倍数的树木等。然而，"责令改正"在性质上，究为一种行政命令，抑或行政责任，至今仍存在争论。又如前述，针对行政命令与行政处罚的词义界定、（衔接）关系以及结构

---

[1] 参见李挚萍、田雯娟："恢复性措施在环境刑事司法实践中的应用分析"，载《法学杂志》2018年第12期，第109~121页。

选用等问题，目前立法机关对还缺乏应有的关注，并且由于立法技术等问题，"责令……"等行政命令条款多规定于各类法律文本的"法律责任"部分，从而使得行政命令与行政处罚（法律责任）之间的关系更加"扑朔迷离"，直接影响了行政命令在生态环境损害修复治理领域的运用效益。因此，须首先界定"责令改正"的法律性质，在此基础上，再来确定"责令修复生态环境"在行政法领域的体系定位。

一、"责令改正"的性质界定

在生态环境损害领域，行政机关一般会责令相关主体改正违法行为，消除不良影响或修复受损生态环境，"责令改正"的具体内容，依据不同情况而具体确定。关于"责令改正"的性质，目前主要存在"行政命令说""行政处罚说""性质混同说"多种观点。[1] 本书认为，"责令改正"不能纳入行政处罚范畴，也不适用行政处罚程序，其本质应属于补救性质行政命令，同时也可纳入补救性行政责任的范畴。

（一）行政行为的一般性理论

"责令改正"性质的界定，以对行政处理（决定）、行政命令的清晰认识为前提。如前述，在行政行为这个大范畴里，行政处理（决定）[2] 是行政机关执行法律、对外行使行政管理职能最主要的行为样态，是一个包罗万象的行为群。行政处理（决定），一般是指行政主体为实现法律法规、规章等所确定的行政管理目标和任务，依据行政相对人申请或行政职权依法处理涉及特定相对人某种或多种权利义务事项的行政行为。[3] 行政处理（决定）在实定法上表现形式多样，对这一庞大群体中纷繁复杂的具体行为进行研究的最好方法就是"类型化"。拉伦茨指出："类型思考进展的第一步骤与抽象化思考并无不同。由有关的具体事物中区分出一般的特征、关系及比例，并个别赋

---

[1] 参见谭冰霖："环境行政处罚规制功能之补强"，载《法学研究》2018年第4期，第151~170页；夏雨："责令改正之行为性质研究"，载《行政法学研究》2013年第3期，第37~42页；李孝猛："责令改正的法律属性及其适用"，载《法学》2005年第2期，第54~63页等。

[2] 关于"行政处理"与"行政决定""行政处理决定"之间的关系，学界有不同论述，本书采统一观点，即作同一概念处理。

[3] 姜明安主编：《行政法与行政诉讼法》，北京大学出版社、高等教育出版社2019年版，第213页。

予其名称。"[1]

对行政行为的研究中,类型化是一种基础的、不可或缺的研究方法。在德国、日本等大陆法系国家的行政法学体系中,行政处理(决定)依据功能的不同,可以分为基础性行政行为和保障性行政行为。其中,基础性行政行为的功能,以直接落实法律规定的权利义务为目的,其在实现行政目的、合理配置行政资源、建构行政秩序的过程中发挥着基础性的作用。[2]同时,以"内容"为标准,基础性行政行为分为命令性行政行为、形成性行政行为和确认性行政行为。"命令性行政行为是指以命令或者禁止令的形式要求相对人履行特定行为义务,包括作为、容忍及不作为义务;形成性行政行为是建立、变更或消灭具体法律关系的行为;确认性行权行为是确认某人的权利或具有法律意义的资格。"[3]保障性行政行为则主要包括行政处罚、行政强制,其以相对人违反基础性行政行为内容为必要前提,目的在于以责难、惩戒、威慑等直接或间接地付诸人身、财产或是精神的强制力量保障基础行政行为所设义务的实现。一般而言,基础性行政行为具有优先性,基础性行政行为可以实现行政目的,一般不采用保障性行政行为,唯基础性行政行为的目的无法实现时,保障性行政行为才有作用的空间。[4]

(二)"责令改正"属于补救性行政命令

在执法实践中,行政机关对相对人课以特定的义务,是落实行政法律规范所规定的法律义务的最重要的手段。而在基础性行政行为中,命令性行政行为既能够将抽象的法律义务具体化,也能够督促行政相对人履行法律规定的义务,在行政规制中具有基础性的功能和作用,因而,命令性行政行为成为行政机关在行政规制中使用频率最高的行政行为。命令性行政行为是向相对人强制施加作为、不作为、容忍等特定义务的行政行为,其形式通常是命令或禁令。行政命令大体可被视为基础性行政决定中的命令性行政行为。[5]行政命令既能够将抽象的法律义务具体化,也能够督促行政相对人履行法律

---

[1] [德]卡尔·拉伦茨:《法学方法论》,陈爱娥译,商务印书馆2003年版,第338页。
[2] 参见曹实:"行政命令地位和功能的分析与重构",载《学习与探索》2016年第1期,第69~75页。
[3] [德]哈特穆特·毛雷尔:《行政法学总论》,高家伟译,法律出版社2000年版,第207页。
[4] 曹实:"行政命令地位和功能的分析与重构",载《学习与探索》2016年第1期,第69~75页。
[5] 胡静:"我国环境行政命令实施的困境及出路",载《华中科技大学学报(社会科学版)》2021年第1期,第85~96页。

规定的义务，在行政规制中具有基础性的功能和作用。根据其功能和目的的差异，行政命令可以分为规则性行政命令和补救性行政命令两种类型。[1]规则性命令是针对非违法行政相对人的行政命令，其目的是将行政立法和行政规定为行政相对人设定的一般性的抽象的公法义务进行具体化和补充。补救性行政命令是针对违法的行政相对人作出的要求其补救其违法行为的行政命令，其目的是对行政相对人违反其公法的作为义务进行阻止、弥补、挽救。在环境法领域（尤其是生态环境损害修复情形），补救性行政命令的作出并非绝对以"违法性"为前提。换句话说，行政命令不以相对人违法为必要前提，但实体法规定的大部分行政命令都是基于相对人违法而做出的，且大多出现在"法律责任"一章。行政命令有义务具体化、处置、引导、教育、补救等诸多功能，但最为突出的仍是其补救功能。行政命令并未给相对人增加新的义务，只是从没有履行义务的状态回归履行义务的状态。由于在法律规范中，行政命令与行政处罚往往同时出现，在行政处罚的类型中也有"责令……"等类似表述，从而造成行政命令与行政处罚的混淆。综上可知，行政命令和行政处罚分属于基础性行政决定和保障性行政决定，是性质截然不同的两类行政行为。关于行政命令与行政处罚的具体区分，详见后文分析。

综上，从功能和目的角度来看，补救性行政命令的中心价值在于"通过指令迫使相对人履行义务来补救被破坏的行政秩序"。[2]行政命令的补救功能旨在通过停止、重作、改正或法定义务履行等措施或方式来排除履行妨碍、消除不良影响、恢复法定状态。[3]这恰好与"责令改正"的基本内涵相重合。"责令改正"有狭义和广义之分，狭义的责令改正指行政主体要求违法行为人改正其违法行为，包括停止违法行为，履行其法定义务两方面。广义的责令改正则是指行政机关或法律法规授权组织，为了预防或制止正在发生或可能发生的违法行为、危险状态以及不利后果，而作出的要求违法行为人停止或改正违法行为、履行法定义务、消除不良后果、恢复到违法前状态的具有强制性的决定。[4]在环境执法过程中，"责令改正"一般由行政主体以行

---

〔1〕 胡晓军：《行政命令研究——从行政行为形态的视角》，法律出版社 2017 年版，第 109~110 页。
〔2〕 胡晓军："论行政命令的型式化控制——以类型理论为基础"，载《政治与法律》2014 年第 3 期，第 85 页。
〔3〕 曹实："行政命令地位和功能的分析与重构"，载《学习与探索》2016 年第 1 期，第 75 页。
〔4〕 徐以祥："论生态环境损害的行命令救济"，载《政治与法律》2019 年第 9 期，第 82~92 页。

政命令的方式作出。因此，若采广义定义，"责令改正"基本可以囊括补救性行政命令的全部类型。

（三）"责令改正"属于补救性行政责任

在针对行政相对人的行政法律责任体系中，依据责任的目的和功能，可以分为惩罚性行政法律责任和补救性行政法律责任。[1]惩罚性行政法律责任是行政主体依法对违反行政法律规范的相对人所给予的制裁，从而起到教育和预防作用的环境行政法律责任，这种制裁多表现为行政处罚。补救性行政法律责任是指，要求环境违法主体补救履行自己应当履行的法定义务或消除自己的违法行为所造成的危害后果，以恢复遭受破坏的环境行政法律关系和行政秩序为目的的环境行政法律责任。基于以上定义，惩罚性环境行政责任和补救性环境行政法律责任在以下几个方面有着不同：

（1）目的和功能不同。惩罚性责任的目的是惩罚和教育违法行为人，使其承担本应履行的法律义务之外的法律后果，通过这种本应履行的义务之外的法律后果的承担，对其进行威慑，以预防其未来的违法行为，在对其产生威慑及预防效应的同时，也对其他非违法人产生威慑及预防的效应。补救性责任的目的和功能在于恢复法律的秩序，要求违法行为主体履行其本应当履行的义务，消除其违法行为对他人和社会造成的不良影响。

（2）表现形式不同。惩罚性行政法律责任主要包括通报批评、行政处分和行政处罚。通报批评既适用于环境行政主体，又适用于环境行政相对人和环境行政机关的工作人员。行政处分适用于环境行政机关的工作人员，行政处罚适用于行政相对人。而补救性环境行政法律责任的主要功能是消除违法状态，恢复法律秩序，故其责任形式主要包括责令改正、消除危险、支付治理费用、恢复原状、缴纳排污费等。[2]

（3）适用条件不同。惩罚性行政法律责任因为具有惩罚性，其责任的适用一般以违法行为人主观的故意或过失为要件，而补救性责任则不以违法行为主体主观的过失或故意为责任的构成要件。

在立法实践中，行政命令大多出现在"法律责任"一章。那行政命令与行政法律责任又是什么样的关系呢？

---

〔1〕 蔡守秋主编：《环境资源法教程》，高等教育出版社2010年版，第372页。
〔2〕 参见吕忠梅主编：《环境法导论》，北京大学出版社2008年版，第184页。

本书认为，行政命令作为一种具体的行政行为，其一方面能够作为在事前或事中为行政相对人设定法律义务的手段；另一方面也能够作为对行政相对人违反法定义务时设定第二次义务的一种手段。就前者而言，行政机关根据行政相对人的具体情形，可以要求其采取特定技术或措施，达到环境风险预防的目的；就后者而言，当行政相对人出现环境违法行为时，行政主体可以通过责令改正违法行为、责令恢复原状等行政命令，来恢复法律秩序，有效地预防和管理环境风险。也就是说，行政命令也可以在行政相对人违法时为其设定第二次义务，在此种情况下，行政命令也可以成为补救性行政法律责任的表现形式。

二、"责令改正"的解释适用

"责令改正"与行政处罚经常出现同一条文中，例如，《行政处罚法》第28条第1款规定："行政机关实施行政处罚时，应当责令当事人改正或者限期改正违法行为。"因此，在法律适用过程中，"责令改正"常与行政处罚相混淆。"责令改正"与"行政处罚"的区别是什么？有哪些表现形式？"责令停止生产"与"责令停产"有何区别？这些都是在具体应用过程中首先需要明确的地方。

（一）责令改正与行政处罚的辨析

2004年最高人民法院发布的《关于规范行政案件案由的通知》曾将行政命令作为具体行政行为的一种，与行政处罚、行政强制、行政裁决、行政确认、行政登记、行政许可等既相并列也相区分。但根据2020年最高人民法院发布的《关于行政案件案由的暂行规定》的最新规定来看，已取消"行政命令"的分类，代以"行政处理"的表述方式。究其根本，主要还是源自行政命令与行政处罚的界分争议。

尽管目前已有观点认可行政命令独立于行政处罚，但仍有不少观点否认行政命令的独立性，将其认定为行政处罚的附带行为；也有些观点虽认可行政命令的独立性，却视其为行政处罚的种类之一。[1]这种错误认识一直延续到相关立法规范当中。例如，《土地管理法》第83条规定："依照本法规定，

---

[1] 参见程雨燕："试论责令改正环境违法行为之制度归属——兼评《环境行政处罚办法》第12条"，载《中国地质大学学报（社会科学版）》2012年第1期，第31~39页；曹实："行政命令地位和功能的分析与重构"，载《学习与探索》2016年第1期，第69~75页等。

责令限期拆除在非法占用的土地上新建的建筑物和其他设施的，建设单位或者个人必须立即停止施工，自行拆除；对继续施工的，作出处罚决定的机关有权制止。建设单位或者个人对责令限期拆除的行政处罚决定不服的，可以在接到责令限期拆除决定之日起十五日内，向人民法院起诉……"可见，《土地管理法》第83条即将责令改正视为行政处罚的下位概念。

除对行政命令和行政处罚的性质认识不清外，造成二者混用的根源，还在于对《行政处罚法》相关条款的误解。例如《行政处罚法》第28条第1款规定："行政机关实施行政处罚时，应当责令当事人改正或限期改正违法行为"，最高人民法院在解释行政命令和行政处罚关系时，也将"责令改正或限期改正"限于"行政机关实施行政处罚过程中"，[1]由此使得行政机关在实践中普遍将各类行政命令附于行政处罚中，有些甚至明确指出"责令改正"为行政处罚。例如，在行政执法过程中，2020年湖南省湘潭市生态环境局在实施大气污染行政罚款的同时，责令相对人改正违法行为，限期采取治理措施，消除污染。[2]2022年温岭市自然资源和规划局在实施滥伐林木行政罚款的同时，责令被处罚人限期补种树木以修复生态环境。[3]在司法实践中，2015年安徽省某行政判决书中，针对环保局所作出的《责令停止违法生产通知书》，人民法院混淆了停止生产和停产停业的含义，将"责令改正"纳入行政处罚范围；[4]2016年，贵州省某行政判决书中，上诉人因行政命令的立案、调查、听证与行政处罚程序类似，而据此判断责令停建、停产属于行政处罚；[5]2020年，福建省福鼎市的某起毁林案件中，也存在直接将《责令生态修复通知书》定性为行政处罚的情形。[6]

1. 性质界分

诚如前述，行政命令与行政处罚性质迥异，分属基础性行政行为与保障性行政行为。责令改正兼具补救性行政命令与补救性行政责任的性质与特征，而行政处罚则属于典型的惩罚性行政责任。由此，责令改正与行政处罚区别

---

[1] 最高人民法院判决书［2018］最高法行申4718号判决书。
[2] 参见潭环罚决字［2020］综-11号。
[3] 参见温自然资规罚［2022］6号。
[4] 参见安徽省六安市中级人民法院［2015］六行终字第00051号。
[5] 参见贵州省黔南布依族苗族自治州中级人民法院［2016］黔27行终81号。
[6] 参见最高人民法院判决书［2018］最高法行申4718号判决书。

明显，主要表现如下：

（1）目的不同。广义的责令改正与补救性行政命令的目的相一致，即在于纠正违法行为、要求违法行为主体履行其本应当履行的义务、恢复法律秩序，消除其造成的不良影响，并未对行政相对人科以新的义务；而行政处罚与惩罚性行政责任的目的一致，要求违法行为人承担本应履行的法律义务之外的法律后果，通过威慑效应来预防、避免其未来的违法行为，在对其产生威慑及预防效应的同时，也对其他非违法人产生威慑及预防的效应。

（2）性质不同。责令改正和行政处罚同属于具体行政行为，但责令改正属于行政命令，当行政主体通过责令改正违法行为、责令生态环境修复等行政命令，来恢复法律秩序，有效地预防和管理环境风险时，该行政命令即为补救性行政责任；而行政处罚则属于惩罚性行政责任，旨在对违法行为者施以其本应承担的法律义务以外的其他法律后果，从而起到惩戒和预防作用。

（3）适用前提不同。责令改正适用范围广泛，无论是轻微违法行为抑或严重的违法行为，只要改正违法行为是可能的和有现实意义的，均可适用；而环境行政处罚一般不适用于轻微并改正的违法行为。《行政处罚法》第33条第1款规定："违法行为轻微并及时改正，没有造成危害后果的，不予行政处罚……"这一款的规定也适用于环境行政处罚。

（4）责任形式不同。责令改正依据其需要"改正"的内容，有多样的表现形式，如停止或改正违法行为、限期拆除等形式；而行政处罚则主要表现为警告，罚款，没收违法所得、非法财物，责令停产停业，暂扣或者吊销许可证、执照和行政拘留等。

（5）实施的行政程序不同。责令改正适用一般的行政行为程序；行政处罚适用则有更加严格的法定条件，在行政处罚的设定、实施主体等方面需要严格按照《行政处罚法》《生态环境行政处罚办法》规定的行政处罚程序进行。[1]

2. 适用关系

由于对责令改正与行政处罚的概念、性质不清，对《行政处罚法》第28条的错误解读，致使责令改正与行政处罚的适用关系不明。从立法规范结构来看，责令改正与行政处罚实际上已经形成了单处、并处、前置等多种衔接关系。

---

[1] 后文将对生态环境损害情形下的"责令修复生态环境"的实施程序予以说明，在此不作赘述。

（1）单处。这里的单处可分为"无约束单处""选择单处"和"约束单处"。"无约束单处"，是指行政主体对于行政违法行为作出单一的责令改正或行政处罚，但对相对人拒不执行命令或处罚的情形，没有明确规定相应的约束措施。例如，《义务教育法》第58条规定："适龄儿童、少年的父母或者其他法定监护人无正当理由未依照本法规定送适龄儿童、少年入学接受义务教育的，由当地乡镇人民政府或者县级人民政府教育行政部门给予批评教育，责令限期改正。"此类规范对行政相对人的约束力相对较小。

"选择单处"，即由行政主体自由选择适用行政命令或者行政处罚。例如《海洋环境保护法》（2017年修正）第88条规定："违反……由依照本法规定行使海洋环境监督管理权的部门予以警告，或者责令限期改正。"此类规范使得行政主体享有较大自由裁量权，责令改正和行政处罚之间的关系不明朗，行政相对人可预见性也有所降低。

"约束单处"，是指行政主体对于行政违法行为作出单一的责令改正命令，如果行政相对人拒不执行的，行政机关可以采取行政处罚等其他制裁措施。例如，《大气污染防治法》第118条第2款规定："违反……由县级以上地方人民政府确定的监督管理部门责令改正；拒不改正的，予以关闭，并处一万元以上十万元以下的罚款。"《固体废物污染环境防治法》第70条规定："违反本法规定，拒绝县级以上人民政府环境保护行政主管部门或者其他固体废物污染环境防治工作的监督管理部门现场检查的，由执行现场检查的部门责令限期改正；拒不改正或者在检查时弄虚作假的，处二千元以上二万元以下的罚款。"此类规范以行政相对人的履责情况为前提，因此也被称为责令改正的前置结构规范。[1]相对于"无约束单处"或"选择单处"规范结构，此类规范一方面给予相对人改正的机会，充分体现了行政责令的补救性和权威性；另一方面也赋予行政主体对不执行责令规定的主体实施行政处罚的权力，使得责令改正的实现有了切实保障，降低了行政成本、提高了行政效率。[2]

（2）并处。并处分为"选择并处""条件并处""当然并处"三种类型。

"选择并处"，是指行政主体在作出责令改正或者行政处罚的同时，可以

---

［1］ 薛艳华："环境行政命令与环境行政处罚的错位与匡正——界分基准与功能定位的视角"，载《大连理工大学学报（社会科学版）》2019年第6期，第91~99页。

［2］ 胡建淼、胡晓军："行政责令行为法律规范分析及立法规范"，载《浙江大学学报（人文社会科学版）》2013年第1期，第101~111页。

选择是否同时作出其他行政命令或制裁措施。例如《海关法》第 87 条规定："海关准予从事有关业务的企业，违反本法有关规定的，由海关责令改正，可以给予警告，暂停其从事有关业务，直至撤销注册。"此类规范与"选择单处"规范类似，行政机关在作出责令改正的同时，有权决定是否给予制裁以及给予何种制裁，行政主体享有较大自由裁量权，行政相对人可预见性降低。

"条件并处"，是指行政主体在作出责令改正的同时，应当根据违法行为的具体情节，决定是否给予其他行政制裁措施。例如《水污染防治法》第 93 条："企业事业单位有下列行为之一的，由县级以上人民政府环境保护主管部门责令改正；情节严重的，处二万元以上十万元以下的罚款……"《环境噪声污染防治法》第 53 条规定："违反……由县级以上人民政府经济综合主管部门责令改正；情节严重的，由县级以上人民政府经济综合主管部门提出意见，报请同级人民政府按照国务院规定的权限责令停业、关闭。"此类规范与"约束单处"规范相似，在一般情形，仅需作出单独的责令改正即可；但出现情节严重的违法行为时，又与后文的"当然并处"结构类似，需要同时作出责令改正和行政处罚，以纠正和惩戒违法行为，并对社会其他主体形成威慑作用。

"当然并处"，是指行政机关对行政违法行为作出责令改正的同时，必须一并作出其他制裁措施。例如，《海洋环境保护法》（2017 年修正）第 77 条第 1 款规定："违反本法第三十条第一款、第三款规定设置入海排污口的，由县级以上地方人民政府环境保护行政主管部门责令其关闭，并处二万元以上十万元以下的罚款。"《水土保持法》第 54 条规定："违反本法规定，水土保持设施未经验收或者验收不合格将生产建设项目投产使用的，由县级以上人民政府水行政主管部门责令停止生产或者使用，直至验收合格，并处五万元以上五十万元以下的罚款。"此类规范结构是立法规范中最常见的一种类型，主要适用于违法行为较为严重的情形，并处的主要目的在于同时实现责令改正的补救功能和行政处罚的惩罚功能。

（3）多重关系。即在同一法律条文中规定了上述多重衔接关系。《水污染防治法》（2017 年修正）第 83 条规定："违反……由县级以上人民政府环境保护主管部门责令改正或者责令限制生产、停产整治，并处十万元以上一百万元以下的罚款；情节严重的，报经有批准权的人民政府批准，责令停业、关闭。"再如《固体废物污染环境防治法》（2020 年修订）第 105 条规定：

"违反……由县级以上地方人民政府市场监督管理部门或者有关部门责令改正；拒不改正的，处二千元以上二万元以下的罚款；情节严重的，处二万元以上十万元以下的罚款。"

以上法律条文中所规定的行政命令和行政处罚的适用关系，从规范结构角度来看，主要包括以下几种类型：①"责令改正+'或者'+行政处罚"；②"责令改正+'拒不改正的'+行政处罚"；③"责令改正+'可以'+行政处罚"；④"责令改正+'情节严重的'+行政处罚"；⑤"责令改正+'并处'+行政处罚"；⑥"责令改正+'并处'+'情节严重的'……+行政处罚"。未来立法还应进一步区分违法行为的不同类型、不同情形，依据具体行为指征的不同，设置相适应的行政命令或罚则，规范行政主体的自由裁量权，减少条文适用的任意性，合理、充分发挥行政命令和行政处罚的补救与惩戒功能。

（二）责令改正的具体表现形式

综上可知，广义的责令改正的内涵和外延与补救性行政命令的内涵和外延是一致的，广义的责令改正是补救性行政命令的另一种表达方式。在环境法领域，补救性的行政命令有很多具体的表现形式，比较常见的表述方式有责令停止违法行为、责令停止建设、责令停止试生产、责令停止生产或者使用、责令限期建设配套设施、责令重新安装使用、责令采取补救措施、责令限期拆除和恢复原状、责令消除污染或危险、责令公开信息等。但无论其具体形式如何，都属于责令停止违法行为、履行法定义务、消除不良后果和恢复到违法前状态这四种责任内容。[1]具体而言，在法律文本中，责令改正有多重表达，有直接规定为"责令改正"或"责令限期改正"的，还有表达为其他的具体形式的，比较常见的表述形式有：

（1）责令停止违法行为，例如，《水污染防治法》第85条规定，向水体排放剧毒废液，或者将含有可溶性剧毒废渣向水体排放、倾倒或者直接埋入地下的，责令停止违法行为。

（2）责令停止建设。责令停止建设的本质是责令停止违法行为。例如，《环境保护法》61条和《环境影响评价法》第31条规定，建设单位未依法报批建设项目环境影响评价文件，擅自开工建设的，责令停止建设。

---

[1] 徐以祥："论生态环境损害的行政命令救济"，载《政治与法律》2019年第9期，第82~92页。

（3）责令停止试生产。责令停止试生产属于责令停止违法行为的一种具体表现形式。例如，1998年《建设项目环境保护管理条例》第26条规定，试生产建设项目配套建设的环境保护设施未与主体工程同时投入试运行，经责令限期改正而逾期不改正的，责令停止试生产。

（4）责令停止生产或者使用。责令停止生产或者使用属于责令停止违法行为的一种具体表现形式。例如，2008年修订的《水污染防治法》第71条规定，建设项目的水污染防治设施未建成、未经验收或验收不合格，主体工程即投入生产或使用的，由县级以上人民政府环境保护主管部门责令停止生产或使用。

（5）责令限期建设配套设施。例如，2000年修订的《大气污染防治法》第60条规定，排放含有硫化物气体的企业，不按照规定建设配套脱硫装置或未采取其它脱硫措施的，责令限期建设配套设施。

（6）责令重新安装使用。例如，2013年修正的《海洋环境保护法》第78条规定："违反本法第三十二条第三款的规定，擅自拆除、闲置环境保护设施的，由县级以上地方人民政府环境保护行政主管部门责令重新安装使用，并处一万元以上十万元以下的罚款。"

（7）责令采取补救措施。例如，2013年修正的《海洋环境保护法》第76条规定："违反本法规定，造成珊瑚礁、红树林等海洋生态系统及海洋水产资源、海洋保护区破坏的，由依照本法规定行使海洋环境监督管理权的部门责令限期改正和采取补救措施，并处一万元以上十万元以下的罚款。……"

（8）责令限期拆除和恢复原状。例如，2008年修订的《水污染防治法》第75条规定，在饮用水源保护区内设置排污口的，责令限期拆除。《环境保护法》第61条规定："建设单位未依法提交建设项目环境影响评价文件或者环境影响评价文件未经批准，擅自开工建设的，由负有环境保护监督职责的部门责令停止建设，处以罚款，并可以责令恢复原状。"

（9）责令限期治理。例如，2008年修订的《水污染防治法》第74条第1款规定，排放水污染物超过国家或地方规定的水污染排放标准，或者超过重点水污染物排放总量控制指标的，责令限期治理。

（10）责令消除污染或危险。例如，《固体废物污染环境防治法》第117条规定："对已经非法入境的固体废物，由省级以上人民政府生态环境主管部门依法向海关提出处理意见。海关应当依照本法第一百一十五条的规定作出处罚决定；已经造成环境污染的，由省级以上人民政府生态环境主管部门责令进口者消除污染。"

（11）责令公开信息。例如，《环境保护法》62条规定，重点排污单位不公开或者不如实公开环境信息的，由县级以上地方人民政府环境保护主管部门责令公开。

（12）其他的责任形式。环境法律法规规定的而其他以恢复性为目的的责令改正的形式。

如上，尽管我国相关环境立法中对"责令改正"的表现形式进行了详尽规定，但在具体适用过程中仍然存在法律适用问题。例如，在具体执法实践中，如果相关行政法律只规定"责令改正"，而该违法行为已造成环境公共利益巨大损害的危险，行政机关可否责令违法行为人消除危险？若在具体法律条文中只规定了"责令停止违法行为"或"责令消除危险"中的一种，行政机关只能要求违法行为人承担法律规定的责任形式，抑或可以要求违法行为人承担其他的救济性责任形式？此等种种问题，都源于我国立法目前尚未明确补救性行政命令（责令改正）的内涵和边界。对此，建议在立法上尽快明确补救性行政命令（责令改正）的内涵和外延，同时，赋予行政机关针对具体情形，将"责令改正"具体化为"责令停止违法行为""责令消除危险或后果"或"责令恢复原状"责任形式中的一种或多种的裁量权。

（三）责令停止生产和责令停产的区分

环境行政命令是行政命令的下位概念。目前我国仅出台过《环境行政处罚办法》，并没有《环境行政命令办法》。《环境行政处罚办法》对环境行政命令与环境行政处罚进行了区分。该法第10条规定了环境行政处罚的种类，其中就包括"责令停产整顿""责令停产、停业、关闭"。第12条规定了"责令改正"的形式，具体包括责令停止建设、责令停止试生产、责令停止生产或者使用、责令限期拆除等。但由于"责令停止生产"等"责令改正"形式与"责令停产整顿""责令停产、停业、关闭"等行政处罚的表述类似，致使在实际适用过程中产生混淆。在法律的适用中，"责令停止生产"和"责令停产停业"是最容易混淆的两种法律责任形式。2023年出台的《生态环境行政处罚办法》则删除了有关环境行政命令的相关内容。

根据《环境行政处罚办法》对责令改正和环境行政处罚的分类，"责令停止生产"属于责令改正的具体形式，而"责令停产停业"属于环境行政处罚

的责任形式。虽然在实施的效果上两者都涉及停止生产,但这两种责任形式还是有着以下区别:

(1) 适用前提不同。"责令停产停业"是一种行为罚,责令停产停业处罚适用于必须获得资格才能从事生产或经营的行业,对于那些无须批准与许可就当然享有权利的领域,就不存在适用停产停业处罚的可能。正是由于责令停产停业处罚以合法的从业资格的存在为前提,当行政机关作出责令停产停业限制或剥夺其享有的生产经营权时,才显示出责令停产停业处罚的制裁性与惩罚性。[1]若行政相对人未取得合法的从业资格而从事生产经营活动,那么对该生产经营活动的责令停止类行为仅是对受损状态的救济,是旨在从违法状态恢复到合法状态中的非惩罚行为,因此属于"责令改正"(行政命令)的范畴。

(2) 适用条件不同。作为行政处罚的"责令停产"比作为责令改正形式的"责令停止生产"更严格。"责令停止生产"作为责令改正的一种责任形式,其主要适用于新建项目配套环保设施未经验收、主体工程即投入生产或者使用的情形,如2008年修订的《水污染防治法》第71条规定,建设项目的水污染防治设施验收不合格而主体工程即投入生产或者使用的,由县级以上人民政府环境保护主管部门责令其停止生产或者使用。而作为行政处罚的"责令停产"则适用于对严重环境违法经营责令其改正而逾期不改正违法行为的情形,例如,《放射性污染防治法》第55条规定,放射源丢失、被盗后,不按照规定报告的,环保主管部门责令限期改正,逾期不改正的,责令停产。

(3) 适用范围不同。《大气污染防治法》第109条规定:"违反本法规定,生产超过污染物排放标准的机动车、非道路移动机械的……并由国务院机动车生产主管部门责令停止生产该车型。"此处的"责令停止生产"并未剥夺生产者或经营者依法获得的合法经营的权利,仅要求停止特定车型的生产经营活动(违法业务的停止),旨在制止违法行为,不具备短期剥夺生产经营权的法律特征,因此这里的"责令停止生产"不属于"责令停产停业"的行政处罚,而应将其归入行政命令的范畴。《环境噪声污染防治法》[2]第53条规定:"违反本法第十八条的规定,生产、销售、进口禁止生产、销售、进口

---

[1] 胡建淼、胡晓军:"行政责令行为法律规范分析及立法规范",载《浙江大学学报(人文社会科学版)》2013年第1期,第105页。

[2] 该法于2018年修正,于2022年被《噪声污染防治法》替代,现已失效。

的设备的,由县级以上人民政府经济综合主管部门责令改正;情节严重的,由县级以上人民政府经济综合主管部门提出意见,报请同级人民政府按照国务院规定的权限责令停业、关闭。"此处的"责令停业、关闭"是对行政相对人业务的全面停止,具有处罚属性,属于行政处罚的范畴。

(4)适用对象不同。"责令停止生产"的责任内容是停止其违法的行为,没有惩罚性,其针对的是违反法律规范的"项目";而"责令停产"具有处罚性,其针对的不是违法的项目本身,而是违法的主体。

(5)适用程序不同。作为行政处罚的"责令停产"必须严格遵守告知、听取陈述申辩、听证等法定程序;而作为责令改正形式的"责令停止生产"没有这些严格的程序要求。

综上,在区分"责令停止生产""责令停产停业"的性质时,不能仅从表述方式上予以判断,还应根据责任主体资质、适用条件、实施程序等多个方面进行区分。

三、"责令修复生态环境"的法律适用

在广义"责令改正"框架下,"责令修复生态环境"便成为"责令改正"在生态环境损害领域的具体表达。"责令修复生态环境"应成为生态环境损害救济领域最为主要的救济方式,且为保证责令修复生态环境命令的规范性,还应设置合理的实施程序。

(一)"责令修复生态环境"的适用优势

生态环境修复治理的公益性、技术性、填补性、及时性等特性与"责令修复生态环境"所具有的指令性、补救性、义务性等特征刚好吻合,以行政命令形式实施的生态环境修复,具有补救性、及时性、专业性等特点,这也决定了"责令修复生态环境"在该领域运用的重要性。

(1)补救性。生态环境损害救济的首要任务在于修复而非赔偿,而运用行政命令来进行生态环境损害的修复治理,无论是制度目的上,抑或法律实效上均有诸多优势。因此,在发生生态环境损害时,行政主体可以立即作出责令停止侵害、责令履行防止损害扩大的义务、责令消除环境污染风险等不良后果、责令进行生态修复等行政命令形态,以及时制止违法行为、消除其危险性和危害性、防止损害扩大。

(2)及时性。相比于司法裁判途径的繁杂、冗长,行政命令是一种单方

意思表示，在发生生态环境损害后，行政机关除进行立案调查外，可以做出的最快的反应便是"责令修复生态环境"这一补救性行政命令，并且这一补救性行政命令的作出，并不需要以违法事实、后果完全清楚和责任认定完毕为前提，只要确认违法者有违法行为或者有需要履行而没有履行的法定义务，在法律规定的范围内，行政机关就可以作出决定。[1]

（3）专业性。生态环境损害是生态环境本身所受到的损害，因此，与人身、财产损害的救济不同，生态环境修复治理是一项复杂的治理活动，涉及损害事实调查、因果关系分析、损害实物量化、损害价值量化、评估报告编制、恢复方案选择、恢复方案实施与效果评估等一系列步骤和过程，具有相当的专业性和技术性，而保护生态环境的相关行政部门在物力、人员、装备等技术力量上具有优势，由其通过"责令修复生态环境"这一行政命令来进行救济，能够更好地达成生态环境损害救济的目标。

（二）"责令修复生态环境"的实施程序

目前我国没有制定《行政命令法》，无论是法律还是行政法规对于"责令改正""责令修复生态环境"都没有规定相应的程序，对于行政机关的行为缺乏相应的规范。为了防止行政相对人权利受到不当侵害或行政主体恣意损害环境公共利益，必须设置合理的实施程序以规范行政行为。但需要注意的是，由于"责令改正""责令修复生态环境"的及时性、有效性要求，决定了其不能与行政处罚适用同样的行政程序。本书认为，"责令修复生态环境"的实施程序至少需要考虑以下几方面：

（1）应当规范责令修复生态环境的实施条件、证据要求和实施期限。行政机关在责令行政相对人承担生态环境修复责任时，应遵循一般的行政监督管理程序：表明身份、进行检查、指出问题、听取当事人陈述、申辩、下达改正决定、签字确认等；当事人也同样享有法律救济的权利，如提起复议、诉讼等，必须做到程序上的规范。同时，行政机关责令修复生态环境，还应具有行政相对人违法的相关证据，一般情形下应当以行政相对人的违法行为为前提。但在应急性救济等情形下，污染/破坏行为人之概括继受人、受损区

---

[1] 李挚萍："行政命令型生态环境修复机制研究"，载《法学评论》2020年第3期，第184~196页。

域事实管领人等无违法行为的主体,也可能成为修复的责任主体。[1]

(2) 在实施责令修复生态环境时,行政主体应当依据损害实际状况,合理规定修复生态环境的期限;人民法院在对行政命令进行司法审查时,也应以实际状况为准,以此确定履行期限。譬如在"吉林省临江市检察院诉林业局行政公益诉讼案"[2]中,人民法院与行政机关就修复责任的履行期限产生分歧。人民法院最终判决林业局履行监管职责,于3个月内确保林木成活率符合国家标准。遗憾的是,人民法院并没有对"3个月"修复期限作出任何科学性说明,对于林木成活率的修复实效评估也缺乏相应的评价指标和方法。对此,本书认为,行政机关在规定履行期限时,应以自然生态规律为基础;所作行政命令也应附有相应的科学依据。同时,人民法院在对行政命令的合理性进行审查时,也可积极引入第三方鉴定评估机构,借助专业第三方机构的专业知识对行政行为的合理性进行实质性判断,以使判决更具科学性和说服力。

(3) 应当强化对修复责任的监督程序。行政机关发出责令修复生态环境后,应在履行期限届满后全面检查修复的实施效果,及时跟进后续的跟踪检查,履行不到位的,应当依法立案查处、查封暂扣生产设施、停产整治或联合相关部门采取其他更严厉的行政强制措施,迫使其履行修复义务,达到改正环境违法行为的目的。对此,美国环保局于2001年发布了《综合5年回顾指南》,对5年回顾政策的法律责任、执行方式、执行内容和报告形式进行系统的规定,还详细规定了社区参与和通知、文件和资料回顾、数据回顾和分析、现场踏勘、面谈、保护性确定等六项具体步骤。[3]修复生态环境是一项长期的过程,其效果评估,应以长期的监测数据为准。因此,建议借鉴美国"5年回顾政策",建立长效修复监管制度,以保证生态环境修复后的持续保护性。

综上,无论是行政规制中的责令修复生态环境,抑或在司法审判中裁判修复生态环境,二者并无本质区别,其基本内容和根本目标均指向生态环境

---

[1] 李兴宇:"主体区分视角下的土壤污染整治责任承担规则",载《山东社会科学》2019年第8期,第118~124页。

[2] 参见临江市人民法院[2017]吉0681行初1号判决书。

[3] 参见牛静等:"美国超级基金5年回顾政策对我国污染场地风险管理的启示",载《中国环境管理》2015年第2期,第68~73页。

的功能恢复与损害填补，惟大陆法系公私法二元区分和部门法分化，致使相关责任的法律依据和实施主体不同，以致实现程序亦有所差异。至于在发生生态环境损害时，究竟是选择行政救济路径，抑或司法裁判途径，需要根据具体情况予以区分，后文将对生态环境损害修复与赔偿的路径选择与救济方式进行具体分析，在此不做赘述。

第四节 "修复生态环境"责任的实施形式

"修复生态环境"的核心内容便在于如何进行修复？实施形式有哪些？本书认为，"修复生态环境"责任形式，从修复内容角度来看，主要表现为直接修复、替代性修复两种形式；从修复主体来看，则分为自己修复、他人修复（行政代履行或专业第三方修复[1]）。对于受损生态环境而言，能够原地原样直接修复的，应责令或判令原地原样直接修复；不能原地原样直接修复时，应采取替代性修复；若替代性修复仍无法填补损害时，则需要金钱赔偿。同样，责任主体愿意自行修复的，可以自己修复；若自己修复不能或不愿时，也可以以承担实际修复费用为前提，寻求他人修复。在实践中，存在"直接性修复"与"替代性修复"概念混淆的问题，在"代履行修复"中也存有亟待区分与明确之处。因此，本部分主要针对这两类问题进行分析阐释。

一、直接性修复

直接性修复是指对受损生态环境予以原区域、原体量、原样貌的修复。直接性修复可以极大地避免原被告对生态环境修复费用的计算是否合理、有无必要的争辩，也能够最及时、最有效地产生生态环境修复的效益。[2]司法实践中，法院通常会直接判令被告在一定期限内履行清除污染物、补种树木等生态环境修复义务。因此，如果直接原地、原体修复能够使生态环境损害恢复至受损害之前的状态或水平的，应当直接修复。亦即是说，直接性修复是生态环境损害救济的首要选择，能够进行直接性修复的，不能采取替代性修复或金钱赔偿。

---

[1] 关于专业第三方修复问题已在第三章第三节进行过探讨，在此不作赘述。
[2] 吴一冉："生态环境损害赔偿诉讼中修复生态环境责任及其承担"，载《法律适用》2019年第21期，第34~43页。

直接性修复的关键及难点在于，如何确定修复的规模和范围，这就涉及生态环境损害的量化评估，即实物量化与价值量化等问题。生态环境损害量化评估是一个相当复杂的过程。20 世纪七八十年代，生态环境损害评估方法主要以人类的使用价值和利益为基础，对自然资源进行估价。这些方法主要包括市场价值评估法、行为使用评估法、条件估值法等。但这些评估量化方法并不以"修复成本"为基础，因此受到诸多质疑。在"Ohio v. U. S. Dep't of the Interior 案"[1]中，法院将实物恢复方法确定为自然资源损害评估的首要方法，将市场估值法确定为次等方法。[2]实物恢复方法将焦点从对自然资源损失的货币评估，转向实施恢复措施的成本，从而推翻了原有关于自然资源损害赔偿的评估方法运用的先后顺序，避免了双重转换问题，同时也克服了"货币损害索赔是投机性和惩罚性的"这一缺陷。[3]随后，在"In United States v. Great Lakes Dredge &Dock Co. 案"中，"替代等值分析方法"获得了司法认可。[4]到 2008 年，DOI 和 NOAA 将替代等值分析方法编入了法典。[5]借鉴美国经验，欧盟在《关于预防和补救环境损害的环境责任指令》（以下简称《环境责任指令》）中规定，确定修复措施的规模时，应首先考虑使用"资源对资源"或"服务对服务"的等量分析方法。

我国在借鉴美国自然资源评估方法的基础上，制定了《环境损害鉴定评估推荐方法（第Ⅱ版）》《生态环境损害鉴定评估技术指南 总纲和关键环节》等鉴定评估技术方法指南。根据我国推荐方法和技术指南规定，生态环境损害修复治理遵循以下规则：

（1）若受损生态环境及其服务功能可直接恢复或部分恢复时，此时主要涉及基本恢复措施，应采用恢复费用法量化生态环境损害价值，并制定生态环境恢复方案。

（2）若涉及补偿性恢复，则采用等值分析方法，量化期间损害，确定补偿性恢复的规模。替代等值分析方法是在不进行直接、原地恢复，而需采取

---

[1] 880 F. 2d 432, 438 (D. C. Cir.)
[2] Allan Kanner, Natural Resource Restoration, *Tul. Envtl. L. J.* vol. 28, 2015, p. 369.
[3] 牛坤玉等："自然资源损害评估在美国：法律、程序以及评估思路"，载《中国人口·资源与环境》2014 年第 S1 期，第 345~348 页。
[4] 259 E3d at 1305-06 (mentioning Dauber, 509 U. S. at 593-94).
[5] 15 C. F. R. §990.53 (d) (2014); 43 C. F. R. § 11.83 (2013).

替代措施或弥补过渡期损失时，用以确定恢复措施规模，即保障修复后的资源、生态系统服务或价值贴现应与受损害的资源、服务相当的方法。因此，替代等值分析方法和环境价值分析方法仅是计算补充性和赔偿性恢复费用的方法，一般不用于计算基本恢复费用。

（3）若受损生态环境及其服务功能无法恢复或存在未恢复部分的，应根据生态环境损害特征、数据可得性、评估时间、实施成本等选择适合的环境价值评估方法量化该部分的生态环境损害价值。譬如，基于某些限制原因，环境不能通过修复或恢复工程完全恢复，则需采用环境价值评估方法评估环境的永久性损害；或者修复或恢复工程的成本大于预期收益，也推荐采用环境价值评估方法。

关于直接性修复过程中如何选择鉴定评估主体、鉴定评估的对象/范围/程序以及如何选择恰当的鉴定评估方法等将在后文"生态环境损害的鉴定评估"章节予以具体阐述，在此不做赘述。

二、替代性修复

直接性修复是生态环境损害救济的首要修复方式，但囿于客观因素，并非所有的生态环境损害均可以进行直接修复。如技术难度过大、修复费用过高或者生态环境遭受永久性损害等情形，直接性修复并不可行。对此，《环境民事公益诉讼司法解释》第 20 条第 1 款规定"……无法完全修复的，可以准许采用替代性修复方式。"《生态环境损害赔偿制度改革方案》《生态环境损害赔偿管理规定》也规定，生态环境损害无法修复的，赔偿义务人应依法赔偿，或开展替代修复，实现生态环境及其服务功能等量恢复。

从司法实践来看，多数人民法院尝试在生态环境损害无法完全修复时，灵活适用异地补种、增殖放流等替代性修复方式。譬如，在"尹某等非法捕捞水产品案"[1]中，人民法院最终判决被告以增殖放流方式修复受损海洋生态环境；在"江苏某管委会生态侵权案"[2]中，人民法院采纳了异地补植的修复方案，并由人民法院全程参与监督和验收。此外，在内蒙古、江苏、四川等地，针对非法猎捕、买卖珍贵、濒危野生动物及环境污染等各类破坏环

---

[1] 参见连云港市连云区人民法院［2015］港环刑初字第 00005 号判决书。
[2] 参见无锡市滨湖区人民法院［2012］锡滨环民初字第 0002 号判决书。

境资源后无法彻底修复的案件，法院联合检察机关及相关部门建造生态环境修复基地，积极引导责任人采取异地补种、营造动物栖息地等方式进行集中替代性修复。[1]

客观来讲，异地补种、流放鱼苗以及建造生态公园、修复基地等实践，对修复生态环境损害具有良好的作用。然而，当前一些人民法院判决却存在泛化"替代性修复"涵义的现象。譬如在"时某等大气污染公益诉讼案"中，人民法院难以采取修复成本法计算出替代性修复工程量和制定替代性修复方案，便运用"虚拟治理成本法"估算出生态环境损害数额，并据此要求被告承担相应的生态环境修复费用以及补植绿化和养护责任。然而，在判决书中，人民法院并没有对补植绿化、养护等替代性修复形式所应达到的预期效果、测算方法、监督机制等作出具体规定。[2] 换言之，被告的补植复绿行为究竟能在多大程度上实现大气环境的复原并不清晰，这种冠以"替代性修复"之名的替代修复判决，能否达成平衡区域或流域生态环境动态平衡的修复目标，存在疑问。实际上，这种不能通过替代等值分析方法，而仅采用环境价值评估方法笼统计算出的赔偿数额，或通过补植复绿等行为给付方式以减少或替代金钱数额的责任方式，不仅不能估算出其所补充的生态环境价值量，更无相应监督执行方案和验收标准，替代效果难以认定。

本书认为，不是所有的非原地修复均可称为"替代性修复"，也不是所有用于受损生态环境的修复费用，均可归于"修复生态环境"责任的范畴。无法通过修复成本方法计算，且难以估算出其实质弥补的生态环境价值量的"替代性修复"，实际上只是"赔偿损失"在给付方式上的一种变形。而将此类无实际量化或评价标准的修复纳入替代性修复范围，不仅不符合恢复生态学的基本原理和鉴定评估技术政策，还会消解那些可量化的替代性修复在实践中的准确应用。

因此，建议科学界定"替代性修复"的内涵，避免修复性法律目标的异化。替代性修复，即为总纲所称的"补充性恢复"，是指基本恢复或补偿性恢复不能完全恢复受损的生态环境及生态服务时，采取弥补性的修复措施，使生态环境及生态服务恢复到基线水平。根据这一要求，替代性修复的目标在

---

[1] "以营造动物栖息地方式进行替代性修复"，载 http://sn.people.com.cn/n2/2019/0103/c378297-32485239.html，最后访问日期：2024年3月1日。

[2] 参见抚州市中级人民法院［2017］赣10民初142号判决书。

于，在受损生态环境不能完全修复时，通过制定和实施替代性修复方案，估算出替代性修复工程量和修复费用，且实际修复量能达到区域生态环境总量的动态平衡。[1]换言之，替代性修复提供的生态环境及其生态系统服务需要与原受损生态环境等值或大体相当，且位于同一个流域或生态区域。[2]从措施类型来看，替代性修复包括同地区异地点、同功能异种类、同质量异数量以及同价值异等级等多种情形。但不管采取何种形式进行替代性修复，其基本前提均是，区域或流域的整体生态环境及其服务系统还有被修复的可能，且工程量和修复费用可被实际估算，从而达成生态环境的功能替补与系统平衡。因此，在生态环境修复过程中，不能笼统责令或判决责任人进行"替代性修复"，而必须科学量化替代性修复工程量，其所应实现的生态环境价值量也应通过严格的测算方法、监督执行方案以及科学的验收标准予以落实，以使替代性修复能够"名副其实"，真正实现生态环境修复的全面填补目标。

三、代履行修复

在生态环境损害修复情形，若情况紧急，政府可以先行修复，嗣后向责任人追偿，此时便涉及代履行问题。目前很多环境单行立法都规定了代履行，例如，《水污染防治法》第85条、第88条规定，行政主体可责令责任人停止违法行为、治理污染，拒绝履行的，行政主体可通过代为治理方式进行治理，所需费用由责任人承担。《森林法》第81条第1款也规定："违反本法规定，有下列情形之一的，由县级以上人民政府林业主管部门依法组织代为履行，代为履行所需费用由违法者承担。"关于代履行，《行政强制法》第50条规定："行政机关依法作出要求当事人履行排除妨碍、恢复原状等义务的行政决定，当事人逾期不履行，经催告仍不履行，其后果已经或者将危害交通安全造成环境污染或者破坏自然资源的，行政机关可以代履行，或者委托没有利害关系的第三人代履行。"从执行效率上讲，代履行较之申请人民法院强制执行，缩短了执行时间，可以使受损生态环境得到及时、有效的控制。

然而，从司法实践来看，代履行方与责任方常因代履行范围与程度、修

---

[1] 参见朱晓勤："生态环境修复责任制度探析"，载《吉林大学社会科学学报》2017年第5期，第171~181页。

[2] 参见王小钢："生态环境修复和替代性修复的概念辨正——基于生态环境恢复的目标"，载《南京工业大学学报（社会科学版）》2019年第1期，第42页。

复费用追偿问题产生分歧。譬如，在"东明县环保局追偿代履行费用案"[1]中，原被告双方就对代履行追偿费用产生争论。从执法实践来看，情况也不容乐观，例如，《广东省行政执法公示办法（试行）》自2018年施行后，也仅有一件代履行案件。其主要原因在于代履行的启动条件和程序不够清晰、代履行的行政监管成本高、代履行费用追偿困难、行政机关面临的诉讼风险大。由此，行政机关更倾向于通过申请人民法院强制执行来执行其决定，或者通过罚款来解决问题，代履行机制设立的目标并没有实现。[2]反观立法，从《土壤污染防治法》第94条、《森林法》第81条来看，针对代履行，我国近期立法依旧延续了笼统、粗略的表述方式。

本书认为，解决代履行分歧，最根本方法在于，对代履行的实施条件、催告、费用计算标准、缴纳、强制执行权以及权利救济等问题进行明确规定。从立法实践来看，美国《综合环境应对、赔偿和责任法》（CERCLA）第104条对行政主体代履行的实施条件、信息获取、各类情形应对、费用确定与使用等均作出了详细规定，一方面可确保行政主体及时污染整治，另一方面也为责任方的权益提供了保障，值得借鉴。我国部分地区生态环境损害修复立法也对代履行程序进行了规定，例如《江苏省生态环境损害修复管理办法（试行）》第2条区分了"赔偿义务人对造成的生态环境损害自行修复或委托第三方修复的项目"和"赔偿权利人指定的部门或机构委托第三方开展的替代修复项目"两种修复项目类型，并在该法第4条、第5条设置了不同的执行程序，以避免潜在纠纷的发生。当然，目前我国在生态环境修复代履行制度方面的规定还相对粗略，未来还应进一步从规范层面健全代履行制度，使代履行制度真正落地，成为生态环境修复的重要保障。

---

[1] 参见东明县人民法院［2017］鲁1728民初2945号判决书。
[2] 李挚萍："行政命令型生态环境修复机制研究"，载《法学评论》2020年第3期，第195页。

第五章
生态环境损害修复与赔偿的路径选择

在生态环境损害救济路径上,无论是传统行政救济机制,抑或当前司法救济机制都存在相当程度的问题或缺陷,从而影响了生态环境修复活动的有效开展。从比较法例考察结果来看,在生态环境损害修复领域,各个国家和地区的制度虽有所差别,但整体上都不约而同地采用了"行政规制为主"+"司法审查为辅"的生态环境损害救济机制。实际上,近年来我国立法机构已敏锐觉察到在环境公共利益保护活动中过于扩张司法权,弱化行政权所带来的不利后果,相关立法/司法机构相继出台法律规范文件以强化行政职权在生态环境修复过程中的重要作用。据此,我国应在借鉴其他国家有益经验的基础上,重新辨识和论证行政机构与司法机构在生态环境修复追责过程中的定位和作用。对此,本章比较分析其他国家和地区在生态环境损害问题上的救济路径及其制度优势,以此优化我国生态环境损害救济领域的路径选择,即强化行政机构在生态环境修复与赔偿制度中的指导和决策地位,明确行政规制与司法规制有效衔接,并强化公众参与权利与正当程序,增强行政决策的公共理性,确保生态环境损害的全面填补。

第一节 生态环境损害救济的比较法考察

生态环境修复司法追责机制的建立虽在一定程度上缓解了我国严重的生态环境损害状况,但这种积极效应却是以损伤司法、行政、立法之间的权力界限为代价,由此形成我国生态环境损害救济实施的艰难境地。环境公益保护是全球性的问题,尽管各国政治制度、法律传统有所差异,但对于生态环境修复问题仍有普遍的规律可循,故有必要考证其他立法例对生态环境损害修复与赔偿问题的解决之道。本节重点考察了欧盟、德国、美国等国家和地区关于生态环境损害救济机制的立法实践,为我国生态环境损害救济机制的完善提供思路。

一、欧盟:"民事救济"到"行政实施"转变

欧盟在过去40年一直是环境保护的先锋,对其成员国环境法律体系的建立与发展产生了巨大的影响。自20世纪70年代以来,欧盟环境法经历了一系列迂回曲折的发展阶段,目前已经发展成一个多元而复杂的系统。然而,对于欧盟来说,如何执行这些环境法律一直"如芒在背"。减少这种执法不力或欠缺现状的方法之一就是将执行权交到个人手中,即通过授权使个人在采取侵权手段保护自身利益的同时也保护公共利益。[1]

20世纪80年代末欧盟开始考虑在欧洲范围内引入环境损害民事责任制度。在接下来的"绿皮书"[2]"白皮书"[3]制定过程中,也考虑了更为普遍使用的环境责任制度,并作了诸多尝试和努力。比如,在"绿皮书"中,论述了采用民事责任补救生态环境损害的基础和方法,包括归责原则、责任主体、责任方式、责任限制、环境保险、连带赔偿制度等。后来的"白皮书"也延续了"绿皮书"运用民事责任补救环境损害的思路。"白皮书"中指出,避免发生环境损害的一种有效方式,即是对造成损害风险活动的责任人切实施加民事责任。[4]"白皮书"讨论了建构环境民事责任体制的条件,如适用范围、责任种类、举证责任、适用于不同类型损害的标准、如何保障有效地消除和恢复环境、提起诉讼的依据和方法以及保障充分的专门知识和避免不必要的费用等。[5]"白皮书"设计诉讼方式的依据,来自《在环境问题上获得信息、公众参与决策和诉诸法律的公约》(简称《奥胡斯公约》)第9条,即关于提起司法诉讼的专门条款。该条款规定,"只要符合国家法律可能规定

---

[1] [英]马克·韦尔德:《环境损害的民事责任——欧洲和美国法律与政策比较》,张一心、吴婧译,商务印书馆2017年版,第238~241页。

[2] Communication from the Commission to the Council and Parliament on Environmental Liability, COM (1993) 47 final.

[3] EC Communication, White paper on Environmental Liability, COM (2000) 66 final.

[4] 蔡守秋主编:《欧盟环境政策法律研究》,武汉大学出版社2002年版,第390页。

[5] 蔡守秋主编:《欧盟环境政策法律研究》,武汉大学出版社2002年版,第401~416页。

的标准,公众或倡导环境保护并符合本国法律之下任何相关要求的非政府组织,可以诉诸行政或司法程序,以就违反与环境有关的国家法律规定的个人和公共当局的作为和不作为提出质疑"。即向法院或依法设立的其他独立公正的机构起诉公共当局的决议(司法审查或行政复议);对违反环境保护法律的个人和公共当局的作为或不作为提起诉讼。

但是,"绿皮书""白皮书"始终没有通过立法,以扩大民事侵权作为环境保护的手段。反而,欧盟改变了以往策略,于2004年颁布了《环境责任指令》,旨在增加行政权力的使用以作为确保清除、修复环境污染的一种手段。欧盟这种策略的改变,是基于多年来通过采用侵权手段治理环境的不佳效果所致,从而将环境法律实施的侵权诉讼路径改为行政执法路径。《环境责任指令》赋予了行政主管机关广泛的权力以进行生态环境损害的治理修复。主管机关在预防和补救环境损害中的主导作用,主要体现在《环境责任指令》第11至13条,包括主管机关须履行指令规定的职责、识别责任人、确定优先修复对象、确定救济措施种类、监督或责令责任人进行必要的评估并提交相关信息数据、根据实际需求要求第三方履行预防或救济措施等。

同时,为了保证行政执法行为的公正、有效,《环境责任指令》还规定了在一定情形下,自然人、法人或其他组织有权向主管机关提供关于环境损害或威胁的任何观察报告,并有权要求主管机关采取必要的行动;有权要求法院或其他独立、公正、有资格的公共机构,对主管机关的作为或不作为进行审查,包括其程序和实体上的适法性。即赋予了相关社会主体"行动请求权"以监督和辅助行政机关的执法措施;并可以通过司法等途径对行政机关的行为或决定进行审查。

由此可见,在欧盟环境立法历程中,经历了从"民事救济"到"行政实施"的巨大转变,行政实施对于生态环境损害的预防和救济起到了决定性的作用。但是以行政权为主导的生态环境损害修复机制并不意味着对司法程序的"排斥",相反,对行政机关预防和救济行为的监督审查,是行政执法措施合法、公正的有力保障。是以,《环境责任指令》在相当程度上延续了《奥胡斯公约》"绿皮书""白皮书"有关信息公开、公众参与、行政复审、司法审查等规则和制度,从而形成了"行政主导""公众监督"和"司法辅助"的互动局面。

二、德国:"行政实施"与"公众参与"并重

德国是环境法律体系较为完善的国家,德国的私法和公法都有关于生态环境损害修复和赔偿法律制度的规定,但主要仍以公法为主。《环境责任法》(1990 年)是民事责任法,以人身财产损害为主要救济对象,但该法第 16 条规定,若财产损害同时造成生态环境损害,则受害人将生态环境修复至未受侵害前的状态,应适用德国《民法典》第 251 条第 2 款的规定,修复费用不因其超过财产本身价值而被视为是不适当的。该条的局限性在于将生态环境损害的救济限于财产权之下进行救济。为了填补《环境责任法》留下的生态环境损害修复与赔偿的空白,1997 年,联邦环保部提出了德国《环境法典草案》。该草案是对公共环境与自然资源损害修复与赔偿立法的初次尝试,规定针对公共生态环境与自然资源损害,以及私人对其财产权下的自然资源损害不愿请求损害赔偿的,公共机构可以要求责任方进行修复或请求赔偿。该草案旨在弥补以往立法仅关注财产权下环境资源保护的制度残缺状态,但由于德国环境法法典化工作并不顺利,法典工作至今处于搁置状态。

在德国环境法中,针对土壤污染修复治理最重要的法律法规为《联邦土壤保护法》和《联邦土壤保护与污染场地条例》。《联邦土壤保护法》制定的目的是,"保证土地功能的可持续性和功能的可恢复性,防止土地的有害变化,对污染土壤和场地及由其引起的水体污染进行修复"。[1] 该法着重强调了主管部门在土壤污染修复治理过程中的监管作用。根据该法,主管部门可指定专家或专业机构进行场地调查和制定修复方案,也可自己编制方案或补充专家起草的方案。同时,主管部门也对污染或疑似场地的监测负责,或要求责任者自我监测,并向主管部门报备。[2] 作为《联邦土壤保护法》的配套立法,《联邦土壤保护与污染场地条例》主要规定了污染的可疑地点、污染地和土壤退化的调查评估、整治之调查与整治计划的补充要求,以及土壤污染启动值、行动值、风险预防值与可允许的附加污染额度等。主管部门必须调查土壤退化的迹象,若调查结果表明土壤已退化或有退化的可能,则主管部门可对疑似责任方进行详细调查或排查,或根据实际情况开展进一步的风险评

---

[1] Bodenschutzgesetz, BbodSchG (1998). § 1.
[2] 参见周昱等:"德国污染土壤治理情况和相关政策法规",载《环境与发展》2014 年第 5 期,第 33 页。

估与土壤污染治理。[1]

2007 年德国颁行了《环境损害预防及恢复法》，该法性质上属于公法，旨在通过行政手段修复生态环境并建立相应的损害赔偿机制。根据该法第 4~6 条规定，如果环境损害的威胁迫在眉睫，或发生环境损害时，责任方必须将情况的所有有关方面迅速通知主管当局，并及时采取必要的预防措施和修复措施。第 7 条规定，主管机关应对责任方进行监督，以确保采取必要的预防、损害控制和补救措施；要求责任方提供一切必要的资料和数据，说明即将发生的环境损害威胁、可疑的迫在眉睫的威胁或已发生的损害，以及责任方自己的评估。第 8 条第（2）款和第（3）款规定，主管机关应根据特别条例决定应采取的补救措施的性质和程度；主管当局可以在适当考虑各种环境事件的性质、程度和严重性、自然恢复的可能性和对人类健康的风险方面优先采取补救措施。

保障公民参与环境问题是德国环境法的代表性特色，在《奥胡斯公约》《环境责任指令》等欧盟环境法规范的指引下，德国进行了一系列有关公众参与的法律制定与修改。如，德国于 2002 年修改了《联邦自然保护法》，赋予了环境团体行政公益诉权，德国环境公益诉讼制度由此诞生。但该法规定，环境团体公益诉权仅限于自然保护领域，不可对违反环境法令的行政行为或决定提起诉讼。2006 年德国颁布了《环境法律救济法》（UmwRG），扩大了环境团体公益诉讼的受案范围，规定任何违反环境法令的行政决定、作为或不作为均可成为诉讼对象。在 2007 年颁布的《环境损害预防及恢复法》第 8 条第（4）款规定，主管当局应将计划采取的补救措施通知受影响者和有权根据第 10 条提出申请的适格组织，使他们有机会提出意见。第 11 条规定，行政机关采取的行政行为应说明理由，并须附有关于可用法律补救办法的指示；符合要求的环保组织可针对行政机关的决定或不作为提起诉讼，促使责任方履行生态环境修复责任。当然，目前德国的环境团体仅能行使行政公益诉权，不能直接以企业为被告提起环境民事公益诉讼。[2]

综上可知，在德国，环境法主要为公法，行政机关被认为是维护和实现

---

[1] 参见秦天宝："德国土壤污染防治的法律与实践"，载《环境保护》2007 年第 10 期，第 69 页。
[2] 参见陶建国："德国环境行政公益诉讼制度及其对我国的启示"，载《德国研究》2013 年第 2 期，第 72 页。

公共利益的法定机关，具有不可推卸的法定职责，故大部分德国环境法律规范中都详细规定了行政机关的生态环境职责，生态环境损害的修复治理工作也主要通过行政执法的方式进行。行政机关的职责主要为督促或命令经营者采取预防措施、依据生态环境损害具体情况选择恰当的修复措施，并合理决定修复对象的优先次序以及具体措施的实施方式，等等。同时，受相关公约和欧盟法律的影响，德国环境法特别注重对公众参与权的保障，并在环境法中制定了各项咨询请求权制度、听证制度、团体公益诉讼制度来确保社会参与落到实处。公众参与制度设计的初衷并非为解决环境执法不力的问题，却在客观效果上起到了监督行政执法的作用。蔽言之，德国主要是通过公法调控和行政手段对生态环境所遭受的损害进行修复治理，并通过信息公开、公众参与、环境团体诉讼的方式监督行政，以保证生态环境修复活动的顺利实施。[1]

三、美国："行政实施"与"司法审查"共举

美国作为英美法系国家的代表，在生态环境损害的修复治理方面取得了相当的成效，其成功的环境立法经验已被许多国家所效仿。美国联邦环境法中关于生态环境损害修复治理的规定主要集中于《清洁水法》《石油污染法》《资源保护与恢复法》（又称《固体废物处置法》）以及非常具有美国特色的《综合环境反应、赔偿与责任法》等立法文件中。美国生态环境损害修复与赔偿制度建构在公共信托理论基础之上。公共信托理论本质是通过抽象的法律拟制，就生态环境与自然资源管理和维护问题在公众与政府之间形成一种社会契约，公众作为委托人将其对生态环境与自然资源拥有权益——环境权委托给政府，政府作为受托人必须以实现公众利益的目的为依归，对生态环境与自然资源进行管理、维护。若政府错误履行或怠于履行其义务，则公众可向法院提起诉讼，要求政府正确履行其信托义务。因此，法律授权成了美国生态环境损害修复和赔偿的制度前提，《清洁水法》《石油污染法》《综合环境反应、赔偿与责任法》《国家海洋保护区法》《公园资源保护法》等立法都明确授权了政府机构的生态环境损害环境治理与索赔权。[2]譬如，《综合环境

---

［1］ 晋海、王颖芳："德国环境损害救济制度及其启示"，载《华东交通大学学报》2014年第5期，第123页。

［2］ 33 U.S.C. §1321；33 U.S.C. §2702；42 U.S.C. §9607；16 U.S.C. §1443；54 U.S.C. §100724.

反应、赔偿与责任法》第107条（a）款规定，联邦、州或印第安部落在实施反应行动后，有权向潜在责任人主张费用追偿，费用包括反应费用和自然资源损害赔偿金。

本书主要选取了《清洁水法》（CWA）、《资源保护与恢复法》（RCRA）、《综合环境反应、赔偿与责任法》（CERCLA）三部法案，对其所涉及的生态环境修复治理规定进行分析，以期为我国生态环境修复立法提供思路。

（一）《清洁水法》（CWA）

CWA是美国进行水污染防治的重要立法，其立法目的在于恢复并保持美国领土范围内水体在化学、物理以及生物特性方面的整体性。首先，针对违法向可航行水域排放（非）油类及危险物质的行为，CWA赋予了行政机关的广泛的监督管理和处罚权，以督促或命令违法者进行污染清理或修复治理。行政机关可以直接对违法行为人做出行政处罚，也可以选择向法院提起诉讼的方式要求对违法行为人进行处罚，罚款金额则按照CWA第311（b）（7）（A）款规定的金额予以处罚。从罚款的额度和严厉性上来讲，以诉讼方式作出的罚款要明显高于行政机关单独以行政方式作出的行政罚款。其次，若违法行为人怠于或拒绝清污或修复，政府替代进行环境治理的，政府可依据CWA第311（f）款的规定，向违法行为人追偿环境治理成本，具体包括应急（清污）行为及环境恢复措施的成本和自然资源损害赔偿。同时，根据CWA第311（b）（7）（B）规定，针对责任人没有按照行政机关的清污命令履行清污责任情形，责任人还有可能面临承担行政机关对其采取的惩罚性责任。再者，CWA第311（c）（1）（A）款规定了四类紧急治理情形的政府职责，即针对可能导致人体健康或生态环境紧急重大危险的情形，行政机关应当决定采取有效而迅速的环境治理措施，以降低或排除排放危险。但需要注意的是，在行政机关替代违法排放者进行污染清除或修复治理情形，行政机关的环境治理行为必须符合《国家应急计划》（NCP）的规定，否则因该环境治理行为所负担的成本不能向责任人追偿。最后，为了有效监督和补充政府执法，CWA第505条还规定了公民诉讼，以针对行政机关怠于或拒绝行使其法定职责的行为。公民诉讼的本质源于其"私人执法"的理论基础，是"公共执法"或"政府执法"的有效补充，故公民诉讼并非"私法诉讼"，而是一种公法性质的诉讼。与德国环境团体诉讼不同的是，公民诉讼是民事和行政合一的"统一"诉讼，公民既可以针对行政机关的作为或不作为提起诉讼，也可针对违反排放标准或排放限制的企业或个人提起诉讼。

综合来看,在行政处罚方面,CWA 区分了行政机关以行政权作出的行政罚款和提起诉讼所适用的罚款依据。后者的罚款标准和严厉性明显高于前者。在实践中,这样的规定目的在于,督促违法行为人应当立即履行其相应的法律义务,提高行政机关管理的效率,以快速消除生态环境风险。如果违法行为人怠于履行法定义务,导致行政机关不得不对其提起针对罚款的诉讼(civil penalty action)的,那它将面临的是更加严厉的罚款。而且该罚款还不包括"惩罚性责任"的承担。在环境治理成本方面,CWA 规定了环境治理成本追偿机制,并将追偿机制划分为了"有限责任""完全责任"以及"惩罚性责任"三种,从而全面有效地追究违法行为人的生态环境损害的修复治理责任。[1]在行政行为监督方面,设置了公民诉讼,以监督和提高行政机关管理和治理的合理、有效。在 CWA 中,各类行政处罚措施设置和规则制定都旨在提高行政管理的高效性、安全性,行政机关或监督命令违法行为人执行或替代执行,对于生态环境损害的清理和修复起到了决定性作用。

(二)《资源保护与恢复法》(RCRA)

为了应对土壤和地下水污染,1976 年美国国会制定了《资源保护与恢复法》,正式取代 1965 年制定的《固体废物防治法》。RCRA 的立法目的在于保护人体健康和环境免受危险废物的潜在危害,保护能源和自然资源,确保按照有利于环境保护的原则管理和利用废物,故 RCRA 内容主要围绕着行政机关的环境管理进行展开。"危险废物管理"是 RCRA 的核心,将危险废物的产生、运输、处理贮存以及最终处置全过程纳入了该法的调整范围,因此又被称为"从摇篮到坟墓"的管理制度。除此之外,RCRA 还规定了"州和区域固体废物管理制度"以及"石油和危险物质地下贮存罐管理制度"。为了对危险物质或固体废物进行有效的监管,RCRA 授予了联邦和州政府广泛的管理权限,包括规范及标准制定权、危险物质检查权、危险物质运输调查权以及紧急危险情况下的联邦执法权、协商及信息交换权、调查研究权等。其中,联邦执法权是指 EPA 根据 RCRA 的规定和授权,针对违反 RCRA 规定的任何主体所采取的行政处罚措施、诉讼措施等的权力。RCRA 第 3008 条(a)款规定,EPA 可以针对任何违反危险废物管理的人作出行政处罚,包括罚款、

---

[1] 张辉:《美国环境法研究》,中国民主法制出版社 2015 年版,第 127 页。

责令立即改正或限期改正或"违反处罚的再处罚"。同时，RCRA 也可以针对违法行为向联邦地区法院提起民事诉讼以寻求救济，救济方式主要为获得法院签发的临时禁令或永久禁令。一般来讲，行政处罚措施比起提起诉讼更加有效率，但是针对较为严重的违法行为或处罚通知发出后没有纠正违法行为的，行政机关一般会提起诉讼，以获得法院的裁决。

RCRA 的环境治理措施适用于危险废物设施在运营过程中产生危险废物泄漏或发生泄漏危险时，由该设施的所有人或使用人负责采取治理措施。RCRA 的"环境治理措施"属于许可证制度中的一项内容，是根据许可证的规定而采取相应的治理措施。这一点与《综合环境反应、赔偿与责任法》（CERCLA）存在明显不同，CERCLA 的环境治理措施多适用于被废弃的、闲置的危险废物设施所产生的危险废物泄漏或泄漏危险的治理。EPA 在 CERCLA 下的经验表明，会给生态环境构成威胁的污染场地往往是那些从事危险废物处置、贮存和处理的设施，因此，在 1984 年修订 RCRA 时，特别增加了"环境污染治理条款"，要求那些正在运营的 TSD 采取环境污染治理。同时，EPA 也可以利用其管理和行政许可的杠杆作为 TSD 继续运营的条件，从而达到高效治理的目的。除此之外，为了保证 TSD 具有承担环境治理或损害赔偿的责任能力，RCRA 第 6924 条、第 6991 条还规定了针对环境治理行为和自然资源损害赔偿的"经济责任担保"，以保证 TSD 能为其过去、当前以及未来可能发生的环境污染提供一个经济责任担保机制。同样，RCRA 第 7002 条也规定了公民诉讼，以有效监督违反许可证、排放标准以及管理规定的污染行为或行政机关怠于或拒绝行使其法定职责的行为。

总结而言，RCRA 以危险废物或固体废物的许可管理为核心，但为了更好约束和督促 TSD 履行其污染治理的责任，RCRA 结合 CERCLA 的成功经验，在 RCRA 修正案中加强了 EPA 许可证管理对污染治理的约束力，将"环境污染治理责任"与"许可证管理"两项制度结合起来，即凡是属于危险废物收集、处置、贮存和处理设施的所有人或使用人，都必须申请许可证；凡是需要申请许可证的，都必须满足 EPA 规定的各项条件，包括经济责任能力的担保，并完成环境污染的各项治理措施。从而使得"许可证管理""环境治理"以及"法律责任"三者之间循序渐进，环环相扣，形成一个严谨的环境治理体系。[1]

---

[1] 张辉：《美国环境法研究》，中国民主法制出版社 2015 年版，第 336 页。

(三)《综合环境反应、赔偿与责任法》(CERCLA)

《综合环境反应、赔偿与责任法》(CERCLA)起源于"Love Canal 案"。[1]虽然美国在 20 世纪 70 年代制定了一定数量的环境法律,在这些环境立法中也有一些关于危险废弃物处置的零星规定,但这些规定无法为历史遗留污染场地清理提供充足的法律支持。譬如,尽管 RCRA 第 7003 条授权 EPA 处置紧急和实质危险的固体废物或危险物质的权力,但是直到 1984 年修订之前都不能解决发生在过去的危险物质处置事件,也没有规定一个可以让 EPA 在追诉责任人之前先行采取处置措施的机制,尤其是在责任人缺失或破产的情形,如何来解决此类问题成为难题。其他相关法规如《清洁水法》《有毒物质控制法》《安全饮水法》中虽然都有"紧急危险"条款,授权联邦政府对严重的环境事故有权采取紧急反应行动,但也仅限于紧急情况下采取行动。而对于那些慢慢积累的历史性污染则无能为力,制定一部综合性的可以对历史污染场地进行全面处置的法律愈发显得必要。因此,国会起草了 CERCLA 草案,授权 EPA 立即有效地应对此类环境损害事件。[2]

RCRA 与 CERCLA 都是针对土壤和地下水污染的防控体系和污染治理体系,但是二者的差别在于,RCRA 主要针对当前正在运营的固体废物进行调整,覆盖废物产生到最终无害化处置的全过程,属于源头治理和全过程治理,而 CERCLA 则主要针对已经产生重大环境污染的废弃的或闲置的危险物质污染场地,主要功能在于环境污染治理,属于末端治理。[3]在适用范围方面也有所不同,RCRA 适用范围包括"固体废物",而 CERCLA 仅限于"危险物质",故在 CERCLA 中不能包含进去的"固体废物"以及"石油"污染可以在 RCRA 中予以追究。

综观整部法律,CERCLA 提供了一个有效应对危险物质释放的机制,规

---

[1] 案件简介:1942 至 1953 年期间,Hooker Chemical and Plastics Company 在纽约的 Niagara Falls 购买了一块 16 英亩的土地,倾倒了 2 万吨工业废渣,按照当时的习惯做法,仅在工业废渣上铺上一层泥土。1954 年,该公司将土地以 1 美元的价格卖给当地教育委员会,随后在该地及其附近建立起了学校和房屋。1976 年,有居民开始抱怨室内尤其是地下室有化学异臭味,并有居民出现药物灼伤、产妇流产、婴儿畸形等异常现象,接着在地下室、雨水收集管线及花园里更是涌出了黑色浓浆状的有害废弃物,甚至装废弃物的铁桶随着地面的沉降也暴露出来。居民曾向法院提起民事诉讼,要求开发商赔偿财产和健康损失。遗憾的是,因缺乏法律依据,受害者的诉求当时并未获得法院的支持。该事件的爆发,引发美国各界对历史遗留污染威胁公众健康的关注,也令全社会意识到现行环境法律体系的缺陷。

[2] 贾峰等编著:《美国超级基金法研究》,中国环境出版社 2015 年版,第 19 页。

[3] 张辉:《美国环境法研究》,中国民主法制出版社 2015 年版,第 302 页。

定四项基本法律制度：①以污染者付费原则为基础的严格责任制度；②信息收集和分析制度；③行政权力授予与监督制度；④超级基金制度。为了全面有效地治理修复土壤及地下水污染损害，追究污染者责任，CERCLA 扩大了对联邦政府的行政授权，即授权 EPA 在应对危险物质泄漏或泄漏危险时，可自行采取环境治理措施，事后向潜在责任人追偿，或通过行政命令或申请法院执行等方式要求责任人自行清理或修复。总结来看，包括以下几种权限内容：

（1）政府信息收集权力及相对人报告义务。为了确定反应行动（清除、移除或修复行动）的必要性，或者决定、选择反应行动，CERCLA 第 104 条第 e 款规定了政府信息收集和获取权，包括要求掌握信息者提供信息的权力、进入权、检查和取样权以及通过其他合法方式获取信息的权力。与政府信息收集权力对应的是行政相对的报告义务，CERCLA 第 103 条 a 款规定，船舶、离岸设施或陆地设施的负责人应当在知道船舶或者设施发生了危险物质释放，且释放量等于或者大于第 102 条设定的数值以后，应立即上报国家反应中心（National Response Center），国家反应中心应迅速通报所有有关的政府机构。第 103 条 c 款规定，该法实施 180 天内，任何所有或经营，或接收危险物质进行运输，曾经贮存、处理或者处置危险物质的设施的人，须告知行政机关该设施的存在，并详细说明设施上危险物质的种类和数量。第 103 条 d 款规定，应当履行告知义务的潜在责任人应当保存以下有关记录：设施所在地、所有权或者设施状况；以及设施中装有或者存放的任何危险物质的特征、性质、数量、来源和状况。

（2）反应行动实施权。CERCLA 第 104 条授予总统主导和实施反应行动的权力，总统又可将该权力转授给有关的联邦及州政府，行政机关根据法律的规定和实际情况选择适当的预防、清除或修复行动。总统权力范围包括但不限于：决定是否以及由谁来采取污染清除措施；决定是否以及由谁采取修复措施的前期调查和可行性研究；决定是否采取环境恢复措施；对于被列入优先处理场地的，根据修复措施的成本决定是否发放贷款，等等。第 122 条赋予了行政机关与潜在责任主体达成和解的权力，即行政机关可以与潜在责任主体就设施清理行动的实施或反应费用的程度达成和解协议。在有些情况下，潜在责任人不愿意与政府和解，为此，CERCLA 第 106 条授权行政机关在必要时可不经法院而自行签发单方面的行政命令，来强制要求潜在责任主体采取措施清理污染场地；同时，行政机关还可以向法院申请民事司法强制令，通过该强制令强制私人主体实施清理活动，消除危险物质释放的危险和威胁。若潜在责任人缺失或不履行，CERCLA 第 107 条授权行政机关可根据实际清理来组织实施反应行动，之后可提起诉讼以追偿反应费用，调查、监测、测试费用，反应相关的计划费用等。

（3）行政处罚权。针对违反通报、破坏记录、违反经济责任担保、违反禁止令或违反和解协议等行为，CERCLA 第 103 条、第 108 条、第 109 条、第 122 条规定了详细的行政处罚措施。行政机关作出的行政处罚主要包括执行命令和行政罚款两种类型，执行命令内容一般较为笼统，以便于行政机关根据实际情况自由裁量，增加行政执行效率；行政罚款的规定则运用较多且规定详细。CERCLA 第 109 条规定了两个等级的行政罚款，其中第一等级罚款主要针对没有或拒绝履行通报义务、破坏危险物质排放记录、违反禁止令、司法同意令等行为，处罚不超过 25 000 美元的罚款。在决定罚款金额时，行政机关应当综合考虑违法行为的性质、情势、范围和程度，同时兼顾违法行为人的支付能力、过往违法历史、过失程度，以及其他为维持争议可能需要考虑的事项等。出现第一等级违反行为，且违法性持续的，则进行第二等级处罚，即按日处以不超过 25 000 美元的罚款，对于再犯或者连续违反的，可以处以不超过 75 000 美元的罚款。

整体来看，CERCLA 构建了一套完整的反应机制，即污染场地的清理和修复程序。CERCLA 赋予了行政机关广泛的行政职权以达到两个目标：①通过和解协议、单方面命令或诉讼等手段让潜在责任方进行污染清理；②监督潜在责任人主导的清理活动，确保修复措施的执行与和解协议条款以及相关法律规定相符，从而保证公众健康和环境安全。因此，无论是在污染场地的潜在责任人的寻找或识别、和解协商谈判，抑或场地风险评估、修复技术或修复方案选定、清除或修复行动执行等程序中，行政机关都处于绝对的主导地位。作为自然资源受托人和立法执行机构，行政机关有职责也有优势确保环境法规的有效实施。当然，为了有效监督行政职权，CERCLA 还规定了行政公开（第 104 条、第 113 条）、行政听证（第 109 条）、公众参与（第 105 条、第 117 条）、国会控制（第 104 条、第 120 条、第 301 条）、行政监察（第 104 条、第 111 条）以及公民诉讼（第 310 条）等一系列正当程序和监督机制以确保行政权力在法律规定的轨道上运行。

第二节 生态环境修复救济路径的最优判辨

合理、有效的生态环境修复追责机制的建构，不仅应以先进的制度经验为依托，还应符合本国的立法实践，因而在总结其他国家有益成果的基础上，也应关注我们当前在生态环境修复追责机制的特点与发展趋势，综合各项要素以作出最优选择。生态环境修复追责机制的具体建构并非固定、封闭，而是具有一定的开放性和实践性，需要根据社会经济发展、自然人文地理条件以及法律实践变革等因素而逐步加以探索和完善。因此，应辩证地对待我国生态环境修复追责机制的建构问题，只有在生态环境修复实践中不断摸索、尝试和更新，才能找寻到真正适合于我国的生态环境修复追责模式。

一、生态环境损害救济比较法经验总结

从比较法例来看，在生态环境修复领域，各个国家和地区的制度虽有所差别，但整体上都不约而同地采用了"行政规制为主"+"司法审查为辅"的救济模式。

1. 强化行政权在生态环境修复与赔偿中的重要作用

生态环境修复是对受损或已经发生退化的生态环境的救济，其目的是将受损生态环境修复至良好的状态。而良好的生态环境质量是一种典型的公共物品，生态环境损害救济即是生态环境公共利益的救济问题。

生态环境公益保护是全球性问题，尽管各国政治、法律传统有所差异，但对于生态环境损害治理仍有普遍的规律可循。从历史发展的视角来看，在西方国家的政治规制活动中，电力、通讯、交通、金融等经济性规制领域，经历了"规制—放松规制—再规制与放松规制并存"的变迁过程。然而，与经济性规制实践的起伏跌宕不同，食品、人体健康、环境保护、安全保障等社会性规制领域，却一直保持着持续增强的趋势。为了实现公共利益，政府有着不可推卸的责任，其存在的重要价值即在于是保护和实现公共利益，这种价值集中体现在最传统的规制理论——公共利益规制理论当中。尽管一直以来，传统公共利益规制理论遭遇了政府"完全理性"假设的质疑和批判，进而，规制理论经历了"激励性规制理论""社会性规制理论"等一系列的演进与整合。但即便是在"有限理性"假设下的新规制经济学时期，规制理

论也并未完全抛弃传统的"公共利益"范式，仍然以行政规制者为"社会福利最大化者"为基本假设前提，并强调行政主体的在公共利益事务上的决策地位，以达到社会规制的效率、公众和安全原则。[1]具体到生态环境损害修复领域，行政行为是具有塑造力的管理手段，需要在生态环境修复治理活动中，对经济、社会以及环境资源进行全面的、合目的性的权衡、分配与矫正。而于司法权而言，无论是规制理论方面，还是规制手段方面，都明显受限。鉴于此，在权力运行规则体系当中，政治国家普遍将环境公共管理、环境公共决策等一系列规制权力赋予行政主体，由行政主体代表国家切实维护和实现环境公共利益。

环境公益保护事务并非单纯的专家知识汇总，生态环境损害治理也并非纯粹的科学判断过程，其还与经济社会、环境资源分配、行政规划（计划）等一系列行政规制活动有关，因此，公益事项之判断，需要行政机关在法定范围内进行全面的、合目的性的权衡、分配与矫正，并进行必要的选择、排序和取舍。鉴于此，两大法系公益诉讼制度设计均形成了行政救济前置的传统，如美国《清洁水法案》第304条、德国《环境损害预防及恢复法》第11条等均将行政救济前置于环境公益诉讼。[2]欧盟在环境损害治理过程中也经历了从"民事救济"到"行政救济"的转变，行政救济对于生态环境损害的预防和救济起到了决定性的作用。[3]

2. 确立司法权为辅的生态环境修复与赔偿机制

确立司法权为辅的生态环境损害修复与赔偿机制，主要出于两方面的考虑：

（1）行政机关所具备的"政府理性"是一种"有限理性"。一方面，行政权力从本质来看，具有不断膨胀的特征，容易不断扩张和滥用。因此，"从事物性质来说，要防止滥用权力，就必须以权力制约权力"。[4]司法权力的介入能使行政权的运用更加趋于合法、合理，从而成为抑制行政活动中的

---

[1] 参见张红凤、杨慧："规制经济学沿革的内在逻辑及发展方向"，载《中国社会科学》2011年第6期，第57~62页。

[2] 参见肖建国："利益交错中的环境公益诉讼原理"，载《中国人民大学学报》2016年第2期，第14~22页。

[3] 参见[英]马克·韦尔德：《环境损害的民事责任》，张一心、吴婧译，商务印书馆2017年版，第238~241页。

[4] [法]孟德斯鸠：《论法的精神》（上册），张雁深译，商务印书馆1997年版，第154页。

"过度行为"最重要的保障力量。另一方面,行政机关也有怠政的可能与倾向,因此,针对行政机关不作为情形,社会公众以及相应监察部门亦应可以通过司法程序对行政机关的不当决策进行必要的司法审查。因此,无论是美国的"公民诉讼"、德国的"环境团体诉讼",抑或法国的"越权之诉"、日本的"集团诉讼",都旨在通过司法审查制度以保证行政权力在既定的法治轨道上运行。

(2) 行政机关所具备的修复治理工具有限。如前述,尽管行政机关可以通过责令修复、责令限期治理或进行环境罚款等方式进行生态环境损害治理,但若存在生态环境难以修复甚至不能修复的情形,环境罚款未必能实现生态环境损害的"完全赔偿"。换言之,环境罚款的功能定位并不以"全面填补"为根本价值追求,因而与以损害填补为基本要素的生态环境修复理念有所背离。针对这一难题,各国普遍采取了在生态环境损害领域"民事救济手段保留"的做法,也就是说,在维持生态环境行政修复模式的前提下,针对生态环境损害赔偿问题,运用民法中"恢复原状为原则、金钱赔偿为例外"的损害赔偿方法,对无法进行修复的生态环境损害进行金钱索赔,并纳入专门基金用于修复生态环境。[1]针对该问题,冯·巴尔教授指出:"生态损害实质上涉及的是公法问题,只不过在这类公法中保留了一些私法概念,如因违反以环境保护为目的之法的赔偿责任。"[2]凯伦·布拉德肖也指出:"自然资源损害赔偿(NDRS)是环境法中唯一的法定侵权救济,其意义在于准确衡量损失的程度并使之正确","通过侵权责任的法定延伸来保护环境公共利益"。[3]由此可见,生态环境损害修复与索赔问题,并非一个单纯的公法或私法问题,而是一种需要同时运用行政规制、民事规则以及司法审查手段来进行管理或规范的复合性问题。

二、我国生态环境损害救济的立法纠偏

实际上,我国立法机构已敏锐觉察到在环境公共利益保护活动中司法权扩张所带来的不利后果,意识到以司法权为核心的生态环境修复并不能取得

---

[1] Karen Bradshaw, "Settling for Natural Resource Damages", *Harv. Envtl. L. Rev*, Vol. 40, 2016.
[2] [德]克雷斯蒂安·冯·巴尔:《欧洲比较侵权行为法》(下卷),焦美华译,法律出版社2001年版,第79页。
[3] Karen Bradshaw, "Settling for Natural Resource Damages", *Harv. Envtl. L. Rev*, Vol. 40, 2016.

预期的良好效果。因此，近两年来，相关立法/司法机构相继出台一系列法律规范文件，借以限缩和修正司法权限，衡平行政权与司法权之间的关系。具体来讲：

（1）2016年最高人民法院发布《推进生态文明建设与绿色发展的意见》强调"妥善处理司法保护和其他路径保护的关系，尊重行政机关的首次判断权和自由裁量权，为行政机关发挥职能作用创造有利条件"。

（2）2017年全国人大常委会修订《行政诉讼法》，第25条确立了行政公益诉讼制度，即检察机关在行政机关不依法履行职责导致社会公共利益受到损害时，可向人民法院提起诉讼，以督促行政机关职责的行使。

（3）2018年最高人民法院、最高人民检察院在《检察机关提起公益诉讼改革试点方案》《人民检察院提起公益诉讼试点工作实施办法》《人民法院审理人民检察院提起公益诉讼案件试点工作实施办法》的基础上，联合发布了《关于检察公益诉讼案件适用法律若干问题的解释》，规定人民检察院在履行职责中，发现生态环境和资源保护行政机关违法行使职权或不作为，侵害国家利益或社会公益的，应当向行政机关提出检察建议，督促其依法履行职责；行政机关不依法履行职责的，人民检察院可依法提起诉讼。

（4）2017年，中共中央办公厅、国务院办公厅在《生态环境损害赔偿制度改革试点方案》试点工作的基础上，印发了《生态环境损害赔偿制度改革方案》。《改革方案》进一步明确了政府索赔主体在生态环境损害修复和赔偿制度中的具体职能。即授权省级、市地级政府作为本行政区域内生态环境损害赔偿权利人；各省政府应当制定生态环境损害索赔启动条件、鉴定评估机构选定程序、信息公开等工作规定；赔偿权利人应当及时研究处理环保组织或社会公众的举报并予以答复；赔偿权利人应根据生态环境损害事实和程度、鉴定评估报告，修复期限和责任承担方式等具体问题与赔偿义务人进行磋商，并达成赔偿协议等。为进一步细化生态环境损害赔偿制度规则，2019年最高人民法院出台《关于审理生态环境损害赔偿案件的若干规定（试行）》（2020年修订），《若干规定》第16条规定："在生态环境损害赔偿诉讼案件审理过程中，同一损害生态环境行为又被提起民事公益诉讼，符合起诉条件的，应当由受理生态环境损害赔偿诉讼案件的人民法院受理并由同一审判组织审理。"第17条规定："人民法院受理因同一损害生态环境行为提起的生态环境损害赔偿诉讼案件和民事公益诉讼案件，应先中止民事公益诉讼案件的审理……"可见《若干规定》明确了生态环境损害赔偿诉讼优先于环境民事公益诉讼关系的起诉顺位，其实质便是在生态环境损害修复过程中，行政权优先于司法权。同年，生态环境部、司法部、财政部等11个部门联合印发了《关于推进生态环境损害赔偿制度改革若干具体问题的意见》，针对关于具体负责工作的部门或机构、案件线索、索赔启动、调查评估、司法确认、资金管理等进行了更为具体、细致的规定，进一步规范和细化了政府主体在生态环境损害修复与赔偿索赔工作中相关的权力行使问题。2022年，生态环境部联合最高人民法院等13个部委共同出台了《生态环境损害赔偿管理规定》，针对生态环境损害赔偿的任务分工、工作程序、保障机制等问题作了具体明确，以进一步规范生态环境损害赔偿工作，推进生态文明建设。

从《环境保护法》第58条规定的环境民事公益诉讼，到《民法典》规定的环境污染责任和生态环境损害责任，再到《改革方案》《若干意见》《具体意见》《管理规定》规定的生态环境损害赔偿磋商、生态环境损害赔偿诉讼，就该三层次的生态环境损害救济立法来看，我国生态环境损害立法呈现出私法救济、司法救济转向公法救济优先、公私混合救济的趋势。[1]其实质仍然是司法权与行政权的协调与分配问题。纵观行政法治发展历程，从"夜警国家模式"到"福利国家模式"再到"风险社会模式"的演变过程中，行政权一直在不断扩张以实现对环境公共利益之充分维护，而司法权则聚焦于对行政权进行合理、有效规制，以确保其符合权力配置之基本规律，二者间大体遵照"行政权优先""互相尊重专长"之原则。[2]基于生态环境损害修复的及时性、高效性、专业性等要求，相较于司法诉讼，行政监管（行政命令、行政措施、行政处罚、行政强制）路径更具优势，因此行政权优先于司法权是及时填补生态环境损害、高效维护生态环境利益的必然选择。[3]唯有在穷

---

[1] 冯洁语："公私法协动视野下生态环境损害赔偿的理论构成"，载《法学研究》2020年第2期，第169~189页。

[2] 王明远："论我国环境公益诉讼的发展方向：基于行政权与司法权关系理论的分析"，载《中国法学》2016年第1期，第49~68页。

[3] 彭中遥："生态环境损害赔偿诉讼的性质认定与制度完善"，载《内蒙古社会科学（汉文版）》2019年第1期，第105~111页。

尽上述行政手段仍难以解决生态环境损害问题，方可纳入诉讼范畴。[1]

综上，揆诸当前法律规范及相关规范性文件，行政职权已得到相当程度的强化，尤其是生态环境修复赔偿磋商、环境行政公益诉讼等制度的确立，体现出在公益诉讼中的司法权的限缩与行政权的扩张。[2]在生态环境修复赔偿活动中，行政机关在损害事实认定、修复方案选择、修复责任实施与监督等方面，具备了更为全面的执法权限；同时，赋予了检察机关环境行政公益诉权，以有效监督和规范行政机关的环境管理职权。由此，为克服司法裁判行政化不良后果、重塑行政权力在生态环境修复赔偿领域功能提供了一条新的路径。

三、我国生态环境损害救济的总体结构

从生态环境修复追责历程来看，行政追责效果的不理想才导致了近年来我国生态环境损害修复活动从行政机制向司法机制转移的现象发生。遗憾的是，这种制度转移只能暂时或部分解决问题，并不能从根本上纠正或克服在传统行政追责实践中出现的实际困难。相反，大费周章地在环境公共利益事务上建立两套机制类似、功能重叠的法律程序，过度强调司法权在环境公共事务中的角色，不仅对于生态环境修复效果的提升功效甚微，还会使得司法与行政各自资源优势及功能的遮蔽和错位，并造成自身谦抑立场的瓦解，此等立法选择不可谓之"舍近求远""本末倒置"也。是以，舍弃现有相对完备且具有专业性、正当性的行政程序不顾，转向烦琐、复杂的司法程序并不具有合理性，"解铃还须系铃人"，只有对行政修复机制中存在的问题和缺陷进行"对症下药"，才能真正提升生态环境修复的实际效果。因此，针对我国传统行政追责机制与当前司法追责机制中出现的诸多问题，建议对我国生态环境修复与修复制度的总体结构作以下安排：

（1）强化行政机构在生态环境修复与赔偿制度中的指导和决策地位。生态环境修复是一项复杂的治理活动，涉及损害事实调查、因果关系分析、损害实物量化、损害价值量化、评估报告编制、恢复方案选择、恢复方案实施

---

[1] 李兴宇："生态环境损害赔偿诉讼的类型重塑——以所有权与监管权的区分为视角"，载《行政法学研究》2021年第2期，第134~152页。

[2] 向师慧："对我国行政公益诉讼实践中若干问题的思考——以司法权与行政权的关系为视角"，载《经贸实践》2017年第22期，第41~43页。

与效果评估等一系列步骤和过程。因此需要行政机构站在系统性、综合性的高度上，运用自身的专业优势与技术理性进行理性行政、动态行政与专业行政，从整体上把握生态环境修复治理的深度和方向。

（2）明确行政规制与司法规制有效衔接，确保生态环境损害的全面填补。尽管行政权在生态环境损害修复过程中优势明显，但其劣势或缺陷也不容忽视。从实践案例来看，行政职权主导的"康菲溢油案"和司法权主导的"泰州天价赔偿案"均暴露出一定的问题：行政执法存在任意无序、监督缺失、公众参与不足等问题；司法裁判也存在效率低下、执行不力等问题。任何单一的制度选择都有其不可克服的缺陷，制度融合、优势互补才是解决问题的关键。[1]因此，在生态环境损害修复过程中，首先需要加强行政命令、行政磋商的运用，同时辅以行政处罚、行政强制，并加强对行政权的监督；其次当行政权难以达到生态环境修复之目的或存在滥用时，则应积极寻求司法裁判机制的救济。

（3）强化公众参与权利与正当程序，增强行政决策的公共理性。行政过程是实现公共善（公共利益）的过程，但行政机构的"政治理性"却时常表现为一种工具理性（目的理性），未必能真正达至公共利益所倡导的"公共理性"，公共利益的行政目标亦可能由此落空。在现代社会里，政府理性只有置于公共领域的监督和批判之下，其决策和管理才能在更大的程度上体现公共理性，即决策和管理具有公共性、民主性和合法性基础。[2]这就需要通过对公众参与辩论和协商的"实质领域"和"商谈程序"进行有效的界分和建构，强调环境行政决策过程中的"商议民主"，以形成包容、协作、商谈的公共空间，从而为环境行政决策的形成和执行提供公共认同基础。

---

[1] 梅宏、胡勇："论行政机关提起生态环境损害赔偿诉讼的正当性与可行性"，载《重庆大学学报（社会科学版）》2017年第5期，第82~89页。

[2] 史云贵："从政府理性到公共理性——构建社会主义和谐社会的理性路径分析"，载《社会科学研究》2007年第6期，第65页。

第六章
生态环境损害修复与赔偿的行政规制

生态环境损害修复是一项极为综合、复杂的治理活动，需要确立行政主体在生态环境损害救济过程中的主导地位。行政机构必须站在系统性、综合性的高度上，对生态环境修复进行全过程的风险管理与监督。尤其是在生态环境损害的风险识别、鉴定评估、标准制定以及赔偿磋商等环节，行政主体须具备相当的技术性、专业性、规范性。这就需要在充分考察其他国家基于全过程的生态环境风险管控体系的基础上，系统考究和建立适应我国实际情况的生态环境风险识别方法体系、生态环境损害评估方法体系、生态环境修复标准体系以及生态环境损害赔偿磋商体系。据此，本章以行政规制的具体过程为基础，探讨了我国生态环境损害风险识别的方法；鉴定评估主体/对象/方法；生态环境修复基准/标准制定；赔偿磋商的性质/程序规则等法律问题，并强调基于各类修复技术的特点和原理，建构长期风险管理控制和监督制度，以此为我国生态环境损害的实际修复提供必要的技术标准与制度基石，确保生态环境的持续性保护。

第一节 生态环境损害的风险识别

生态环境损害风险识别是进行生态环境修复的启动步骤。按照损害事件类型分类，生态环境损害可大致区分为突发性生态环境损害与累积性生态环境损害。当前，以司法权为主导的生态环境修复活动的损害识别，主要针对的是突发性的生态环境损害和具有典型性的累积性生态环境损害，而对于其他类型的累积性生态环境损害，其风险筛查、风险等级划分与分类管控等方面仍处于起步阶段。换言之，目前我国尚缺乏系统性的针对累积性生态环境损害的识别程序和方法。因此，本节在对我国相关实践和其他国家及地区有益经验考察的基础上，尝试针对我国累积性生态环境损害的动态监测与数据调查、累积性损害的综合评估与分类管控等问题进行系统分析，并提出相应的解决或配套方案，以为我国的生态环境损害识别方法的确立和完善提供助力。

一、"点式"识别方法的局限

为了有效识别突发性生态环境损害，及时控制、减轻和消除生态环境损害或威胁，我国出台了《突发环境事件信息报告办法》（2011年）、《国家突发环境事件应急预案》（2014年修订）、《突发环境事件调查处理办法》（2014年）、《突发环境事件应急管理办法》（2015年）等一系列法律规范，对突发性环境事件的组织机构、应急调查方法、应急处理措施、风险控制、事后修复、信息公开等方面进行了详细的规定。这对于提高我国行政部门的应急能力，最大程度上降低突发性生态环境损害后果起到了至关重要的作用。但诚如前述，这种"点式"的生态环境损害识别方法并不具有系统性，且缺乏主动性。从司法实践情况来看，由于环保组织资源有限，在选择案件类型时，不仅追求环境公益效果，也注重成功率和社会影响，故经环保组织选择而进入司法程序的生态环境修复案件大多集中于突发性生态环境损害（如松花江水污染案）或造成了相当大社会不良后果的累积性生态环境损害（如常州毒地案），无法覆盖到那些情况严重但未受到环保组织"重视"的案件或受损程度和影响力相对"较小"的累积性生态环境损害。但在实践中，累积性的生态环境损害存量巨大，对我国人体健康以及生态环境安全构成了极大威胁。可见，这种"点式"启动方法并不能全面、有效进行生态环境修复治理，而是"被动"等待生态环境损害的"聚集"或"爆发"。

因此，必须建立针对生态环境损害的"面式"数据调查、动态监测以及综合性的风险评估机制，使各级行政主体能够主动对辖区内的污染企业进行登记、对污染源风险进行动态监测与筛查，并针对不同的生态环境损害或损害威胁进行等级划分，并确立优先管控名录，进行分类管控与修复。

二、"面式"数据调查与监测

生态环境监测是生态环境修复不可或缺的技术手段。生态环境监测旨在提供生态环境质量现状及变化趋势的数据,判断生态环境质量。生态环境监测所获取的相关信息数据是进行生态环境现状评价、修复方案制定、修复措施筛选以及修复效果评估的有效依据。因此,必须对监测体制与监测环节进行合理的设计,以保证监测信息和数据的全面性、真实性、准确性和有效性。

(一)生态环境状况调查制度

1. 我国生态环境状况调查制度的基本情况

生态环境状况调查一般是指,对生态环境的基本状况进行质量普查、专项调查和应急调查。在生态环境保护领域,关于应急调查,目前我国已出台《突发环境事件调查处理办法》,以对突发环境事件的原因、性质、责任的调查处理;关于质量普查与专项调查,目前我国也已启动相关的工作。

(1)全国污染源普查。目前我国已出台《全国污染源普查条例》,根据《全国污染源普查条例》,污染源普查的任务主要是,掌握各类污染源的数量、行业和地区分布情况,了解主要污染物的产生、排放和处理情况,建立健全重点污染源档案、污染源信息数据库和环境统计平台,为制定经济社会发展和环境保护政策、规划提供依据。全国污染源普查每10年进行1次。从全国污染源普查公报内容来看,普查对象主要是工业源、畜禽规模养殖、农业源、生活源、集中式污染治理设施、移动源等。同时,国务院自2005年开始,还启动了关于土壤污染状况的专项调查,即全国土壤污染状况调查工作,调查点位覆盖全部耕地,部分林地、草地、未利用地和建设用地,调查采用统一的方法、标准,以便掌握全国土壤环境质量的总体状况。

(2)生态环境要素专项调查。关于森林、草原、湿地等生态环境类型的调查,目前也已展开相关的工作。例如,根据《森林法》(2019年修订)第27条规定,我国建立了森林资源调查监测制度,对全国森林资源现状及变化情况进行调查、监测和评价,并定期公布,每5年完成一轮全国清查工作。截至2021年,我国已进行九次全国森林资源清查工作,清查工作调查、测量并记载了反映不同时期森林资源数量、质量、结构和分布,以及森林生态状况和功能效益等多个方面。《湿地保护法》(2021年)也规定,国家建立湿地资源调查评价制度。国务院自然资源主管部门应当会同国务院林业草原等主管部门定期开展全国湿地资源调查评价工作，查清湿地类型、分布、面积、生物多样性、保护与利用等现状，建立统一的信息发布和共享机制。此外，根据我国自然资源管理以及环保督察相关制度，生态环境部门还会针对自然保护地、国家公园、生物多样性等环境类型或要素进行专项调查。

（3）生态环境状况调查技术规定。针对生态环境状况调查，我国还专门出台了《生态环境状况评价技术规范》（2015年）。该标准适用于县域、省域和生态区（生态功能区、城市/城市群和自然保护区）的生态环境状况及变化趋势评价，规定了生态环境状况评价指标体系和各指标计算方法。《生态环境损害鉴定评估技术指南　总纲和关键环节　第2部分：损害调查》（2021年），该标准适用于因污染环境或破坏生态导致的生态环境损害调查，规定了生态环境损害鉴定评估中损害调查的一般性原则、程序、内容和方法。此外，针对生态环境状况调查我国还出台了以下调查技术规定：《全国生态状况调查评估技术规范》（2021年）、《生态保护红线监管技术规范基础调查（试行）》（2020年）、《全国生态状况定期遥感调查评估方案》（2019年）、《全国植物物种资源调查技术规定（试行）》（2010年）、《全国动物物种资源调查技术规定（试行）》（2010年）、《全国淡水生物物种资源调查技术规定（试行）》（2010年）、《全国海洋生物物种资源调查技术规定（试行）》（2010年）、《全国微生物资源调查技术规定（试行）》（2010年）等调查技术规定，与之相关的调查技术标准还包括《暴露参数调查技术规范》（2017年）、《儿童土壤摄入量调查技术规范　示踪元素法》（2017年）、《环境污染物人群暴露评估技术指南》（2017年）、《环境与健康现场调查技术规范　横断面调查》（2017年）等。

2. 我国生态环境状况调查制度的整体评价

总结而言，目前针对我国生态环境状况，既有综合性、普遍性的调查规定（污染源普查、森林资源清查），也有专门针对具体生态环境损害的调查规定［《生态环境损害鉴定评估技术指南 总纲和关键环节　第2部分：损害调查》（下文简称《损害调查》）］，尤其是《损害调查》规定对生态环境损害调查的定义和基本内容进行了确定。根据《损害调查》规定，生态环境损害调查是指，通过资料收集与分析、人员访谈、现场踏勘、环境监测、问卷调查、生态调查、遥感影像分析等，掌握污染环境或破坏生态行为的事实，调查评估区生态环境质量及其服务功能现状和基线的相关工作。生态环境损害调查内容可包括：①污染环境行为的发生时间和地点，污染源分布情况（如数量和位置），特征污染物种类及其排放情况（如排放方式、排放去向、排放频率、排放浓度和总量等）；②破坏生态行为的发生时间、地点、破坏方式、破坏对象、破坏范围以及土地利用或植被覆盖类型改变等情况；③评估区环境空气、地表水、沉积物、土壤、地下水、海水等环境质量现状及基线；④评估区生态系统结构、服务功能类型的现状及基线；⑤评估区已经开展的污染清除、生态环境恢复措施及其费用；⑥可能开展替代恢复区域的生态环境损害现状和可恢复性。这些规定为生态环境损害调查的实际工作提供了根本方向。从实践情况来看，我国生态环境损害状况调查还存在以下几方面需要改进的地方：

（1）生态环境状况普查工作常态化。从当前生态环境状况普查工作来看，一是更偏向于污染源普查，尽管也有相关以环境要素为自然资源普查工作，如土地资源普查、森林资源普查等，但尚未形成覆盖全部环境要素或类型的常态化普查机制。相比于环境污染，生态环境破坏和功能退化有时候并不明显，需要根据历史数据和对照数据的时间和空间变异进行综合判断，这就对常规调查和动态监测提出更高的要求，因此未来除继续强化土壤、森林、草原等重要环境要素的"面式"数据调查和监测之外，还应加强的荒地、滩涂以及其他未利用地（沙地、盐碱地等）的生态环境数量、质量及生态系服务功能的调查评估。

（2）生态环境状况调查对象的拓展。当前生态环境状况的普查工作主要以保护人体健康和保护生态系统健康为主要目标，但这里的"保护生态系统健康"主要是以土壤肥力、森林覆盖率等为具体指标，普查工作尚未延伸至诸如土壤无脊椎动物、微生物、鸟类等保护受体。生态系统是一个整体，生态系统的健康也应将生物多样性指标纳入调查工作范畴。实际上在《生态安全土壤环境基准制定技术指南（征求意见稿）》（2018年）中，其所保护的生命受体也已将陆生植物、土壤无脊椎动物和土壤微生物等包括在内，但目前我国已经发布的土壤环境标准主要是针对人体健康与农产品/农作物健康的风险筛选值与控制值，尚未制定针对其他生物受体和生态环境的风险管控与标准值。换句话说，因缺乏相关的风险管制标准，很多底栖生物、微生物极可能被排除在风险管制与调查的范围之外。因此，未来在进行生态环境状况相关调查工作时，还应继续扩大调查的目标和对象。

（3）生态环境状况调查技术的提升。全面的生态环境状况调查与评价需要以科学技术为支撑。2011 年环境保护部出台了《区域生物多样性评价标准》，该标准适用于以县级行政区域作为基本单元的区域生物多样性评价，规定了生物多样性评价的指标及其权重、数据采集和处理、计算方法、等级划分等内容。2014 年环境保护部出台了《场地环境调查技术导则》，该标准适用于场地环境调查，为污染场地环境管理提供基础数据和信息，规定了场地土壤和地下水环境调查的原则、内容、程序和技术要求。2015 年环境保护部出台了一系列的《生物多样性观测技术导则》（包括陆生哺乳动物、陆生维管植物、两栖动物、爬行动物、鸟类等）。同年，环境保护部还出台了《生态环境状况评价技术规范》，进一步细化了生态环境状况评价的指标体系和计算方法，这对于我们拓展调查对象、提升调查评价质量有着非常重要的指引作用。未来立法，应在继续保持污染源调查工作的基础上，扩大生物多样性观测技术的观测对象，着重强化对生态系统服务功能的调查观测，并将相关调查观测技术及时导入《生态环境损害鉴定评估技术指南》中，以此提升生态环境状况调查工作的科学性、规范性。

（二）生态环境状况监测制度

生态环境状况监测是生态环境保护的基础。生态环境状况监测一般是指通过定点调查、样品采集、分析化验、数据分析等工作，对生态环境的理化性状、数量或质量变化状况开展的动态监测。广义的生态环境调查制度实际上包括监测制度，由于生态环境状况监测制度内容牵涉广泛，因此作单独论述。

1. 我国生态环境监测制度的发展脉络

我国生态环境监测体系起步于 20 世纪 70 年代。自 20 世纪 70 年代以来，《环境保护法》《水污染防治法》等法律对建立生态环境监测网络和管理体制进行了规定。其中《环境保护法》（1989 年）规定，国务院环境保护政主管部门建立监测制度，会同有关部门组织监测网络，定期发布生态环境状况公报。1983 年城乡建设环境保护部发布《全国环境监测管理条例》，对我国环境监测的机构设置、职责等首次作了规定，但该条例与当前环境监测工作形势严重不符。1993 年原国家环保局开始对其进行修订，但一直没有正式发布。2007 年环境保护总局颁行了《环境监测管理办法》，该办法对环境监测机构及其人员的职权、职责以及环境监测市场发展等问题作了明确规定。2009 年初，环境监测管理条例被正式列入 2009 年国务院二类立法计划（国办发

[2009]2号)。生态环境部在《环境监测管理办法》的基础上,编制完成了《环境监测条例(送审稿)》,2009年12月正式报国务院。2010年至2012年,国务院法制办向各部委、各省法制办、有关企事业单位两次征求意见,终因各部门意见分歧较大,导致条例搁置,至今未能出台。40多年来,环保部门建立了地表水、固定污染源、生态、土壤等监测技术路线,颁布了400多项环境监测方法标准以及质量保证和质量控制标准。[1]

自党的十八大以来,针对生态环境监测网络发展与建设问题,中央也出台了一系列文件和法律规范,如《环境保护法》规定要统一监测站(点)设置、实现监测数据共享、污染信息公开、明确弄虚作假等违法行为的连带责任;《关于加快推进生态文明建设的意见》(2015年)规定加快统计监测能力,实现监测信息共享;《生态文明体制改革总体方案》(2015年)规定完善监测系统,建立污染防治区域联动机制;《水污染防治行动计划》(2015年)规定建立环境承载能力监测评价体系,加强水环境监控预警;《土壤污染防治法》(2018年)也规定,国家要完善环境监测规范,统一规划监测站(点),等等。

相对于以上较为抽象和宏观的生态环境监测发展要求,中央还出台了一系列具体的生态环境监测管理体制改革方案,包括《生态环境监测网络建设方案》(2015年)、《关于支持环境监测体制改革的实施意见》(2015年)、《关于推进环境监测服务社会化的指导意见》(2015年)、《关于省以下环保机构监测监察执法垂直管理制度改革试点工作的指导意见》(2016年)、《"十三五"环境监测质量管理工作方案》(2016年)、《关于印发〈生态环境大数据建设总体方案〉的通知》(2016年)、《按流域设置环境监管和行政执法机构试点方案》(2017年)、《关于深化环境监测改革提高环境监测数据质量的意见》(2017年)、《关于建立资源环境承载能力监测预警长效机制的若干意见》(2017年),等等。

这些法律规范、意见或方案从不同角度对生态环境监测过程进行了规范。总结起来,包括以下几方面:①划分中央与地方监测事权;②调整生态环境监测机构设置;③优化环境监测管理体制;④细化政府与市场生态环境监测分工;⑤统一监测规划、监测标准与监测点位;⑥建立生态环境信息公开与

---

[1] 王海芹、高世楫:"生态环境监测网络建设的总体框架及其取向",载《改革》2017年第5期,第18页。

共享机制；⑦引导监测技术自主创新；⑧建立生态环境监测问责机制，等等。从实际的施行效果来看，我国在加强部门生态环境监测统筹协作、发展生态环境监测市场、加强监测机构建设、优化管理运行机制等方面，都取得了积极进展。例如，目前环境空气质量监测事权已全部上收，国家水环境质量监测事权上收工作正在推进；为配合国家环境质量监测事权上收，中央财政2016年至2018年配套30亿元资金，以全面建设和运行国家生态环境质量监测网络；目前国家网的全部环境空气质量数据实现了即时共享，中央和地方环境监测数据共享机制开始运行；为加强政府与市场监测的有效分工，省级和地市级环境监测机构逐渐不再承担建设项目验收监测、环境质量自动监测站的运行维护等业务，而逐渐采取市场化运行方式；启动生态环境监测问责机制，加大了对生态环境监测数据弄虚作假行为的查处等。总体来看，有关生态环境监测的一系列规范和改革，很大程度上扭转了之前生态环境监测领域出现的"测不了""测不准"或"数据片面或虚假"等问题，提高了生态环境监测数据的真实性、准确性、系统性、全面性和有效性等，为生态环境质量评价、生态环境修复治理的决策与管理提供了科学基础。

2. 现有生态环境监测存在的问题

由上可知，党的十八大以来，我国生态环境监测体制取得了较快进展，但仍需要注意的是，在这些发展背后，我国的生态环境监管体制仍然面临着诸多的困难与挑战，这些改革的困境与难点集中在以下几方面：

（1）土壤监测能力不足。从监测对象角度来看，目前我国的空气环境质量监测站点与布局较为系统全面，且已实现数据的即时共享，但水、土壤质量监测布局与数据共享仍相对滞后，特别是土壤质量监测，其与空气、水污染的监测相比，监测工作量大、成本也较高，致使其常规监测的项目和频次还相对较少，从而使得监测结果存在片面化问题。[1]以山西省为例，"十二五"期间，山西省已建成较为完善的覆盖全省市县的空气监测网、地表水监测网络、集中式生活饮用水水源地监测网络、地下水监测网络以及辐射环境监测网。[2]但在土壤环境质量监测网建设方面仍相对滞后，目前还处在进一

---

[1] 参见刘禾培、胡鸿："我国环境监测的发展及环境监测技术存在的主要问题"，载《环境与发展》2018年第9期，第129页。

[2] 参见刘文丽："浅谈山西省生态环境监测发展趋势"，载《山西科技》2018年第5期，第116页。

步摸清地区土壤环境污染与土壤环境质量基本特征的阶段,省市县三级土壤环境监测网络建设与土壤环境质量数据库建设还处于起步阶段。再者,抗生素、酞酸酯、放射性核素等新型污染物对土壤的污染也日益凸显,但目前针对这些新型污染物的监测方法与监测能力还相当匮乏。而土壤监测能力的匮乏,又直接影响了相关土壤环境质量信息数据的收集与整合。同时,土壤监测预警、监督执法等机制建设的总体滞后也使得宏观性、系统性的生态环境监测综合分析与评价体系遭遇瓶颈。[1]

(2) 监测数据质量不高。从监测技术水平角度来看,目前省市级监测机构的监测技术水平与标准化建设水平较高,但基层环境监测机构的监测技术与监测能力则相对薄弱,导致监测数据质量不高。[2]比如,目前部分地区仍采用多点采样的监测方法,这对于流动型的污染源监测而言并不具有科学性,即无法全面分析问题;对于监测信息数据的分析,一些地方也仍采用实验室手工分析的方法,这种方法容易造成样品的污染,从而导致分析结果的不准确。同时,目前的监测检验标准也过于单一,常以单纯的浓度作为污染情况的指标,对污染样品未做到全面、综合分析。[3]总体来看,由于缺乏全面实施的监测技术手段与技能水平,因此在生态环境监测质量策划、质量控制、质量监督、质量保证和质量改进等方面难以做到科学监测,进而无法保证监测结果准确、有效。[4]

(3) 监测设备亟待更新。从监测设备等硬件设施来看,我国生态环境监测仪器装备与仪器研发水平较低。一方面,目前我国国产环境监测设备智能化、自动化水平不高,与发达国家相比制作工艺较为粗糙,这使得监测结果往往缺乏连续性、稳定性,这导致我国大部分生态环境监测仪器设备主要依靠国外引进。然而,进口监测仪设备的设计并不是依据我国实际情况而研发的,致使我国在使用时,会出现监测失效、监测失真等问题。譬如,部分地

---

[1] 参见王夏晖:"我国土壤环境质量监测网络建设的重大战略任务",载《环境保护》2016年第20期,第21页。

[2] 参见梁正华、温珠花:"基层环境监测站环境监测分析质量管理存在的问题及对策探索",载《科技风》2018年第31期,第128页。

[3] 参见刘禾培、胡鸿:"我国环境监测的发展及环境监测技术存在的主要问题",载《环境与发展》2018年第9期,第129页。

[4] 参见梁正华、温珠花:"基层环境监测站环境监测分析质量管理存在的问题及对策探索",载《科技风》2018年第31期,第128页。

区 $PM_{2.5}$ 的连续自动监测在湿度较高和急剧变化时,存在监测结果虚高的现象,使得监测数据失真。[1]另一方面,目前我国生态环境自动在线监测设备应用层次较低,还未实现生态环境监测技术由"劳动密集型向技术密集型、单纯地面环境监测向与遥感环境监测相结合"方向发展。[2]这些问题在我国基层生态环境监督站的监测工作中表现得尤为明显。相比于国家、省、市监测站点,基层生态环境监测仪器设备较为简陋,仅能基本满足常规监测及污染源监督性监测需求。以崇义县为例,目前该县生态环境监测站的溶解氧测定仪、离子色谱仪等基础仪器设备以及便携式气相色谱仪、便携式多功能水质检测仪等应急仪器设备仅能满足大气、水和土壤中一些基础项目的监测需求,对于水中石油类、挥发酚、二噁英、大气中汞等项目暂无能力监测。[3]生态环境监测设备的匮乏,直接导致了生态环境监测工作出现采样误差大、监测数据质量不高等问题。

(4)基层监测任务繁重。据统计,党的十八大以来,我国生态环境监测机构建设得到了较大推进,生态环境监测机构数量与监测人员数量急剧增加。[4]从监测人员配备的整体数据来看,我国生态环境监测专业技术人员较为充裕,但就基层生态环境监测人员储备来看,则相当匮乏。仍以崇义县生态环境监测站为例,其在编监测工作人员共计13名,但由于其中9名借调到其他部门工作,致使实际从事生态环境监测工作的人员仅4人。此外,基层生态环境监测人员大多并非环保或化学专业出身,专业技术人员数量和质量的匮乏,致使许多仪器设备并未充分发挥其作用。从监测任务角度来看,基层生态环境监测的任务也是"不堪重负",基层生态环境监测任务不仅包括每月的饮用水源水质监测、地表水例行监测、重点污染源监督性监测等,还包括执法监测、验收监测、委托监测等。同时,基层企业存在数量多、规模小、分布散

---

[1] 参见王海芹、程会强、高世楫:"统筹建立生态环境监测网络体系的思考与建议",载《环境保护》2015年第20期,第27页。

[2] 参见牛建军、桑阳:"我国环境监测技术存在的问题及对策解析",载《绿色环保建材》2018年第10期,第39页。

[3] 曾诗扬:"基层环境监测现状研究",载《绿色科技》2018年第18期,第130页。

[4] 据统计,我国生态环境监测机构数量从2012年的2725个增加到2015年的2810个,生态环境监测人员相应地由56554人增加至61668人。参见王海芹、高世楫:"生态环境监测网络建设的总体框架及其取向",载《改革》2017年第5期,第27页。

的特点,也给基层生态环境监测工作的实施增加了很大的工作量。[1]

(5) 信息处理能力薄弱。生态环境监测工作中会涉及大量信息数据,然而目前我国生态环境监测信息数据的处理能力还相对薄弱。在监测数据汇总方面,由于还未实现全国监测数据联网,因而目前许多地方监测信息数据还不能实现统一汇集,这降低了地方监测数据的利用效率,也不利于全国生态环境监测数据大系统建设。[2]在监测信息共享方面,目前各部门主要采取签订合作协议或备忘录等方式,这种共享方式并无强制性,也缺乏相应的问责机制,信息数据共享效率较低。究其缘由,一方面,是由于我国环境保护部门管理与协调能力不高。尽管《生态环境监测网络建设方案》提出,环境主管部门会同有关部门统一规划,建立统一的生态环境质量监测网络。但从实践来看,生态环境监测网络仍有分头建设、各自为政的现象发生,使得统筹建设生态环境监测网络的法律规定难以有效施行。[3]另一方面,则主要是由于我国信息网络技术能力的欠缺。比如,我国目前的卫星数据源并不充裕,使得定点、定位的高分辨率遥感数据获取较为困难,科技手段、技术设备的紧缺直接牵制了我国生态环境大数据的整合与分析,影响了我国生态环境监测的工作效率。[4]

3. 我国生态环境监测的改进方向

(1) 增强土壤监测基础能力。十八大以来,中央高度重视土壤污染防治问题,2016 年 5 月国务院印发了《土壤污染防治行动计划》,要求突出重点区域、行业和污染物、强化土壤污染管控与修复;2018 年 8 月《土壤污染防治法》获得通过。该法第 15 至 17 条确立了我国土壤环境监测制度,为我国土壤环境质量监测提供了法律依据。其中,第 16 条列举了应当进行重点监测的农用地块;第 17 条列举了应当重点监测的建设用地地块。针对我国土壤环境质量监测能力薄弱问题,今后还应该加强对基层土壤监测站点的建设,通过制定完善相关的土壤环境监测标准,推进基层土壤环境监测能力建设。在

---

[1] 参见曾诗扬:"基层环境监测现状研究",载《绿色科技》2018 年第 18 期,第 130 页。
[2] 参见王海芹、程会强、高世楫:"统筹建立生态环境监测网络体系的思考与建议",载《环境保护》2015 年第 20 期,第 26 页。
[3] 王海芹、高世楫:"生态环境监测网络建设的总体框架及其取向",载《改革》2017 年第 5 期,第 31 页。
[4] 参见王海芹、程会强、高世楫:"统筹建立生态环境监测网络体系的思考与建议",载《环境保护》2015 年第 20 期,第 27 页。

污染物种类监测方面,需要重点监测土壤中持久性、生物富集性、对人体健康危害大的重金属和有机污染物等;在部分地区,还应开展影响人体健康或生态安全的新型化学污染物、危险废物监测。此外,针对重要生态环境敏感区、脆弱区等高风险区域,还应进行相应的密集监测、持续监测等,增强在生态环境重要地区的监测能力。[1]

(2)提升监测数据质量。针对生态环境监测数据质量不高问题,第一,从技术研发角度来看,①应当增加生态环境监测新技术的研发力度,充分利用国家重点研发计划和基金项目,攻克新型污染物监测、多源大数据综合集成等重点技术难题,实现从"单项监测技术研发"到"监测技术集成产品与应用研发"的转变;并鼓励科研机构、企业等参与生态环境监测技术方法、监测仪器设备的研发。[2]②还应加强对重点监测设备的研发和应用水平,开发高精度、多功能的生态环境调查与监测装备、采样设备及在线监测分析仪器,保证基层监测站点监测仪器设备的齐全。[3]第二,从责任规制角度来讲,则应加强对违规操作的过程监管和行为追责。生态环境监测数据是客观评价生态环境质量状况、量化修复治理成效、实施生态环境管理与决策的基本依据。[4]为切实提高环境监测数据质量,中共中央办公厅、国务院办公厅印发《关于深化环境监测改革提高环境监测数据质量的意见》,该意见强调通过"义务界定""环境信用机制""监管协调机制"等方式来预防和制止监测作假行为,通过建立生态环境监测数据质量控制和保证体系,全面保障我国生态环境监测数据质量。

(3)优化基层监测人员结构。针对我国基层生态环境监测人员的紧缺问题,首先,应加大推进生态环境监测机构编制标准工作,提高人员编制使用效率,加大对县级环境监测机构的财政支持,提高基层环境监测人员待遇。其次,需要大力引进优秀专业技术人才,逐步建立国家环境监测技术专家咨询库。再者,建立科学的人才评估机制、绩效考核机制、薪酬机制和激励机

---

[1] 王夏晖:"我国土壤环境质量监测网络建设的重大战略任务",载《环境保护》2016年第20期,第23页。

[2] 王夏晖:"我国土壤环境质量监测网络建设的重大战略任务",载《环境保护》2016年第20期,第24页。

[3] 参见谷庆宝等:"我国土壤污染防治的重点与难点",载《环境保护》2018年第1期,第17页。

[4] 参见常纪文:"监测体制改革何以撬动大局?",载《中国生态文明》2017年第6期,第72页。

制,为技术人才提供充足的保障制度。[1]最后,还应加强对监测一线技术人员的技术培训,特别是基层监测站点与生态环境损害较为严重地区的监测人员,应提供更多的培训机会以便其能进行充分的知识补充、信息交流与能力拓展,确保生态环境监测数据在源头上的准确性。[2]

(4) 推进监测体制市场化。针对我国基层监测组织任务繁重、人员匮乏问题,[3]2015年原环境保护部发布了《关于推进环境监测服务社会化的指导意见》。该意见表明,环境监测服务社会化是环保体制机制改革创新的重要内容,应全面放开服务性监测市场,有序放开公益性、监督性监测领域。近来,越来越多的生态环境监测任务以多种方式委托给社会监测机构,这在相当程度上缓解了我国生态环境监测困境。但需要注意的是,在社会诚信体制不健全的大背景下,目前我国的社会监测机构良莠不齐,生态环境质量监测是一项专业化极高的业务活动,因此,政府必须加强对社会监测机构的准入和过程监管,定期对社会监测机构的仪器设备、仪器性能、运行维护记录及监测档案进行考核,以此减少或降低社会监测机构的违规操作行为,保证监测数据质量;[4]另一方面,上级监测机构也要加强对下级监测机构的监管,防止部分地区监测机构"甩包袱"式放权思想,进而懈怠其应肩负的监测职能。为此,必须科学把握监测社会化的推进节奏,不断摸索总结监测社会化的实践经验,建立严格的质量监管与评价机制,逐步建立政府为主、市场辅助、有序开放的监测格局,提高监测服务效能。[5]

(5) 加强监测信息协调监管与网络建设。生态环境监测是反映生态环境质量真实情况的重要手段。为克服我国生态环境监测网络覆盖范围和要素不够全面、信息化水平与共享程度较低等问题,2015年国务院办公厅制定了

---

[1] 参见宋国强:"论环境监测人才发展",载《中国环境监测》2012年第3期,第12页。

[2] 参见牛航宇等:"关于对环境监测人才队伍建设的几点思考",载《中国环境监测》2015年第3期,第18页。

[3] 据统计,若满足当前生态环境监测任务需求,我国大约需要30万人的监测队伍,但目前环保系统直属的生态环境监测队伍只6万人,其余24万人在当前编制不增加的情况下,不得不依靠社会监测力量。参见王海芹、高世楫:"生态环境监测网络建设的总体框架及其取向",载《改革》2017年第5期,第31页。

[4] 参见高军等:"生态环境质量监测的政府和社会资本合作(PPP)模式研究",载《环境保护》2018年第9期,第45页。

[5] 参见陈斌等:"关于环境监测社会化的调查与思考",载《中国环境监测》2015年第1期,第4页。

《生态环境监测网络建设方案》,基于该方案要求,我国生态环境监测信息网络建设未来应重点加强以下两方面:一方面,统一生态环境监测建设规划和标准规范,扩大环境保护部门的协调监管职责。针对不同部门建立各自监测网络、评价方法不一、数据缺乏可比性的问题,要求环境保护部门会同有关部门统一规划、整合优化监测点位,统一监测技术标准规范,增强各部门监测数据的可比性,建立合理布局、功能完善的全国生态环境质量监测网络。同时,环境保护部门要依法建立对不同类型监测机构的监管制度,加强对各类监测活动的过程监管,严格追究违反监测技术规范、篡改或伪造监测数据行为的法律责任。[1]另一方面,加强对生态环境监测大数据的分析,统一生态环境监测信息的发布。①综合采用生物技术、遥感技术、地球物理勘探等微观和宏观探测技术,开展全国生态环境质量的动态监测与数据调研,初步建成全国覆盖、信息共享的生态环境监测网络;同时,开展生态环境监测的大数据分析,促进监测信息的汇交、集成、共享、应用,提高生态文明建设的信息化支撑,促进云计算、互联网、在线监测技术等在生态环境监测领域的应用。[2]②需要加强监测信息传输网络与大数据平台建设,加强数据资源的开发利用,实现各部门和地方监测数据的联网共享和生态环境监测信息的统一发布。

为进一步落实上述生态环境监测改革目标,2018年生态环境部重启了《生态环境监测条例》编制工作,并于2019年公布了《生态环境监测条例》(草案征求意见稿),该条例分为九个章节共60条,分别为总则、规划与建设、机构人员能力与技术要求、监测活动、质量保障、监督管理、信息公开与共享、法律责任、附则。重点建立了生态环境监测质量管理、监测机构监督管理、点位管理、污染源监测、监测信息公开与共享等制度。例如,针对监测任务繁重、监测人员不足、监测设备匮乏等问题,条例规定监测机构必须配备与监测活动相匹配的监测人员、场所环境、设备设施;监测人员需要进行必要的培训及能力确认,掌握生态环境监测工作的基本技能,具备承担生态环境监测工作必需的能力。同时针对监测质量问题,条例还设置"质量

---

[1] 罗毅、柴发合、高锋亮:"加快建成与生态文明建设要求相适应的生态环境监测网络——解读《生态环境监测网络建设方案》",载《环境保护》2016年第1期,第11页。

[2] 参见王海芹、程会强、高世楫:"统筹建立生态环境监测网络体系的思考与建议",载《环境保护》2015年第20期,第28页。

保障"专章,逐一对"量值溯源与传递""监测质量责任""篡改伪造监测数据""不当干预"等问题进行了具体规定,以此确保监测数据的真实性、准确性。此外,该条例还规定了详细的监督管理制度、信息公开与共享制度等,为完善我国生态环境监测制度提供了制度依据。

三、综合风险评估与分类管控

为克服"点式"启动方法在累积性生态环境损害修复方面的局限和被动,有必要建立一种"面式"的基于风险预防与管控思维的生态环境综合风险评估机制,各级行政主体主动对辖区内的风险源进行动态筛查、登记,并针对风险源的不同程度进行等级划分,确立优先管控名录,进行分类管控与修复。需要说明的是,本部分探讨的"环境风险评估"主要是针对全国或区域性生态环境的"综合评估"或"初步评估",与后文基于个案的"生态环境损害评估"的内涵和方法有所差别,也与基于规划和建设项目的"环境影响评价"相区分。

(一)风险评估与环境风险评估

关于风险评估的内涵,存在着不同的定义方法,且常与风险管理/管控等概念相关联。本书认为,风险评估与风险管理/管控是既联系紧密又相互区分的两类概念。其中,风险评估是利用科学技术和专业设备,测算风险物质对人体健康或环境造成危害的概率,并对潜在不利影响因素进行描述的技术过程。风险管理/管控则是一个以风险评估结果为基础,并需要综合考量社会、经济、政治和技术因素的公共管理和决策制定过程。[1]换言之,风险管理/管控以风险评估为重要依据,但并不以风险评估为唯一依据,其还涉及价值偏好选择等问题。[2]据此,本节所指称的环境风险评估,是指采用定量和定性分析相结合的方法,对人体健康风险或生态环境风险发生的可能性进行分析、排序、估算和评价的技术过程。[3]

从世界范围来看,美国、英国、日本等国家均建立起了较为完善的环境

---

[1] 张晏:"风险评估的适用与合法性问题",载沈岿主编:《风险规制与行政法新发展》,法律出版社2013年版,138页。

[2] 沈岿:"风险评估的行政法问题——以食品安全监管领域为例",载《浙江学刊》2011年第3期,第17页。

[3] 参见王鲁权:"环境风险评估制度构建的基本理论问题研究",载《大连海事大学学报(社会科学版)》2016年第6期,第42页。

风险评估体系，包括突发性环境风险评估体系与累积性环境风险评估体系。从历史发展角度来看，这些国家的环境风险评估普遍发端于一系列的突发性环境事故，比如美国的拉夫运河事件（1978 年）催生了 1980 年的《综合环境反应、赔偿与责任法》，进而建立了较为完善的污染场地应急处置与风险管控制度体系；日本水俣病事件、米糠油事件等环境公害事件推进了灾害预防信息系统和应急响应系统。与突发性环境风险不同，累积性环境风险具有潜伏性、累积性、不可逆性，可通过不同暴露途径侵入人体或生态环境，形成累积性生态环境损害。从西方国家发展情况来看，一个突出的特征便是逐步建立起了累积性环境风险评估体系。[1]

于我国而言，自 2005 年松花江水污染事故以来，政府机构开始高度重视对突发环境事件的防范，出台了一系列关于突发环境事件应急法律法规，如《国家突发环境事件应急预案》（2014 年修订）、《突发环境事件应急处置阶段环境损害评估推荐方法》（2014 年）等，极大提升了我国政府机构对突发环境事故的应急处理能力。环境风险评估也是我国"十四五"环境保护的重要任务，根据《国民经济和社会发展第十四个五年计划和 2035 年远景目标纲要》（以下简称《"十四五"规划纲要》）规定，国家须"防范海上溢油、危险化学品泄漏等重大环境风险，提升应对海洋自然灾害和突发环境事件能力""推进受污染耕地和建设用地管控修复，实施水土环境风险协同防控""提升危险废弃物监管和风险防范能力，强化重点区域、重点行业重金属污染监控预警，健全有毒有害化学物质环境风险管理体制"。可以看出，我国的环境风险评估内容不仅包括对突发性事故的环境风险评估，也包含累积效应的环境风险评估。但相比于突发性环境风险评估，累积性环境风险评估正是当前我国生态环境风险评估工作的薄弱环节。

（二）美国累积性环境风险评估发展

美国是最早开始累积性环境风险评估研究的国家，其环境风险评估方法与程序研究方法被法国、荷兰、日本等国家和一些国际组织所采用。[2]根据美国 EPA 定义，累积性环境风险评估是指"分析、表征和量化那些由于多种

---

[1] 张剑智等："关于我国环境风险全过程管理的几点思考"，载《环境保护》2018 年第 15 期，第 41~42 页。

[2] 甄茂成、高晓路："城市环境风险评估的国内外研究进展及展望"，载《环境保护》2016 年第 22 期，第 64 页。

原因及来自多个压力源的对人类和环境造成的危害"。[1] 累积性环境风险评估兴起于20世纪90年代，1997年，EPA发布了《累积性环境风险评估指南第一部分：规划和范围》；2003年，EPA颁布了《累积性环境风险评估框架》，旨在确定累积性环境风险评估过程中的基本要素；2006年，EPA发布了《累积性环境风险评估指南第二部分：多源累积人类健康评估 吸入》，明确了多来源、多传播途径的累积环境风险对人体健康的影响和评估方法；2007年，EPA研发了一项关于累积性环境风险评估应用程序的在线访问工具包。[2] 除此以外，EPA还陆续颁布了一系列评估指南、政策和特定的分析方法，如《对超级基金的风险评估指南：人类健康评估指南》（EPA，1989年）、《生态风险评估框架》（EPA，1992年）、《生态风险评估指南》（EPA，1998年）、《累积暴露和风险评估的执行》（EPA，1999年）、《超级基金风险评估指南：人类健康评估手册补充部分》（EPA，1999年）、《具有相同的毒性机制的农药的累积性环境风险评估指南》（EPA，2002年）等，为累积性环境风险评估的发展提供了重要的指引。[3]

（1）风险受体与风险源。从风险受体角度来看，美国最早开始的是人体健康风险评估研究。随着重大环境污染事故的增多和损害后果的加重，环境风险评估逐渐从人体健康拓展到对重化工、水库等建设项目或园区的风险分析和生态环境的潜在影响。至20世纪90年代，风险受体由人体健康扩展到城市安全、流域景观乃至整个生态系统的大范围。[4] 针对风险受体的风险源，具有广泛性、复杂性特征，美国最初的关注点是工业项目及其相关的有毒、有害化学物质的生态环境风险，随后，其内涵和外延不断扩展，研究类型从工业项目拓展到农业生产，化学物污染也延伸到非化学因子污染。[5] 目前美国在化学物质、污染场地以及溢油事故等领域都建立起了比较完善的健康风

---

[1] 袁鹏等：“国内外累积性环境风险评估研究进展”，载《环境工程技术学报》2015年第5期，第394页。

[2] Macdonell M. M., Haroun L. A., "Teuschler L. K., et al. Cumulative risk assessment toolbox: methods and approaches for the practitioner", *Journal of Toxicology*, Vol. 2013, 2013, pp. 11~36.

[3] 袁鹏等：“国内外累积性环境风险评估研究进展”，载《环境工程技术学报》2015年第5期，第395页。

[4] 甄茂成、高晓路：“城市环境风险评估的国内外研究进展及展望”，载《环境保护》2016年第22期，第65页。

[5] 耿海清、任景明：“决策环境风险评估的重点领域及实施建议”，载《中国人口·资源与环境》2012年第11期，第40页。

险评估、生态环境风险评估方法体系。[1]

（2）风险评估程序。从风险评估程序来看，主要包括问题阐述、风险分析和风险表征。具体来讲，①问题阐述。生态环境评估主体依据全国或区域长期通过调查信息或监测动态收集到的生态环境风险源与生态环境风险受体基础数据进行大数据汇总、分类，进而对风险源与风险受体进行识别、确定评估对象范围与深度，形成基础信息数据库，建立相应的评估模型和具体分析计划。②问题分析。确定风险暴露的途径；多项压力源间的相互作用；风险源与风险受体之间的因果关系分析，确证可能的危险，确定剂量—效应曲线（受体接触物质的浓度和所带来的伤害风险之间的关联），用定性或者定量的方法估算受体接触量和风险最终所致的结果类型等。③风险表征。风险表征是对暴露于危害之下的各种不利生态环境效应的综合判断和描述，即对风险源和风险受体进行定性或者定量的表述，是风险评估的最后阶段。[2]

（3）深入监测与风险排序。在对风险源进行初步的风险评估程序后，若风险表征证实风险源对人体健康或生态环境安全产生威胁，则需要深层次的监测与评估。需要注意的是，在累积性环境风险的识别过程中，会依据实际情况进行多次的风险评估程序，以收集足够的信息和证据来判定风险源将产生或已经产生的危害后果。在确认了风险源的危害后果情况下，需要对各风险源进行危害风险的排序。比如，美国针对"污染场地"建立了一套有害风险排序系统（HRS），它是对污染场地风险进行筛选的数学模型。HRS 依据初步评估数据和现场调查结果，利用结构化的方法从地下水迁移、地表水迁移、土壤暴露和大气迁移四个迁移途径对污染场地进行评分。[3] 经 HRS 评分后，若评分结果表明污染场地存在严重影响人体健康或生态损害的风险或威胁，则将其列入国家优先控制名录（NPL）。[4] EPA 对纳入 NPL 名单的污染场地

---

[1] 王金南等："国家环境风险防控与管理体系框架构建"，载《中国环境科学》2013 年第 1 期，第 187 页。

[2] 参见卢军、伍斌、谷庆宝："美国污染场地管理历程及对中国的启示——基于风险的可持续管理"，载《环境保护》2017 年第 24 期，第 67 页。

[3] US EPA, Hazard ranking system guidance manual, See https://semspub.epa.gov/work/HQ/189159.pdf.

[4] US EPA, Site assessment, See https://www.epa.gov/superfund/superfund-site-assessment-process.

将进行详细的调查评估工作,并制定修复方案、筛选修复措施;修复达标验收后,还须进行不少于 5 年的跟踪监测,污染场地修复稳定达标后,才可将其从 NPL 中删除。[1]截至 2024 年 3 月,美国 NPL 共有超级基金污染场地 1336 个,其中非联邦污染场地 1178 个,联邦设施场地 158 个;累计共有 456 个污染场地经过修复治理并通过跟踪监测合格后从 NPL 中予以删除。[2]

(三) 我国累积性环境风险评估的现状

如前所述,我国的环境风险评估主要集中于突发型的环境风险和具有典型性的累积性环境风险,系统性的累积性生态环境风险评估研究起步较晚,主要是在国外已有成果基础上,进行理论借鉴和实践应用。

1. 科学实践层面

从科学实践角度来看,近年来,随着环保法制工作的健全,累积性环境风险评估也得到了相当多的关注,越来越多的研究工作进入到累积性健康风险评估和生态环境风险评估当中来。

(1) 在人体健康风险评估方面,张松等建立了环境健康风险评估模型,对某湖泊饮用水源地的水环境健康风险进行评估,并指出了其中主要的污染物为 As 和 Cr(Ⅵ),建议加强该地区化学致癌物的有效控制与治理,降低致癌物质含量,以保障该地区饮用水安全。[3]杨渺等以丹棱县为例,分析了影响该地区农村饮水安全生态环境因素的空间分布特点及胁迫强度,研究分析了该区域面临的水源污染风险程度,并以村镇为单位,进行了生态环境安全的风险排序,其研究结果可对一些敏感、关键地段的生态环境综合整治提供参考。[4]

(2) 在生态环境风险评估方面,罗昊等通过建立基于 16 项底层指标的流域水环境累积风险评估综合指标体系,将突变理论应用于表达和计算累积生

---

[1] 参见牛静等:"美国超级基金 5 年回顾政策对我国污染场地风险管理的启示",载《中国环境管理》2015 年第 2 期,第 69 页。

[2] US EPA, National priorities list (NPL), See https://www.epa.gov/superfund/superfund-national-priorities-list-npl.

[3] 参见张松:"湖泊饮用水源地水环境健康风险评价的研究",载《环境与发展》2018 年第 8 期,第 12 页。

[4] 杨渺等:"农村生态环境风险评估初探——以丹棱县为例",载《四川环境》2013 年第 S1 期,第 25 页。

态环境风险，以形成系统性的流域水环境累积风险评估研究方法。[1]贾旭威等分析了三峡库区主要支流表层沉积物样品中15种重金属元素的含量水平和分布规律，并采用地累积指数法、潜在生态风险指数法等，评价了沉积物中重金属的污染状况和潜在生态环境风险。[2]莫凌等采集了某电子垃圾拆解地翠鸟及其食物（各种小型鱼类）样品，研究翠鸟对PCBs的累积特征、生物放大效应及毒性风险。[3]

2. 制度规范层面

从制度规范角度来看，2010年国务院发布了《国务院关于加强法治政府建设的意见》，提出完善行政决策风险评估机制，重点进行环境、经济等方面的风险评估，要把风险评估结果作为决策的重要依据。[4]

（1）在人体健康风险评估方面，2010年环境保护部会同原卫生部联合启动了《全国重点地区环境健康调查》项目，主要目标在于掌握我国主要生态环境问题对人群健康影响的整体情况，建立环境与健康基线信息数据库，为健康风险评估、政策制定以及发展规划提供准确、可靠的依据。2011年《国家环境保护"十二五"环境与健康工作规划》指出，我国环境污染导致人体健康损害的致病机理、暴露途径以及健康危害评价指标等方面研究相对薄弱，需要在数据收集与分析基础上，开展我国重点区域/流域、典型污染场地的健康风险评价。2017年《国家环境保护"十三五"环境与健康工作规划》指出，我国环境与健康问题基础数据缺乏、技术支撑不足问题依然突出，要继续开展环境与健康暴露评价、风险评估研究。2017年环境保护部发布了一系列健康评估技术指南，如《环境污染人群暴露评估技术指南》《暴露参数调查技术规范》《儿童土壤摄入量调查技术规范 示踪元素法》《环境与健康工作办法（试行）》（征求意见稿）。随后又连续出台《国家环境保护环境与健康工作办法（试行）》（2018年）、《暴露参数调查基本数据集》（2019年）。2020年，生态环境部出台《生态环境健康风险评估技术指南 总纲》，该标准适用

---

［1］ 罗昊等："流域水环境累积风险评估研究"，载《环境科学与管理》2017年第5期，第189页。

［2］ 贾旭威等："三峡沉积物中重金属污染累积及潜在生态风险评估"，载《地球化学》2014年第2期，第174页。

［3］ 参见莫凌等："电子垃圾拆解地翠鸟对多氯联苯的累积及风险评估"，载《生态毒理学报》2016年第2期，第155页。

［4］《国务院关于加强法治政府建设的意见》（国发［2010］33号）。

于指导生态环境管理过程中，为预防和控制与损害公众健康密切相关的环境化学性因素而开展的环境健康风险评估，详细规定了生态环境健康风险评估的一般性原则、程序、内容、方法和技术要求。除此之外，《污染场地风险评估技术导则》（2014年）、《土壤环境质量 建设用地土壤污染风险管控标准（试行）》（2018年）等技术标准规范也主要以人体健康风险为主要规制对象。

（2）在生态环境风险评估方面，2011年环境保护部发布了《区域生物多样性评价标准》，规定了生物多样性评价的指标及其权重、数据采集和处理、计算方法、等级划分等内容。2013年国家海洋局编制了《海洋生态损害评估技术指南（试行）》，规定了海洋生态损害评估的工作程序、方法及技术要求，为建立完善海洋生态环境损害赔偿制度提供了技术规范。2015年环境保护部发布了《生态环境状况评价技术规范》规定了生态环境状况评价指标体系和各种指标计算方法，为评价我国生态环境状况及变化趋势提供了标准。2016年环境保护部颁布了《生态环境损害鉴定评估技术指南 总纲》，界定了生态环境损害鉴定评估的术语定义，明确了鉴定评估应遵循的原则、评估范围和工作程序等，其作为我国生态环境损害鉴定评估技术体系的纲领性文件具有重要意义。2018年生态环境部发布了《土壤环境质量 农用地土壤污染风险管控标准（试行）》，规定了农用地土壤污染风险筛选值与管制值，为保护农用地土壤环境、管控农用地土壤污染风险、保障农作物政策生长与土壤生态环境提供了标准。此外，环境保护部门还发布了一系列动植物（如真菌、土壤动物、鸟类、水生维管植物）观测技术方法，为生态环境质量评估提供基础信息数据。

2017年中共中央办公厅、国务院办公厅印发的《生态环境损害赔偿制度改革方案》明确规定"国家建立健全统一的生态环境损害鉴定评估技术标准体系。环境保护部负责制定完善生态环境损害鉴定评估技术标准体系框架和技术总纲。会同相关部门出台或修订生态环境损害鉴定评估的专项技术规范"。为深入推进生态环境损害赔偿制度改革提供技术保障，在总结前期经验基础上，2020年生态环境部和国家市场监督管理总局联合发布了《生态环境损害鉴定评估技术指南 总纲和关键环节 第1部分：总纲》《生态环境损害鉴定评估技术指南 总纲和关键环节 第2部分：损害调查》《生态环境损害鉴定评估技术指南 环境要素 第1部分：土壤和地下水》《生态环境损害鉴定评估技术指南 环境要素 第2部分：地表水和沉积物》《生态环境损害鉴

定评估技术指南　基础方法 第 1 部分：大气污染虚拟治理成本法》《生态环境损害鉴定评估技术指南　基础方法 第 2 部分：水污染虚拟治理成本法》等六项标准。这六项标准是初步构建我国生态环境损害鉴定评估技术标准体系的重要标志，有助于未来进一步规范生态环境损害鉴定评估工作，目前这些标准也在不断地补充、完善当中。

而在风险排序方面，2016 年公布的《污染地块土壤环境管理办法（试行）》规定，设区的市级环境保护主管部门应根据土地使用权人提交的土壤环境初步调查报告建立污染地块名录。对列入名录的污染地块，设区的市级环境保护主管部门应按照国家有关环境标准和技术规范，确定该污染地块的风险等级。污染地块名录实行动态更新。2018 年《土壤污染防治法》也规定，国家实行建设用地土壤污染风险管控和修复名录制度；国家建立农用地分类管理制度，按照土壤污染程度和相关标准，将农用地划分为优先保护类、安全利用类和严格管控类。2020 年生态环境部出台《生态环境标准管理办法》，该办法旨在制定生态环境风险管控标准，控制生态环境中的有害物质和因素，推进生态环境风险筛查与分类管理。

(四) 我国累积性环境风险评估的完善

总结来看，我国已逐渐建立起累积性环境风险评估框架，特别是在人体健康风险评估方面，进行了较多的立法和实践尝试。比较而言，针对生态环境的风险评估制度相对滞后，特别是针对其他生命受体（鸟类、微生动植物等）的评估程序、方法还处于起步阶段。再者，我国生态环境综合性风险评估主要还存在基础信息数据欠缺、评估方法与风险排序方法薄弱等问题。据此，针对我国生态环境损害综合风险评估完善问题，建议如下：

(1) 统筹基础信息数据。生态环境监测获取的相关信息及数据是生态环境风险评估的基础凭据，但目前我国仍然较为缺乏区域特征污染物浓度的长期监测信息数据，也尚未建立有效的监测信息基础数据库，致使累积性生态环境风险评估的研究受到限制。[1]因此，必须深入探索生态环境风险监测工作机制，研究技术方法体系；针对生态环境污染物来源和人群暴露途径开展长期监测，持续性、系统性收集基础信息数据，为及时、动态评价和预测生

---

[1] 袁鹏等："国内外累积性环境风险评估研究进展"，载《环境工程技术学报》2015 年第 5 期，第 398 页。

态环境风险发展趋势奠定基础。同时，还需要统筹生态环境与健康监测、调查、评估等业务需求，推进生态环境大数据建设工程，拓宽信息数据获取渠道，整合数据资源，完善生态环境与健康信息综合管理平台。[1]从尚未出台的《生态环境监测条例》（草案征求意见稿）内容来看，相关问题已经纳入立法的考虑范畴。例如，条例规定有关部门应组织对生态系统的数量、质量、结构和服务功能等开展定期监测与评估；建立生态环境监测大数据平台，加强生态环境监测数据资源的管理、开发与应用，为生态环境保护决策、管理和执法提供数据支持。

（2）强化基础评估方法。由于我国生态环境风险与基准研究基础比较薄弱，故《污染场地风险评估技术导则》《土壤环境质量 建设用地土壤污染风险管控标准（试行）》等评估技术规范主要建立在对国外理念、方法、模型的大量借鉴的基础上。[2]比如，我国《污染场地风险评估技术导则》规定的技术方法主要参照了美国环保局（EPA，1996；2002）测试和材料标准（ASTM，2002）技术方法。[3]但实际上，各国生态环境风险评估的暴露途径、暴露参数、毒性评估都与各国地理、文化因素及管理决策直接相关，适用于某区域的研究方法很有可能在另一地理环境下失效。因此我国需要在借鉴国外评估方法的基础上，研究与我国实际情况相符的主要污染物、新型污染物及复合污染对健康影响的致病机理；污染物理化性质、土壤、地下水等基本参数、暴露途径、毒理学评价模型；有害污染物的健康危害评价指标和分析测试技术等。[4]生态环境风险评估是一个复杂、系统的工程，只有自主开展我国生态环境风险评估的系统研究，才能制定出科学、合乎实际的生态环境风险评估技术体系。

（3）完善风险排序方法。《污染地块土壤环境管理办法（试行）》《土壤污染防治法》已确立了污染地块风险等级划分与优先修复名录制度，但具体的操作方法与程序尚不明确。当前我国尚缺乏综合性的生态环境筛查模型、风险评价指标体系、风险等级划分技术方法，也尚未建立基于不同生态环境

---

[1] 参见《国家环境保护"十三五"环境与健康工作规划》，第7~10页。
[2] 参见2016年环境保护部办公厅发布的：《关于〈土壤环境质量标准〉修订思路及有关情况的说明》，第46页。
[3] 参见2009年《〈污染场地风险评估技术导则〉（征求意见稿）编制说明》，第6页。
[4] 参见《国家环境保护"十二五"环境与健康工作规划》，第7页。

类别的污染损害清单及对应的分类管控措施等。因此，还需在借鉴其他国家或地区风险筛选分类方法（如 HRS）和优先控制名录（如 NPL）的基础上，有计划、分步骤地开展适合我国实际的建设用地、农用地、水系流域、滨海湿地等不同环境要素或生态系统的风险排序和分类管控方法体系。[1]

第二节 生态环境损害的鉴定评估

在生态环境修复治理过程中，会基于不同的需求目的进行不同层次的评估程序。与前文"综合评估""初步评估"程序以识别生态环境修复对象不同，本部分所要剖析的"生态环境损害评估"是指在选定修复对象后，鉴定评估机构按照规定的程序和方法，具体评估污染环境或破坏生态行为所致生态环境损害的范围和程度，筛选修复措施，量化生态环境损害数额，为生态环境修复决策提供详细基础数据的过程。[2]因此，在该阶段程序当中，涉及两大问题：①由谁评估？②如何评估？第一个问题解决的是鉴定评估主体问题；第二问题则涉及具体鉴定评估技术方法的选择运用。

一、鉴定评估的主体规则

（一）鉴定评估启动的类别划分

目前我国启动生态环境损害评估程序的情形主要分为三大类：

（1）服务于行政系统的生态环境损害评估，主要由行政主体启动评估程序。具体又可区分为两小类：

第一，在突发性环境事件中，由行政机关组织的生态环境损害鉴定评估活动。根据《突发环境事件应急管理办法》第 31 条规定，在突发环境事件中，县级以上地方环境保护主管部门应当在本级人民政府的统一部署下，组织开展突发环境事件环境影响和损失等评估工作。

第二，行政机关基于环境管理职能需要，主动进行的生态环境损害鉴定评估活动。如针对工业污染场地问题，基于解决土壤污染、消除环境风险、满足土地再利用的需要，行政机关会根据污染场地的实际情况展开有针对性

---

[1] 参见谷庆宝等："我国土壤污染防治的重点与难点"，载《环境保护》2018 年第 1 期，第 17 页。
[2] 参见《生态环境损害鉴定评估技术指南　总纲》，第 3.1 条。

的生态环境损害鉴定评估工作。

（2）服务于司法系统的生态环境损害司法鉴定，主要由人民法院或当事人启动评估程序。在生态环境损害司法审判活动中，一般根据生态环境损害实际情形，由人民法院依职权或当事人依申请启动生态环境损害鉴定评估活动。如《生态环境损害赔偿管理规定》（2022年）第20条规定，赔偿权利人单独或与赔偿义务人共同委托环境损害司法鉴定机构出具鉴定报告。

（3）服务于生态环境损害民事赔偿的鉴定评估，主要由保险机构、环境高风险企业或者受害者启动程序。《环境污染强制责任保险管理办法（征求意见稿）》（2017年）第21条、第25条等条款规定了保险公司、环境高风险企业或受害者启动鉴定评估程序的具体流程和方法。[1]

整体而言，①由行政主体启动的生态环境损害评估活动，目前大多由各省（自治区、直辖市）行政部门（如农业、林业、海洋等）内设的监测评估机构、各级环保主管部门内设的环境监测部门（如中环境监测总站）或其下属环境科学研究院（如环境保护部华南环境科学研究所）完成；或者通过招投标方式由相关地产开发公司/环境修复公司进行相应的生态环境损害评估/开发/修复工作。②由人民法院依职权或当事人依申请启动的生态环境损害鉴定评估活动，目前主要委托给环境损害司法鉴定机构或国务院相关主管部门推荐的机构。③由保险机构、环境高风险企业或者受害者启动的生态环境损害评估活动，主要委托给环境损害鉴定评估机构，或直接引用相关司法判例中的评估结论。其中"环境损害鉴定评估机构"有可能是隶属于行政系统的监测评估机构，也有可能是具有环境损害鉴定资格的其他社会评估机构。

（二）环境司法鉴定评估机构改革

如前所述，在实际的生态环境修复过程中，部分地区政府采用实用主义思路，对所需修复的受损生态环境进行"简便"评估/修复，或委托给地产公司/修复公司进行修复/开发，由于缺乏必要的鉴定评估标准和规程，使得鉴定评估过程"随意性"较为明显。行政主体也往往会对修复周期进行大幅缩减，短平快成了生态环境行政评估/修复的基本要求。行政机关的"实用"思维与公众"全面修复要求"差距甚远，公众表达机制的匮乏、公众理性与政

---

[1] 参见王江："环境损害司法鉴定：制度框架、现实困境与破解思路"，载《中国司法鉴定》2018年第2期，第11页。

府理性考量因素的偏差以及各自理性的单方面强化,导致政府与公众双方缺乏沟通与兼容,不信任感蔓延。正是在这种信任危机下,促使了生态环境评估/修复活动向司法途径转移,并在一定程度上促进了我国环境司法鉴定机构的改革。总体而言,我国进行环境司法鉴定机构改革的主要动因在于,环境损害司法鉴定机构存在资质能力参差不齐,人才技术力量薄弱,缺乏必要的资质准入标准与监管程序等问题。同时,从现有的司法实践来看,我国环境损害鉴定评估机构还存在数量不足、地域分配不均的问题,严重制约了我国环境司法鉴定评估工作的有效开展。

为推动环境司法鉴定评估事业的发展,近年来,环境保护部门、司法部门共同采取了一系列改革措施:

第一,环境保护部门进行了一系列环境损害鉴定评估的试点,比如环境保护部门从2011年开始在河北、江苏、山东、河南、湖南、重庆、昆明五省二市进行环境损害鉴定评估试点,2013年、2014年又陆续增加了深圳、四川和绍兴等地区试点单位。其中,江苏省形成了比较完备的环境损害司法鉴定体系、流程及内部监督机制;昆明市建立了环境污染损害司法鉴定评估中心,开设了独立账户和资金,取得了司法鉴定资质;绍兴市创设了以鉴定评估机构主导、技术协作单位协作、多部门协作联合的"1 + 3 + X"评估模式。[1]

第二,环境保护部门、司法部等相关机构颁布了一系列法律规范来确立、细化环境损害司法鉴定机构的设立评审和登记规范。2011年环境保护部发布了《关于开展环境污染损害鉴定评估工作的若干意见》,首次以规范性文件形式提出建立环境损害鉴定评估机构,并进行了一些的环境损害鉴定评估试点工作。随后,环境保护部办公厅于2014年印发了《环境损害鉴定评估推荐机构名录(第一批)》。2015年最高人民法院等部门联合发布了《关于将环境损害司法鉴定纳入统一登记管理范围的通知》,决定将环境损害司法鉴定纳入统一登记管理范围。2015年司法部、环境保护部联合发布了《关于规范环境损害司法鉴定管理工作的通知》明确要求,省级司法行政机关应当按照《司法鉴定机构登记管理办法》《司法鉴定人登记管理办法》规定的条件和程序,

---

[1] "1"是鉴定评估机构——绍兴市环保科技服务中心,"3"是技术协作单位——市固废中心、监控中心和环境监测中心站,"X"是多部门协作,包括水利、卫生、质监、林业、国土、农业、水务等。参见邢洁等:"中国环境污染损害鉴定评估研究进展",载《环境科学与管理》2016年第5期,第37页。

对申请从事环境损害司法鉴定业务的机构和个人进行审核,并会同同级环境主管部门组织专家进行专业技术评审。2016年环境保护部发布了《关于成立环境保护部环境损害鉴定评估专家委员会的通知》,并公布"环境保护部环境损害鉴定评估专家委员会专家名单"。2016年环境保护部办公厅印发了《环境损害鉴定评估推荐机构名录(第二批)》。2016年司法部、环境保护部联合印发了《环境损害司法鉴定机构登记评审办法》和《环境损害司法鉴定机构登记评审专家库管理办法》,对环境损害司法鉴定机构开展专家评审工作的程序、步骤及专家库构成、使用等作出明确规定。2018年司法部、生态环境部联合印发了《环境损害司法鉴定机构登记评审细则》,对专家评审工作的具体操作程序、环境损害司法鉴定机构和鉴定人的专业能力、仪器设备、实验室要求等作出明确规定。为进一步规范环境损害司法鉴定执业活动,明确界定环境损害司法鉴定机构的业务范围和鉴定人的执业类别,2019年司法部、生态环境部联合发布了《环境损害司法鉴定执业分类规定》,将环境损害司法鉴定领域区分为污染物性质鉴定、地表水与沉积物环境损害鉴定、空气污染环境损害鉴定、土壤与地下水环境损害鉴定、近岸海洋与海岸带环境损害鉴定、生态系统环境损害鉴定、其他环境损害鉴定7大类47小类。更加清晰准确地界定了环境损害司法鉴定机构和鉴定人执业类别和范围,方便环境损害司法鉴定委托,对提高环境损害司法鉴定管理工作的针对性、规范性和科学性具有重要意义。为尽快落实《生态环境损害赔偿制度改革方案》,满足行政管理、生态环境损害赔偿磋商、环境司法等工作需要,2020年生态环境部又公布了《生态环境损害鉴定评估推荐机构名录(第三批)》,以进一步推进生态环境损害鉴定评估专业力量建设的要求,充分发挥鉴定评估的技术支撑作用。

(三) 鉴定评估机构运行模式之争

整体而言,生态环境鉴定评估机构改革主要涉及两大问题:一是资质能力。通过设立统一的评审标准和评审程序,筛选业务优良的鉴定评估机构,以改变环境损害司法鉴定机构资质能力良莠不齐的现状。二是运营模式。即是否需要通过对生态环境损害司法鉴定评估机制的重塑,建立独立的生态环境损害司法鉴定机构,来克服鉴定评估中可能存在的行政职权化或其他虚假/违法鉴定评估等问题。

针对第一个"资质能力"问题,多数观点认为,行政机关内设或下属的环境损害鉴定评估机构可以通过程序设定、专家引进或技术、设备升级,来达到各项环境损害司法鉴定评审要求。但针对第二个"独立性"问题,行政机构下属的鉴定评估机构是否有必要进行独立以及如何实现,则产生较大分歧。一种观点指出,由于环境污染损害成因复杂,会涉及环境科学、农林渔业、海洋生态、医疗卫生等多个学科门类,为确保生态环境损害鉴定评估的科学性、有效性等,鉴定评估应纳入政府管理职能,由政府统一协调各部门进行鉴定评估,以便生态环境损害能够得到全面、公正的修复或赔偿。由此,在我国当前的生态环境损害鉴定评估改革中,政府部门中的监测、检验等鉴定评估机构应成为生态环境损害鉴定评估工作的"主要力量"。[1]另一观点则指出,若以政府部门下属的环境监测中心或环境科学研究院为主要力量,则生态环境损害鉴定评估将带有浓厚的行政职权化色彩,这将直接影响鉴定结论的公正性和权威性。[2]因此,建议生态环境损害鉴定评估机构应与行政部门"完全分离",即采用市场化的运营方式,以此确保鉴定评估机构的独立性、中立性与鉴定结论的科学性、公正性。[3]

仔细观之,两种观点均有其一定的合理成分。前一种观点,指出了生态环境鉴定评估活动的专业性和综合性要求,即生态环境损害评估对象广泛,可能涉及农业、林业、渔业、海洋、卫生等多个领域,这就需要具备法律、经济、社会学、自然学等多学科专门知识,也需要多部门的沟通协作。而生态环境行政监测评估部门在信息采集、信息处理、方法运用、组织协调等方面都具有相当的专业技术能力和经验优势。比如在生态环境全过程风险管控过程中,行政机关在风险识别、综合评估、污染管控等程序中已收集获取了相当的材料数据,且在调动各项鉴定评估资源方面具有组织优势,这对于其开展具体的生态环境损害评估工作大有裨益。后一种观点,则明确指出了行政追责模式下生态环境损害鉴定评估可能存在的弊病与症结问题,即缺乏必要的评估监管体制,鉴定评估活动的公正性、真实性无法保障。而生态环境

---

[1] 参见王元凤等:"我国环境损害司法鉴定的现状与展望",载《中国司法鉴定》2017年第4期,第13页;唐柱云、汪锋:"无锡市环境损害鉴定评估工作实践研究",载《安徽农业科学》2016年第26期,第219页。

[2] 参见远丽辉:"论环境损害司法鉴定机构的设立模式——以其公有性为视角",载《中国司法鉴定》2016年第2期,第22页。

[3] 参见曹锦秋、王兵:"论我国环境损害鉴定评估主体法律制度的完善",载《辽宁大学学报(哲学社会科学版)》2017年第2期,第116页;吴宇欣:"环境损害鉴定主体研究",载《环境与可持续发展》2013年第4期,第52页。

损害监测评估机构的"独立化运行模式"正是对司法部、原环境保护部《关于规范环境损害司法鉴定管理工作的通知》中"鼓励和支持依托优质资源设立高资质高水平鉴定机构,注重保障司法鉴定机构的中立第三方地位"的制度回应,强调通过建构生态环境损害鉴定评估机构的"中立第三方"地位,来保障生态环境损害鉴定评估结论的客观性、真实性。

本书认为,针对环境损害鉴定评估机构独立化运行的问题,应采用分类思维予以考量。首先,生态环境损害鉴定评估专业性要求极高且关涉重大,为克服传统行政追责模式当中环境损害鉴定评估的随意性,增强生态环境评估工作的科学性与公正性,必须统一我国生态环境损害鉴定评估的评估标准、评估流程,并对环境损害鉴定评估机构进行统一的监督管理。其次,必须要看到,行政系统中监测评估机构的多样性功用。如前所述,在行政机关基于"全过程"的环境风险管控活动中,"风险评估"是其有效行权的重要手段,各行政部门必须通过其评估机构展开日常的行政管理工作,以对生态环境质量展开综合评估、风险评价等,评估活动实际上贯穿了行政机关整个行政管理过程。可见,行政机关内设监测评估机构是行政部门开展行政管理工作的必要组织成分与方法工具,要求其完全脱离行政主体,并不具有现实性。因此,针对以上争点,建议采用类型化的方式,对监测评估机构进行分类管理。

(1) 保留农业、林业、海洋等行政部门内设评估机构设置,作为行政主体的必要组织单位,仍由行政机构进行组织管理,以保证日常行政管理事务的有效开展。

(2) 推动各省(自治区、直辖市)或各级环保部门所属的鉴定评估单位(各类监测评估中心或研究院)向独立化的环境损害鉴定评估机构的转变。

(3) 在今后的生态环境损害鉴定评估实践中,一方面,应尽量将相关鉴定评估工作委托于符合《环境损害司法鉴定机构登记评审办法》《环境损害司法鉴定机构登记评审细则》等相关司法鉴定评估规范的具有独立地位的环境损害鉴定评估机构进行鉴定评估,以保证鉴定评估结果的公信力和中立性。另一方面,对行政机关内设监测评估机构的鉴定评估结论的专业性或公正性产生异议的,也可以依法申请重新鉴定。[1]

---

[1] 参见曹东等:"解析环境污染损害鉴定评估工作流程",载《环境保护》2012年第5期,第30页。

（4）从实践情况来看，多样的生态环境损害成因与损害类型使得生态环境损害鉴定评估常常涉及众多专业学科知识，单一性质来源的鉴定评估机构并不一定能满足环境损害司法鉴定评估实际工作需要的，这就需要不同类型的环境损害评估机构通力合作，共同完成。

因此，建议借鉴绍兴市"1+3+X"评估模式，加强行政组织内设监测评估机构与独立化的环境损害鉴定评估机构的交流协作，比如针对具有复杂性和学科交叉性的环境损害鉴定评估问题，根据环境损害的具体情况，引入农业、林业、渔业、卫生、质监等部门专业人员，在设计采样方案、实施分析检测以及开展结果评价等环节全面参与环境损害司法鉴定活动，共同完成生态环境损害鉴定评估中涉及的各项专业问题，形成多单位协作局面。[1]

需要注意的是，针对机构鉴定存在的周期长、成本高、效率低等问题，贵州省采取机构鉴定和专家出具专家意见两种办法。即除采用机构鉴定的办法外，在实践中还实施了专家辅助鉴定的办法，以克服机构鉴定的弊端。这种利用专家证言定案的方式，在温某某诉西洋肥业大气污染责任纠纷案[2]中首次运用，较好地处理了鉴定评估问题。客观而言，引入专家意见方式增强了案件处理的灵活性，但在这一过程中，应格外注意对专家资格认证的严格把关，相关部门应及时出台规范性文件，提升专家辅助鉴定的专业性、规范性。[3]

（四）鉴定评估机制的优化对策

在促进生态环境损害鉴定评估机构独立化运行的基础上，还需在当前鉴定评估法规范基础上，进一步健全相应的环境损害鉴定评估机构资质准入标准与监管程序，并建立相应的环境损害鉴定评估责任追究制度，来克服当前我国鉴定评估机构运营的薄弱环节，促进我国环境损害鉴定评估机构专业资质的全面升级。

---

[1] 依据我国《司法鉴定程序通则》第23条的规定："司法鉴定人进行鉴定，应当依下列顺序遵守和采用该专业领域的技术标准、技术规范和技术方法：（一）国家标准；（二）行业标准和技术规范；（三）该专业领域多数专家认可的技术方法。"基于生态环境损害鉴定评估的复杂性，故应采用"标准方法优先"+"专业领域会诊"相结合的评估策略。参见王元凤等："我国环境损害司法鉴定的现状与展望"，载《中国司法鉴定》2017年第4期，第12页。

[2] 贵州省清镇市人民法院［2010］清环保民初字第3号判决书。

[3] 陈小平、高申统："生态环境损害赔偿磋商的探究：从制度到实践——以贵州省的环保司法实践为探究基础"，载《珠江论丛》2019年第3期，第325～337页。

（1）建立统一的资质标准，促进鉴定评估机构技术能力与专业设备升级。《环境损害司法鉴定机构登记评审办法》《环境损害司法鉴定机构登记评审细则》等相关规范对环境损害司法鉴定机构和鉴定人的专业能力、仪器设备、实验室要求等作出了明确规定，环境损害鉴定评估机构必须获得相应的资质和准入条件后才能接受委托开展相关工作，这为我国环境司法鉴定制度的建立健全打下了良好的基础。当前，应积极促成行政机关所属的监测评估中心或环境研究所按照评审办法与细则的要求进行机构改革与升级，以达到相应的资质要求，为其独立化运行奠定基础；对于其他不符合《评审办法》规则的鉴定评估机构也应积极进行积极改善自身硬件设施设备、业务管理能力、鉴定评估实务水平、配备技术能力等专业条件，以符合相应的资质准入或管理要求。

（2）健全二元行政监管制度，严格监管环境损害鉴定评估工作。根据《关于规范环境损害司法鉴定管理工作的通知》规定，司法行政机关和环境保护部门应协调配合，指导鉴定机构加强规范化建设，依法查处违法违规执业行为，取缔或淘汰不合格的鉴定机构和鉴定人员。因此，在今后的鉴定评估监管中，应进一步加强司法行政部门和环保部门之间的分工合作。对此，有学者指出，司法行政部门和环保部门应在行政管理和技术管理上各有侧重，比如，由司法行政部门对鉴定评估机构、人员进行登记、名册编制与公告，资格变更、撤销及相关资质审查；环保部门则主要负责制定鉴定评估工作的流程、鉴定标准、技术规范和操作细则等业务性规则。[1]同时，司法行政主管部门还应会同环保部门，加强对从事环境损害司法鉴定机构及人员的动态考核，健全环境损害鉴定评估动态管理和退出机制；对不符合要求机构或个人，及时终止其鉴定评估业务、要求其进行整顿或予以清退，共同改善环境损害司法鉴定行业的发展环境，推进环境损害司法鉴定制度的建设与完善。

（3）确立行业监管机制，加强环境损害鉴定评估的行业监管。行业监管是一种行业自律管理形式，通过督查、检查或审核审计等方法对进入行业的主体进行监督管理，实现行业管理目标的活动。[2]行业监管在我国许多行业

---

[1] 参见於方、田超、张衍燊："我国环境损害司法鉴定制度初探"，载《中国司法鉴定》2015年第5期，第16页。

[2] 参见曹东等："解析环境污染损害鉴定评估工作流程"，载《环境保护》2012年第5期，第33页。

中都有适用，如律师协会、证券协会等并取得了良好效果。环境损害鉴定评估工作具有科学性、专业性和复杂性等特征，因此有必要在行政规制的同时，引入行业协会的监督管理。如有学者建议应由司法部司法鉴定科学技术研究所和中国环境科学学会联合设立行业专家委员会来统一履行对环境损害鉴定评机构的行业监管；并开展与环境损害鉴定评估的道德规范、技能培训、认证认可、学术研究等相关工作，以保证环境损害鉴定机构不会轻易趋利妄断。[1]

(4) 建立生态环境损害鉴定评估责任追究制度。明确的法律责任能够保障环境损害鉴定评估结果的准确、客观，因此，应当明晰环境损害鉴定评估机构、鉴定评估人员及入库专家的法律责任，根据其违法行为类型与程度，除要求其进行必要的民事赔偿之外，还可以对违反法律法规的鉴定评估行为进行相应的行政处罚或追究其刑事责任。比如鉴定评估机构或者个人违规评估或超越资质对应范围评估等违法行为，根据其行为情节的轻重，分别予以罚款、吊销执业资格等处罚；对于专家不按照标准进行机构评审、私下收受贿赂等违法行为，视情节轻重，对其进行责令改正、取消评审资格等处罚。

(5) 建立诚信档案与信息公开制度。首先，建立环境损害鉴定评估机构和鉴定人员诚信档案，对其资质能力、执业信息、违法行为等情况进行记录，并通过网络平台等方式予以公开。对有违法记录或技术误导的鉴定机构和鉴定人员除了依法进行行政处罚外，还应当纳入黑色名录，限制其相关业务的开展。其次，对环境损害鉴定评估机构和鉴定人员鉴定评估的对象、时间地点、出具鉴定意见所依据的科学原理与技术方法、鉴定评估的操作程序等信息，及时通过信息共享平台向社会公开，并接受社会公众的质询与监督，以增强环境损害鉴定评估工作的公平、公正。

二、鉴定评估对象/范围与程序

(一) 鉴定评估的技术规范

针对广泛的评估领域与评估范围，多年来，原农业部、原国家海洋局、原环境保护部等相关行政部门制定了一系列技术导则和标准，以规范生态环

---

[1] 远丽辉："论环境损害司法鉴定机构的设立模式——以其公有性为视角"，载《中国司法鉴定》2016年第2期，第23页。

境损害评估工作。比如原农业部及其下属渔业部门针对环境污染造成的种植业和渔业损害评估陆续发布了相关技术文件，主要包括《渔业污染事故调查鉴定资格管理办法》（2000年）和《渔业污染事故经济损失计算方法》（GB/T 21678-2008）、《农业环境污染事故损失评价技术准则》（NY/T 1263-2007）；国家海洋局先后颁布了《海面溢油鉴别系统规范》（1997年）和《海洋溢油生态损害评估技术导则》（2007年）（HY/T 095-2007）、《海洋生态环境损害评估技术指南（试行）》（2013年）；环境保护部出台了《关于开展环境污染损害鉴定评估工作的若干意见》（2011年）、《环境污染损害数额计算推荐方法（第1版）》（2011年）、《环境损害鉴定评估推荐方法（第Ⅱ版）》（2014年）；等等。这些技术规范在一定时期为我国生态环境损害鉴定评估活动起到至关重要的指引和规范作用。但整体来讲，基于行政部门职能划分的多种技术规范，没有形成统一规范的评估程序与技术导则，导致在实际的评估活动中存在评估范围重复、评估方法依据不足、评估结果差异大等问题，给执行部门和人民法院裁判带来困惑。[1]

针对我国生态环境损害鉴定评估基础研究能力薄弱、技术标准不统一的现状，2016年环境保护部颁布了《生态环境损害鉴定评估技术指南 总纲》，作为我国环境损害鉴定评估技术体系的纲领性文件。该总纲界定了生态环境损害鉴定评估的术语定义、明确了鉴定评估应遵循的原则、评估时间和空间范围、评估内容和工作程序等，对于健全我国生态环境损害鉴定评估技术体系、促进我国生态环境损害鉴定评估工作向专业化、系统化和精细化方向转变具有重要的意义。[2]

2020年，在《生态环境损害鉴定评估技术指南 总纲》（2016年）的基础上，生态环境部和国家市场监督管理总局又联合发布了《生态环境损害鉴定评估技术指南 总纲和关键环节 第1部分：总纲》《生态环境损害鉴定评估技术指南 总纲和关键环节 第2部分：损害调查》《生态环境损害鉴定评估技术指南 环境要素 第1部分：土壤和地下水》《生态环境损害鉴定评估技术指南 环境要素 第2部分：地表水和沉积物》《生态环境损害鉴定评估技术指

---

[1] 参见於方等："借他山之石完善我国环境污染损害鉴定评估与赔偿制度"，载《环境经济》2013年第11期，第42页。

[2] 於方、张衍燊、徐伟攀："《生态环境损害鉴定评估技术指南 总纲》解读"，载《环境保护》2016年第20期，第10页。

南 基础方法 第1部分：大气污染虚拟治理成本法》《生态环境损害鉴定评估技术指南 基础方法 第2部分：水污染虚拟治理成本法》等六项标准。这六项标准相比于之前的规范，一是进一步明确了基线的确定方法，充分考虑了历史数据和对照数据的时间和空间变异，统一了基线的取值原则和方法；二是提升了可操作性，完善了生态环境损害调查的内容和方法、明确了环境价值评估方法的优先次序、优化了恢复方案制定原则和程序，针对大气污染和地表水污染完善了简化评估方法，六项文件繁简结合，技术要求细化，可操作性进一步提升；三是加强了规范性，对环境要素、生态系统等专项技术文件进行了修订完善，增强技术标准体系的协调性和规范性。[1]

（二）鉴定评估的领域/范围

如前所述，生态环境损害风险受体主要包括人体健康与生态环境两方面，进而生态环境损害评估包括人体健康评估与生态环境评估两方面。人体健康风险评估旨在保护人类健康，通过危害物识别、剂量与反应评估、暴露评估和风险表征等评估步骤，确定减轻或消除健康风险和环境风险的方法。生态环境风险评估则是从人群健康风险评估之中演化和发展而来，用来应对和预防环境污染对动物、植物等生物资源，森林、草原、湿地等生态系统以及其他生态环境组成部分造成不可逆转的生态影响。与人体健康风险评估类似，生态风险评估主要评估步骤包括问题陈述，问题分析与风险表征等环节。[2]

生态环境损害风险受体决定了需要进行生态环境损害鉴定评估的领域/范围，2015年，司法部、环境保护部发布《关于规范环境损害司法鉴定管理工作的通知》，以人体健康与生态环境为生态环境损害的风险受体，确定了生态环境损害司法鉴定过程中主要鉴定评估领域包括：①危险废物、有毒物质等污染物性质鉴定；②河流、湖泊、水库等地表水和沉积物环境损害鉴定；③农田、矿区、居住和工矿企业用地等土壤与地下水环境损害鉴定；④海岸、潮间带、水下岸坡等近海海洋环境资源及生态环境损害的鉴定；⑤动植物等生物资源、森林等生态资源以及生态系统功能损害的鉴定，等等。

---

〔1〕 "为深入推进生态环境损害赔偿制度改革提供技术保障——专家解读六项生态环境损害鉴定评估新标准"，载《中国环境报》2021年1月1日。

〔2〕 参见卢军、伍斌、谷庆宝："美国污染场地管理历程及对中国的启示——基于风险的可持续管理"，载《环境保护》2017年第24期，第67页。

(三) 鉴定评估的工作程序

1. 美国 DOI 和 NOAA 评估程序

规范化的评估程序可以保证生态环境损害事件得到及时、有效处理，欧美等国家对环境污染损害的评估形成了一套比较成熟的做法和体系。美国是较早建立完备环境损害评估和赔偿制度的国家。根据美国联邦法律，美国内政部 (DOI)、国家海洋与大气管理局 (NOAA)、能源部 (DOE) 以及州政府和部落组织等均可以作为自然资源管理部门组织开展自然资源损害评估 (NRDA)。具体的 NRDA 工作可委托给具有一定技术力量和资质的环境咨询公司或科研机构。[1] 美国在自然资源损害评估中建立了两套规则，分别为 DOI、NOAA 规则。DOI 规则由 CWA 及 CERCLA 授权内政部制定，该规则规范 CERCLA 下的除石油外所有危险物质的泄漏和 CWA 下的石油泄露引起地表水污染损害的评估；NOAA 规则由 OPA 授权美国国家海洋与大气管理局制定，规范石油污染造成的海洋损害的评估。

(1) DOI 评估程序。1994 年，美国内政部发布了关于自然资源评估程序的规章，包括 4 个部分：评估前期；评估计划期；评估期以及后评估期。[2] 该规章规定了两种自然资源损害赔偿评估程序：Type A 程序和 Type B 程序。Type A 程序主要适用于释放的界限是知道的或者/和容易被确定时的单一物质以单一方式的释放，即适用于少量油或有害物质污染的事件，用简单的特定的模型进行计量。[3] Type B 程序则适用于对于有害物质的释放种类等问题没有具体的规定的污染事故，而且是以个案审查的方式对每一次事故进行单独的、特定的评估。DOI 规则也主要是对于适用 Type B 程序进行的自然资源损害赔偿进行规制。Type B 程序通常由三部分组成：损害确定、损害量化、损害赔偿金额确定。[4] 其中，"损害确定"包括损害的定义、确定途径的指导以及测试和取样方法。"损害量化"包括确定基线条件的方法、估计恢复期的方法以及衡量因自然资源受到损害而减少服务的程度的方法。"损害赔偿金额

---

[1] 参见於方等："借他山之石完善我国环境污染损害鉴定评估与赔偿制度"，载《环境经济》2013 年第 11 期，第 45 页。

[2] 43 C.F.R. § 11.13 (b) – (f) (1994)

[3] 43 C.F.R. § 11.40 (a) (2016).

[4] 其中损害量化将自然资源的价值分为两部分：一是恢复、修复、重置和/或获取同等受损自然资源及其这些资源提供的服务所需要的费用；二是自然资源在损害发生到自然资源的服务恢复到基线水平的期间损失。See 43 C.F.R. § 11.60 (d) (1) (2016).

确定"包括关于费用估算和估价方法的指导意见,根据恢复、重建、重置或获得同等资源的费用确定赔偿额等。[1]

(2) NOAA评估程序。根据美国《油污染法规章》(1996年),自然资源损害评估程序包括3个阶段:预评估阶段,损害评估和修复规划阶段以及修复实施阶段。①预评估阶段主要涉及 OPA 的适用性、受托机构的管辖权以及开展 NRDA 的合法性等问题,具体包括应急行动、取样试验、初步评估等。②损害评估和修复规划阶段主要涉及量化和评价自然资源和服务受到的损害、确定修复措施的类型和规模、筛选修复方案,形成修复规划。③修复实施阶段。受托机构提出书面要求,邀请责任方根据受托机构的最终实施标准实施最终修复计划,并补偿受托机构由此产生的评估费用、实施费用等。受托机构可获得的损害赔偿包括重建、复原、更换或取得受损自然资源类似等价物的成本;自然资源在进行重建期间价值的减少;评估这些损害赔偿的费用。[2]

比较而言,DOI 与 NOAA 评估规则强调将自然资源恢复至"基线"状态,也均强调对期间损害的赔偿。但 DOI 规则注重以经济学工具评估自然资源使用价值,而 NOAA 则主要是以实际的修复工程费用为依据计算损害赔偿金额。[3]

2. 我国生态环境损害鉴定评估程序

在总结和借鉴其他国家或地区生态环境损害评估规则基础上,2016年环境保护部颁布了《生态环境损害鉴定评估技术指南 总纲》,对我国生态环境损害评估程序和关键环节进行了相对原则性的规定。2020年生态环境部出台《生态环境损害鉴定评估技术指南 总纲和关键环节 第1部分:总纲》,进一步对生态环境损害评估程序进行了优化,具体包括:①工作方案制定;②损害调查确认;③因果关系分析;④损害实物量化;⑤损害价值量化;⑥评估报告编制;⑦恢复方案实施;⑧恢复效果评估。其中,一般的生态环境损害鉴

---

[1] 刘晓华:"美国自然资源损害赔偿制度及对我国的启示",载《法律适用》2020年第7期,第20~28页。

[2] 参见牛坤玉等:"自然资源损害评估在美国:法律、程序以及评估思路",载《中国人口·资源与环境》2014年第S1期,第346页。

[3] 参见於方等:"借他山之石完善我国环境污染损害鉴定评估与赔偿制度",载《环境经济》2013年第11期,第43页。

定评估应包括损害调查确认、因果关系分析,但实物量化、修复方案筛选与价值量化和修复效果评估等内容则可根据实际情况决定是否需要开展。[1]

如上,生态环境损害鉴定评估的工作程序主要包括工作方案制定、损害调查、实物量化等六大步骤,而每一步骤又会涉及不同的评估方法。比如,工作方案制定阶段主要运用资料收集分析、现场踏勘、文献查阅等技术方法;损害实物量化阶段则主要通过选择适当的实物量化指标,利用对比分析、模型模拟等技术方法对损害的程度、时间和空间范围进行物理量的表征;损害修复效果评估阶段则主要采用环境监测、生物调查和问卷调查等方法开展工作。[2]

当前,针对生态环境损害评估的关键环节,生态环境部已出台《生态环境损害鉴定评估技术指南 总纲和关键环节 第 2 部分:损害调查》,相比于之前的规范,此次《损害调查》完善了现场踏勘过程的相关要求,提出现场踏勘过程中应以视频等方式对关键环节进行记录,并明确了调查记录应包含的具体信息;调整了现场踏勘过程中快速检测样品的保存要求,使其更具可操作性;细化了调查工作的质量控制要求,将整体损害调查工作的质量保证和质量控制分为了调查数据采集质量控制、分析测试及实验室质量控制、调查表填报质量控制三个方面,并提出了具体要求;增加了生态调查的相关内容。附录部分增加了样方和样带调查的技术要求,并补充了初步调查和系统调查过程中关于生态调查的具体内容。

而针对生态环境损害鉴定评估的其他关键环节,如因果关系分析、损害实物量化、损害价值量化等,生态环境部表示还将会同各相关部门共同开展生态环境损害鉴定评估关键技术问题研究和技术标准制定工作。[3]

此外,从地方立法层面来看,针对事实清楚、损害较小的案件,部分地方还规定了鉴定评估的简易程序。例如,《安徽省生态环境损害鉴定评估管理办法(试行)》,对简易评估认定程序进行了细化,简易评估认定程序实行组

---

〔1〕 於方等:"《生态环境损害鉴定评估技术指南 总纲》解读",载《环境保护》2016 年第 20 期,第 11 页。

〔2〕 参见於方等:"环境损害鉴定评估技术研究综述",载《中国司法鉴定》2017 年第 5 期,第 19 页。

〔3〕 "为深入推进生态环境损害赔偿制度改革提供技术保障——专家解读六项生态环境损害鉴定评估新标准",载《中国环境报》2021 年 1 月 1 日。

长负责制。[1]南通、南京等地也从提高工作效率、提升综合效果的角度提出了简易鉴定评估程序，明确对事实清楚、责任认定无争议、环境损害较小的小额案件，可邀请相关领域专家按照相关技术规范出具专家意见，解决小额案件的鉴定评估与损害赔偿费用倒挂、鉴定机构不足、案件办理周期长等问题。[2]

三、鉴定评估方法的选择运用

在生态环境损害鉴定评估案例中，"损害实物量化与修复方案比选""损害价值量化""修复技术筛选"一直是鉴定评估工作的重点和难点所在。生态环境修复方案的确定以损害实物量化为基础，损害实物量化是指利用统计分析、空间分析、模型模拟、专家咨询等方法量化生态环境损害的范围和程度，因而在实物量化过程中，需要明确不同生态环境损害类型的量化指标，量化生态环境损害的时空范围和程度；分析恢复受损生态环境的可行性；明确生态环境恢复的目标，在此基础上制定生态环境恢复备选方案，筛选确定最佳恢复方案。经过实物量化后，若受损生态环境存在可以修复部分，则应制定恢复方案，并采用恢复费用法计算恢复方案的实施费用；不可恢复的部分则采用环境价值评估方法计算生态环境损害价值，此过程便是生态环境损害价值量化的过程。在修复方案筛选、损害价值量化程序之后，便涉及修复方案的实施环节，而修复方案的有效实施则依赖于选择恰当的修复技术。有鉴于此，下文将对损害实物量化与修复方案比选、损害价值量化方法以及修复技术筛选等问题进行分析。[3]

（一）损害实物量化与修复方案

生态环境修复方案的确定以生态环境损害实物量化为基础。生态环境损害实物量化，需要根据不同的对象要素，选取恰当的量化指标；而修复方案也依据目标可达性、合法性、公众可接受性、可持续性以及经济、社会和生

---

[1] 张辉、沈世伟、贾进宝："生态环境损害赔偿磋商制度的实践研究——聚焦20起磋商优秀候选案例"，载《环境保护》2020年第11期，第48~54页。

[2] 章正勇等："生态环境损害赔偿制度的江苏实践"，载《环境保护》2020年第24期，第30~33页。

[3] 关于生态环境损害鉴定评估过程中的"工作方案制定""损害调查确认""因果关系分析"等程序与方法规则，参见《生态环境损害鉴定评估技术指南 总纲和关键环节 第1部分：总纲》。其中，关于"因果关系分析"中可能涉及的证明责任分配问题，详见第三章第四节内容。

态效益等因素筛选确定出最佳恢复方案。

1. 损害实物量化的指标

在生态环境损害实物量化中，应根据生态环境损害类型、指标和方法适用性、资料完备程度等情况，选择适当的实物量化指标和方法。根据《生态环境损害鉴定评估技术指南　总纲和关键环节　第1部分：总纲》规定，对环境要素的损害，一般以特征污染物浓度为量化指标；对生物要素的损害，一般选择生物的种群特征、群落特征或生态系统特征等指标作为量化指标。对于生态服务功能的损害，应明确受损生态服务功能类型，如提供栖息地、食物和其他生物资源、娱乐、地下水补给、防洪等，并根据功能或服务类型选择适合的量化指标，如栖息地面积、受损地表水资源量等。在量化生态服务功能时，应识别相互依赖的生态服务功能，确定生态系统的主导生态服务功能并针对主导生态服务功能选择适用的方法进行评估，以避免重复计算。

生态环境损害实物量化的内容可能包括：①确定评估区环境空气、地表水、沉积物、土壤、地下水、海水等环境介质中特征污染物浓度劣于基线的时间、面积、体积或程度等；②确定评估区生物个体发生死亡、疾病、行为异常、肿瘤、遗传突变、生理功能失常或畸形的数量；③确定评估区生物种群特征、群落特征或生态系统特征劣于基线的时间、面积、生物量或程度等；④确定评估区生态服务功能劣于基线的时间、服务量或程度等。

2. 修复方案的类型划分

在生态环境损害实物量化过程中，除量化出生态环境损害的类型、时空范围及损害程度外，还要对生态环境损害的可修复性进行评价，并据此制定出修复方案。原则上，应将受损生态环境及其服务功能恢复至基线。但一般来讲，生态环境修复所需要达到的修复目标或修复目标值并不一定能一步到位，而需要根据最终目标确定具体的阶段性目标或其他替代修复策略。根据《环境损害鉴定评估推荐方法》（第Ⅱ版）规定，按修复目的的不同，可将修复划分为基本修复、补偿性修复和补充性修复。基本修复是指将受损生态环境及其生态系统服务复原至基线水平；补偿性修复是指补偿生态环境损害从发生到修复至基线水平期间，受损生态环境原本应该提供的资源或生态系统服务；若基本修复和补偿性修复均未能达到预期修复目标，则需开展补充性修复，以保证环境修复到基线水平，并对期间损害给予等值补偿。根据《生态环境损害鉴定评估技术指南　总纲和关键环节　第1部分：总纲》规定，自生态环境损害发生到恢复至基线的持续时间大于一年的,应计算期间损害,制定基本恢复方案和补偿性恢复方案;小于等于一年的,仅需制定基本恢复方案。当不具备经济、技术和操作可行性时,空气、地表水、土壤等环境要素应修复至维持其基线功能的可接受风险水平;可接受风险水平与基线之间不可恢复的部分,可以采取适合的替代性恢复方案,或采用环境价值评估方法进行价值量化。

依次步骤,则需要进行①基本修复方案的筛选与确定;②补偿性恢复方案的筛选和确定;③补充性恢复方案的筛选和确定。由此可见,补充性恢复方案的筛选和确定为选择性步骤,如果基本修复或补偿性修复未达到预期效果,才有必要进一步筛选并确定补充性修复方案,实施补充性修复。其筛选和制定过程与前两部分大体一致。因此,在生态环境损害实物量化之后,需要根据具体情况,通过文献调研、专家咨询、案例研究、现场实验等多种方法,评价受损生态环境及其服务功能恢复至基线的经济、技术和操作的可行性,来最终确定该修复方案是仅需要进行基本修复,抑或基本修复+补偿性修复+补充性修复。

3. 修复方案的比选方法

针对每一具体的生态环境损害案件,一般会同时制定出多个备选的基本恢复方案及其相应的补偿性恢复方案,并确定各备选恢复方案组合的恢复目标、恢复策略、恢复技术、恢复规模、工程量、实施时间、预期效果等信息,估计出备选恢复方案的实施费用。然后再采用专家咨询、成本-效果分析、层次分析法等,分析各个修复方案的优势与劣势,筛选出最为合适的修复方案。

从修复方案筛选步骤来看,修复方案筛选主要分为初步筛选、定性筛选、偏好筛选和效益分析。首先,需要综合采用专家咨询、费用-效果分析等方法对备选恢复方案进行初步筛选。其次,经过初步筛选后,再进行定性筛选,在这一步骤中,美国依据9项标准对方案进行评估［对人体健康和环境的全面保护;与使用技术或相关法律标准(ARARs)要求是否一致;长期效率与性能;毒理特性;移动性或体积的消减情况;短期效果与可实施性;成本;州的接受度以及公众的可接受度］,以进一步筛选方案。根据《环境损害鉴定评估推荐方法(第Ⅱ版)》,我国确立了以下筛选原则:有效性;合法性;技术可行性;公众可接受度;减少环境暴露等。《生态环境损害鉴定评估技术指南　总纲和关键环节　第1部分:总纲》也重申了备选修复方案比选的考虑因素，包括目标可达性、合法合规性、公众可接受性、可持续性以及经济、社会和生态效益等。其中，目标可达性是指生态修复方案实施后预计能够达到的效果，能否达到预期的修复目标；公众可接受性是指，公众对实施方案的接受程度以及方案实施后能否达到公众可接受风险水平；实施费用包括生态恢复方案设计和编制费用，实施过程中产生的设备采购费、设备租赁费、耗材采购费、燃料使用费、人员费用等，以及实施后发生的后续监测和维护费用等；可持续性是指，被修复的生态环境是否具有稳定性和自我维持能力。最后，利用定性与定量相结合的方法，进一步对经过定性筛选的修复方案进行偏好筛选和效益分析。

目前运用较多的修复方案筛选评估方法有成本效益分析法（CBA）、环境效益净值分析法（NEBA）、生命周期评估法（LCA）。其中，成本效益分析（CBA），是目前常用的一种实用型经济可行性评估方法，是通过估算、量化、比较项目的全部成本和效益，来评估项目价值的一种方法。[1]环境效益净值分析法（NEBA），是风险-效益分析在环境管理中的应用，通过定量计算来比较各种修复方案对生态系统服务的影响，其影响再与费用变化和预测的风险比较来确定每一方案的净环境效益。[2]生命周期分析法（LCA）是评价一种产品/服务从"摇篮到坟墓"全过程总体环境影响的手段，LCA分析修复过程的所有环节，运用LCA对修复项目的各个替代方案进行评估，就可以选择出优化方案。

（二）损害价值量化的方法排序

根据《生态环境损害鉴定评估技术指南　总纲和关键环节　第1部分：总纲》规定，生态环境损害价值量化是指，统计实际发生的污染清除费用；估算最佳生态环境恢复方案的实施费用；当生态环境无法恢复或仅部分恢复时，则需要采用环境价值评估方法，来量化生态环境损害价值。目前生态环境损害量化方法较为多样，因此需要依据不同情形，选择最为合适的价值量化方法。

---

[1] 赵丹、於方、王膑："环境损害评估中修复方案的费用效益分析"，载《环境保护科学》2016年第6期，第16页。

[2] 卢军、伍斌、谷庆宝："美国污染场地管理历程及对中国的启示——基于风险的可持续管理"，载《环境保护》2017年第24期，第67页。

1. 损害价值量化方法的历史演变

正如美国学者弗兰克·B. 克罗斯（Frank B. Cross）所言"实现环境损害价值评估的过程中充满了哲学和实践上的陷阱"。[1]生态环境损害的价值量化是一个相当复杂的过程，在这条道路上，国家与相关评估组织经历了长期不断的尝试与创新。美国是世界上生态环境评估制度最为完备的国家，欧盟、英国、日本等国家或地区的生态环境评估方法也主要借鉴美国经验，故本节以美国自然资源损害价值评估方法的演变过程为视角，以此探析符合于生态环境修复实践的损害价值量化方法。

价值量化的第一个难点便是确定价值本身的含义，然后确定自然资源的哪些价值特征应予赔偿。20世纪七八十年代，美国自然资源损害评估方法主要以人类的使用价值和利益为基础，对自然资源进行估价。这些方法主要包括市场价值评估法（Market Valuation Method）；行为使用评估法（Behavior Use Valuation Method），包括旅行成本法（Travel Cost Valuation Method）和享乐价值评估法（Hedomic Price Valuation Method）；条件估值法（Contingent Valuation Method）等。

市场价值评估法具有评估效率高的优点，美国内政部曾一度推崇市场价值评估方法，1986年内政部颁布了损害评估的最终规则，确立了"较少原则"（即赔偿金为受损资源的市场价值的减少与修复费用的较少部分）和以市场价值评估法为主的评估方法。[2]但在 Ohio v. U. S. Dep't of the Interior 案[3]中，法院宣布市场估值法市场价值对衡量自然资源实际价值并不可靠，是补偿自然资源损害评估的次等方法。法院认为，CERCLA 是国会为促进自然资源恢复而制定的，国会的意图在于优先考虑自然资源的恢复，而不是金钱补偿，而美国内政部的 NRDA 条例"有限恢复模式"破坏了 CERCLA 的目的，其应将基本恢复费用作为自然资源恢复的衡量标准。[4]自1989年以来，联邦受托人已经认识到，自然资源损害需要基本修复和补偿性修复。继 Ohio v. U. S. Dep't of the Interior 案后，联邦机构，包括 DOI 和 NOAA 都实施了重大的监管改革，以强调自然资源的基本和补偿性修复。而在1989年 Exxon

---

[1] Frank B. Cross, "Natural Resource Damage Valuation", *Vand. L. Rev.* Vol. 42, 1989, p. 270.
[2] 王树义、刘静：“美国自然资源损害赔偿制度探析”，载《法学评论》2009年第1期，第75页。
[3] 880 F. 2d 432, 438 (D. C. Cir.).
[4] Allan Kanner, "Natural Resource Restoration", *Tul. Envtl. L. J.* Vol. 28, 2015, p. 369.

Valdez 灾难性漏油事件之后，颁布《石油污染法案》（OPA）时，国会再次否决了"基于市场价值和使用价值的狭窄的损害评估方法"，并解释说，"森林不仅仅是木材的板脚，海豹和海獭不仅仅是市场上交易的商品"。

可见，市场价值评估法主要是对人类使用价值的评估，不能完全捕捉到自然资源本身的存在价值和内在价值，况且很多植物或动物本身也并不具有既定的经济价值，从而低估了自然资源遭受的真正损失。同样，行为使用评估法虽然为交通费用、时间损失的机会成本、入场费和其他旅行或消费费用等提供了计算方法，但其也因只涉及一部分群体的使用价值而遭到批判。条件估值法是通过直接询问人们的环境偏好来确定自然资源的价值，然而，条件估值存在争议，因为它完全基于假设，且个人是否能够或愿意在接受调查时披露他们对资源的真正价值，存在疑问；被访者是否有足够资料作出准确的估值也受到质疑。

20 世纪 90 年代，受托人开始采用实物恢复方法，而不再采用估值方法。这种新的评估方法"将焦点从对自然资源损失的货币评估，转向实施恢复措施的成本，从而推翻了原有关于自然资源损害赔偿的评估方法运用的先后顺序"。[1]这种方法避免了双重转换问题，即先强制确定自然资源损失的初始货币价值，然后再将这些修复成本转换为具体的修复计划，从而避开了对自然资源非使用价值的评估；同时也克服了"货币损害索赔是投机性和惩罚性的"这一缺陷，避免了漫长的诉讼程序阻碍受损生态环境及时、有效地修复。从 1995 年起，NOAA 指南推荐采用基于恢复的评估，将替代等值分析方法作为在 OPA 和 CECLART 下提出的索赔中量化损害赔偿的最佳方法。1999 年，替代等值分析方法获得了司法认可，在"In United States v Great Lakes Dredge & Dock Co. 案"中，第十一巡回法院认为，佛罗里达州南部地区在确定使用替代等值分析方法测量自然资源损害时没有滥用职权。[2]到 2007 年，美国"几乎每一个污染损害案件在过去的 5 年时间里都使用了替代等值分析方法作为主要的方法来量化对野生动物和栖息地的损害"。到 2008 年，DOI 和 NOAA 将替代等值分析方法编入了法典。[3]至此，生态环境损害评估方法发生了深

---

[1] 牛坤玉等："自然资源损害评估在美国：法律、程序以及评估思路"，载《中国人口·资源与环境》2014 年第 S1 期，第 348 页。

[2] 259 E3d at 1305-06（mentioning Dauber, 509 U. S. at 593-94）.

[3] 15 C. F. R. § 990.53（d）(2014)；43 C. F. R. § 11.83 (2013).

刻的"范式转变"（paradigm shift）。[1]

替代等值分析方法是美国目前运用最为广泛的生态环境损害价值量化的方法，普遍用于确定对基本修复措施和补偿性修复措施的实施范围和规模。欧盟的环境损害评估方法也主要借鉴美国经验，比如《环境责任指令》规定，在确定"补充性"和"补偿性"补救措施的规模时，应首先考虑使用"资源对资源"或"服务对服务"的等量分析方法，并根据这些技术方法开发了REMEDE工具包。替代等值分析需要在统一度量单位下进行，度量单位有资源、服务和货币单位形式。①若用资源单位表达，则为资源等值分析法（REA）；②若用服务单位形式表达，则被服务对等法，服务对等法较多采用的是生境等值分析法（HEA）；③若用货币单位表达，则为价值对等法（VEA），价值成本法又分为两种形式：价值-价值对等法与价值-成本对等法。

2. 我国损害价值量化的运用次序

相比于美国或欧盟等地区，我国生态环境损害评估方法研究相对滞后。20世纪80年代初，我国学者提出了环境污染和生态破坏经济损失的概念。此后，各种类型评估方法被运用到环境损害评估当中，如直接市场法、揭示偏好法、陈述偏好法、效益转移法。这些货币化评估方法基于市场来发挥效用，但正如前所述，大部分自然资源与生态环境服务并没有市场价格，故我国在借鉴美国自然资源评估方法的基础上，制定了《环境损害鉴定评估推荐方法（第Ⅱ版）》《生态环境损害鉴定评估技术指南 总纲》。2020年生态环境部又公布了《生态环境损害鉴定评估技术指南 总纲和关键环节 第1部分：总纲》，进一步完善了我国生态环境损害价值量化方法。根据《生态环境损害鉴定评估技术指南 总纲和关键环节 第1部分：总纲》，生态环境损害价值量化生态环境损害的价值量化应遵循以下原则：①污染环境或破坏生态行为发生后，为减轻或消除污染或破坏对生态环境的危害而发生的污染清除费用，以实际发生费用为准，并对实际发生费用的必要性和合理性进行判断；②当受损生态环境及其服务功能可恢复或部分恢复时，应制定生态环境恢复方案，采用恢复费用法量化生态环境损害价值；③当受损生态环境及其服务功能不可恢复，或只能部分恢复，或无法补偿期间损害时，选择适合的其他环境价值评估方

---

[1] Matthew Zafonte & Steve Hampton, "Exploring Welfare Implications of Resource Equivalency Analysis in Natural Resource Damage Assessments", *Ecologicalecon*, Vol. 61, 2007, p. 135.

法量化未恢复部分的生态环境损害价值;④当污染环境或破坏生态行为事实明确,但损害事实不明确或无法以合理的成本确定生态环境损害范围和程度时,采用虚拟治理成本法量化生态环境损害价值,不再计算期间损害。

根据以上原则,具体选择方法如下:

(1) 若受损生态环境及其服务功能可直接恢复或部分恢复时,此时主要涉及基本恢复措施,应采用恢复费用法量化生态环境损害价值,制定生态环境恢复方案。测算最佳恢复方案的实施费用,包括直接费用和间接费用。直接费用包括生态环境恢复工程主体设备、材料、工程实施等费用,间接费用包括恢复工程监测、工程监理、质量控制、安全防护、二次污染或破坏防治等费用。恢复费用计算方法包括费用明细法、指南或手册参考法、承包商报价法、案例比对法。

(2) 若涉及补偿性恢复的,应采用等值分析方法,量化期间损害,确定补偿性恢复的规模。替代等值分析方法是在不进行直接、原地恢复,而需采取替代措施或弥补过渡期损失时,用以确定恢复措施规模,即保障修复后的资源、生态系统服务或价值贴现应与受损害的资源、服务相当的方法。因此,替代等值分析方法和环境价值分析方法仅是计算补充性和赔偿性恢复费用的方法,一般不应被用于计算基本恢复费用。替代等值分析方法,包括资源等值分析方法、服务等值分析方法和价值等值分析方法。资源等值分析方法的常用单位包括鱼或鸟的种群数量、水资源量等。服务等值分析方法的常用单位包括生境面积、服务恢复的百分比等。价值等值分析方法分为价值-价值法和价值-成本法。应按照以下原则选择适合的等值分析方法:①优先选择资源等值分析和服务等值分析方法。当受损的生态环境以提供供给服务为主,采用资源类指标表征服务水平;当受损的生态环境以提供栖息地服务为主,采用栖息地面积与指示性物种指标表征服务水平。[1]②当无法开展资源或服务等值分析时,采用价值等值分析;[2]当恢复措施产生的单位效益可以货币化时,采用价值-价值法;当恢复措施产生的单位效益难以货币化时(如耗时过

---

[1] 采用资源等值分析方法或服务等值分析方法应满足两个基本条件:①恢复的生态环境及其生态系统服务与受损的生态环境及其生态系统服务具有同等或可比的类型和质量;②恢复行动符合成本有效性原则。

[2] 如果恢复行动产生的单位效益可以货币化,考虑采用价值-价值法;如果恢复行动产生的单位效益的货币化不可行,则考虑采用价值-成本法。同等条件下,推荐优先采用价值-价值法。

长或成本过高），则采用价值-成本法；同等条件下，优先采用价值-价值法。

（3）若受损生态环境及其服务功能无法恢复或存在未恢复部分的，应根据生态环境损害特征、数据可得性、评估时间、实施成本等选择适合的环境价值评估方法量化该部分的生态环境损害价值。[1]常用的环境价值评估方法，包括直接市场价值法（生产率变动法、生产要素收入法、人力资本和疾病成本法）；揭示偏好法（内涵资产定价法、避免损害成本法、治理成本法）；陈述偏好法（条件价值法、选择试验模型法、效益转移法）。

其中，治理成本也称虚拟治理成本法，是指按照现行的治理技术和水平治理排放到环境中的污染物所需要的支出。目前该方法在我国生态环境损害评估实践中得到广泛应用。如前述，当污染环境或破坏生态行为事实明确，但损害事实不明确或无法以合理的成本确定生态环境损害范围和程度时，应采用虚拟治理成本法量化生态环境损害价值，不再计算期间损害。采用虚拟治理成本法量化生态环境损害时，应详细阐述污染物排放量、单位治理成本的确定依据，以及适用虚拟治理成本法的原因。目前生态环境部针对大气污染、水污染类型，出台了《生态环境损害鉴定评估技术指南　基础方法　第1部分：大气污染虚拟治理成本法》《生态环境损害鉴定评估技术指南　基础方法　第2部分：水污染虚拟治理成本法》，该两项标准进一步细化了污染物数量核定方法，优化了单位治理成本的确定方法，完善了调整系数的构成，增强了标准实施的可操作性。

需要注意的是，相比于其他价值量化方法，虚拟治理成本法计算方法相对简便，从而导致在当前的大气和水污染案件中存在虚拟治理成本法滥用情形，即在量化损害时，过度依赖虚拟治理成本法，很多时候在未比较该方法与工程修复措施、其他评估方法优劣的情形下，直接选定其量化损害。根据《生态环境损害鉴定评估技术指南》规定，在生态环境损害价值量化过程中，应当优先采取基本恢复措施，或根据替代等值方法确定补充性修复措施。只有在前者皆不可行时，才能通过如虚拟治理成本法的环境价值评估方法计算补充性和赔偿性修复的费用。可见，虚拟治理成本法并不是与其他评估方法同等的、可以任意选择的一种生态环境损害计算方式，而是必须在满足规定

---

[1]　环境价值评估方法主要适用情形：在生态恢复过程中难以对其进行衡量；或由于某些限制原因，环境不能通过修复或恢复工程完全恢复，采用环境价值评估方法评估环境的永久性损害；或修复或恢复工程的成本大于预期收益情形。

条件的基础上，才能予以适用。[1]

此外，根据《生态环境损害鉴定评估技术指南　总纲和关键环节　第1部分：总纲》规定，对于自然保护区、生态保护红线、重点生态功能区等具有栖息地生境功能的区域，建议采用陈述偏好法进行环境价值评估。

（三）修复技术的筛选应用

修复技术是生态环境修复工程中的核心问题之一，修复技术的筛选与应用直接决定着修复目标能否有效实现。当前，生态环境修复技术类型繁多，如何对修复技术进行科学、系统的分类、筛选并进行推广运用，是进行生态环境修复必须予以解决的重要问题。

1. 修复技术的分类概况

修复技术是指可改变待处理污染物结构，或减小污染物毒性、迁移性，或数量的单一或系列的化学、生物或物理处理技术单元。[2]生态环境损害修复可采用的技术种类繁多，仅美国超级基金在1468个污染场地修复中就应用了近30种修复技术。[3]原位修复技术与异位修复技术是以修复处理工程的位置为区分点所作的技术分类。原位修复技术包括原位土壤蒸汽抽提技术（SVE），生物修复和固定化/稳定化等；异位修复技术是焚烧、热解吸、生物修复和固定化/稳定化等。根据美国超级基金实践，常用的修复技术分别是原位土壤蒸汽抽提技术（SVE）、异位固定化/稳定化技术和集中焚烧技术。整体比对各类修复技术，原位修复技术比异位修复技术操作更为简便、经济，无须进行过多的环境工程设施建设或远程运输，比较适合大规模、深层次的土壤修复。但原位修复技术亦有其局限性，即受生态环境损害本身特性的影响较大，在低渗透性和地质结构复杂的土壤实施中不占优势，且修复周期较长。对于土壤蒸汽抽提技术（SVE）技术而言，其能够得到广泛应用的原因在于，其对挥发性有机污染物去除率高，对土壤结构扰动小，清理成本经济，

---

[1] 刘静："生态环境损害赔偿诉讼中的损害认定及量化"，载《法学评论》2020年第4期，第156~167页。

[2] 参见谷庆宝等："污染场地修复技术的分类、应用与筛选方法探讨"，载《环境科学研究》2008年第2期，第198页。

[3] 参见白利平等："污染场地修复技术筛选方法及应用"，载《环境科学》2015年第11期，第4218页。

但 SVE 技术也存在受土壤透气性影响大、难以提高处理效率等问题。[1]可见，每一项修复技术都不可能"尽善尽美"，因此，在具体的生态环境修复实践中，往往需要同时运用多种修复技术，以提升生态环境修复工程的整体效果。

在美国 NPL 名录中，约 2/3 的污染场地直接采用了对污染源进行控制或处理的修复技术。统计美国超级基金污染场地修复技术的应用情况表明，原位修复技术、化学处理技术应用比例呈逐年上升趋势；因焚烧技术成本过高，且易产生二次污染，故焚烧技术应用比例有下降趋势。[2]在参考了美国等发达国家多年来经过实际验证案例的公开资料和国内实际工程案例经验基础上，我国于 2014 年公布的《污染场地土壤修复技术导则》《污染场地修复技术目录》（第一批），详细介绍了 15 项修复技术的名称、适用性、原理、系统构成和主要设备、关键参数、应用基础和前期准备、主要实施过程、运行维护和监测、修复周期和参考成本，以及国内外应用情况等。该目录的发布，为我国污染场地修复提供了必要的技术参考，促进了污染场地修复技术的普及与应用。

2. 我国修复技术存在的问题

从修复实践来看，我国修复技术的筛选与应用与欧美等国家相比仍存在较大差距。我国污染场地土壤及地下水修复技术的研究开始于"十一五"期间，目前在基础研发方面已有众多突破，但在修复技术、修复设备、规模化及工程建设经验应用上仍显匮乏。根据当前来看，我国现有的生态环境修复技术呈现出先进与落后两种姿态：一方面，我国引进了欧美等国先进的设备和技术，掌握了一定的前沿修复技术与方法；但另一方面，在实际的修复活动中，仍采用一些落后的技术和设备进行取样或修复。[3]

（1）在修复技术选择方面，如前述，由于我国土地资源再开发的迫切性要求，使得损害修复周期非常短，目前我国较少采用植物修复、微生物修复、

---

〔1〕参见谷庆宝等："污染场地修复技术的分类、应用与筛选方法探讨"，载《环境科学研究》2008 年第 2 期，198 页。

〔2〕马妍等："VOCs/SVOCs 污染土壤常用修复技术及其在美国超级基金污染场地中的应用"，载《环境工程技术学报》2016 年第 4 期，394 页。

〔3〕参见宋昕、林娜、殷鹏华："中国污染场地修复现状及产业前景分析"，载《土壤》2015 年第 1 期，第 3 页。

生物联合修复等用时较长但具有二次污染小、可原位降解污染物、修复效果良好等优点的生物修复技术，更倾向于选择异地填埋、焚烧等快速处理的修复方式。[1]

（2）在工程应用方面，目前我国污染场地修复工程主要处于模仿、借鉴欧美国家技术阶段，修复设备的生产、研发、运营等方面尚未系统化，修复仪器的精度、适用性及可靠性也有待提高，也缺乏规模化应用及产业化运作的技术支撑，致使在实际的工程应用中，修复失效、过度修复等问题时有发生。[2]如何提升我国生态环境损害修复工程实效，这是我国生态环境修复产业亟须解决的问题。

（3）在修复技术筛选方法方面，当前我国尚未建立完善的修复技术筛选方法。生态环境修复技术种类繁多，每种修复技术优劣及适用情形不同，修复技术的错误适用不仅会增加修复成本，更会造成严重的二次污染。因此，需要准确衡量各类修复技术适用的可行性、操作性，筛选出最恰当的修复方法，以达到生态环境损害修复的需求。

目前我国在污染场地修复技术筛选中多采用 SAW 和 AHP 方法，SAW 与 AHP 方法属于数值评分方法，是修复技术筛选中最常用的评分方法，但该方法的缺点在于，主观赋值的筛选方法常难以区分修复技术之间的细微差别。[3]相较而言，修复技术筛选矩阵（RTSM）、多准则分析评价法（MCA）、成本效益分析法（CBA）、环境效益净值分析法（NEBA）、生命周期评估法（LCA）等定量赋值方法则可避免数值赋值所具有的主观性，客观呈现各类修复技术之间的差别。比如，美国修复技术圆桌会议（FRTR）推荐在决策初期使用修复技术筛选矩阵，修复技术筛选矩阵记录了大量工程案例信息，针对污染表征调查、修复技术初筛和修复技术综合评价等修复技术筛选的不同阶段，设计了不同的数据信息表格，供评估者查询。[4]但目前而言，这些方法在我国生

---

[1] 陈瑶："我国生态修复的现状及国外生态修复的启示"，载《生态经济》2016年第10期，第187页。

[2] 陈瑶、许景婷："国外污染场地修复政策及对我国的启示"，载《环境影响评价》2017年第3期，第39页。

[3] 参见白利平："污染场地修复技术筛选方法及应用"，载《环境科学》2015年第11期，第4219页。

[4] 参见陈卫平等："欧美发达国家场地土壤污染防治技术体系概述"，载《土壤学报》2018年第3期，第529页。

态环境修复过程中还运用较少。[1]选择哪种修复技术更合适，我国还没有出台相关规范指南，尽管 2015 年发布了《污染场地修复技术筛选指南》，但相对而言仍然比较粗略，缺乏详细有效的技术筛选体系与研发支持，在污染场地修复技术筛选方面仍存在着随意性和盲目性问题。

总结而言，我国生态环境修复技术及其应用与其他国家相比，主要存在修复技术种类单一、装备缺乏；技术应用缺乏相应筛选标准；工程化修复案例极少，实践经验累积匮乏；产业不规范，规模化应用不足；资金投入少，缺乏实用技术等问题。[2]

3. 我国修复技术的改进方向

我国生态环境损害修复体量巨大，针对我国修复技术、工程化应用以及筛选评价方面的缺陷，相比于高价引进国际先进技术（很可能存在适宜性缺乏问题），必须在借鉴其他国家先进技术、装备和经验的基础上，综合考察我国生态环境损害特征、科技发展水平的前提下，加强我国自主研发能力，加大政府资金投入力度，建立适合我国实际情况的修复技术应用和筛选体系。

（1）在修复技术与设备研发方面，其一，强化原位修复技术、植物修复技术或其他生物修复技术在我国生态环境损害修复活动中的应用比例。比如，原位强化生物修复技术，其通过注入生物修复试剂，促进原生微生物的生长来强化生物修复，大大缩短了修复的周期，在其他国家和地区得到了广泛的应用。[3]其二，加快推进生态环境修复技术、设备的国产化。我国在借鉴国际成熟技术和经验的基础上，应注重修复技术、设备、药剂材料的自主化研发，根据我国生态环境损害类型、程度和条件等研发适合国情的实用型修复技术与修复仪器、设备，提高修复效率、降低修复成本，推动生态环境修复技术的市场化和产业化发展。从单一修复技术研究向多技术联合的原位修复技术转变、从固定式设备发展向移动式原位检测与修复设备转变，发展针对

---

[1] 谷庆宝等："污染场地绿色可持续修复理念、工程实践及对我国的启示"，载《环境工程学报》2015 年第 8 期，第 4066 页。

[2] 参见杨勇等："国际污染场地土壤修复技术综合分析"，载《环境科学与技术》2012 年第 10 期，第 96 页。

[3] 参见宋昕、林娜、殷鹏华："中国污染场地修复现状及产业前景分析"，载《土壤》2015 年第 1 期，第 3 页。

性强的修复工程技术与成套修复设备,以增强我国生态环境修复技术的工程应用能力与修复设备的硬件条件。[1]

(2) 在修复技术筛选方法方面,进一步明确修复技术筛选标准,建立污染土壤修复技术规范和管理政策。修复技术筛选的目的在于,筛选出能够持续保护人体或其他生命受体生命健康以及生态环境安全的修复技术,使危害或威胁降到最低。在技术筛选指标方面,美国超级基金场地修复技术选择确立了短期/长期效果、修复成本、迁移性和数量减少程度9项基本原则,并建立了相应的计算机辅助修复技术筛选平台。[2]2014公布的《污染场地修复技术应用指南》(征求意见稿)也提出了成熟性、可操作性、公众认可度等多项修复技术筛选指标与评价标准,为修复技术的筛选提供了规范依据。2020年《生态环境损害鉴定评估技术指南 总纲和关键环节 第1部分:总纲》重申了应用指南的评价要素,规定筛选修复技术应结合受损生态环境特征、恢复目标和恢复策略等,从技术成熟度、可靠性、恢复效果、恢复时间、恢复成本和环境影响等方面比较分析现有的污染清除、环境修复、生态环境恢复技术的优缺点,通过比较分析,提出备选恢复技术清单。

综上,鉴于目前我国当前修复技术筛选存在的随意性和盲目性等问题,建议加强该方面的国际交流和合作平台,在结合国外先进修复技术应用案例与有益经验的基础上,进一步明确、细化与我国生态环境损害类型与特征相适应的修复技术分类办法与筛选标准。同时,还应加强对修复技术筛选模型与平台的投资建设,为我国生态环境修复筛选与确定提供必要的技术支持。

四、鉴定评估的信息系统建设

在生态环境修复工作中引入信息技术支持系统,使生态环境修复逐步走向规范化与信息化,是当前国内外生态环境风险管控的趋势与方向。生态环

---

[1] 参见杨勇等:"国际污染场地土壤修复技术综合分析",载《环境科学与技术》2012年第10期,第96页。

[2] 九项基本原则分别为短期效果;长期效果;对污染物毒性、迁移性和数量减少的程度;可操作性;成本;符合应用与其他相关要求;全面保护人体健康与环境;州政府接受程度;公众接受程度。参见谷庆宝等:"污染场地修复技术的分类、应用与筛选方法探讨",载《环境科学研究》2008年第2期,第200页。

境损害鉴定评估需要以先进、完备的信息数据库系统为技术支持，以保障鉴定评估主体能够在充分掌握场地信息、企业信息、污染排放信息、监测信息、取样信息等一系列信息数据的基础上做出科学、合理的鉴定评估报告。随着我国生态环境修复工作的不断深入，鉴定评估主体对数据整合和数据共享的要求日益增高，应用数据库对生态环境损害进行信息采集、存储统计、决策生成等已成为生态环境损害评估修复与管理工作的重要内容。

（一）其他国家环境信息系统建设

美国有关环境风险评估配套的数据库包括综合风险信息系统（IRIS），超级基金场地CERCLIS数据库系统等。

1985年EPA创建了综合风险信息系统（IRIS）体系，旨在统一EPA各部门对化学物质实施管控的科学基础，确保针对同一化学物质采取一致的决策依据。IRIS是一项人类健康评估项目，评估暴露于污染物会造成的健康影响的信息，其评估分为定性危险识别描述和定量剂量反应评估，内容包括非致癌性与致癌性两大部分的健康危害信息。作为统一的毒理学试验和风险评估方法的毒性数值平台，目前IRIS数据库已包含超过540种化学物质的评估数据，成为世界上化学物质健康慢性风险的重要信息库，得到各国学者和科研机构的认可。据统计，每年约900万次来自国内外的用户访问IRIS，其已成为国际上毒性数据的重要来源。[1]

在美国CERCLA法案中，除"超级基金"这一关键制度外，美国还建立了一套全面的信息收集和分析制度，以保证污染场地信息的有效整合。在超级基金制度授权下，EPA建立了超级基金数据库系统（CERCLIS），经预筛选程序将符合条件的污染场地登记到CERCLIS中。[2] CERCLIS数据库系统中的信息数据定期更新，主要记录了自1983年以来超级基金污染场地修复治理的详细信息[3]，使得超级基金污染场地管理信息化、规范化。CERCLIS数据库系统与HRS工具箱、NPL污染场地网站相互关联，可实现超级基金场地监测、评估、修复等全过程的动态监管。并且，CERCLIS数据库系统还具备信

---

[1] 于丽娜等："美国环保署综合风险信息系统的基本情况研究"，载《环境与可持续发展》2018年第3期，第108页。

[2] US EPA. Site assessment, See https://www.epa.gov/superfund/superfund-site-assessment-process.

[3] 主要包括场地位置、潜在污染物、场地修复行动、场地报告及政府文件、参与机构等信息。

息统计查询功能，可根据修复类型、场地位置及状态、污染物种类等多条件查询和分类统计。[1]美国污染场地修复信息数据库系统在世界范围内来看，都具有相当的先进性和可借鉴性，许多国家和地区都以此为模板建立适合本国的场地修复信息数据库系统。

此外，美国还建立了有毒物质及疾病注册机构数据库，化学品移除管理值和风险评估筛选值表等。除美国之外，其他国家在场地修复数据库建设方法也多有尝试，比如，加拿大环境部长委员会（CCME）建立了污染场地国家分类系统（NCCME），并在此基础上建立了联邦污染场地名录（FCSI）数据库以实现污染场地管理的网络化；法国环境保护署建立了污染场地国家登记（NR）数据库等。[2]这些数据库信息系统为生态环境鉴定评估提供了必要的技术支持，保证了鉴定评估数据的专业、准确和客观。

（二）我国环境信息数据系统建设

近年来，我国生态环境修复标准规范体系正逐步完善。在法规范层面，原环境保护部于2014年发布了《污染场地环境调查技术规范》《场地环境监测技术导则》《污染场地风险评估技术导则》以及《污染场地土壤修复技术导则》。之后，生态环境部又相继出台《污染地块风险管控与土壤修复效果评估技术导则（试行）》（2018年）、《生态环境信息基本数据集编制规范》（2018年）、《全国生态状况定期遥感调查评估方案》（2019年）、《污染地块地下水修复和风险管控技术导则》（2019年）、《地块土壤和地下水中挥发性有机物采样技术导则》（2019年）、《环境监测分析方法标准制订技术导则》（2020年）、《生态环境健康风险评估技术指南 总纲》（2020年）、《区域性土壤环境背景含量统计技术导则（试行）》（2021年）等技术标准与规范。为适应上述技术规范，亟须建立适合于我国生态环境修复实践的信息技术支持系统，为我国所面临的各类生态环境损害修复与管理提供技术支撑。

在科技实践领域，目前我国生态环境信息技术支持系统的研发领域也已取得了一定的进展。如北京市环境保护科学研究院以GIS和数据库技术为平

---

[1] 参见许亚飞等："发达国家污染场地数据库系统建设及其对我国的借鉴"，载《环境工程技术学报》2013年第5期，第459页。

[2] 参见许亚飞等："基于WebGIS的污染场地信息共享平台的架构设计与应用"，载《环境工程技术学报》2013年第1期，第72页；余勤飞等："基于数据库的污染场地流程管理初步设计"，载《环境污染与防治》2013年第8期，第40页。

台，研发了"污染场地信息及修复管理决策系统"，建立了信息分析系统、健康风险评价模型、修复决策支持系统，对实现污染场地信息查询、统计分析与共享、健康风险评价、修复技术筛选以及修复方案评估指标体系建立起到了重要的技术支持作用。[1]张海博等利用DESYRE模型对我国北方某污染场地的修复问题进行研究，确定了污染物在不同土地使用方式下的风险等级分布，对修复效果进行模拟，提供修复技术选择和场地使用方案制定的依据。[2]舒博宁等基于ArcGIS软件平台构建了某流域土壤信息数据库，为该流域土壤理化性质的调查、统计、存储和地下水与土壤水联合管理提供了便捷的数据库支撑，等等。[3]

但与其他国家相关的生态环境信息数据库系统相比，我国生态环境信息数据库系统仍存有较大差距。比如，我国目前的数据库建设主要以特定区域需求为宗旨，各类数据库之间存在较多的异构问题，尚缺乏综合、统一的数据库技术规范与标准体系。同时，许多数据库也缺少对数据多条件查询与综合分类统计功能的设计，信息交互与信息共享功能有待提高；再者，现有数据库多仅适用于生态环境修复治理某一环节，缺乏实现识别调查、分类评价等全过程动态监测与实施管理，使其应用范围具有一定的局限性。[4]

对此，近来我国也先后出台了《促进大数据发展行动纲要》《大数据产业发展规划（2016-2020年）》《生态环境检测网络建设方案》等政策文件，期望通过大数据、卫星遥感等技术克服我国生态环境监测网络存在的范围和要素覆盖不全，建设规划、标准规范与信息发布不统一，信息化水平和共享程度不高，监测与监管结合不紧密，监测数据质量不高等突出问题，加强环境修复治理和信息数据应用的深入融合。[5]而在立法方面，《污染地块土壤环境管理办法（试行）》第14条确立了污染地块名录制度，并要求及时上传污染

---

[1] 北京市环境保护科学研究院："污染场地信息及修复管理决策系统"，载http://www.cee.cn/7/1/263/，最后访问日期：2024年3月1日。

[2] 参见张海博等："基于DESYRE模型的污染场地修复决策研究"，载《环境工程技术学报》2012年第4期，第339页。

[3] 参见舒博宁、时青、李栋："基于ArcGIS的土壤信息数据库构建"，载《山东水利》2018年第2期，第17页。

[4] 参见许亚飞等："发达国家污染场地数据库系统建设及其对我国的借鉴"，载《环境工程技术学报》2013年第5期，第463页。

[5] 《国务院办公厅关于印发生态环境监测网络建设方案的通知》。

地块信息系统，并按照国家有关环境标准和技术规范，确定该污染地块的风险等级，实行动态更新。《土壤污染防治法》第 58 条也规定，国家实行建设用地土壤污染风险管控和修复名录制度。为促进环境信息化工作，明确关系型数据库的访问接口，推动环境信息资源建设，2014 年环境保护部制定了《环境信息系统数据库访问接口规范》，该标准规定了环境信息系统中关系型数据库的访问接口，确定了数据库访问接口的基本架构以及数据库访问接口方式、数据库访问工作流程。2020 年，生态环境部出台了《生态保护红线监管技术规范　台账数据库建设（试行）》，该标准规定了生态保护红线监管台账内容、数据库建设、互联互通等要求，进一步促进了我国生态环境信息数据系统的建设。

针对我国目前情况，建议未来实践还应继续加强生态环境修复的动态监测，并不断开发和更新集污染物、污染物修复筛选、风险评估等多项目与管理、查询统计、空间分析、专题分析等多功能于一身的信息数据分析系统，为生态环境修复提供技术支撑；同时还要加强信息数据库与其他相关技术平台之间的连接和对接，保证信息数据准确统一、互联互通；实现生态环境修复的监管自动化、决策科学化；并尽可能实现信息共享，促进生态环境修复产业的良性发展。

第三节　生态环境损害的修复标准

生态环境损害修复标准是生态环境损害修复方案制定过程中的最为关键的环节。修复目标值或标准值的获得，一方面需要通过自然科学之基础和方法，并借助数学方法取得数值；另一方面，也与各地区的生活水平或价值观点等息息相关。易言之，生态环境修复目标/标准的确定过程是一种糅合了技术标准、经济可行性、社会期望值以及执法能力水平等多种要素的科学判断过程，也是一种被改造过的生态环境基准值。[1]因此，在生态环境损害修复目标确定/修复标准制定过程中，行政主体不仅需要借助专家理性对标准数值进行客观确证的分析，还需要借助政治理性对其他相关因素进行选择和判断。生态环境修复目标具有二元性，其首要目标是将受损生态修复至基线水平，

---

[1] 参见王欢欢："污染土壤修复标准制度初探"，载《法商研究》2016 年第 3 期，第 57 页。

若存在技术不可行或费用甚巨时,才可选用其他替代标准予以修复。因此,需要运用类型化思维,采用"限值"+"风险评估"的方法来确定生态环境修复的标准数值,即制定符合地区生态环境特性的修复标准,适用于大多数环境修复或应急环境事故的处理;当通用标准无适用可能时,则采取风险评估方法确定个案的修复目标值,但替代修复标准与规模、补偿性措施和赔偿数额的总额,仍应体现全面填补的基本原则。

一、生态环境修复目标的二元性

生态环境修复最为棘手的问题之一,即修复目标的确定问题。基于生态环境修复"全面填补"的价值追求,生态环境修复的目标应是恢复到"倘若损害事件没有发生时的应有状态",法律上往往将之称为基线状态(基线条件)。譬如,欧盟《环境责任指令》[1]第2条第14款规定,基线条件是指,通过采用"基础性""补充性"或"赔偿性"补救措施使生态环境恢复至倘若生态环境损害未发生时自然资源与服务功能本应存在的状态。德国《联邦土壤保护法》第1条规定,"该法的目的是在永久可持续的基础上保护或恢复土壤的功能"。德国《联邦土壤保护与污染场地条例》第5条第2款规定,原则上应要求责任方尽其可能采取措施,土地应当修复至其损害之前可能的用途。荷兰也是较早制定土壤污染修复治理专项法律的欧洲国家之一,1987年荷兰在其《土壤保护法案》中采用了一种"擦亮土地"的方法,该方法要求将土地恢复到能够适合所有使用功能的程度,或至少尽可能多地使用功能的程度。该法第38条第1款规定了"多功能性"的定义,即土壤应当维持或修复对人类、植物或动物的功能性质。

客观来讲,最为理想的修复目标,即是将生态环境修复到其"应有状态"。但是,在很多情况下,现有的修复技术无法达到完全修复的目标,或者费用过于高昂,这使得"应有的状态和功能"成为一种法律上的抽象的、宏观的标准,从而难以有效服务于实践。仍以荷兰《土壤保护法案》为例,由于第38条确立的"多功能性"标准在实施中遭遇阻碍,法律规定了一些例外情形,即如果存在特殊的环境、技术或财务因素使得"多功能性"的要求不

---

[1] European Parliament and Council Directive 2004/35/ EC on environmental liability with regard to the prevention and remedying of environmental damage [2004] O. J. L. 143/56.

可行或者不现实，那么可以放宽该要求以减轻责任。[1]若清理活动有可能导致有害物质的扩散，那么特殊的环境情况就成立。若修复成本与廉价但有效的替代方案的成本相比较显然不合理，那么技术和财务情况就成立。比如清理成本高达1万荷兰盾，如果比其他替代方案的成本高出9倍，就被视为成本过高不合理。当清理费用高达1亿荷兰盾时，如果替代方案的成本低出1.5倍，该清理费用即被视为过高。根据1994年荷兰《土壤保护法案》清理条款第二阶段生效通报表明，技术或财务因素等是放弃"多功能性"方案要求的最常见的依据。[2]2008年荷兰发布《土壤质量法令》，摒弃了"多功能性"原则，并以"适用性"原则代之，即综合受损土地当前用途与再开发用途来确定修复目标，以增强土壤利用的可持续性。2013年《土壤修复通告》考虑到土壤污染治理的可行性，重新界定了土壤修复标准和目标，以判断土壤修复的紧迫性。[3]

可以看出，荷兰立法在完全修复理念和技术可行性以及生态环境修复成本之间做出平衡，最终采用了单一功能方法而非多功能性方法进行土壤的修复。这种将土地恢复到某一水平使其可以运用于某一特定用途的方法，被称为"适用性"方法。许多西方国家在生态环境修复中有着与荷兰类似的立法过程，并采用了类似的方法进行修复。[4]譬如，美国在早期的污染场地修复过程中，也采用了"永久性治理"的修复标准，但同样因为修复成本过高、耗时过长以及技术不可行等因素，选择放弃"一刀切"修复模式，并采用了风险管控的思路，形成了基于土地用途和健康风险的修复目标。英国提出了可持续修复概念，其对污染场地的修复不需要达到"任何形式利用"的标准，而是以"适用性"为土壤修复目标，进而促进污染场地再开发与可持续管理。[5]法国《环境法典》也规定，行政机关应在全面的损害识别和评估的基

---

[1] [英]马克·韦尔德：《环境损害的民事责任——欧洲和美国法律与政策比较》，张一心、吴婧译，商务印书馆2017年版，第334页。

[2] C. Van der Wilt, "Multifunctionality of Soil: the rise and fall of a Dutch principle", *Env. Liability* Vol. 18, 1998. p. 20.

[3] 陈卫平等："欧美发达国家场地土壤污染防治技术体系概述"，载《土壤学报》2018年第3期，第534页。

[4] See M. Hinteregger (ed.), *Environmental Liability and Ecological Damage in Europe*, 437–438 (CUP 2008).

[5] M. O. Rivett, J. Petts, B. Butler and I. Martin, "Remediation of contaminated land and groundwater: experience in Englandand Wales", *Journal of Environmental Management*, Vol. 65, 2002, pp. 251~268.

础上,以土地的"未来利用"为基础,规划土地环境修复活动。[1]

揆诸我国相关立法,也体现出基于完全修复原则的宏观修复目标与基于风险管理、实际用途的微观修复目标的二元特性。《环境民事公益诉讼司法解释》第 20 条将生态环境修复目标表述为"将生态环境修复到损害发生之前的状态和功能",从而确立了全面修复的法律原则。《环境损害鉴定评估推荐方法(第Ⅱ版)》规定了"基本恢复"措施,即将受损的环境及其生态系统服务复原至基线水平。但考虑实践中存在"基本恢复"不可行的情形,该方法同时还规定了"基本恢复"不可行时,可修复至可接受风险水平(即人体健康或者生态系统所能容忍的风险水平),或先修复至可接受风险水平再恢复至基线状态。《生态环境损害鉴定评估技术指南 总纲和关键环节》规定,原则上,应将受损生态环境及其服务功能恢复至基线。自生态环境损害发生到恢复至基线的持续时间大于一年的,应计算期间损害,制定基本恢复方案和补偿性恢复方案;小于等于一年的,仅需制定基本恢复方案。当不具备经济、技术和操作可行性时,环境空气、地表水、沉积物、土壤、地下水、海水等环境要素应修复至维持其基线功能的可接受风险水平;可接受风险水平与基线之间不可恢复的部分,可以采取适合的替代性恢复方案,或采用环境价值评估方法进行价值量化。该修复理念也在《生态环境损害赔偿管理规定》中得到体现,即"生态环境损害可以修复的,应当修复至生态环境受损前的基线水平或者生态环境风险可接受水平"。此外,《污染地块土壤环境管理办法》第 25 条规定,"修复后的土壤再利用应当符合国家或者地方有关规定和标准要求",从而将修复目标转至相关的环境质量标准。《土壤污染防治法》第 12 条也规定,生态环境主管部门根据公众健康风险、生态风险、土地用途等因素,制定国家土壤污染风险管控标准,国家支持对土壤环境背景值和环境基准的研究。而在《污染场地土壤修复技术导则》"选择修复模式"部分则规定,通过分析比较《污染场地风险评估技术导则》计算出的土壤风险控制值、目标污染物背景值以及国家有关标准中规定的限值,合理确定修复目标值。

总结来看,各国立法都体现出完全修复的立法理念,并将生态环境修复至基线状态作为首要的修复目标,但囿于修复技术或财务等因素,使得完全修复时遇阻碍,故同时还规定了在不能完全修复时,基于本国的相关标准、

---

[1] 吴贤静:"我国土壤修复制度反思与重构",载《南京社会科学》2017 年第 10 期,第 94 页。

要求、准则或者限制条件以及基于个案的风险评估而确定的具体修复目标值。

二、生态环境基准与标准的区分

生态环境修复标准制定是一个复杂的选择过程，它不仅涉及科学技术水平问题，还涉及一国地理环境、科技水平、政治因素、社会约定等多方面的价值判断。有学者形象地将这个过程称为"一半技术，一半艺术"。[1]修复目标值的最终确定与对应国家或地区的环境要素的背景值、筛选值、控制值以及风险评估参数和暴露模型等息息相关，因此，在确定相关损害类型的修复目标值之前，必须对这些基础概念有基本的了解和认识。由于目前世界各国和地区有关环境标准的风险评估活动多集中于土壤污染领域，故本部分也主要是从土壤污染损害类型的角度出发，探讨土壤环境标准与修复目标值的确定过程。需要注意的是，土壤作为人类、动植物、微生物或其他类型生命受体的存续载体，是最为重要的生态环境类型，其与淡水生态、海洋生态之间也存在密切的关联。因此，对土壤环境标准的制定，并非只关注污染土壤本身，还要考虑到污染土壤迁移性给其他生命受体或生态类型的影响，这也就是为何许多国家或地区在制定土壤修复标准时，也将地下水、鸟类等受体的暴露途径或毒性参数包括在内的原因。

（一）生态环境基准与生态环境标准

生态环境基准，一般是指环境因子（污染物质或有害要素）对人体健康与生态系统不产生有害影响的最大剂量或浓度，或超过该剂量或浓度就会对特定保护对象产生有害影响的效应。[2]环境因子一般包括化学（污染物、营养物等）、物理（噪声、振动、辐射等）和生物（微生物、病原体等）因子等。相关研究表明，生态环境基准并非单一的最大剂量或浓度，而是一个"基于不同保护对象的多目标函数或范围值"。[3]生态环境基准是基于科学实验和科学推论所获得的客观结果，以环境暴露、毒性效应和风险评估为核心，揭示环境因子影响人群健康和生态安全客观规律，因而具有普适性，由于自

---

[1] Allan Kanner, "Natural Resource Restoration", *Tul. Envtl. L. J*, Vol. 28, 2015. p.387.

[2] 参见周启星："环境基准研究与环境标准制定进展及展望"，载《生态与农村环境学报》2010年第1期，第2页。

[3] 参见周启星、罗义、祝凌燕："环境基准值的科学研究与我国环境标准的修订"，载《农业环境科学学报》2007年第1期，第3页。

第六章 生态环境损害修复与赔偿的行政规制

然地理和生态系统构成等方面的差异，也会使这种客观规律呈现一定的地域特殊性。

根据生态环境要素的不同，生态环境基准可分为如空气质量基准、水质基准、土壤质量基准等，根据我国《国家环境基准管理办法（试行）》（2017年）规定，生态环境基准可分为水环境基准、大气环境基准、土壤环境基准及其他基准；各类基准之下，又可再进行详细区分。根据作用对象的不同，生态环境基准可以区分为保护人体健康的基准、生态基准（保护各种动植物、水生生物）、物理基准（保护建筑物、材料、噪声、能见度等）。[1]

基于作用目标与机理的不同，生态环境基准还可以区分为生态环境质量基准和生态环境修复基准。其中，生态环境质量基准，是指当生态环境中的污染物质含量为某一阈值范围时，对目标受体不会发生有害影响；生态环境修复基准，是指当污染物质超过某一阈值范围时，将导致目标受体产生有害反应。比较而言，生态环境质量基准的目标在于污染或损害的避免与控制，其赋值与生态环境背景值、系统的敏感生物致毒浓度和低水平、长期或慢性暴露生物学效应或生态效应等密切相关。生态环境修复基准的目标在于污染的消减、修复和治理，其赋值则建立在系统的急性、亚急性毒性试验以及大量优势种群致毒浓度研究的基础上，并适当参照高背景值地区的背景水平。[2]

与生态环境基准密切相关的概念是生态环境标准。生态环境基准是制定生态环境标准的依据，以环境暴露、毒理效应与风险评估为核心内容的环境基准体系，是生态环境质量评价、风险控制及整个生态环境管理体系的基础。根据我国《生态环境标准管理办法》（2020年）规定，生态环境标准，一般是指由国务院生态环境主管部门和省级人民政府依法制定的生态环境保护工作中需要统一的各项技术要求。具体来讲，生态环境标准是为了保护人民健康，防止环境污染或破坏，维护生态平衡，实现社会经济发展目标，根据国家的环境政策和法规，在综合考虑本国自然环境特征、社会经济条件和科学技术水平的基础上，规定环境中污染物的允许含量和污染源排放污染物的数量、浓度、时间和速度、监测方法，以及其他有关技术规范。生态环境标准

---

[1] 曹红斌：《化学物质健康风险评价的理论与应用》，气象出版社2012年版，第104~105页。
[2] 参见周启星："环境基准研究与环境标准制定进展及展望"，载《生态与农村环境学报》2010年第1期，第2页。

可以按不同的角度或层次予以区分。根据《生态环境管理办法》规定，我国生态环境标准分为国家生态环境标准和地方生态环境标准。国家生态环境标准包括国家生态环境质量标准、国家生态环境风险管控标准、国家污染物排放标准、国家生态环境监测标准、国家生态环境基础标准和国家生态环境管理技术规范。地方生态环境标准包括地方生态环境质量标准、地方生态环境风险管控标准、地方污染物排放标准和地方其他生态环境标准。

（二）生态环境质量标准与生态环境修复标准

生态环境质量基准对应的是生态环境质量标准。生态环境质量标准是指国家为保护人体健康和生态环境，对生态环境中的目标污染物或其他有害因素的容许含量作出的规定。[1] 生态环境质量基准是制定生态环境质量标准、评价、预测和控制生态环境的科学依据，生态环境质量标准规定的目标污染物容许含量原则上应小于或等于相应的基准值。[2] 如果说，生态环境基准是一种基于地理或生态环境要素的纯自然科学概念，是完全基于科学实验及调查的客观记录和科学推论，且一般不考虑社会、经济、技术等人为因素；那生态环境质量标准则更多是结合了环境科学、政治目标、经济考量以及法律选择的"复合"概念，需要考虑社会、经济、技术等因素，经过综合分析制定的。例如，我国的生态环境质量标准，不仅以功能用途的区分为前提，也是评判政府履职情况的考核依据，其制定涉及经济发展的阶段性或特殊性目标，并非仅根据公众健康或对生态环境的需求来设定，而是集多重目标于一身的标准限值。

生态环境修复基准对应的则是环境修复标准，是指通过各种科学技术手段，使生态环境中有害物质浓度降低到对公众健康或生态环境不产生有害影响、科学技术和法规均可接受的水平。[3] 与生态环境质量标准类似，生态环境修复标准也以生态环境修复基准为基础，与各国或地区地理参数、文化因素、生活习惯及管理抉择等息息相关，并综合考虑各国或地区的生态环境背景值、修复技术水平、有害物质筛选、生态毒理学评价等多种因素制定，具

---

〔1〕 袁杰主编：《〈中华人民共和国环境保护法〉解读》，中国法制出版社2014年版，第52页。

〔2〕 参见孟伟、张远、郑丙辉："水环境质量基准、标准与流域水污染物总量控制策略"，载《环境科学研究》2006年第3期，第2页。

〔3〕 周启星等："土壤环境基准/标准研究需要解决的基础性问题"，载《农业环境科学学报》2014年第1期，第4页。

有相当的国别性、区域性特性。比如，在有些国家或地区，地下水常常作为生活饮用水使用，这使得对受损生态环境的修复就必须考虑饮用水的卫生标准。而对于没有将地下水直接作为饮用水使用的国家或地区，其受损生态环境的修复标准则较少考虑地下水饮用这一暴露途径，对应的修复标准也就有所不同。

相较而言，生态环境修复基准和标准的研究进展缓慢于生态环境质量基准和标准的研究，在许多国家目前尚没有开展这样的工作。美国是较早开展生态环境修复基准/标准研究的国家。自20世纪90年代始，便进行了大量土壤修复标准制定的模型方法研究。我国香港特别行政区于2007年制订发布了基于风险的污染土地修复目标值。过去，我国习惯把生态环境基准等同于生态环境质量基准，致使我国生态环境基准/标准体系中只有生态环境质量基准/标准，而忽视了污染环境修复基准/标准的研究和制定。在生态环境修复效果的评价中，我国也倾向于直接将生态环境修复标准转至生态环境质量标准，但依据背景值建立的生态环境质量标准并没有给出污染环境中有害物质的清洁值。清洁值赋值至关重要，赋值过低，达不到生态环境保护的目的，赋值过高，则对于有一定吸纳污染物能力的环境资源而言无疑是一种浪费。[1]

基于我国生态环境基准/标准研究与发达国家存在较大的差距，也难以满足我国生态环境事业的现实需求的现状。2014年修订的《环境保护法》第15条规定，国家鼓励开展环境基准研究，从而在基本法律层面确定了我国的环境基准制度。随后，出台了《污染场地风险评估技术导则》《污染场地土壤修复技术导则》《生态环境状况评价技术规范》《区域生物多样性评价标准》《环境污染物人群暴露评估技术指南》等一系列技术标准和方法体系。2018年6月生态环境部对《土壤环境质量标准》（GB 15618-1995）进行了重大修改，发布了《土壤环境质量 农用地土壤污染风险管控标准（试行）》（GB 15618-2018）、《土壤环境质量 建设用地土壤污染风险管控标准（试行）》（GB 36600-2018），这些标准规范和技术导则对于加强我国环境基准/标准制度建设有着重要作用。2018年7月，生态环境部在广泛汲取其他国家经验并结合我国实际情况发布了关于《生态安全土壤环境基准制定技术指南（征求意见稿）》

---

[1] 周启星："污染土壤修复标准建立的方法体系研究"，载《应用生态学报》2004年第2期，第316~320页；周启星："污染土壤修复基准与标准进展及我国农业环保问题"，载《农业环境科学学报》2010年第1期，第1~8页。

《人体健康土壤环境基准制定技术指南（征求意见稿）》《农产品土壤环境基准制定技术指南（征求意见稿）》。2020年生态环境部发布了《淡水水生生物水质基准—氨氮》《淡水水生生物水质基准—苯酚》《淡水水生生物水质基准—氨氮》《湖泊营养物基准—中东部湖区（总磷、总氮、叶绿素a）》及其技术报告等诸多项国家生态环境基准，并公布了《淡水水生生物水质基准制定技术指南（修订征求意见稿）》，这些规定对于我国生态环境基准/标准制度建设有着非常重要的意义。

需要注意的是，尽管上述规范性文件对各类生态环境基准进行了详细规定，但仍缺乏对生态环境修复基准的规定。例如《生态安全土壤环境基准制定技术指南（征求意见稿）》将"土壤环境基准"的定义为"保障生态安全人体健康和农产品质量安全的土壤环境中污染物最大允许含量"，该定义与前文所述的生态环境质量基准定义一致。因此，未来立法应进一步重视对生态环境质量基准与生态环境修复基准的有效区分。

（三）生态环境风险筛选值与生态环境风险控制值

环境质量标准是国家为防止环境污染、保护生态系统、维护人体健康所制订的环境中污染物在一定的时间和空间范围内的容许含量值。但从其他国家的做法来看，现在多数国家提出的指标值不将之称为环境质量标准，而是称为筛选值/指导值/启动值等。[1]多数国家也同时规定了相应的响应值/行动值/控制值等。筛选值/指导值/启动值是界定场地是否启动基线风险评估的依据，响应值/行动值/控制值则用于界定土壤是否需要启动清理行动。

1. 筛选值/指导值/启动值

20世纪90年代以来，各国或地区相继采纳了风险评估的理念，对目标污染物确定了相应的筛选浓度，低于此值，认为生态环境基本安全可利用，无需进行详细筛查；超过此值，则需进行进一步的调查与评估，以取得目标受体的污染浓度阈值。[2]换句话说，筛选浓度值是用于界定场地是否启动基线风险评估的依据，是结合通用的暴露途径通过计算得到的基于风险的污染物浓度限值。作为生态环境污染的"警戒线"，各国或地区针对不同用地类型、

---

[1] 参见夏家淇、骆永明："关于土壤污染的概念和3类评价指标的探讨"，载《生态与农村环境学报》2006年第1期，第88页。

[2] 参见2016年环境保护部办公厅发布的《〈土壤环境质量评价技术规范（二次征求意见稿）〉编制说明》，第165页。

目标受体制定了筛选值/指导值/启动值。这些标准虽名称不尽相同，但其功能定位大体一致。如美国 EPA 制定了土壤筛选值（SSLs）和生态土壤筛选值（Eco-SSLs）（1996-2007）、英国 EA 制修订了土壤质量指导值（SGVs）和土壤筛选值（SSV s）（2000-2009）、加拿大 EC 制修订了土壤质量指导值（SQGs）（1996-2006）以及荷兰的土壤干预值（IVs）、澳大利亚的土壤调研值（SILs）、德国的启动值、韩国的土壤污染预警标准等。[1]

总体来看，各国或地区的风险筛选值不尽一致，原因在于，各个国家或地区在制定筛选值时考虑的目标受体、暴露途径、评估模型、毒性参数、场地参数、技术标准、可接受风险水平等诸多因素不尽相同，使得各国或区域之间的风险筛选值呈现出数量级上的差异。[2] 比如，美国 EPA 区域筛选值（RSL）并不考虑生态风险，而主要以人体健康为主要保护对象，用于污染场地风险的初步筛查与初步修复目标值的确定；而荷兰的土壤干预值则同时考虑了土壤生态风险和人体健康风险。美国 EPA 根据《生态风险评估导则》制定了基于生态风险的土壤筛选值（EcoSSL），而部分州和环保大区却并未制订。

2. 响应值/行动值/控制值

响应值用于界定生态环境是否需要启动清理行动，是指生态环境污染物浓度高于该值，对人体健康风险和/或生态环境风险通常存在不可接受的风险，应立即启动清理行动。德国《联邦土壤保护法》第 8 条规定，超过行动值，通常表明存在有害的土壤变化或污染，同时考虑到有关的土壤用途，并意味着需要采取整治措施。美国则将之称为响应浓度值（Response level），当污染物浓度超过响应浓度值时，则必须采取响应措施。响应值同筛选值的计算方法一致，均为基于风险获得的，并因土壤类型、受体的不同而有所差异，但保守性比筛选值更低。不同的国家或地区对于响应值/行动值有着不同的解释，包括进一步场地风险评估、采取修复措施、限制土地利用、作为场地修复目标预定值等。

3. 我国有关筛选值和控制值的规定

我国于 1995 年颁行《土壤环境质量标准》，该标准建立了保护土壤资源

---

[1] 参见 2016 年环境保护部办公厅：发布的《关于〈土壤环境质量标准〉修订思路及有关情况的说明》，第 42 页。

[2] 参见宋静等："制订我国污染场地土壤风险筛选值的几点建议"，载《环境监测管理与技术》2011 年第 3 期，第 29 页。

的背景值和农业生产/生态环境功能的标准值。但由于该标准未考虑我国土壤类型、成土母质、土壤理化性质、种植结构和品种等区域间的巨大差异，存在土壤污染物项目少、部分指标定值偏严（镉）、偏宽（铅），缺乏人和生态受体对土壤污染物的取食摄入、皮肤接触暴露途径等问题，不能满足实际应用需要。[1]故自2004年原环境保护总局下达《土壤环境质量标准》修订任务，我国开始加强对土壤环境质量筛选值/指导值的研究，以为我国土壤环境质量标准的修订及今后的研究与发展提供理论参考。2018年，生态环境部联合国家市场监督管理总局发布了《土壤环境质量 建设用地土壤污染风险管控标准（试行）》和《土壤环境质量 农用地土壤污染风险控制标准（试行）》，共同构成了我国土壤环境质量评价标准体系。修改后的"土壤环境质量标准"取消了原标准中的一级标准，改变了以往"一刀切"规定全国土壤环境背景值的标准制定方法，而仅由国家制定土壤背景值技术指南，地方政府根据该指南确定本辖区的土壤环境背景值。其中，《土壤环境质量 建设用地土壤污染风险管控标准（试行）》规定了旨在保护人体健康的建设用地土壤污染风险筛选值与管制值，《土壤环境质量 农用地土壤污染风险控制标准（试行）》规定了农用地土壤污染风险筛选值与管制值。

根据《土壤环境质量 建设用地土壤污染风险管控标准（试行）》规定，建设用地土壤污染风险筛选值（risk screening values）是指，在特定土地利用方式下，目标污染物含量等于或低于该值的，对人体健康的风险可以忽略；超过该值的，对人体健康可能存在风险，应当开展进一步的详细调查和风险评估，确定污染范围和风险水平。建设用地土壤污染风险管制值（risk intervention values）是指，在特定土地利用方式下，建设用地土壤中污染物含量超过该值的，通常对人体健康存在不可接受风险，应当采取风险管控或修复措施。同时，我国也采用了国际上普遍的土壤用途分类定值方法，即根据不同土地利用方式对土壤环境质量的要求，分别制定标准值。[2]根据《土壤环境质量 农用地土壤污染风险管控标准（试行）》规定，农用地土壤污染风险筛选值，指农用地土壤中污染物含量等于或者低于该值的，对农产品质量安全、

---

[1] 参见2018年生态环境部办公厅发布的《〈生态安全土壤环境基准制定技术指南（征求意见稿）〉编制说明》，第32页。

[2] 建设用地中，城市建设用地根据保护对象暴露情况不同，分为第一类用地和第二类用地，两类用地下再根据用地类型不同进行区分，并适用不同的标准值。

农作物生长或土壤生态环境的风险低,一般情况下可以忽略;超过该值的,对农产品质量安全、农作物生长或土壤生态环境可能存在风险,应当加强土壤环境监测和农产品协同监测,原则上应当采取安全利用措施。农用地土壤污染风险管制值指农用地土壤中污染物含量超过该值的,食用农产品不符合质量安全标准等农用地土壤污染风险高,原则上应当采取严格管控措施。若数值介于筛选值和管制值之间的,农产品存在超标风险,具体需要通过结合农产品质量协同调查确定,一般可通过农艺调控、替代种植等措施达到安全利用。

从定义、功能角度以及数值计算方法来看,我国的风险筛选值和管制值制定系统借鉴了美国、加拿大、英国、荷兰等国家和地区的相关研究与立法。并且由于我国土壤环境基准研究不足且过于依赖其他国家的暴露模型、毒理学评价标准等研究方法,致使我国的风险筛选值/控制值仍有较多改进空间:

(1)在污染物项目、污染物毒性及理化性质参数方面还有所欠缺。比如,在《建设用地土壤污染风险筛选指导值》(第一次征求意见稿)的反馈意见中,有学者建议根据我国土壤自然属性的变异性和污染场地的利用特性,增加十氯酮、五氯苯、全氟辛基磺酸及其盐类和全氟辛基磺酰氟,以及六溴环十二烷等持久性有机污染物,但经调研欧美等多数发达国家均未对上述污染物指标限值进行规定,导致我国缺乏开展污染土壤健康风险评估的污染物毒性和理化性质参数,最终并未将此类有机物纳入污染物项目。[1]

(2)在保护对象方面,主要分为保护人体健康和保护陆生生态系统健康两个方面。其中,后者主要涉及土壤植物/作物、土壤无脊椎动物、微生物、陆生野生动物及生态系统等几大类生态受体,如美国的 ESCOs 即选择了植物、鸟类和哺乳动物等生态受体为研究对象。[2] 尽管我国已经颁布了《区域生物多样性评价标准》(HJ 623-2011)、《生态环境状况评价技术规范》(HJ 192-2015),但目前我国已经发布的土壤环境标准主要是针对人体健康与农产品/农作物健康的风险筛选值与控制值,尚未制定针对其他生物受体和生态环境的风险管控与标准值。即便是《土壤环境质量 农用地土壤污染风险管控标准(试行)》,其风险管制值的保护受体也主要针对水稻而制定的,其他

---

[1] 参见 2016 年环境保护部办公厅发布的《〈建设用地土壤污染风险筛选指导值(三次征求意见稿)〉编制说明》,第 102 页。

[2] 参见周启星、滕涌、林大松:"污染土壤修复基准值推导和确立的原则与方法",载《农业环境科学学报》2013 年第 2 期,第 208 页。

动植物受体乃至生态系统尚不在该标准的保护受体范围之内。当然，值得注意的是，在 2018 年发布的《生态安全土壤环境基准制定技术指南（征求意见稿）》，其所保护的生命受体已将陆生植物、土壤无脊椎动物和土壤微生物等包括在内，这对于我们今后制定具体的关筛选值和控制值有着非常重要的指引作用。

（3）在风险评估范围方面，一般分为人体健康风险评估和生态环境风险评估。前者主要是评价目标污染物对人体健康产生不良影响或危害的可能性及其程度；后者主要是评价目标污染物对植物、微生物、陆生动物及特定区域生态服务系统产生不良影响或危害及其程度。若经风险评估证实确实会对人体健康或生态环境产生影响，则通常需要采取一定的措施，降低人群健康风险或生态环境风险。但由于我国在保护对象、技术手段方面的局限，致使目前的风险评估实践活动仍以人群健康风险评估为主，系统性的生态环境风险评估仍处于起步阶段。

三、生态环境修复标准的制定

若依据风险筛选值、控制值对受损生态环境进行全面风险评估后表明人体健康风险或生态环境风险已经处于不可接受的水平，则必须采取针对性的修复措施。如前所述，最理想化的修复目标是，使受损生态环境修复到未受损害时的基线水平。但囿于修复的技术性、复杂性和长期性，抑或资金的匮乏，使得部分受损生态环境的完全修复变得不可能或修复难度过大，即使采取了生态环境的修复措施，从严格意义上来说，使生态环境恢复到与损害发生之前完全相同的状态是很难实现的。现实的做法，一般是基于风险评估技术路线，确定合适的污染治理修复标准，并选择恰当的修复技术和成本。易言之，考虑到对于不同用地类型、不同受体而言，同样含量的污染物可能造成的风险不同，同样的可接受风险控制水平对应的污染物含量也可能不同，因而，需要基于具体生态环境进行个案的风险评估，并结合生态环境的背景值/本底值、筛选值/控制值以及生态环境受体等要素，合理提出修复的目标值。[1]这使得基于风险管控理念的个案"风险评估"修复标准制定方法成为

---

[1] 参见 2016 年环境保护部办公厅发布的《关于〈土壤环境质量标准〉修订思路及有关情况的说明》（2016），第 43 页。

趋势。然而，充分考虑生态环境性质、背景值和利用方式等地区性差异的"风险评估"也时常遭遇合法性、有效性等危机。因此，还需要运用类型化思维，采用"限值型"和"风险评估型"两种标准模式相结合的方式，针对人体健康、动植物、生态服务系统等不同的保护对象及其不同利用方式，分别制定生态环境标准值，以达到受损生态环境的全面、有效修复。

(一) 目标值制定的经验做法

多数国家在国家层面只制定筛选值而没有制定修复目标值。关于修复目标值，各国有的是要求根据污染地块的实际情况进行风险评估后确定；有的则直接规定修复目标值。[1]美国较早颁布并实施了污染土壤修复/清洁标准，CERCLA 第 121 条体现了土壤污染"永久消除"与"风险管理"两种思路。第 121 条（b）项规定："以永久地和显著地减少危险物质、污染物、致污物的数量、毒性或者迁移性的处理方式为主要要素的修复行动优先于不涉及前述处理方式的修复行动。""总统需选择对人类健康和环境具有保护性，符合成本效益分析，且在最大可行性范围内采用永久解决方案和替代性处理技术或者资源恢复技术的修复行动。""总统选择的修复行动导致危险物质、污染物或者致污物留在原地的，总统须在启动该修复行动以后不少于 5 年一次对该修复行动进行审查，以保证人类健康和环境受到所实施的修复行动的保护。"换言之，如果条件允许，EPA 应当首要选择永久性的修复方法，而非将废弃物阻隔或填埋，若永久性修复方案不可行，而采用了其他替代修复方案，则 EPA 须定期对受损生态环境进行跟踪评估和检查以确认其安全性。虽然永久性的修复方案会大大提升经济、社会成本，但 EPA 仍然制定了修复目标值和相关评估、监测方法导则以供各州使用。比如，初步修复目标（PRGs）是 EPA 制定的旨在保护人体健康的清洁标准。此外，EPA 将 9 区的 PRGs 与 3 区和 6 区的基于风险管理的筛选水平合并，制定了最新的区域筛选水平。[2]美国各州也建立了较为完善的污染土壤修复/清洁标准，[3]如新泽西州的土壤

---

[1] 2017 年环境保护部发布的《土壤污染风险管控标准 建设用地土壤污染风险筛选值（试行）（征求意见稿）》编制说明。

[2] 龚宇阳："国际经验综述：污染场地管理政策与法规框架"，载《世界银行研究报告》2010 年，第 8 页。

[3] 参见周启星："污染土壤修复基准与标准进展及我国农业环保问题"，载《农业环境科学学报》2010 年第 1 期，第 3 页。

清洁标准（Soil Cleanup Criteria）、纽约州的土壤清洁目标（Soil Cleanup Objective）、华盛顿州的土壤清洁水平（Soil Cleanup Level）等。各州制定的修复/清洁标准有所差异。比如，新泽西州基于风险的土壤修复标准主要考虑人体健康风险和对地下水的影响；纽约州的土壤清洁目标则综合考虑了5种土地利用类型下的人体健康、生态受体和地下水三个方面。[1]整体来看，美国EPA采用的是"通用标准"+特定地块"风险评估"修正标准的做法，以做到修复治理的因地制宜。

荷兰土壤修复标准也具有一定的代表性，其一，它综合考量了人类健康风险、生态环境风险和农业生产多方因素；其二，设置了多种基于不同功能用途的国家标准；其三，分为目标值、干预值和国家土壤用途值三个层次。[2]其中，目标值和干预值适用于各类用地方式，用途值则主要适用于特殊用地方式。荷兰还制定了各类用地方式下土壤修复后应达到的环境质量标准，即参考值。参考值旨在明确上层土壤或回填的类土壤物质应达到的环境质量。基于不同用地方式，参考值分为国家和地方两级。同时，荷兰中央政府也鼓励地方政府根据地区地质地貌或环境特质制定地方性的土壤参考值。根据区域特性或特定情形，土壤参考值可能低于国家参考值，可能在国家参考值和干预值之间，也有可能高于干预值。[3]

1994年，我国香港地区采用荷兰B标准作为污染场地修复标准。[4]2007年香港特别行政区发布了《基于风险的土壤整治标准使用指南》，该指南采用风险的方法制定了一套本土化的土壤/地下水修复标准（RBRG soil／RBRG gw）以取代荷兰B级标准。由于人体接触受污染的土壤和/或地下水的方式，包括接触的强度和频率，在很大程度上取决于土地的使用类型，且《香港受污染土地勘察实务指南》将土地划分为市区住宅、乡郊住宅、工业和公园四种类型，故该指南根据这四种不同的土地用途类型开发了不同的RBRG。

---

[1] 参见周启星、滕涌、林大松："污染土壤修复基准值推导和确立的原则与方法"，载《农业环境科学学报》2013年第2期，第206~207页。

[2] 罗明、周妍、周旭："国内外污染土地修复再利用比较与借鉴"，载《中国土地》2014年第6期，第32页。

[3] 参见宋静等："制订我国污染场地土壤风险筛选值的几点建议"，载《环境监测管理与技术》2011年第3期，第31~32页。

[4] 荷兰于1983年制定出台《土壤修复临时法》，基于土壤背景值和专家经验提出了最初的A、B、C土壤标准值体系。

RBRG 用于评估和修复污染场地，包括有非水相液体的情况；不能确定土地用途时，采用最严的一类修复标准。香港地区的 RBRG 标准是基于"风险"和"通用"的方法并本地化得出的标准，一方面，采用风险管控的理念和方法，能够根据地区自然背景、土壤类型、土地利用情况等因素制定出符合地区环境特性的环境修复标准，另一方面，也克服了风险评估的随意性、复杂性以及在土壤砷和苯并芘等污染物上的不适用性。换句话说，目前香港地区的生态环境修复亦并非"一土一标"，其所制定的修复标准乃是针对绝大多数污染场地或绝大多数可预见情况；只有当出现特殊情况无法适用通用的修复标准时，才采用特别的风险评估方法以个案方式确定具体的修复目标值。

综合来看，各国或地区在推导和制定土壤修复目标值时，主要考虑以下几个方面：①风险评估。美国、荷兰等西方发达国家对土壤环境的修复并非"一刀切"的评价模式，而采用了风险主导"通用标准"+"风险评估"的土壤修复；香港地区的土壤环境修复 RBRG 亦是采用了风险评估理念和方法得出的修复限值。②土地利用类型。多数国家的土壤修复标准考虑了土地的利用类型，大体上主要划分为农业用地、商业用地、工业用地、保护地下水这四大类；③人体健康保护。对于人体健康的保护，主要采用一些暴露模型来推导在不同土地利用下不同的暴露人群（儿童、青少年和成人等），通过各种暴露途径（吸入、摄入和皮肤接触等）对不同类型的污染物 致癌和非致癌的暴露水平，然后计算出相关结果。④生态受体保护。对于生态系统的保护，主要是将植物、微生物、鸟类、哺乳动物等相关毒理数据进行统计分析后，应用物种敏感性分布法、评价因子法等方法来确定不同土地利用情形下不同保护程度的生态环境保护标准；⑤地下水保护。一些国家或地区还将地下水的污染效应纳入土壤修复标准制定的考量范畴，如美国纽约州的土壤清洁目标；丹麦则将地下水保护以标准形式单独制定。[1]⑥与筛选值/控制值密切相关。筛选值/控制值一般不能直接作为具体土壤的修复目标值，但可作为简单风险评估和制定修复目标的初级阶段的参考。在制定具体场地修复目标值时，需要在参考相关筛选值/控制值的基础上开展详细的场地调查，建立场地概念模型，获取毒性参数、场地参数等，并根据场地未来利用方式及保护受体来

---

[1] 参见周启星、滕涌、林大松："污染土壤修复基准值推导和确立的原则与方法"，载《农业环境科学学报》2013 年第 2 期，第 212~213 页。

制定具体场地土壤、地下水、沉积物等污染介质的修复目标值。

(二) 我国修复目标值的制定

1. 我国现有修复标准规范评价

考察我国陆地生态环境修复目标值的法律依据和技术导则，可以看出，我国《环境保护法》第32条规定了生态环境调查、监测、评估和修复制度，并未规定生态环境修复目标值如何确定。《污染地块土壤环境管理办法（试行）》第25条规定则较为笼统，即修复后的土壤再利用应当符合国家或者地方有关规定和标准。《土壤污染防治法》制定了土壤保护的风险管控与修复制度，并在第37条中确立了基于风险评估确定修复目标的基本思路，即"实施土壤污染风险评估活动，应当编制土壤污染风险评估报告""土壤污染风险评估报告应当包括……风险管控、修复的目标和基本要求等"。而在《污染场地土壤修复技术导则》（HJ 25.4-2014）5.2.2"提出修复目标值"中规定了修复目标值的考量因素，即分析比较按照《污染场地土壤修复技术导则》计算出的风险控制值和目标污染物的背景含量以及国家相关标准中规定的限值，合理提出土壤污染目标污染物的修复目标值。在地方立法层面，湖南省环境保护厅/质量技术监督局联合发布了《重金属污染场地土壤修复标准》（DB43/T1125-2016）详细规定了湖南省重金属污染场地土壤修复指标、限值和监测方法。重金属污染场地土壤修复标准即为重金属污染场地土壤修复目标值最高限值，受到重金属污染的土壤必须将其修复到"目标值最高限值"以下的水平。

分析来看，目前我国生态环境修复目标设定也逐步建立起了以"风险评估"为基础的计算方法，但纵观我国生态环境修复目标值的确定过程，较其他国家或地区的定值方法与路径，仍存在以下几个问题：

(1) 保护对象相对受限。相比于其他国家或地区相对广泛的目标受体保护，如加拿大生态环境修复涉及的保护受体不仅包括植物、微生物、土壤无脊椎动物、牲畜和野生动物等，还涉及风蚀和水蚀产生的污染迁移，以及目标污染物可能对地表水体和地下水的影响。[1] 目前我国主要集中于污染场地人体健康和农用地农产品的风险评估和修复，对于其他土壤植物、(微) 生物

---

[1] 参见周启星、滕涌、林大松："污染土壤修复基准值推导和确立的原则与方法"，载《农业环境科学学报》2013年第2期，第207页。

等生态环境类型的风险评估及修复尚缺乏相应的实践。

（2）修复目标较为单一。单就目前已经制定的污染场地风险评估与修复，主要关注的是人体健康风险，欠缺其他生态环境类型的风险考量；农用地风险评估与修复也主要是以相关农作物（水稻、小麦）的生长情况为指标，大多数修复项目的修复对象仅涉及个别生态环境要素问题，修复方法缺乏系统性、整体性，修复目标与验收标准也较为单一，存在追求短期效益、以政绩考核或者客户需求为导向的倾向。[1]

（3）基础研究方法匮乏。通过对污染物的风险识别后，进行健康毒理学和生态毒理学的剂量响应评价是生态环境修复标准的通用方法。近年来我国人体健康和生态毒理诊断研究虽然得到迅速发展，但与美国、加拿大等其他国家或地区仍有较大的差距，[2]在实际的基准/标准制定过程中，目前主要还是利用国际毒性数据库进行基准制定。[3]例如我国《环境空气质量标准》（GB 3095-2012）基本参照WHO的《空气质量准则》（2005年）制定，制订依据多为2000年前欧美流行病学和毒理学研究结果，缺乏我国本土化的数据支持。借鉴他国或地区的有益经验无可厚非，但应在借鉴权威数据库和评估方法的基础上，加强我国环境修复基准系统研究的自主研发，开发出与我国实际情况相适应的毒理学评价、土壤、地下水等基本参数模型等研究，以制定符合我国实际的生态环境修复基准。[4]

（4）利益相关者质询程序缺失。尽管风险评估是一项技术性较高的活动，大部分的风险评估与修复目标值确定主要都是由技术机构根据相关技术标准、规范等所确定，但生态环境修复标准的选择与制定仍然不是一项纯粹的科技活动，而是糅合了包括经济因素、社会因素、法规调控因素、政治因素等在内的多目标要素和公众、开发商、产权人、监管部门在内的多利益要素博弈的法律行为。因此，为了更好地调和法律价值目标与现实技术水平，需要在生态环境修复过程中建立必要的风险交流与风险参与程序，以保证目标设定

---

〔1〕 参见李挚萍："环境修复目标的法律分析"，载《法学杂志》2016年第3期，第3页。

〔2〕 参见晁雷、周启星、陈苏："建立污染土壤修复标准的探讨"，载《应用生态学报》2006年第2期，第334页。

〔3〕 参见2018年生态环境部办公厅发布的《〈生态安全土壤环境基准制定技术指南（征求意见稿）〉编制说明》，第36页。

〔4〕 参见宋静等："制订我国污染场地土壤风险筛选值的几点建议"，载《环境监测管理与技术》2011年第3期，第32页。

与利益表达的科学、合理。[1]

2. 我国修复标准制定的建议

（1）强化生态环境基准的本土化研究。生态环境修复标准的科学制定以健全的生态环境基准体系为前提。生态环境基准是制修订生态环境修复标准、评估生态环境风险以及进行生态环境管理的理论基础和科学依据。《环境保护法》第15条提出"国家鼓励开展环境基准研究"，在《土壤污染防治法》第12条中也提出"国家支持对土壤环境背景值和环境基准的研究"，《生态环境损害赔偿管理规定》第29条也指出，生态环境部应负责基础性技术标准的研究和制定。但目前我国生态环境基准研究工作相对欠缺，还停留在原则性和指导性层面，从而在根本上影响了我国生态环境修复基准和标准体系的建立健全，因此，强化我国生态环境基准体系建设就显得尤为重要。针对我国生态环境基准研究基础薄弱的现状，未来我国生态环境基准研究应着重注意以下几方面：

第一，加强关键参数、测试方法的本土化研究。生态环境基准是一项复杂的系统工程，其主要是基于风险评估的理念，运用参数和模型进行相关基准值推导。如前述，目前我国本土化参数严重缺乏，部分关键参数仍采用国外的参数值，给基准推导带来很大的不确定性。同时我国在毒性毒理测试方法、计算毒理学方法方面也存在较多欠缺。参数模型以及相关毒理测试、数据质量保障方法体系的本土化是一项极为重要的工作。因此，我国需要在充分借鉴其他国家或地区在生态环境基准研究方面经验基础上，建立以我国本土代表性生物为基础的毒性毒理测试方法标准或规范和数据质量保证方法，加强计算毒理学方法研究和数据填空方法的研发，以为生态环境修复基准与标准体系的研究提供理论和方法基础。[2]

第二，强化生态环境基准数据库建设，保障信息数据的整合共享。生态环境基准的研究和制定过程中需要进行大量的数据采集和分析工作，信息数据的有效获取和筛选处理直接影响研究结果的可靠性。但目前我国在生态环境基准数据资源的互通互联、整合利用和共享方面还较为欠缺，尤其是在不

---

[1] 参见李挚萍：“环境修复目标的法律分析”，载《法学杂志》2016年第3期，第7页。

[2] 生态环境部："专家解答《淡水水生生物水质基准—镉》（2020年版）有关问题"，载 https://www.mee.gov.cn/xxgk2018/xxgk/xxgk15/202003/t20200303_767018.html，最后访问日期：2024年3月1日。

同时期、地区、部门、学科间产生的基础数据的综合处理和利用方面有待加强。因此，未来应强化生态环境基准基础数据库建设，建立国家生态环境基准资源共享平台，实现对生态环境基准各项信息资源的有效共享，推动生态环境基准研究的科学性、规范性。

第三，健全生态环境基准智库机制，增强基准研发队伍建设。目前我国生态环境基准研发所必需的生态毒理学和毒理学的研究队伍相对较少，专业从事综合性很强的基准工作的研究团队更少。2017年我国发布了《国家环境基准管理办法（试行）》，该办法对生态环境基准研究、制定、发布、应用与监督等问题进行规定，并要求环境保护部组建环境基准专家委员会负责环境基准的科学评估。2019年国家生态环境基准专家委员会成立，国家生态环境基准专家委员会是生态环境基准研究、汇总、评价的智库，旨在为我国生态环境基准体系的顶层设计、质量管理、转化应用等提供智力保障。未来，在加强国家环境基准专家委员会下各工作组的能力建设的基础上，还应进一步以国家重点实验室为核心，广泛吸收生态环境基准领域的研究学者参与到生态环境基准研究工作中来，以为生态环境修复标准的制修订提供决策依据。[1]

（2）优化生态修复目标值的确定方法。生态环境修复目标值的制定直接影响到生态环境修复规模、修复方案的选择和确定，其重要性不言而喻，因此，修复目标值的科学测算需要注意以下几方面。

第一，基线、修复策略与修复指标的科学确定：

其一，在修复目标值测算过程中，基线的确定是最为基础的步骤，过去由于历史数据、对照数据的缺失或测算方面的欠缺，导致基线难以确定。针对该问题，《生态环境损害鉴定评估技术指南　总纲和关键环节　第1部分：总纲》专门细化了基线确定的方法要求，从时空代表性、样品数量、采样方法等方面对历史和对照数据的要求进行了细化，使得历史数据、对照数据的测算方法更具有可操作性。

其二，不同的修复指标、修复策略对应着不同的修复目标值，因而需要根据生态环境损害的实际情况来确定生态环境修复的指标与修复策略。

在选择修复指标方面，《生态环境损害鉴定评估技术指南　总纲和关键环

---

[1]　生态环境部："专家解答《淡水水生生物水质基准—镉》（2020年版）有关问题"，载 https://www.mee.gov.cn/xxgk2018/xxgk/xxgk15/202003/t20200303_767018.html，最后访问日期：2024年3月1日。

节　第1部分：总纲》规定，应根据生态环境损害的类型、范围和程度，选择反映生态环境损害关键特征、易于定量测量评价的指标，明确生态环境细分目标。如当损害类型以供给服务为主时，一般采用资源数量、密度等指标；当损害类型以支持服务为主时，一般采用栖息地面积、重要保护物种的种群数量等指标；当损害类型以调节服务为主时，一般采用湿地面积、森林面积等指标；当损害类型以环境质量为主时，一般采用环境介质中特征污染物的浓度作为评价指标。

在选择修复策略方面，《生态环境损害鉴定评估技术指南　总纲和关键环节　第1部分：总纲》规定，应按照以下优先序选择生态环境恢复的模式：①在受损区域原位恢复与受损生态环境基线同等类型和质量的生态服务功能；②在受损区域外异位恢复与受损生态环境基线同等类型和质量的生态服务功能；③在受损区域原位恢复与受损生态环境基线不同类型但同等价值的生态服务功能；④在受损区域外异位恢复与受损生态环境基线不同类型但同等价值的生态服务功能。对于污染环境行为造成的生态环境损害，当生态环境风险不可接受时，应采用人工恢复或人工恢复与自然恢复相结合的恢复方式；当生态环境风险可接受时，宜采用自然恢复方式。对于破坏生态行为造成的生态环境损害，原则上以自然恢复为主，人工恢复为辅。

第二，修复目标值的测算方法："限值"+"风险评估"。如前述，由于不同国家或地区土壤环境背景含量、可接受风险控制水平不一，使得传统的统一式"一刀切"的标准值方法并不可靠，而基于健康风险的修复目标值方法因其灵活性和科学性等优点而逐渐得到发展。传统的修复限值方式之所以受到抵制，究其根由，仍然在于其并未充分考虑不同地区土壤背景值、不同土地用途以及不同受体暴露途径和暴露程度等多方面因素。相比而言，基于风险管控理念制定的修复目标值并非一个统一的标准值，而是建立在土壤的背景值/筛选值/控制值、修复技术方法、污染物的仪器可检出水平、污染生态毒理评价等基础之上，[1]因而，会在不同的土地类型、土地用途上出现不同的修复标准限值。同时，在风险管控理念下，修复目标值的制定也是一个不断优化的过程，需要在修复调查和可行性研究过程中逐步优化及筛选，得到

---

[1] 参见徐磊等："重金属污染土壤的修复与修复效果评价研究进展"，载《中国农学通报》2014年第20期，第164页。

最终修复目标值。[1]因此，在修复目标值制定的过程中，应充分考虑土壤修复的最终利用目标，因地制宜，制定出适合不同污染程度、不同用途类型的土壤修复目标值。

但需要注意的是，没有哪一种标准制定方法是"绝对有效"或"完美"的。基于个案的"风险评估"方法虽然可以依据不同的暴露途径、污染程度、暴露途径、毒性参数、用地类型等诸多因素综合评价风险并确定相应的修复方案，比传统的"一刀切"标准限值模式更为灵活、细致。但这种修复标准模式亦有其缺陷，如时间成本、人力成本、物质成本等剧增，操作难度也更为复杂。[2]并且，"风险评估"标准制定方法因其过于宽松的制定程序，也会遭遇"合法性"和"有效性"危机，在没有完善的技术保障和程序监管体制下，过于强调风险评估而忽视"标准限值"方法，将会使土壤污染修复治理活动缺失必要的可预测性，风险评估的随意性、复杂性以及在苯并芘等污染物上的不适用性也很可能会造成"该修的未修"状况发生，从而形成新的"不可控"风险。

比较而言，湖南省《重金属污染场地土壤修复标准》的做法与美国等国家或地区的经验"不谋而合"，即基于风险管控的理念制定针对不同类型和用途的污染土壤标准限值，于大多数情况下的环境修复或应急环境事故的处理时适用，但也并不排除在特殊情形、特殊地块要求下采用基于个案的"风险评估"方法取得修复目标值。我国幅员辽阔、地势多样，采用全国通用的修复标准既不现实亦不科学，建议在今后的土壤污染修复治理工作中，加强对地方土壤类型、用途以及受体的分类研究，在遵循《土壤环境质量 农用地土壤污染风险管控标准（试行）》《土壤环境质量 建设用地土壤污染风险管控标准（试行）》等全国性土壤污染管控标准的基础上，制定与地方情况相符合的修复目标值。

最后，仍需要重申的是，①对于生态环境修复活动，首要的修复目标仍然是使其修复到未受污染影响时的基线水平。尽管这一目标在实践中较难实现，但法律目标与规则的设定均要尽可能地与之靠近。②只有当经过充分、

---

[1] 参见王斌等："美国污染场地修复目标值制定对中国的启示"，载《世界环境》2018年第3期，第38页。

[2] 魏旭："土壤污染修复标准的法律解读——一种风险社会的分析思路"，载《法学评论》2016年第6期，第122页。

必要的评估与论证得出"恢复基线状态"不可行或费用甚巨时,才可选用其他替代标准进行修复,不得在"恢复基线状态"可行的情形下,选择其他修复标准或金钱赔偿。③采用风险评估对修复目标进行赋值是一项棘手的科学难题,尽管经过了严格的科学实验程序方法,但由于生态环境介质和修复对象的自然可变性以及现有技术的限制,都有可能使最后的结果具有不确定性。[1]故在具体的修复活动以及修复规模与范围的选取过程中,应将风险评估赋值的不确定性考虑在内。因此,建议采用生态环境修复"限值"+"风险评估"的方法,即制定符合地区环境特性的环境修复标准,适用于大多数环境修复或应急环境事故的处理;通用标准无适用可能时,则采取风险评估方法确定个案的修复目标值。④若"恢复基线状态"确实不可行时,选择的替代修复标准与规模、补偿性措施和赔偿数额的总额,仍应体现全面填补的基本原则。

第四节 生态环境损害的赔偿磋商

生态环境损害赔偿磋商制度的产生源于传统行政救济与司法救济在生态修复目标实现上的不足。2017年,在试点工作的基础上,中共中央办公厅、国务院办公厅审议通过了《生态环境损害赔偿制度改革方案》,其重要内容之一即为构建生态环境损害赔偿磋商制度。生态环境损害赔偿磋商制度,旨在单一的诉讼途径之外,为赔偿权利人与赔偿义务人提供自愿磋商的机制,从而对损害事实评估与量化、修复目标/方案以及修复启动时间/期限等事项达成一致的解决方案,及时修复受损的生态环境。2019年,最高人民法院出台《关于审理生态环境损害赔偿案件的若干规定(试行)》,明确了将磋商程序作为生态环境损害赔偿诉讼的前置程序,以充分发挥生态环境损害赔偿磋商的制度优势。随后,生态环境部联合司法部、最高人民法院、最高人民检察院等部委陆续出台了《关于推进生态环境损害赔偿制度改革若干具体问题的意见》(2020年)、《生态环境损害赔偿管理规定》(2022年)等文件,以规范生态环境损害赔偿磋商的具体适用规定。这样一种基于协商、合作的规则设计,有利于生态环境损害赔偿工作的顺利开展和实施,但语焉不详的制度

---

[1] 参见周启星:"环境基准研究与环境标准制定进展及展望",载《生态与农村环境学报》2010年第1期,第1页。

文本却给实践操作带来诸多困惑。目前《改革方案》《若干规定》等文件仅规定了赔偿权利人与责任方的损害赔偿磋商范围（损害事实和程度、修复启动时间、赔偿责任承担方式等），在政府索赔基础、损害赔偿磋商性质、损害赔偿磋商程序规则等方面，均缺乏明确的法律指引。索赔基础是生态环境损害赔偿磋商制度中最基本的理论问题，其直接决定了磋商行为性质的界定，而该两者又是具体磋商谈判规则设置的先决条件，制约着损害赔偿磋商制度实施的法律效果，三者环环相扣，逐层递进。不同的理论基础、性质界定将会导向不同的制度设计与法律实效。本书尝试厘清生态环境损害赔偿磋商制度的理论基础和各项内容要素，以期为生态环境修复法律责任追究创建必要的法律适用方法与空间。

一、损害赔偿磋商的性质辨识

损害赔偿磋商性质是生态环境损害磋商制度中最为基础的理论问题，是进行具体的磋商谈判的先决条件，只有在明确损害赔偿磋商性质的前提下，才能准确定位具体磋商的内容、方法和步骤。目前已有相当的文章针对政府磋商行为性质提出了不同的观点，为生态环境损害磋商制度的开展提供了重要的理论要素。本部分对磋商行为性质的探讨便从梳理各类磋商行为性质观点开始。

（一）政府索赔基础理论对照

1. 自然资源国家所有权

关于自然资源国家所有权的内涵界定，目前仍存有较多争议，主要观点包括旧国家所有权说、新国家所有权说、公权说、规制说、资格说、所有制说等。[1] 暂且撇开对"自然资源国家所有权"内涵精准定义的探求，目前理论界能够达成共识的是，自然资源国家所有权具有一定的公法属性，不同于私主体的所有权。以自然资源国家所有权作为政府生态环境损害索赔基础的主要思路是，依据宪法和物权法等法律规范将自然资源物化为财产，国家是自然资源国家所有权的权利主体，国家授权政府对国家自然资源所有权进行具体的使用和处分；在发生生态环境损害的情况下，政府代表国家进行具体的磋商索赔。同时，自然资源国家所有权的权能具有特殊性，对自然资源的

---

[1] 刘练军："自然资源国家所有的制度性保障功能"，载《中国法学》2016年第6期，第73~92页。

使用和处分等必须考虑公共利益。《改革方案》的出台，旨在弥补我国生态环境损害赔偿制度方面的缺失。目前我国针对矿藏、水流等自然资源的损害，缺乏具体索赔主体的规定，故《改革方案》赋予省级、市地级政府作为本行政区域内生态环境损害赔偿权利人，在自然资源遭受损害时提起索赔。据此，部分学者在解读该文件时指出，政府应以自然资源国家所有权为理论基础，对赔偿义务人提出索赔主张，政府可以选择通过损害赔偿磋商程序或者诉讼手段来实现自己的请求或诉求。[1]

2. 环境权（环境利益）理论

环境权理论一直是环境法学科的焦点式议题。尽管关于环境权理论已有诸多讨论，但其性质和内容究竟为何，并不清晰。质疑环境权理论的理由，主要集中于该理论过于抽象，权利主体和客体不确定、权利内容模糊和冲突等，进而难以进行权利类型化或司法化。有鉴于此，学界提出了环境利益理论。其基本思路是，尽管环境权概念的周延表达或有待理论上进一步廓清，但环境权所包含的公民环境利益属性却是可以证成的。就国家而言，国家环境公权力源自人民权利的让渡，国家机关的环境公权力在本质是一种义务，这项义务源自国家与公民之间的"社会契约"或"公共委托"。[2]换句话说，国家的环境公共权力是由国家环境公共义务决定的，其有保护公民环境利益的国家义务，政府作为国家权力的代表接受全民委托，从而负有公共环境利益保护的职责。[3]可见，环境利益理论与环境权理论在逻辑进路上是一致的，都旨在强调公民环境权（环境利益）衍生出政府公共环境利益保护职责，强调政府保护改善环境质量、维护生态环境功能的义务性。但环境利益论将环境利益作为一种新型的利益形态，避免了对环境权性质、内容等问题的诘难，从事实上确立了环境利益的法律保护地位。[4]据此，有学者从环境权（环境利益）理论角度进行解读，认为生态环境权益并不为国家垄断所有，而是由全体公民共有，政府作为受托人接受全民委托，与之形成一种公共信托关系，

---

[1] 郭海蓝、陈德敏："省级政府提起生态环境损害赔偿诉讼的制度困境与规范路径"，载《中国人口·资源与环境》2018年第3期，第86~94页。

[2] 吴家如："职权义务论"，载《现代法学》1991年第3期，第2~5页。

[3] 陈真亮：《环境保护的国家义务研究》，法律出版社2015年版，第70页。

[4] 刘倩："生态环境损害赔偿：概念界定、理论基础与制度框架"，载《中国环境管理》2017年第1期，第98~103页。

对生态环境进行管理和维护,并对全民负责。在这一委托过程中,全体公民也将自己所有的诉权一并委托给国家,在出现生态环境污染或破坏行为时,政府有义务为保护公共环境利益不受损害而与责任人进行磋商、沟通或提起索赔诉讼。相比于自然资源国家所有权视角,公共信托理论更加强调政府的法定责任,避免其将自然资源视为国家的垄断财产,从而以公共环境利益保护视角强化了政府主体的履责意识。[1]

(二) 磋商行为性质观点胪列

从类型化的角度来看,目前针对政府磋商行为的判断主要有以下观点:

1. 基于"自然资源国家所有权"的民事行为

《生态环境损害赔偿制度改革试点方案》出台后,原环境保护部有关负责人在答记者问中指出,建立生态环境损害赔偿制度的目的之一便是"弥补制度缺失的需要"。目前我国针对矿藏、水流等自然资源损害,缺乏具体索赔主体的规定,故《试点方案》赋予省级、市地级政府作为本行政区域内生态环境损害赔偿权利人,侧重于对国家自然资源的损害提起索赔。[2]据此,部分学者从该解读文件角度出发,指出政府应以自然资源国家所有权为理论基础,以民事主体身份对赔偿义务人提出索赔主张,政府可以选择通过损害赔偿磋商程序或者诉讼手段来实现自己的请求或诉求。[3]在以自然资源国家所有权为政府索赔基础的观点中,又可以划分出两种主张:

一种主张认为,政府磋商索赔从性质上来看,属于政府代表国家对自身权利受损情况进行赔偿磋商的民事行为;若磋商不成,政府代表国家向赔偿义务人提起的生态环境损害赔偿诉讼,本质上属于民事私益诉讼,或称为国家利益诉讼。[4]相比之下,公共环境利益仅是一种反射利益,社会公众不能

---

[1] 王金南等:"加快建立生态环境损害赔偿制度体系",载《环境保护》2016年第2期,第26~29页。

[2] "破解'企业污染、政府买单'困局——环保部有关负责人解读《生态环境损害赔偿制度改革试点方案》",载 http://www.gov.cn/zhengce/2015-12/03/content_ 5019632.htm,最后访问日期:2024年3月1日。

[3] 郭海蓝、陈德敏:"省级政府提起生态环境损害赔偿诉讼的制度困境与规范路径",载《中国人口·资源与环境》2018年第3期,第91页。

[4] 参见吕忠梅:"生态环境损害赔偿诉讼中的问题与对策",载2018年《创新环境资源司法理论加强生态文件检索司法保障研讨会》主旨发言记录。

通过磋商或诉讼程序获得实质性的环境公益补偿。[1] 也有学者提出，政府索赔的性质虽为民事赔偿请求，但仍有自然资源国家所有权公法上的限制，即必须维护全民利益。[2]

另一种主张认为，则主要从自然资源国家所有权基本属性角度出发，采用双阶构造说的观点，认为政府磋商索赔行为是具有民事和行政双重属性的行为。即政府作为赔偿权利人与赔偿义务人进行的生态环境损害赔偿磋商，既是政府行使其基于"前阶公法"阶段享有的环境行政权，又是政府代表国家行使其基于自然资源国家所有权"后阶私法"阶段享有的侵权损害赔偿请求权。换言之，在生态环境损害磋商过程中，政府具有双重身份，既可以基于行政管理者的身份对污染或破坏生态环境的责任人进行行政处理，又可以基于国家所有权代表身份主张侵权损害赔偿。[3] 也有学者从德国公产制度角度出发，认为可将自然资源界定为"公产"，在法律适用上"公产"可适用但也不完全受制于民法中有关所有权的一般理论与规则，在制度构建上应对民事规则予以修正适用。[4]

2. 基于"公共环境利益保护职责"的民事行为

有学者从环境权和环境利益角度出发对磋商行为进行解读，认为生态环境并不为国家垄断所有，而是由全体公民共有，政府作为受托人接受全体公民的委托，与之形成一种"公共信托"关系，从而肩负公共环境利益保护职责，对生态环境进行管理和维护。在出现生态环境污染或破坏行为时，政府作为受托人有义务对生态环境损害进行修复索赔。政府与责任主体进行磋商的行为属于民事性质，双方在公众参与和监督的前提下，就修复与赔偿问题进行协商沟通。相比于自然资源国家所有权视角，公共信托理论更加强调政府的法定责任，避免其将自然资源视为国家的垄断财产。[5] 如原环保部环境

---

[1] 汪劲："论生态环境损害赔偿诉讼与关联诉讼衔接规则的建立——以德司达公司案和生态环境损害赔偿相关判例为鉴"，载《环境保护》2018年第5期，第40页。

[2] 参见黄萍："生态环境损害索赔主体适格性及其实现——以自然资源国家所有权为理论基础"，载《社会科学辑刊》2018年第3期，第127页。

[3] 刘巧儿："生态环境损害赔偿磋商的理论基础与法律地位"，载《鄱阳湖学刊》2018年第1期，第102页。

[4] 参见张梓太、李晨光："关于我国生态环境损害赔偿立法的几个问题"，载《南京社会科学》2018年第3期，第96页。

[5] 参见王金南等："加快建立生态环境损害赔偿制度体系"，载《环境保护》2016年第2期，第28页。

规划院副院长王金南认为,损害赔偿磋商制度理论基础在于,生态环境为全民所有,政府代表全民对其进行管理与保护。政府与责任方之间的磋商关系从本质上来讲是一种民事法律关系,而非行政法律关系,政府不再是以"命令者"姿态要求责任方进行修复治理,而是采用平等、协商的方式共同参与修复方案的制定。[1]

也有学者从"赔偿"责任的法律属性角度出发,来探讨损害赔偿磋商行为的性质。其指出,生态环境损害赔偿责任的实质是损害填补,虽其实现方式结合了公、私两种手段,但其属性仍为民事责任。[2]进而,达成生态环境损害赔偿协议的磋商行为乃是涉及公法元素的特殊民事行为。其一,在生态环境损害赔偿磋商过程中,政府主体始终参与其中,牵涉到公共利益的衡量,具备了相当的公法因素,从而不再是传统的、单纯的私法领域问题。其二,尽管生态环境损害是典型的公法问题,但由于"赔偿"是民事责任的承担方式,故其本质仍为民事行为,仅是具有了一定的公法特性。若强行将磋商行为认定为行政行为,将导致"民事赔偿责任"与"行政惩戒责任"概念的混淆。赔偿权利人是以其民事主体角色而非行政管理角色进行具体的损害赔偿磋商,与赔偿义务人处于完全平等的地位。[3]

3. 基于契约或协作的行政行为

针对将赔偿磋商定性为民事行为或涉及公法元素的特殊民事行为的观点,有学者指出,这种解读是对赔偿磋商目的与手段关系的认知偏差,没有真实地反映赔偿磋商行为中所蕴含的公权行政属性,而应依托于行政契约理论,对损害赔偿磋商行为进行解读。基本思路是,应将损害赔偿磋商过程划分三个阶段:磋商会议前期、磋商会议期间、磋商协议执行。其中,磋商会议前期过程以政府职权为主导,属于环境行政执法过程的延续;磋商会议期间则以民法(合同法)的契约精神和意思自治原则为指导,营造出一种"公权隐而私法彰"的公私转换表象;最后,在磋商协议执行阶段,行政公权力又恢

---

[1] 参见王金南:"实施生态环境损害赔偿制度 落实生态环境损害修复责任——关于〈生态环境损害赔偿制度改革试点方案〉的解读",载《中国环境报》2015年12月4日。
[2] 刘倩:"生态环境损害赔偿:概念界定、理论基础与制度框架",载《中国环境管理》2017年第1期,第101页。
[3] 参见程雨燕:"生态环境损害赔偿磋商制度构想",载《北方法学》2017年第5期,第85页。

复其主导和垄断的"面容"。[1]据此,损害赔偿磋商不过是借用了基于平等、协作的民事磋商手段,"行政私法"仅外观上受私法支配,其内容仍为实现行政上之目的,论其本质,仍然是在行权方式上有所创新的公权行政行为。[2]

有学者从协商行政或合作治理角度进行阐述,认为现代国家行政过程中,行政并不仅是行政行为和行政强制执行,而是普遍借用私法方式来完成公法目标。在生态环境损害赔偿磋商过程中,行政机关享有实质性的公法调查权和公法执行权,而在调查和执行阶段之外,赔偿磋商环节则体现为行政机关借用平等协商的私法机制与赔偿义务主体进行平等协商,但行政机关对私法手段的运用并不会使其行为丧失其公权行政属性。换言之,赔偿磋商是在行政调查、执行的公共行权背景下进行的,本质上属于协商行政行为。[3]在协商行政的基础上,有学者进一步将磋商行为定位为带有协商性质的行政事实行为,属于不具有法律强制力、约束力的一种非正式行政行为,而磋商协议则属于行政主体和赔偿义务人之间的一种非正式协议。[4]

此外,还有学者认为磋商行为更符合认知表示行为,它本身并不具有法律强制约束力,能否达成一致全靠双方基于公平自愿的友好协商,磋商更像是一种需行政相对人协力的行政行为,这种行为主要是行政机关的意思表示。同时,生态环境损害赔偿行政磋商"协议"并非部分学者所认识的民事契约协议、行政契约协议,而仅是双方就生态环境损害赔偿中的损害程度、情况、治理、修复等所达成一致结论的书面形式指代,类似于备忘录、纪要等。[5]

综上所述,无论是自然资源国家所有权或是公共环境利益保护职责的"民事行为论",都旨在强调作为赔偿权利人的政府须改变以往运用单一性的、命令式的方式维护生态环境利益,应采用与赔偿义务人合作协商的方式,来寻求解决生态环境损害修复或赔偿的途径。二者都认为这样一种协商机制的

---

[1] 参见郭海蓝、陈德敏:"生态环境损害赔偿磋商的法律性质思辨及展开",载《重庆大学学报(社会科学版)》2018年第4期,第178页。

[2] 张梓太、李晨光:"生态环境损害政府索赔的路径选择",载《社会科学辑刊》2018年第3期,第121页。

[3] 黄锡生、韩英夫:"生态损害赔偿磋商制度的解释论分析",载《政法论丛》2017年第1期,第17~20页。

[4] 李一丁:"生态环境损害赔偿制度改革:现状、问题与立法建议",载《宁夏社会科学》2018年第4期,第82页。

[5] 李一丁:"生态环境损害赔偿行政磋商:性质考辨、意蕴功能解读与规则改进",载《河北法学》2020年第7期,第82~95页。

创新,可以有效弥补强制性行政手段和公益诉讼的短板,提升生态环境修复效率,促进我国行政法治、行政善治的发展。〔1〕而"行政行为论"则体现为行政机关借用平等协商的私法机制与责任方进行协商,但行政机关对私法手段的运用并不会使其行为丧失其公权属性,而是通过协商特有的利益表达机制来促进各方主体对生态环境损害修复与赔偿达成共识。〔2〕

(三) 观点评析与性质判辨

针对政府索赔基础与磋商行为性质,学者们依据不同进路得出了截然不同的结论。对此,笔者尝试从逻辑推演、制度目的等角度切入,分析哪种选择或定位更符合磋商制度法律实效的达成。

1. 索赔基础的二元性

关于自然资源所有权的内涵与重要意义,已在本书第二章第二节有过详细阐述,此处不作过多赘述。在此,需要重申的是,自然资源的开发利用由计划走向市场不可避免,若通过公权力配置、利用自然资源,不仅效率低下、浪费严重,而且容易出现权力滥用的风险。〔3〕自然资源国家所有权创设的目的在于借助产权制度等多种工具优化资源的配置,发挥自然资源的利用价值、经济效益,为全民的利益而管理、维护自然资源,使之免遭侵害侵占,实现民享民用。因此,强调以自然资源国家所有权理论作为我国自然资源开发利用的底层逻辑,通过市场机制实现优化配置,最大程度地实现自然资源的经济效益,对于我国自然资源的开发利用与管理而言是更为合适的选择。此为前提。

当然,绝大部分的自然资源不仅具有经济价值,还具有生态、社会等多重价值,自然资源不等同于生态环境及生态服务功能,若采用自然资源国家所有权理论作为生态环境损害索赔权基础,其所能磋商索赔的内容恐难完整。因此,对于自然资源国家所有权理论,有观点提出质疑,认为"作为生态服务功能物质载体的自然资源依据宪法和法律规定原则上归国家所有,但不特

---

〔1〕 参见高吉喜、韩永伟:"关于《生态环境损害赔偿制度改革试点方案》的思考与建议",载《环境保护》2016年第2期,第32页。

〔2〕 黄锡生、韩英夫:"生态损害赔偿磋商制度的解释论分析",载《政法论丛》2017年第1期,第14~21页。

〔3〕 李忠夏:"'国家所有'的宪法规范分析——以'国有财产'和'自然资源国家所有'的类型分析为例",载《交大法学》2015年第2期,第23页。

定多数人独立享受的生态服务功能却无论如何都不能视为国家所有"[1]。本书认为,将同一自然资源的经济利益损害诉权与生态利益损害诉权进行人为分割(况且两种利益类型常难区分),不仅不符合自然资源利益的系统性特征,从立法成本和实践操作层面来考虑,实施难度也大,亦不经济。因此,其一,基于自然资源与其自身所形成的生态系统以及周边生态环境的密切关联,相关部门在请求自然资源损害赔偿之时,可以附带请求自然资源所形成的生态价值以及期间利益,其请求权基础为自然资源国家所有权。其二,如若涉及难以纳入国家所有范畴的自然资源或纯生态功能损害等,如大气、生态服务系统等损害,则可以环境权(利益)理论作为请求生态环境损害赔偿的补充,确保生态环境损害赔偿的全面填补。

2. 民事行为的性质判定

在以自然资源国家所有权+环境权(环境利益)理论为政府生态环境损害磋商索赔理论基础的前提下,对于磋商行为定性的关键,便在于解释清楚政府缘何需要运用"赔偿"这种民事责任方式来进行生态环境损害事务管理,政府运用民法责任规则进行生态环境损害事务管理是否会导致磋商行为性质的改变。

针对第一个问题,政府缘何需要运用"赔偿"这种民事责任方式来进行生态环境损害事务管理。根据传统的行政管理措施类型,政府享有行政命令、行政罚款、行政实施等管理权限,这样一些基于惩戒功能定位的管理措施在传统行政执法领域一般能够起到威慑作用,迫使(潜在)违法者遵守法律。但是,这些手段措施却在生态环境损害领域遭遇"滑铁卢"。究其根源,在于生态环境损害领域中,及时填补损害的需求比行政惩戒的需求更为紧迫,但依靠传统行政罚款手段,很难对生态环境损害进行全面有效的填补。换言之,基于惩戒功能定位的行政执法手段,它并不以"全面填补"为根本价值追求,因而与以损害填补为基本要素的生态环境修复活动有所"背驰"。当然,针对污染破坏生态环境的行为,需要运用法律手段对其进行必要的威慑与惩治,但对于受损的生态环境本身而言,最为首要和根本的补救措施仍然是填补与修复。这也是环境罚款制度几经修改仍无法满足生态环境损害修复需求的根

---

[1] 参见黄忠顺:"环境公益诉讼制度扩张解释论",载《中国人民大学学报》2016年第2期,第32页。

本原因。易言之，行政机关修复治理工具的有限性决定了其必须拓展规制手段或措施。针对该难题，各国普遍采取了"民事救济手段保留"的做法，即针对生态环境损害赔偿问题，运用民法中"恢复原状为原则、金钱赔偿为例外"的损害赔偿方法，对无法进行修复的生态环境损害进行金钱索赔。对此，冯·巴尔教授指出："生态损害实质上涉及的是公法问题，只不过在这类公法中保留了一些私法概念，如因违反以环境保护为目的之法的赔偿责任。"[1]凯伦·布雷萧（Karen Bradshaw）指出，"自然资源损害赔偿（NDRS）是环境法中唯一的法定侵权救济，其意义在于准确衡量损失的程度并使之正确""通过侵权责任的法定延伸来保护环境公共利益"[2]。由此可见，生态环境损害修复与赔偿问题，并非一个单纯的公法或私法问题，而是一种需要同时运用行政规制、民事规则来进行管理和规范的复合性问题。

针对第二个问题，如上所述，以自然资源国家所有权+环境权（环境利益）理论为索赔基础的观点均强调改变行政主体单一、命令式的管制方式，借用民事规则来解决政府进行生态环境损害修复或赔偿的问题，以有效弥补强制性行政手段的短板。不同的是，对于引入私法手段是否会导致行政机关的行为性质发生根本的改变，双方发生分歧。客观来讲，视角不同，则法律关系定性亦有所差异。实际上，该两种观点均有可取之处："民事行为论"关照到"赔偿"这样一种以填补为核心的责任方式的私法性，以及其与行政惩戒性责任之间的重要区别，而建议将磋商行为定性为民事行为；"行政行为论"则注意到了行政机关在整个磋商索赔过程中，行政调查、评估以及执法权的广泛运用所形成的行政主导局面和行政化色彩，进而建议将之定位为行政行为。两种观点对磋商行为性质的探讨与揣摩，恰似印证了博登海默关于"正义"的描述："正义有着一张普罗透斯似的脸（a Protean face），变幻无常、随时可呈不同的形态并具有极不相同的面貌。当我们仔细看这张脸并试图揭开隐藏其背后的秘密时，我们往往会深感迷惑。"

本书认为，针对该问题，宜采"制度目的-性质界定"的逻辑思路进行分析。生态环境损害赔偿磋商的制度目的在于通过诉讼外的纠纷解决机制，以平等、协商的方式确定修复方案和赔偿数额：一方面是追求效率，可以尽快

---

[1] [德]克雷斯蒂安·冯·巴尔：《欧洲比较侵权行为法》（下卷），焦美华译，法律出版社2001年版，第79页。

[2] Karen Bradshaw, "Settling for Natural Resource Damages", *Harv. Envtl. L. Rev*, Vol. 40, 2016.

达成生态环境损害赔偿协议，落实责任承担，避免公益诉讼的冗长复杂程序，节约诉讼费用；另一方面追求公平，于合理程序规则下双方协商可在最大程度上保障当事人意志的表达与意思自治，利于生态环境损害赔偿责任的认可与最终落实，同时仍以司法作为保障后盾和终局纠纷解决机制，不影响当事人提起诉讼的权利。在此制度目的下，磋商过程呈现出以下特征：

（1）从磋商内容角度来看，生态环境损害赔偿磋商的主要内容是生态环境损害事实与程度、修复启动时间与期限、赔偿的责任承担方式与期限等，主要指向生态环境损害民事法律事项。即赔偿权利人与赔偿义务人主要围绕着民事法律事实确认、民事责任履行方式选取以及损害赔偿金的确定等问题进行磋商，并非针对行政行为标的或行政责任。故双方之间的磋商关系从本质上来讲是一种民事法律关系，而非行政法律关系。

（2）从磋商过程特征来看，尽管在生态环境损害赔偿磋商过程中，政府在事实调查、评估等多方面表现出行使行政职权的特征，但这仅表明磋商程序具有一定的公法特色，其民事性质并不因此改变。原因在于，既然赔偿权利人与赔偿义务人选择运用民事赔偿规则进行赔偿磋商，即表明双方之间并非行政行为中的管理—服从关系，而是采用平等、协商的方式共同参与修复方案的制定，仍为一种平等协作的民事法律关系。只有当磋商不成时，政府才可以运用行政程序对赔偿义务人进行行政处罚或行政强制（此时已无"磋商"可言），否则在磋商过程中，政府必须秉承平等观念以尊重当事人意愿。

（3）从政府参与磋商身份来看，虽然政府具有公权力身份，但同时也是公共利益的代表。其在生态环境损害赔偿磋商中是以公共委托人身份参加，而非管理者、公权力，政府不再是以命令者姿态或管理者角色要求责任方进行修复治理，而是以其民事主体角色进行具体的损害赔偿磋商。故而磋商行为实质上是侵害人与被侵害人（代表）围绕损害赔偿责任承担而展开的契约行为，最终达成的赔偿协议亦为民事协议。

因此，本书认为，将生态环境损害赔偿磋商行为界定为民事行为更为妥当。

二、损害赔偿磋商的程序规则

生态环境损害赔偿磋商制度的推行意味着行政法基本原则的变革，即行政行为开始受到"可接受性"原则的规范和约束，行政主权通过"磋商"这一具有私法内核的方式,在充分尊重赔偿义务人身份和定位基础上,就有关生态环境损害救济事项展开沟通交流。[1]"以相对方的心理与意识认同为前提、弱化行政主体的传统优越地位、一定的行政优益权、行政权的控制与支配力等,兼具了私法化原则。这正是行政法'可接受性原则'的极好体现……是行政行为本身的属性变异。"[2]由此,基于损害赔偿磋商为民事行为的法律前提,为促成行政主体与责任方赔偿协议的达成,政府就必须改变过去统治行政或管理行政的运作思维,立法也必须为责任方提供充分的商谈空间,建构平等、包容的协商沟通机制。在实际的商谈活动中,通过细化政府与责任方的合作规则,切实加强磋商程序的合理性和行政理由的可接受性,使彼此在平等、公开的协商氛围中求同存异,通过理性思考、公开协商、充分论证、相互妥协等方式形成理性共识,避免沟通流于形式。

(一) 磋商责任人的识别

如前所述,生态环境损害发生原因时常复杂、隐秘,受损生态环境究竟是由一个污染行为造成,还是由多个污染行为复合造成,其判定过程时有难度,这就需要赔偿权利人通过详细的资料搜索、文件审查,对企业经营者、企业员工、周边企业等进行调查访谈等多种方式,尽早识别出责任人。识别出责任人后,赔偿权利人需要向责任人发布通知函和磋商建议书。通知函包括前期调查所确定的生态环境损害事实及相关证据材料、责任人有关信息、责任人承担责任的依据和理由、履行责任的方式等。[3]磋商建议书则主要包括拟开展磋商的内容和时间地点、拟申请的调解组织、参加磋商的要求及注意事项等。

需要注意的是,若生态环境损害涉及多类责任人时,原则上,能够被识别出来的责任人都应参与到损害赔偿磋商程序中来。各类责任人按照其违法性质和危害后果承担责任;若多个责任人之间的责任不能分离,则他们应当承担连带责任。如果责任主体被认定应承担连带责任,则每个责任主体都可能需要独立承担整个生态环境损害修复和赔偿费用。为了生态环境损害的及时修复,赔偿权利人应尽可能多地识别出责任方,使其共同承担生态环境损

---

[1] 李一丁:"生态环境损害赔偿行政磋商:性质考辩、意蕴功能解读与规则改进",载《河北法学》2020年第7期,第82~95页。
[2] 于立深、周丽:"论行政法的可接受性原则",载《法制与社会发展》1999年第2期,第9页。
[3] 参见竺效:"生态损害公益索赔主体机制的构建",载《法学》2016年第3期,第9页。

害后果。当然，若责任方能够证明自身具有免责或减责事由，则可以为自己辩护。比如，责任人有证据证明自己在获得某场地时，不知道且没有理由知道该场地曾处置过有害物质，且已经进行了相应的调查、法定告知等法定注意义务，或者责任人是通过遗赠的方式获得该场地等，其可以为自己进行免责辩护。

若只有一部分人愿意参与到磋商活动中，那么磋商活动仅在这部分责任人之间进行。对于其他不配合的责任方，行政主体可以采取行政命令、行政罚款等方式要求在其责任范围内进行必要的清理、修复措施；不能修复的生态环境损害赔偿责任，行政机关可以通过诉讼的方式予以索赔；情况紧急的，行政主体也可以代为修复治理，再向责任人进行追偿。

磋商不成，行政机关需要运用行政权力进行生态环境损害治理时，若存在多类责任主体，应遵循以下顺次规则：污染/破坏行为人应为首要的责任主体；若污染/破坏行为人为多数时，则行政机关可裁量，选择最有效及快速防止危险或损害发生或扩大者、时间上最晚造成危险者或造成危险比例最重者承担责任；若污染/破坏行为人与事实管领人并存时，或当污染/破坏行为人缺失、不明，概括继受人与事实管领人并存时，则首要选择污染/破坏行为人或其概括继受人；但有关责任人的选择，仍应考虑迅速有效之危险防止之原则，若具有事实管领力的人对于调查污染或损害的有效控制极为便利，则选择事实管领人。[1]因此，原则上，行为责任人先于状态责任人，但对状态责任人的追究，不限于污染/破坏行为人及其概括继受人缺失、不明或履行不能之情形，若事实管领人履行责任更具危险防止的有效性，且符合行政裁量比例原则之要求时，则行政机关亦可优先选择事实管领人。被课以危险防止或损害控制之事实管领人，其与行为责任人（概括继受人）关于状态回复之内容相同时，会因具有外部连带特征而构成不真正连带债务，故在法律规定的范围之内，其对行为责任人（概括继受人）有求偿权。

（二）合作评估程序的运用

生态环境损害事实和程度的认定是一项极为复杂的活动，往往需要进行

---

[1] 2006年，德国Kassel高等行政法院曾判决，基于调查污染及快速有效排除污染之需求，选择所有权人负整治责任，而非污染/破坏行为人之概括继受人为责任人，无裁量瑕疵。See VCH Kassel Beschl. V. 6.1.2006-6 TG 1392/04, KommJur 2006 Heft 12, 474, 476, 转引自林昱梅："土壤污染/破坏行为人整治责任概括继受之法律问题——以德国法之比较为中心"，载《东吴法律学报》2014年第3期。

第六章 生态环境损害修复与赔偿的行政规制

多次调查、评估,才能最终确认生态环境损害的真实情况。在美国过去的自然资源损害磋商和解程序中,司法部曾因担心共同调查、评估程序会损害科学或诉讼的定位,而并不鼓励政府与责任方的合作评估。其程序通常是,在识别出责任方进行正式磋商谈判之前,赔偿权利人一般会事先单独采取场地调查和风险评估,制定出备选修复方案后,再与各方责任人针对修复方案可行性研究、修复工程设计、修复行动等问题进行正式的磋商谈判。然而,这一状况在近年来得到改变,赔偿权利人越来越重视自然资源损害磋商过程中与责任方进行合作评估,这种合作评估模式也在自然资源损害相关实施条例中得到认可。[1]

合作评估是指受托人和负责方共同参与评估自然资源损害过程的一个或多个阶段,进而形成评估报告。[2]合作评估有许多方面的优势,能够为自然资源损害赔偿提供诸多便利。具体来讲:

(1)合作评估可将各层面的赔偿权利人或监管主体(简称共同受托人)聚集起来,避免重复评估。比如在跨地区自然资源损害赔偿案件中,为有效避免共同受托人分别评估或重叠索赔问题,共同受托人可以而且应该通过合作协调的方式来尽量减少重复评估。合作评估也可借助各类受托人在专业知识领域的优势进行更为准确、科学的评估,比如在森林资源损害问题上,环保主管部门可协同林业部门,借助林业部门在森林资源管理方面的经验和技术进行有针对性、深入的合作评估。同时共同受托人在自然资源损害的早期阶段进行协调合作,可尽早获得评估损害所需的信息,可以提高后期评估效率。

(2)合作评估可以加强公共受托人与责任方之间的交流、沟通,避免双方重复努力,促进磋商协议的最终达成。在某种程度上,共同受托人与责任方处于一种"对立"状态,二者在没有协商程序下倾向于"单独行为"以获取保障自身权益的证据。而合作评估的引入,则可以一定程度上缓解这种紧张状态。并且从实际情况来看,在评估程序中,相比于共同受托人,责任方也往

---

[1] See 15 C. F. R. § 990.14 (c) (Under OPA, "[t] rustees must invite the responsible parties to participate in the natural resource damage assessment"); 40 C. F. R. § 300.615 (2015); 43 C. F. R. § 11.32 (a) (2) (iii) (A) (authorizing cooperative assessments in the CERCLA context).

[2] See, e. g., Frank Ackerman, Lisa Heinzerling, "Pricing the Priceless: Cost–Benefit Analysis of Environmental Protection", *U. PA. L. REV*, Vol. 150, 2002. p. 1553.

往能够更好地和科学技术专家进行交流,从而达成某种"共识"。[1]

(3) 从美国法治实践来看,合作评估还能减轻受托人的修复资金压力。根据《综合环境反应、赔偿和责任法》第 111 条 (b) (2) 规定,基金不得用于支付自然资源赔偿请求金,除非总统认定赔偿请求人已穷尽全部行政和司法救济程序以从责任人处获得赔偿金。换句话说,自然资源损害的早期调查、评估,在没有责任方参与情况下,往往需要受托人先行承担费用,这对于受托人而言无疑是巨大的负担,而合作评估则可以使受托人在早期评估阶段就将责任方纳入,从而获得责任人的支持以减少资金压力。[2]

(4) 合作评估有利于开展早期修复活动,促进最终修复目标的实现。早期修复是指在完成损害评估之前进行修复规划和实施修复项目的过程。比如,在河流损害的评估过程中,如果从一开始就知道清理措施必将包括河道疏浚、在河岸两侧增加生境恢复和植被等,那么合作评估将有利于责任方尽早开展这些执行步骤,这样可以将自然资源被破坏的时间降到最低,并节省大量的时间和金钱,而不是等到漫长的评估和磋商程序完成之后再采取行动,这种合作模式将有利于生态环境本身和所有各方主体的利益达成。

当然,早期修复行动对美国而言也还是较新的事物,最早是作为新农村发展进程的一部分有机地发展起来的。目前美国自然资源损害修复实践,涉及的早期恢复协议较少,最大的两项协议是清理威斯康星州福克斯河和格林湾的协议以及深水地平线早期恢复协议。深水早期恢复框架是一项价值 10 亿美元的协议,目前是历史上最大的早期恢复协议。[3]与早期恢复有关的许多问题仍有待解决,比如,如何确定早期修复项目在总体评估中的适用范围等。但毋庸置疑的是,尽早进行修复行动对于整个自然资源损害修复治理具有重要作用,也会让社会公众尽早看到修复行动,尽量减少不利的公众舆论,从整体上减少责任方的经济负担,并使各方主体受益。

从我国生态环境损害实践来看,也亟须对合作评估作出规定。比如,在

---

[1] John C. Cruden, Matthew R. Oakes, "The Past, Present, and Future of Natural Resource Damages Claims", *Geo. Envtl. L. Rev*, Vol. 28, 2016. p. 291.

[2] Patrick E. Jr. Tolan, "Natural Resource Damages under Cercla: Failures, Lessons Learned, and Alternatives", *N. M. L. Rev*, Vol. 38, 2008, p. 409.

[3] John C. Cruden, Matthew R. Oakes, "The Past, Present, and Future of Natural Resource Damages Claims", *Geo. Envtl. L. Rev*, Vol. 28, 2016. p. 291.

德司达公司和其他相关案例所开展的损害赔偿磋商过程中，赔偿义务人不认同环境案件查处部门和其他环境调查单位以及第三方出具的生态环境损害证明及其具体数额等证据或者鉴定结论。这一方面是由于在生态环境事件发生后，环境案件查处部门进行调查评估时未充分收集或保全证据；另一方面则主要是在调查评估过程中，未能及时与责任方进行交流和合作所致。因此，合作评估程序对我国生态环境损害赔偿制度的顺利实施亦有重要作用。但目前我国的生态环境损害赔偿制度尚处于起步阶段，中央立法文件中尚没有相关合作评估程序的设计。从地方立法情况来看，《贵州省生态环境损害赔偿磋商办法（试行）》《江苏省生态环境损害赔偿磋商办法（试行）》等地区的立法要求赔偿权利人在启动生态环境损害赔偿磋商前，要先完成生态环境损害调查和鉴定评估，再告知赔偿义务人启动磋商。[1]而《浙江省生态环境损害赔偿磋商管理办法（试行）》则体现出"合作评估"的理念，其规定赔偿权利人发现有涉嫌生态环境损害的，应立即启动生态环境损害调查，经调查发现需要修复或赔偿的，向赔偿义务人送达赔偿磋商告知书，赔偿义务人同意磋商的，磋商的一方或双方应委托鉴定评估机构开展调查和鉴定评估工作，形成调查报告和鉴定评估报告，启动磋商程序；赔偿义务人不同意磋商或终止磋商的，赔偿权利人应委托司法鉴定机构开展司法鉴定工作，启动诉讼程序。[2]

是以，合作评估属于损害赔偿磋商程序中的一部分，赔偿权利人在向责任方发出通知函的同时，也可以同时向其发出合作评估邀请。但磋商程序属于自愿程序，责任方可以拒绝。如果在合作评估过程中，发现各方的合作被证明是没有成效的，也可以选择终止合作评估程序。需要注意的是，合作评估也许针对某类自然资源评估具有良好作用，但也可能在其他类型损害评估上作用有限或使得评估技术、方法单一化。因此，在鼓励合作评估的同时，也要对合作评估保持警惕，在充分的可行性基础上选择适用。

（三）磋商谈判的具体规则

通过生态环境损害调查、评估程序，赔偿权利人收集、掌握到足够的证据以识别各方主体责任时，赔偿权利人与责任人将进入正式的磋商谈判。

---

[1]《贵州省生态环境损害赔偿磋商办法（试行）》（2017年）第11条、《江苏省生态环境损害赔偿磋商办法（试行）》（2018年）第5条。

[2]《浙江省生态环境损害赔偿磋商管理办法（试行）》（2018年）第6条。

1. 美国磋商谈判规则的经验总结

根据统计，在美国的自然资源损害赔偿制度中，超过95%的自然资源损害赔偿都是通过磋商和解程序（setting）进行的，法院对此很少进行直接的裁决。[1]美国在磋商和解程序中积累了较多经验，可为我国生态环境损害磋商赔偿提供有益经验。

美国《综合环境反应、赔偿与责任法》对于受托人和责任方的磋商程序有着相当详细的规定。具体来讲，磋商谈判正式开始后，污染场地进入约60天的反应活动暂定阶段。在此期间，赔偿权利人努力与各类责任方达成协议，尽量使责任方资助和主导清理、修复工作。如果在60天以内，责任方作出"善意的提议"，答应主导清理、修复活动，则可以延长活动暂停时间，以留出充分的时间来达成最终的和解协议，就修复调查/修复方案可行性研究（RI/FS）以及修复工程设计/修复行动（RD/RA）进行磋商，RI/FS磋商程序一般在60天至90天的时间内完成，RD/RA磋商程序一般在60天至120天的时间内完成。[2]

磋商谈判最终目的是达成共识，使各方责任人在其责任范围内执行RI/FS或RD/RA，并支付赔偿权利人或行政主体所支出的清理、修复费用和监督成本。如果磋商谈判成功，赔偿权利人将与责任方签署和解协议。和解协议一般分为行政和司法两种和解协议。首先，在CERCLA中，行政和解协议由美国国家环保局发起而无须经过法院批准。虽然行政和解协议不需要法院批准，但它仍然可由司法强制执行。美国国家环保局与责任人之间的和解协议形成的行政文件被称为同意行政令（AOCs），同意行政令的生效需要责任人和区域行政机关的签章。同意行政令一般应用于清除活动和RI/FS。需要说明的是，美国的反应行动包括清除行动（remove）和修复行动（remedy）及其相关的强制执行。清除行动是指将危险物质释放或释放威胁从环境中清理出去，通常指那些紧急状态下采取的反应措施，是一种应急救援行动。修复行动是一种永久性性的补救办法，指那些旨在防止或减轻危险物质进入环境以保护当下和未来的人的健康和福利的措施。[3]清除行动或RI/FS需要行政主体尽可能在短的时间内作出反应，故由同意行政令解决较为合理。根据CERCLA

---

[1] Karen Bradshaw, "Settling for Natural Resource Damages", *Harv. Envtl. L. Rev*, Vol.40, 2016.
[2] 42 U.S.C. §9622.
[3] 42 U.S.C. §9601 (23) (24) (25).

第 122 条（h）款规定，如果场地反应费用在 50 万美元以下，环保局可以直接使用同意行政令；而超过 50 万美元，和解形成行政令的，行政令只能在事先获得司法部部长书面批准的前提下发布。其次，在 CERCLA 中，司法和解协议形成的司法文件称为同意判决书（CDs），同意判决令是司法行为，美国国家环保局与责任人达成和解协议，该协议需要提交法庭，并在联邦登记册发布，供公众发表评论，然后由法官裁决后才能最终决定。同意判决书涉及修复标准和未达到标准的处罚措施、财政保证和费用报销相关的财务协议、有关赔偿和保险、不起诉承诺等责任分摊问题，需要较长的时间，故同意判决书一般适用于修复行动，通常不适用于清除行动或 RI/FS。若达成和解协议之后，责任方未能遵守或拒绝遵守行政令、司法同意令或者协议的任何条款或条件的，根据 122 条（k）款规定，将按照 109 条的规定予以民事罚款。

为了促成赔偿权利人与责任方之间达成和解协议，CERCLA 规定了一些和解工具，比如①混合基金资助，CERCLA 第 122 条（b）款规定，和解协议可以约定从基金中提供资金补助协议当事人；②不起诉约定，第 122 条（c）款规定，在符合公共利益和《国家应急计划》前提下，双方可以达成不起诉协议，不起诉约定可以规定达成和解的责任人对联邦将来责任可以限于原和解协议设立的出资比例。当然，不起诉约定不得限制或者以其他方式影响法院在司法同意令中审查和解协议中包含的任何不起诉约定的权力；③最低和解协议，第 122 条（g）款规定，当责任人对有害物质释放贡献相对很少时，赔偿权利人与责任人之间也可以在符合公众利益的前提下，依据 106 条和 107 条的规定达成最低正式和解协议。

但当无法达成和解时，赔偿权利人则可以采取以下措施：①可以使用信托基金进行清理、修复，之后再向责任人追偿生态环境损害费用；②也可以使用行政职权责令责任人进行清理、修复活动或处以罚款，对于无法通过行为修复的生态环境损害，赔偿权利人可以向法院提起赔偿诉讼。③当然，赔偿权利人也可以选择不运用行政职权对责任人进行罚款，而是选择直接向法院提起诉讼的方式要求对违法行为进行罚款。可见，在行政罚款方面，美国法律区分了行政机关以行政权力作出的行政罚款（administrative penalties）和提起诉讼所进行的罚款（civil penalties），但后者的罚款标准和严厉性明显高于前者。这样规定的目的即在于，督促违法行为人立即履行相应的法律义务，提高行政主体环境管理的效率,以最快的速度和效率消除环境风险。[1]

在生态环境治理成本方面,美国 CWA 和 CERCLA 针对油类和危险物质法律责任都区分了"有限责任""完全责任"以及"惩罚性责任"。比如 CERCLA 在第 107 条(c)款即区分了这三种责任类型。"有限责任"是指根据法律规定仅在其限度额度内承担责任,主要适用于没有过错的责任人,包括所有人和使用人;"全部责任"则是要求对生态环境治理成本和损害承担全部或者完全的法律责任,主要适用于存在主观故意或过失的责任人,包括因故意或过失导致危险物质泄漏,或者虽然没有故意或过失,但未能根据要求或拒绝提供合作和协助的人;如果责任人无正当理由未能履行行政主体发出的清理或修复治理命令,则还应承担由"超级基金"支付的成本 3 倍以下的惩罚性责任。如此规定,一方面旨在为那些没有过错的责任人减轻负担,避免严格责任的泛化;另一方面,则是针对那些故意违法或者不予以配合的责任人予以惩罚,以促使责任人主动与赔偿权利人展开合作。

2. 我国磋商谈判规则的合理建构

相较而言,目前我国《生态环境损害赔偿制度改革方案》主要规定赔偿权利人与责任方的磋商范围[2],具体的磋商程序规则尚不明确。从地方立法层面来看,自 2017 年全国首例生态环境损害赔偿磋商案——"息烽县小寨坝镇大鹰田非法倾倒废渣"案以来,全国已有多个地区进行了生态环境损害赔偿磋商工作试点,并制定了一系列生态环境损害赔偿磋商程序规则。部分地区规定了一些特色性制度,比如,《山东省生态环境损害赔偿磋商工作办法》规定,签订赔偿协议后,责任人拒不履行的,则将其失信情况提交"企业环境信用评价系统"平台,实行联合惩戒。但总体而言,各地区出台的赔偿磋商规则大致类似,总结起来,各地区的赔偿磋商规则主要涉及以下几方面:

(1)磋商启动情形规则。部分地方立法规定,具备以下情形的,赔偿权利人应当启动磋商:赔偿权利人完成生态环境损害调查;赔偿义务人同意赔偿权利人磋商提议的;完成生态环境损害赔偿鉴定评估,采取简易程序的,具有专家意见或者根据与案件相关的法律文书、监测报告等资料综合作出认

---

[1] 张辉:《美国环境法研究》,中国民主法制出版社 2015 年版,第 129 页。
[2] 即赔偿权利人应根据生态环境损害鉴定评估报告,就损害事实和程度、修复启动时间和期限、赔偿的责任承担方式和期限等具体问题与赔偿义务人进行磋商,统筹考虑修复方案技术可行性、成本效益最优化、赔偿义务人赔偿能力、第三方治理可行性等情况,达成赔偿协议。

定的；编制初步生态环境修复方案（含替代修复）等。在开展案件调查中，赔偿义务人主动表示对赔偿相关事项进行磋商的，可以先行启动磋商，并邀请同级检察机关参加。[1]

（2）磋商组织形式。目前实践中主要存在以下几类组织形式：①赔偿权利人指定的部门或机构自行组织，多数磋商工作都是采用这种组织形式；②调解委员会组织；③赔偿权利人成立的协调处置工作组；④由律师协会作为第三方组织磋商。有观点指出，相比赔偿权利人指定的部门或机构，中立的第三方组织磋商更具有说服力，更能提高磋商的成功率。[2]本书认为，在保证磋商平等、效率和合法性的前提下，具体选择哪种组织形式，以地方实际情况为依据。

（3）磋商程序时间限制。赔偿权利人向责任人发出通知函或磋商建议书之后，责任方应在规定时间内提交书面答复意见；双方同意磋商的，赔偿权利人和责任方可在规定时间内自行组织磋商，或由调解委员会、律师协会等第三方组织磋商；磋商会议无法达成统一意见的，可商定时间再次进行磋商，磋商次数原则上应有次数限制。磋商成功的，签订赔偿协议后，应在规定时间内共同向相关法院申请确认协议的法律效力。[3]

（4）磋商不启动或终止情形。在遇到以下情形时，不启动或者及时终止磋商程序：赔偿义务人不提交或不在规定时间内提交答复意见；赔偿义务人提交答复意见，表示不同意赔偿意见或拒绝进行磋商；不按照规定参与磋商；经三次磋商仍无法达成共识；赔偿义务人难以支付赔偿费用等。[4]

（5）积极磋商减免规则。对积极参与赔偿磋商的赔偿义务人，其义务履行情况可作为行政机关或法院的量罚参考。[5]对于生态环境损害无法修复的，赔偿义务人以赔偿金方式承担生态环境损害赔偿责任的案件，为节约司法资

---

[1]《贵州省生态环境损害赔偿案件办理规程（试行）》（2021年）。

[2] 张辉、沈世伟、贾进宝："生态环境损害赔偿磋商制度的实践研究——聚焦20起磋商优秀候选案例"，载《环境保护》2020年第11期，第48~54页。

[3] 参见《湖南省生态环境损害赔偿磋商管理办法》（2021年）第7条、第9条、第12~14条、第16条、第20条；《贵州省生态环境损害赔偿磋商办法（试行）》（2017年）第7条、第8条、第12条、第18条；等等。

[4] 参见《湖南省生态环境损害赔偿磋商管理办法》（2021年）第15条；《晋江市生态环境损害赔偿磋商管理 规定（试行）》（2018年）第14条。

[5] 参见《湖南省生态环境损害赔偿磋商管理办法》（2021年）第23条。

源，促进赔偿义务人尽快履行赔偿责任，具体经办单位可以按赔偿义务人应承担的损害赔偿金额最多减免10%的标准与赔偿义务人签订赔偿协议。[1]

（6）磋商程序的法律监督。一方面，立法应加强检察机关在赔偿磋商中的法律监督，对于赔偿权利人怠于启动磋商程序，或在磋商程序中存在滥用职权、弄虚作假以及其他损害公共利益的违法行为，检察机关应及时发出检察建议或提起诉讼。另一方面，立法也应从赔偿磋商的具体环节和步骤出发，对法律专家、环保组织及与生态环境损害有利害关系的单位或个人参与赔偿磋商的范围与途径、程序与效力等规则予以细化，以形成有效的社会监督。

（7）拒不履行协议的法律惩戒。对于不履行赔偿协议的法律后果，除可对其处以行政处罚、司法强制外，还可对违法企业或个人进行信用评价或将其纳入"黑色名录"，限制其相关业务的开展，以增强法律惩戒力度。如山东省《生态环境损害赔偿磋商工作办法》规定，签订赔偿协议后，赔偿义务人拒不履行的，工作部门应当将其作为企业环境失信情形，提交"山东省企业环境信用评价系统"平台，实行联合惩戒。

（8）磋商程序公众参与。在生态环境损害赔偿磋商过程中，应鼓励公众参与，选取鉴定评估机构、科研院所、法律专家、环境保护社会组织以及与生态环境损害有利害关系的单位或个人参与赔偿磋商与监督。[2]

（9）赔偿权利人处分限制。在生态环境损害赔偿磋商过程中，赔偿权利人不能对生态环境损害调查费用、评估费用、清理费用、修复费用、诉讼费用以及监理等合理费用进行处分和让渡。[3]

在地方立法的基础上，生态环境部联合司法部、最高人民法院、最高人民检察院等部委陆续出台了《关于推进生态环境损害赔偿制度改革若干具体问题的意见》（2020年）、《生态环境损害赔偿管理规定》（2022年）等文件，以规范生态环境损害赔偿磋商的具体适用规定。例如，《具体意见》规定了磋商的时间限制，磋商期限原则上不超过90日，自赔偿权利人及其指定的部门

---

[1] 参见《晋江市生态环境损害赔偿磋商管理规定（试行）》（2018年）第13条。
[2] 参见《浙江省生态环境损害赔偿磋商管理办法（试行）》（2018年）第5条；《贵州省生态环境损害赔偿磋商办法（试行）》（2017年）第10条；《晋江市生态环境损害赔偿磋商管理规定（试行）》（2018年）第7条；《江苏省生态环境损害赔偿信息公开办法（试行）》（2018年）第26条。
[3] 参见《贵州省生态环境损害赔偿磋商办法（试行）》（2017年）第21条。

或机构向义务人送达生态环境损害赔偿磋商书面通知之日起算。磋商会议原则上不超过3次。《管理规定》规定了10项生态环境损害线索筛查情形、6项不启动索赔程序情形、生态环境损害索赔磋商告知书、生态环境损害赔偿协议等内容。

赔偿权利人处分权限问题是磋商制度的核心争点之一。目前贵州、山东部分地区立法规定，在赔偿磋商过程中，赔偿权利人不能对生态环境损害调查评估费用、清理修复费用等进行处分和让渡。对此，有学者指出，生态环境损害赔偿案件的复杂性、跨域性、不确定性等特性使得调查取证非常困难，绝对公平很难实现。因此，在一定程度上，可适当引入"控辩交易"，通过降低对损害责任人的赔偿请求，换取损害责任人对生态环境损害行为、事实的承认，以寻求公平与效率的最佳平衡。[1]这种"控辩交易"建议具有一定的合理性，但在实践中，扩大赔偿权利人处分权的难点在于，如何把控处分权的合理限度以防止损害公共利益？

本书认为，为了促成赔偿权利人与责任人之间达成赔偿协议，建议赋予赔偿权利人一定范围的处分权，但对于赔偿权利人处分权的赋予必须谨慎，必须以法律的明确授权为限，使其在法律规定的范围内进行权利的让渡。一方面，我们可以借鉴美国在此方面的有益经验，比如混合基金资助、不起诉约定、最低和解协议等。另一方面，可以对我国现有的条文规则作一些调整或改善，以起到责任减免的作用，比如，在采用虚拟成本治理方法计算损害赔偿金时，规定对于积极参与配合磋商程序的责任方，在量化生态环境损害时，可以允诺对责任方以较低倍数进行损害赔偿金的计算；或如《晋江市生态环境损害赔偿磋商管理规定（试行）》规定，明确损害赔偿金额一定数额以内的减免标准；抑或在后续的行政或刑事处罚中予以减轻责任，等等。

---

[1] 参见程雨燕："生态环境损害赔偿磋商制度构想"，载《北方法学》2017年第5期，第88~89页。

第七章
生态环境损害修复与赔偿的司法救济

环境公益保护事务并非单纯的专家知识汇总,生态环境损害治理也并非纯粹的科学判断过程,其还与经济社会、环境资源分配、行政规划(计划)等一系列行政规制活动有关,公益事项之判断,需要行政机关在法定范围内进行全面的、合目的性的权衡、分配与矫正,并进行必要的选择、排序和取舍。行政权的特点在于专业性、高效性、灵活性等,对于生态环境损害的及时修复与填补大有裨益,因而在生态环境损害赔偿领域应需要强化行政权的运用。然而,从权力本质来看,行政权具有不断膨胀的特征,容易不断扩张和被滥用,政府理性是一种有限理性,此时司法权力的介入便能使行政权的运用更加趋于合法、合理,从而成为抑制行政活动中的"过度行为"最重要的保障力量。同时,行政机关也有怠政的可能与倾向,针对行政机关不作为情形,社会公众以及相应监察部门亦应可以通过司法程序对行政机关的不当决策进行必要的司法审查。此外,行政治理工具的有限性也决定了司法救济的必要性,尤其在涉及生态环境损害赔偿问题时,更是需要以司法审查与诉讼手段来进行管理或规范。因此,本章旨在探讨生态环境损害赔偿协议的司法确认、行政决定的司法审查,以及在穷尽行政措施后仍无法救济生态环境损害时的诉讼规则问题,以确保行政权力在既定的法治轨道上运行以及生态环境损害的全面救济。

第一节 生态环境损害行政救济的司法监督

加强行政规制与司法规制有效衔接,是确保生态环境损害修复与赔偿的必要手段。生态环境损害的修复活动是行政执法的重要内容，但无论是行政机关本身所具备的政府理性，抑或是行政规制工具的种类，都存在一定的局限性，这决定了实践中行政机关不当作为或不作为情形的发生。因此，有必要建立完善我国生态环境损害司法监督制度，通过司法监督制度确保行政执法的规范性。据此，本节旨在确立生态环境损害司法审查与监督制度，主要涉及赔偿协议的司法确认以及行政决定的审查范围。基于行政权与司法权的有效区分，司法审查应有其标准和限度，以确保行政权与司法权在国家权力运行中承担各自不同的职能。

一、生态环境损害赔偿协议的司法确认

生态环境损害赔偿协议关涉公共利益，并且在生态环境损害不可修复时可能还会涉及对不可修复损害的赔偿问题，而赔偿问题是不能履行法律义务的一种金钱替代，需要由司法程序予以确定，而不能由行政机关通过单方行政命令等行政职权行为来进行决定，这也是司法监督行政的一种体现。因此，针对赔偿协议，《改革方案》规定，对经磋商达成的赔偿协议，可以依照民事诉讼法向人民法院申请司法确认。《具体意见》规定："经磋商达成赔偿协议的，赔偿权利人及其指定的部门或机构与赔偿义务人可以向人民法院申请司法确认。申请司法确认时，应当提交司法确认申请书、赔偿协议、鉴定评估报告或专家意见等材料。"也规定了司法确认的基本程序性规则，如明确了磋商协议司法确认的公告制度，人民法院受理司法确认申请后，应当公告协议内容，公告期间不少于30日；明确了人民法院的审查义务，人民法院在受理磋商协议司法确认案件且公告期满后，依法就协议的内容是否违反法律法规强制性规定，是否损害国家利益、社会公共利益进行司法审查并作出裁定；规范了裁定书的体例和制作规程，要求确认磋商协议效力的裁定书应当写明案件的基本事实和协议内容，并向社会公开等。

（一）司法确认的法律涵义

那么，司法对赔偿协议的确认究竟会产生何种法律效力？如前所述，经磋商所达成的赔偿协议实质上是民事合同，那么在赔偿权利人与责任方签署协议时，协议就已生效。换言之，赔偿协议的效力自应依《民法典》的规定进行判定，司法确认程序则主要是一个强制力赋予的过程。具体来说：

（1）赔偿协议的生效无须进行司法登记确认。赔偿协议是民事合同，若

满足《民法典》的生效要件，则发生民法上的效力，具有合同拘束力，赔偿义务人自应依照协议进行履行。关于《改革方案》等规范性文件中所规定的"对经磋商达成的赔偿协议，可以依照民事诉讼法向人民法院申请司法确认"。本书认为，该司法登记并非赔偿协议的生效要件，地方规章尚不得违背民事基本法律改变合同生效规则。

（2）司法确认乃是强制力赋予过程。司法登记确认具有公法上的效力，经有管辖权的人民法院进行司法登记确认后，赔偿协议具有强制执行力。此种模式类似于人民调解委员会调解达成的调解协议书效力规则。根据《人民调解法》，调解协议书自各方当事人签名、盖章或者按指印，人民调解员签名并加盖人民调解委员会印章之日起生效。口头调解协议自各方当事人达成协议之日起生效。调解协议经人民法院确认后，一方当事人拒绝履行或者未全部履行的，对方当事人可以向人民法院申请强制执行。正是基于此种逻辑，2020年《若干规定》第21条规定："一方当事人在期限内未履行或者未全部履行发生法律效力的生态环境损害赔偿诉讼案件裁判或者经司法确认的生态环境损害赔偿协议的，对方当事人可以向人民法院申请强制执行。需要修复生态环境的，依法由省级、市地级人民政府及其指定的相关部门、机构组织实施。"因此，若赔偿协议经人民法院司法登记确认，则具有强制执行力，在赔偿义务人未按约定履行时可以向人民法院申请强制执行。

（3）赔偿协议若损害他人利益或公共利益，则协议无效。例如在磋商过程中，政府对生态环境清理、修复等费用进行违法处分和让渡，则构成对公共利益的损害。如果磋商过程中存在《民法典》第153条、第154条关于合同无效规定的情形，则赔偿协议无效，对当事人不发生拘束力。如果存在《民法典》第147至151条等规定合同可撤销的情形，则赔偿协议在民法上为可撤销的法律行为，当事人可依法撤销。若因当事人的过错导致赔偿协议无效或被撤销，造成另一方损失的，则应依照《民法典》第500条承担缔约过失责任。赔偿协议无效或被撤销，则意味着该磋商程序的失败，可依照试点地区规范性文件进行下一次磋商，或向人民法院提起诉讼。若赔偿协议经磋商后有效成立，则产生合同拘束力，当事人应依照协议内容履行，不履行或未完全履行的，则应依照《民法典》承担违约责任，或者被处以行政处罚，赔偿权利人亦可向人民法院提起生态环境损害赔偿诉讼。

（4）司法确认以形式审查为原则，实质审查为例外。对于生态环境损害赔偿磋商协议，人民法院是仅对赔偿协议的合法性、规范性进行形式审查，还是也需要对赔偿协议明确的修复措施、赔偿金额等进行合理性、实质性审查，存在争议。对此，有学者指出，人民法院仅仅审查调解协议的合法性是不够的，应当从合法性、合理性、明确性等多方方面进行严格审查。[1]本书认为，赔偿协议的司法确认应以形式审查为原则，实质审查为例外。形式审查主要是合法性审查，包括协议否有违法律和行政法规强制性规定、是否侵犯了社会公共利益或第三人合法权益、是否有违公序良俗原则、赔偿协议是否及时向社会公开、赔偿数额是否明显过低等。实质审查则主要涉及合理性审查，包括赔偿协议清理/修复措施、修复方案选择是否恰当，修复技术方法、修复期限等是否合理等。生态环境损害赔偿磋商的制度目的之一便在于高效、及时，如果人民法院对这些事项进行逐一筛查将会耗时严重，影响生态环境损害的及时修复，有违生态环境损害赔偿磋商制度根本，况且对于上述事项的筛选，未必比行政机关更占优势。因此，一般情况下，人民法院不应对赔偿协议作合理性审查，以尊重赔偿权利人和赔偿义务人的选择，仅在赔偿双方或一方抑或社会公众出现异议时进行例外审查，或者转入生态环境损害赔偿诉讼程进行审查。[2]

（二）司法确认的启动程序

关于生态环境损害赔偿协议进行司法确认的启动程序问题，《若干规定》第20条第1款规定："经磋商达成生态环境损害赔偿协议的，当事人可以向人民法院申请司法确认。"《具体意见》则规定，"经磋商达成赔偿协议的，赔偿权利人及其指定的部门或机构与赔偿义务人可以向人民法院申请司法确认"。可以看出，两份文件均没有明确生态环境损害赔偿权利人能否单独向人民法院申请司法确认的问题。有学者指出，基于生态环境损害赔偿磋商协议的特殊性，应明确赔偿权利人单独进行司法确认的权利。[3]本书认为，赔偿磋商协议只是平等主体之间的民事合同，是双方合意的产物，本身并不具有

---

[1] 吴勇、扶婷："论调解在生态环境损害赔偿诉讼中的适用"，载《南京工业大学学报（社会科学版）》2021年第1期，第43~53页。

[2] 赔偿协议司法确认中所涉及的审查范围问题，与行政决定的司法审查范围问题相关联，因此对于人民法院合法性、合理性审查的问题，将在"行政决定的审查范围"部分进行阐述，在此不作赘述。

[3] 别涛、刘倩、季林云："生态环境损害赔偿磋商与司法衔接关键问题探析"，载《法律适用》2020年第7期，第3~10页。

强制执行力,若要获得强制执行力,则需要经过司法确认的程序。司法确认乃非诉程序,不涉及实体内容争议的实质审查,所以在《民事诉讼法》和《人民调解法》等法律中,调解协议必须由双方当事人一同向人民法院申请司法确认。与之同理,赔偿磋商协议达成后,依然可能会存在内容上的争议(例如条款理解的分歧、部分内容可能存在重大过失或欺诈等情形)、履行上的障碍等,所以若要借助司法确认获得强制执行力,必须由双方当事人共同向人民法院申请。若双方对赔偿磋商协议存在争议,则以诉讼等方式解决。因此,在司法确认的启动程序方面,还是应以双方当事人的共同意愿为基础,由双方共同到人民法院申请确认其法律效力。

(三) 司法确认的人民法院管辖

关于生态环境损害赔偿磋商协议司法确认的管辖问题,《若干规定》《具体意见》均未规定,《管理规定》也仅规定向"有管辖权"的人民法院申请司法确认,但何为"有管辖权",并未明确。从地方立法来看,山东省高院《关于办理生态环境损害赔偿协议司法确认案件的若干意见(试行)》(2019年)规定,赔偿协议司法确认案件由生态环境侵权行为发生地或损害结果发生地基层人民法院管辖,若赔偿协议由第三方组织主持磋商达成,也可由主持磋商组织所在地基层人民法院管辖。对此,有学者指出,这种规定与当前的法律规定有所不符,违背了《民事诉讼法》的规定,也可能引发协议双方对管辖地选择的争议。[1]生态环境损害赔偿磋商协议因其承载了公共环境利益而不同于一般的民事性质协议,对于此种协议申请司法确认,能否由基层人民法院管辖,存在疑问。[2]

从实践情况来看,生态环境损害赔偿磋商有向区县延伸的趋势。例如,南通、常州、连云港等地在实践中将区县政府纳入生态环境损害赔偿权利人范围,鼓励区县生态环境部门开展磋商索赔,同时明确区县政府生态环境损害赔偿案件受理标准,对于较小的生态环境损害赔偿案件可由区县政府或其指定部门(机构)直接开展。这样的实践趋势,是否意味着区县政府所进行的赔偿协议由基层人民法院进行司法确认也存在一定的合理性?

---

[1] 吴勇、扶婷:"论调解在生态环境损害赔偿诉讼中的适用",载《南京工业大学学报(社会科学版)》2021年第1期,第43~53页。

[2] 别涛、刘倩、季林云:"生态环境损害赔偿磋商与司法衔接关键问题探析",载《法律适用》2020年第7期,第3~10页。

本书认为，大部分的生态环境损害赔偿协议关涉公共利益，且往往数额巨大。目前实践中虽存在生态环境损害赔偿磋商向区县延伸的趋势，但主要局限于较小的生态环境损害赔偿案件，并且以赔偿义务人的认可为前提，以此简化工作流程，调动区县工作积极性，提高工作效率和实效。但省、市级层面并非全面放权，而是规定市级生态环境部门必须做好指导、协调、见证等工作，为统筹协调、二次磋商等留足空间和余地。[1]这体现了地方政府在涉及生态环境损害案件上的慎重、严谨。尽管目前相关文件并未明确司法确认的管辖问题，但《若干规定》第3条规定了生态环境赔偿诉讼案件的管辖问题，即"第一审生态环境损害赔偿诉讼案件由生态环境损害行为实施地、损害结果发生地或者被告住所地的中级以上人民法院管辖。……中级人民法院认为确有必要的，可以在报请高级人民法院批准后，裁定将本院管辖的第一审生态环境损害赔偿诉讼案件交由具备审理条件的基层人民法院审理"。从这一规定当中，仍然可以看出立法在生态环境损害案件管辖上的谨慎，将主要的管辖权限划归于中级人民法院。对此，笔者认为，在生态环境损害赔偿磋商问题上，各地区可以依据当地的实际情况以及具体案件的大小、复杂程度等，将相关的赔偿磋商工作分配给省、市抑或区县政府，但对于赔偿协议的司法确认问题，则应沿袭生态环境损害赔偿诉讼管辖的相关规定，将司法确认的权限交予当地中级人民法院予以处理，这也符合《民事诉讼法》关于中级人民法院管辖（在本辖区有重大影响的案件）的相关规定。

二、生态环境损害行政执法的诉前监督

如前所述，生态环境修复是一项复杂的治理活动，涉及损害事实调查、因果关系分析、损害实物量化、损害价值量化、评估报告编制、恢复方案选择、恢复方案实施与效果评估等一系列步骤和过程。因此需要行政机构站在系统性、综合性的高度上，运用自身的专业优势与技术理性进行理性行政、动态行政与专业行政，从整体上把握生态环境修复治理的深度和方向。从立法文本来看，相关环境法律已赋予行政机关广泛的行政权力和执法手段来治

---

[1] 章正勇等："生态环境损害赔偿制度的江苏实践"，载《环境保护》2020年第24期，第30~33页。

理生态环境损害问题。然而，从实践情况来看，仍然存在行政机关违法行政或怠政的情况。对此，近年来相关立法强化了检察机关对行政执法的履责监督程序，检察机关通过诉前程序向政府发出检察建议，既能及时敦促政府解决问题，又可以节约司法资源，避免大量案件流入司法程序，从而促进行政权与司法权的有效区分与衔接。

（一）检察建议的立法规定

2015年7月最高人民检察院发布了《检察机关提起公益诉讼改革试点方案》，方案确立检察机关的诉前检察建议程序，即"在提起行政公益诉讼之前，检察机关应当先行向相关行政机关提出检察建议，督促其纠正违法行政行为或者依法履行职责。行政机关应当在收到检察建议书后一个月内依法办理，并将办理情况及时书面回复检察机关"。2015年12月，最高人民检察院发布《人民检察院提起公益诉讼试点工作实施办法》重申了试点方案的规定，要求人民检察院在提起行政公益诉讼之前，应当先行向相关行政机关提出检察建议，督促其纠正违法行为或者依法履行职责。行政机关应当在收到检察建议书后一个月内依法办理，并将办理情况及时书面回复人民检察院。2017年《行政诉讼法》第25条确立了行政公益诉讼制度，规定人民检察院在履行职责中发现行政机关存在违法行使职权或者不作为的，应当向行政机关提出检察建议，督促其依法履行职责，从而在法律层面确立了诉前检察建议程序。2018年，最高人民法院、最高人民检察院联合发布了《关于检察公益诉讼案件适用法律若干问题的解释》并于2020年对该解释进行了修正，该解释规定，"人民检察院在履行职责中发现……行政机关违法行使职权或者不作为，致使国家利益或者社会公共利益受到损害的，应当向行政机关提出检察建议，督促其依法履行职责。行政机关应当在收到检察建议书之日起两个月内依法履行职责，并书面回复人民检察院。出现国家利益或者社会公共利益损害继续扩大等紧急情形的，行政机关应当在十五日内书面回复"。相较于之前的规定，《关于检察公益诉讼案件适用法律若干问题的解释》延长了行政机关履责的期限，即将之前的一个月延长至两个月。作出这一改变的原因在于，土地复垦、植树造林、河道修复等生态环境损害治理，涉及鉴定评估、赔偿磋商、方案筛选/执行等诸多环节，技术要求较高、治理周期长，且其治理效果明显受气候、季节等因素的影响，1个月的行政处理时间过于紧张，因此，此次立法作出延长时限规定，以给行政部门留足作出处理决定、执行监督的时间。

2021年，最高人民检察院出台了《人民检察院公益诉讼办案规则》，对检察建议的适用情形、检察建议书的制作与送达等问题作了进一步明确，为人民检察院办理行政/民事公益诉讼案件提供立法依据。

(二) 检察建议的司法实践

检察机关作为国家的法律监督机关，其职责不是在行政失职时代替行政机关完成相应的法定义务，而是通过督促程序，督察环境资源行政监管部门依法履行职责，保护国家利益和社会公共利益。司法实践中，很多省级、市地级政府及其指定的部门、机构根据人民检察院检察建议或者移交的线索开展赔偿磋商。例如，上海市人民检察院第一分院将办案过程中发现的线索移交上海市松江区生态环境局，在市人大代表、市政协委员、市环保部门等部门的监督下，上海市人民检察院第一分院、上海市松江区生态环境局与两家涉案公司签署生态环境损害赔偿协议，由两家涉案公司共同承担污染物处置费、鉴定费、应急费用、检测费用共计人民币200余万元。松江区生态环境局对本次污染事件的应急处置、后续处置及复检工作进行监督，确保污染物对涉案河道的影响已经消除，第一分院决定该案诉前结案。[1]浙江省龙游县人民检察院发出行政公益诉讼诉前检察建议，督促龙游县环保局等单位向相关责任人追偿应急处置费用，同时与县环保局共同推动生态环境损害赔偿磋商工作，最终各方达成一致，龙游县环保局与责任人签署了赔偿磋商协议，由责任人全额承担应急处置费用50万元，并赔偿生态环境损害费用23万元。[2]目前，针对生态环境损害问题，全国31个省市地区各级人民检察院均已确立检察建议程序，相关检察建议信息也可以直接在"中国检察网"查询，形成了环境资源行政监管部门与检察机关良性协调联动机制。

检察机关利用诉前检察建议程序发现线索、督促环境资源行政监管部门依法履职，不仅提高了生态环境修复及赔偿效率，也减少了司法资源的浪费。[3]

---

[1] "上海首例检察机关环境民事公益诉讼与生态环境损害赔偿制度衔接磋商案办结"，载 https://finance.sina.com.cn/test/2019-08-01/doc-ihytcitm6236519.shtml，最后访问日期：2024年3月1日。

[2] "浙江首例！龙游生态环境损害赔偿磋商案达成协议"，载 https://baijiahao.baidu.com/s?id=1607854360618353689&wfr=spider&for=pc，最后访问日期：2024年3月1日。

[3] 刘慧慧："生态环境损害赔偿诉讼衔接问题研究"，载《法律适用》2019年第21期，第23~33页。

但从实践情况来看，除案件线索渠道狭窄、诉讼时效不明等问题外〔1〕，诉前建议程序亟须解决的问题便是，如何判断行政机关已经"依法履职"以及如何确定行政机关履行职责的合理期限问题。

第一，如何判断行政机关是否履责的标准不明。在执法实践中，行政机关拒绝履职、完全不作为的案件极少，大多是履责不彻底、不全面的问题。如何确定行政机关的履职标准，目前缺乏法律依据，实务中也存在争议。关于行政机关是否"依法履职"的认定标准，主要存在"行为标准"和"结果标准"两种观点。"行为标准"肯定者认为，"依法履职"是指行政机关将法定职责落到实处，在法律所规定的监管措施已经穷尽的情况下国家利益或社会公共利益受侵害的状态即使未消除，也应被认定为"依法履职"。〔2〕"结果标准"支持者则认为，只要未消除国家利益或社会公共利益受侵害的状态，就应当认定为"未依法履职"。〔3〕也有观点认为，应将行为基准和结果基准进行结合，既要对行政机关作为全过程审查，也对作为的结果审查，进而判断行政机关是否全面履行作为义务。〔4〕

第二，行政机关履职期限的设定不合理。《关于检察公益诉讼案件适用法律若干问题的解释》规定，在收到检察建议后，行政机关须在两个月内履行职责并书面回复。尽管相对于之前的规定，该解释已将原先的一个月履责期限延长至两个月，但仍有观点指出，生态环境损害鉴定评估、方案筛选、修复执行等程序耗时较长，两个月履职期限过于僵化，尤其在以"结果标准"

---

〔1〕 付颖琦、杨朝霞："我国环境行政公益诉讼的问题和对策——基于 2019 年 127 份典型裁判文书的分析"，载《环境保护》2020 年第 14 期，第 54~59 页。

〔2〕 参见金涛、吴如巧："检察行政公益诉讼制度的公正性检视"，载《重庆大学学报（社会科学版）》2020 年第 4 期，第 184~195 页；李明超、王家跃："行政公益诉讼制度运行的实效性考察——以 713 份裁判文书为分析样本"，载《时代法学》2020 年第 3 期，第 41~52 页；刘卫先、张帆："环境行政公益诉讼中行政主管机关不作为违法及其裁判的实证研究"，载《苏州大学学报（法学版）》2020 年第 2 期，第 68~77 页。

〔3〕 参见王万华："完善检察机关提起行政公益诉讼制度的若干问题"，载《法学杂志》2018 年第 1 期，第 96~108 页；沈开举、邢昕："检察机关提起行政公益诉讼诉前程序实证研究"，载《行政法学研究》2017 年第 5 期，第 39~51 页；耿宝建、金诚轩："审理行政公益诉讼案件的几个问题——由山东省庆云县人民检察院诉县环境保护局行政不作为案引发的思考"，载《人民司法》2017 年第 11 期，第 8~13 页。

〔4〕 李大勇："论行政公益诉讼'不依法履职'的评判标准"，载《行政法学研究》2023 年第 3 期，第 50~61 页；刘学涛、潘昆仑："行政公益诉讼中诉前程序职责履行的认定标准"，载《中共山西省委党校学报》2020 年第 3 期，第 73~78 页。

为审查标准的司法审查中，如此短的时间设定不切实际。[1]有学者认为，应将两个月的履职回复期作弹性适用；[2]还有学者认为，不宜将两个月作为履职完成并回复期限解释适用，而应该将之视作行政机关启动履职并回复期限解读。[3]

以上两方面问题，不仅是检察机关在向行政机关提出检察建议时需要明确的事项，也是法院在环境行政公益诉讼中需要重点裁判的事项。其实质仍然是行政权与司法权在生态环境监管事项上的法律分工问题。因体例安排原因，关于人民检察院/人民法院应在何种程度上对行政执法情况进行监督和审查的问题，将在后文"我国司法审查的范围"部分予以重点论述，在此不作赘述。

三、生态环境损害行政执法的司法审查

根据《行政诉讼法》以及相关司法解释规定，若行政机关存在违法行政或不作为情形，检察机关可以就行政行为提出检察建议；检察机关已经履行诉前程序，行政机关仍不依法履行职责或者纠正违法行为的，则可以提起环境行政公益诉讼。当然，赔偿义务人对行政机关作出的行政处罚有异议时，也可以申请行政复议或以诉讼的方式要求法院对行政机关的处罚行为进行司法审查。此时便涉及行政执法的司法审查问题。

（一）法院审查范围的演变

法院对行政机关的行政措施进行司法审查的重难点在于司法审查的范围。在过去相当一段时间里，法院只对行政行为的合法性进行审查，而行政行为的合理性被认为是行政机关自由裁量的范围，是行政机关自主决定事项，一般不予审查。[4]其主要是出于对行政权和司法权分工以及行政专业性考量。如前所述，行政机关"合目的性的权衡"最重要的工具即是行政裁量。[5]基于立法者认知能力局限、不确定概念表述以及各种资源利益、负担分配等原

---

[1] 胡婧、朱福惠："论行政公益诉讼诉前程序之优化"，载《浙江学刊》2020年第2期，第117~126页。

[2] 刘超："环境行政公益诉讼诉前程序省思"，载《法学》2018年第1期，第114~123页。

[3] 邱正文、刘润涛："行政公益诉讼诉前程序实质要件"，载《检察日报》2019年7月4日。

[4] 高秦伟："行政行为司法审查范围的比较研究"，载《湖北行政学院学报》2003年第5期，第34页。

[5] 沈百鑫："德国环境法中的司法保护"，载《中国环境法治》2011年第1期，第215页。

因或问题,行政裁量成了行政法的精髓所在。[1]行政行为是一项合目的性的权衡过程,行政机关需要在法律规定的范围内,对环境公共利益进行必要的选择、排序和取舍。客观来讲,环境法律责任实现过程越短,社会成本就越低,实现的效率和程度就越高。相比于诉讼程序成本昂贵、程序复杂、周期漫长等特征,行政程序相对专业高效、灵活简洁,并且对于具有较强专业性的环境案件来说,拥有专业技术设备和人员、监测和评估机制的行政机关的处理也远比司法裁判更加经济、合理。故针对行政机关在法定范围内的行政裁量,法院一般不插足其合理性的判断。

然而,随着法治实质主义的发展,一些国家或地区的司法审查开始超越"合法性"的界限,而迈入"合理性"的范畴。譬如,法国行政法院即在越权之诉中增加了"权力滥用"条款,允许以是否符合法律目的、考量因素是否不当等源于审查行政行为是否"合理"。[2]因此,基于行政权与司法权在权力运行规则中有着不同定位和权力特征,在共同面对环境公共管理事务时,形成了以下共识:①法院必须对行政机关在公共事务上的专业性和优先权予以尊重,行政权与司法权的行使需要遵循一定的次序规则,原则上不能允许法院进行审查;②当行政机关的行为逾越了其裁量权,或者滥用了其裁量权,则该行政裁量行为也可以成为法院的审查对象。[3]

(二)司法审查的比较规定

从比较法的角度来看,CERCLA第113条(h款)对法院的司法审查范围作出了规定。该条明确规定了法院禁止审查的范围以及可以审查的情形。首先,根据该条规定,一般情形下,禁止法院对行政机关的两类行为进行司法审查:①根据该法104条的规定所选择的清除行动或修复行动;②根据该法106条(a)款的规定发出的执行命令,即行政机关认为存在对人体健康或生态环境有紧急且重大危险的危险物质排放,而发出的减轻危险的执行命令。其次,仅在法律明确规定的情况下,对以上两类行为进行司法审查①追偿生态环境治理的反应费用或者损害赔偿金,或者要求分摊上述费用的案件;②执行行政机关作出的执行命令的案件,或因违反该命令要求收缴罚款的案件;

---

[1] 杨建顺:"行政裁量的运作及其监督",载《法学研究》2004年第1期,第9页。
[2] 高秦伟:"行政行为司法审查范围的比较研究",载《湖北行政学院学报》2003年第5期,第34页。
[3] 杨建顺:"公共选择理论与司法权的界限",载《法学论坛》2003年第3期,第12页。

③申请超级基金补偿其成本支付及利息的案件；④认为清除行动或修复行动违法的公民诉讼案件；⑤根据第 106 条规定决定强制实施修复措施的案件。根据 CERCLA 第 113 条（j）款，在以上案件类型中，除非申请人能够充分证明行政机关作出的环境治理行为是"武断的、任意的或者违反法律规定的"，否则法院应当尊重行政机关的决定。如果行政机关的行为被认定是"武断的、任意的或者违反法律规定的"，法院应当判决责任人向行政机关支付与《国家应急计划》不冲突的反应费用或损害赔偿金，以及与《国家应急计划》一致的其他赔偿修复行动。如果法院发现行政机关存在程序错误时，除非该错误的严重程度关系到诉讼的核心事项，以至于诉讼结果会发生重大改变时，法院才可以驳回费用或损害赔偿金请求。换言之，法院应谨慎判决，不得以司法审查的结果来全盘否定行政机关已经作出的环境治理效果。可以看出，CERCLA 中规定的司法审查，以禁止对行政机关的环境治理行为进行司法审查为原则，以特定情形下的司法审查为例外。从法的价值来判断，在生态环境损害治理方面，CERCLA 非常明显地体现了法律的效率价值和安全价值，[1]尽量避免司法审查对环境治理行为的效率性产生不当影响，防止滥用"司法审查权"而影响到紧急环境治理。

（三）我国司法审查的标准

从我国的司法审查实践来看，目前人民法院在认定行政行为是否合法或是否逾越裁量权方面还存在困难，特别是在缺乏专业技术能力辅助的情况下，人民法院的认定工作很难开展。譬如在"吉林省临江市人民检察院诉临江市林业局行政公益诉讼案"[2]中，原告认为虽然被告采取了一定的监管措施，但是仍然有 5.7 亩林地的造林率不足 40%，其怠于行使职权。被告则认为其已经对违法行为作出了林业行政处罚决定，违法行为人缴纳了罚款并且进行了生态修复工作，其中还没有恢复植被还需要更长的时间才能够修复完成。人民法院最终认定虽然林业局行使了部分行政职权，但森林资源和生态环境仍未得到恢复，故判决林业局履行监管职责，于 3 个月内确保林木成活率符合国家标准。本案中，就森林资源修复问题，人民法院并没有对"3 个月"修复期限作出科学性说明，而即便是 3 个月能够达到相应成活率，是否就当然起

---

[1] 张辉：《美国环境法研究》，中国民主法制出版社 2015 年版，第 430 页。
[2] 参见吉林省临江市人民法院［2017］吉 0681 行初 1 号行政判决书。

到生态环境修复的实际效果？这也是存在疑问的。再如在"盖州市人民检察院诉盖州市自然资源局案"[1]中，判决结果要求被告补种树木，但补种树木受季节限制，当年春季植树季节已过，若等来年春季进行种植显然会超过"2个月"的时间限制。而在其他类似案件中，法院对行政机关行为的审查还倾向于进行"模糊化"处理，既不把判决内容具体化，也缺乏必要的科学性、合理性说明，仅要求行政机关"依法履行职责"，这使得人民法院对行政机关行为的审查形式化，背离了司法审查制度初衷。[2]

法院的"合法性"或"合理性"判断标准都有其利弊。若过分注重对行政行为的"合理性"判断，则极易造成司法权对裁判权的逾越。例如在"昆明市官渡区检察院诉昆明经开区林业局案"[3]中，人民法院认为，被告应当具备专业上的风险预见义务和预先告知义务。然而，对地质灾害等专业的风险预见义务是国土行政部门而非林业行政部门职责，要求林业部门具备国土部门一样的专业预见义务，显然有些过于苛责。而如果仅对行政行为进行"合法性"判断，则审判极易流于形式，可能为行政机关怠于履行职责留下空间。实际上，"合法性判断"与"合理性判断"，与前文提到的"行为标准"与"结果标准"互为表里、如出一辙，其实质均在于探讨司法权对行政权的干预程度与范围问题。

从实践情况来看，"合理性判断"抑或"结果标准"更符合社会公众对环境行政公益诉讼目的的设想，因此颇受司法实务的青睐，但这种倾向极易造成双重误区：一是环境公共利益目标实现等于行政机关全面履行作为义务，二是环境公共利益目标未能实现等于行政机关未能全面履行作为义务。[4]这不仅加重了行政机关的负担，"秉持结果标准，可能也违背了生态环境与资源保护、生态修复的客观规律"。[5]同时，过于严苛的"结果标准"也可能促

---

[1] 参见辽宁省盖州市人民法院［2019］辽0881行初100号行政判决书。

[2] 参见向师慧："对我国行政公益诉讼实践中若干问题的思考——以司法权与行政权的关系为视角"，载《经贸实践》2017年第22期，第43页。

[3] 云南省昆明市官渡区人民法院［2017］云0111行初字第51号行政判决书；云南省昆明市中级人民法院［2018］云01行终字第239号行政判决书。

[4] 参见王清军："环境行政公益诉讼中行政不作为的审查基准"，载《清华法学》2020年第2期，第129~142页。

[5] 许翠霞、罗晓梅、黄长太："环境行政公益诉讼诉前程序实证研究"，载《集美大学学报（哲学社会科学版）》2019年第1期，第73~74页。

使行政机关为达成目标而进行"一刀切"治理或"不择手段"与相对人达成私下协议,进而损害公益。

对此,本书认为,在防止行政裁量权过线的同时,也要防止司法裁判权的逾越。因此,对行政机关是否已采取了合理、有效的行政措施保护生态环境的判断,应秉承客观思维,尽可能地将各类标准具体化、客观化,并注重行政执法程序与司法裁判程序的有效衔接,避免司法重复或浪费。

(1)在裁判标准方面,建议人民法院主要以"行为标准"为主、"结果标准"为辅的履职标准对行政行为进行审查。具体而言,首先,针对救济对象,人民法院需要审查行政机关是否已经依法全面作出行政命令/行政处罚等具体规制措施。其次,人民法院须审查行政机关是否已经实现行政行为或措施的公益目标,如若没有达到预期目标,须再分析导致这种结果的"因果关系":若预期目标的落空与行政行为并不直接相关,即使纠正行政机关的违法行为或不作为,也无法消除国家利益或社会公共利益受侵害的状态,此时不适宜采用"结果标准"对行政机关进行过苛追责,仅适用"行为标准"对行政行为进行审查即可;若预期目标的落空与行政行为直接相关,即预期目标达成与行政行为之间存在必然的因果关系,则此时可辅以"结果标准"对行政行为进行合理性或实质性审查,判断行政机关是否进行了全面、依法履职。[1]在具体案件中,如果确需对行政行为的合理性进行判断,建议引入第三方鉴定评估机制,借助专业第三方机构对行政行为的合理性进行判断,并允许行政机关对行政行为的专业性、必要性进行自我辩护,以使判决结论更具科学性和说服力。

(2)在裁判范围方面,从国外立法规定来看,在赔偿金追偿或行政罚款方面,人民法院有着广泛的审查权;但在清除行动或修复行动的选择方面,除非有立法明文规定,否则不予审查。该规定于我国立法而言亦可资借鉴,即针对行政机关提出/作出的赔偿金索赔数目和行政罚款数额,人民法院应在鉴定评估的基础上,结合损害事实和违法行为的实际情节予以综合裁决;而针对行政机关作出的清理措施、修复措施的选择或裁量,只有行政行为明显违法或其他法律明文规定情形下人民法院才能对其进行审查,以尊重行政机

---

[1] 李瑰华:"行政公益诉讼中行政机关'依法履职'的认定",载《行政法学研究》2021年第5期,第36~37页。

关对生态环境修复事项的优先判断权，保障行政修复治理措施的及时施行。

（3）在证据衔接方面，妥当认定行政程序证据效力。在生态环境修复执法过程中，行政机关掌握了行政相对方的环境许可与监管、污染物排放情况、行政处罚及处罚依据等一系列证据材料。这些证据材料往往能够最为全面地反映案件发生时生态环境受到损害的事实情况，直接影响着修复生态环境责任是否成立以及其后所采取的具体修复措施。因此，在行政行为司法审查过程中，应妥善认定这些证据材料，不可因是行政机关出具的而减损其效力或使之无效。《若干规定》第9条规定了生态环境损害赔偿诉讼中，人民法院对生态环境监督管理部门等相关行政部门在行政执法过程中形成的事件调查报告、检验报告、检测报告、评估报告、监测数据等证据效力的审查认证规则。这一审查认定规则同样应适用于行政行为的司法审查程序中。因而，一般情况下，在生态环境损害赔偿案件中，在环境资源保护行政执法过程中形成的公文或证据材料，在经当事人质证且无相反证据时，应对其证明效力予以认定，从而提高司法审查效率。[1]

第二节 环境公益诉讼的类型划分与建构

生态环境损害诉讼是生态环境损害行政救济的有益补充，目前我国已建立起生态环境损害赔偿诉讼、环境民事公益诉讼以及环境行政公益诉讼。但结合上文可知，目前生态环境损害赔偿诉讼规定过于笼统，且与环境民事公益诉讼关系不清。据此，本部分旨在对环境公益诉讼制度的建构历程进行回顾，并对环境公益诉讼的类型进行重新划分，将其区分为自然资源所有权诉讼、环境民事公益诉讼以及环境行政公益诉讼，并针对各类诉讼的适用类型、范围、主体等问题进行讨论，以期形成生态环境损害行政救济-司法救济的完整体系。

一、环境公益诉讼制度的建构历程

2014年《环境保护法》修订，在我国首次规定环境公益诉讼制度。但第58条确立的环境公益诉讼制度实际上仅仅是环境民事公益诉讼制度。这样的

---

〔1〕 吴一冉："生态环境损害赔偿诉讼中修复生态环境责任及其承担"，载《法律适用》2019年第21期，第34~43页。

规定引起很多争论，有学者指出，现有规定事实上出现了环境公益诉讼制度的立法顺序颠倒问题，应当先建立环境行政公益诉讼制度。其主要理由，诚如前述，生态环境保护是一项复杂且专业性要求高的活动，需要行政机构站在系统性、综合性的高度上，运用自身的专业优势与技术理性进行理性行政、动态行政与专业行政，从整体上把握生态环境保护与修复治理的深度和方向。因此，公益诉讼的制度重点应在于监督和纠正政府在环保履职中的不当行政。然而，在缺少环境行政公益诉讼制度的情况下，原告无法通过诉讼追究行政机关的不当行为，只能以企业为被告提起环境民事公益诉讼。然而以环境民事公益诉讼为主的责任追究方式将产生两种不利后果：其一，司法权与行政权的错位使得人民法院超越其职权范围，不当地干预和越位"行使"行政权；其二，环保团体职能的扭曲，将对行政主体职责的监督转移到了企业主体身上，从而使得行政主体"金蝉脱壳"。这无疑是对包括司法资源和行政资源在内的公共资源的巨大浪费。

对此，立法机关也已敏锐地觉察出环境行政公益诉讼制度与环境民事公益诉讼制度存在诸多差异，单纯将以环境民事公益诉讼为核心的制度安排于生态环境损害领域并不妥当。故自2015年以来，最高人民检察院相继发布了《检察机关提起公益诉讼改革试点方案》（2015年）、《人民检察院提起公益诉讼试点工作实施办法》（2015年）。2017年，《行政诉讼法》第25条规定了行政公益诉讼制度。2018年，最高人民法院、最高人民检察院联合发布了《关于检察公益诉讼案件适用法律若干问题的解释》，规定人民检察院在履行职责中，发现行政机关违法行使职权或不作为，致使国家利益或者社会公共利益受到侵害的，应当向行政机关提出检察建议，督促其依法履行职责；行政机关不依法履行职责的，人民检察院依法向人民法院提起诉讼。2021年，最高人民检察院出台了《人民检察院公益诉讼办案规则》，进一步细化了检察机关提起行政/民事公益诉讼的办案规则，以规范人民检察院履行公益诉讼检察的职责，加强对国家利益和社会公共利益的保护。

结合《改革方案》所规定的生态环境损害赔偿诉讼，目前我国针对生态环境损害的诉讼包括三类：①政府及其有关部门提起的生态环境损害索赔诉讼，②政府及其有关部门、检察机关、环保团体提起的环境民事公益诉讼，③检察机关提起的环境行政公益诉讼，④检察机关提起的刑事附带民事公益诉讼。针对第一类诉讼，即政府及其有关部门提起的生态环境损害索赔诉讼，对于该类诉讼的性质,目前有学者认为是私益诉讼或国益诉讼。[1]本书认为,结合本书第二章论述,由国家/地方自然资源资产管理委员会提起的诉讼应为自然资源国家所有权诉讼;由自然资源部及其相关部门提起的诉讼可以称为生态环境损害赔偿诉讼,但其实质仍为环境民事公益诉讼,未来可保留"生态环境损害赔偿诉讼"的称谓,以与检察机关、环保组织提起的环境民事公益诉讼相区分;若相关所有权主体或监管主体怠于提起自然资源所有权诉讼、生态环境损害赔偿诉讼的,则由检察机关、环保组织提起环境民事公益诉讼。同时,针对所有权主体或监管主体的不当行为或不作为,检察机关可以提出检察建议,仍不履行或修正的,检察机关/环保组织还可以提起环境行政公益诉讼。

二、环境公益诉讼制度的类型划分

综上,本书对生态环境损害救济的诉讼类型与建构问题作以下安排:

(一)自然资源所有权诉讼

1. 自然资源国家所有权诉讼

自然资源是人类生存与生活的基础和保障,本质上应归属"全民所有"。我国《宪法》第9条第1款确立的是双重所有制,即实质上全民所有,法律上国家所有。其目的在于赋予国家对全民所有自然资源的使用、管理与保护职责,以克服自然资源领域广泛存在的产权不清晰、负外部性等市场失灵问题。[2]关于宪法上的自然资源"双重所有",本书认为,应从公共信托的角度去解读。公共信托理论本质上是抽象的法律拟制,即由于全民无法直接行使相关所有权,故全民作为委托人将其对自然资源拥有的权益委托给国家,国家作为受托人对自然资源进行使用、管理和维护。但财产信托下的国家所有权行使,必须以实现公众利益为依归,而不是满足作为所有权人的国家的

---

[1] 汪劲教授认为,生态环境损害赔偿诉讼与环境民事公益诉讼是两类不同性质的民事诉讼;吕忠梅教授认为,生态环境损害赔偿诉讼是政府基于自然资源国家所有权、为履行职责而提起的诉讼,既不是公益诉讼,也不是普通民事诉讼,而是"国益诉讼"。参见汪劲:"论生态环境损害赔偿诉讼与关联诉讼衔接规则的建立——以德国达公司案和生态环境损害赔偿相关判例为鉴",载《环境保护》2018年第5期,第39~40页;吕忠梅:"生态环境损害赔偿诉讼中的问题与对策",载2018年《创新环境资源司法理论加强生态文件检索司法保障研讨会》主旨发言记录。

[2] 参见王克稳:"自然资源国家所有权的性质反思与制度重构",载《中外法学》2019年第3期,第626~647页。

"私利"。

（1）"自然资源国家所有"的权利性质。关于"自然资源国家所有"权利性质，目前已有较多争论，主要包括旧国家所有权说、新国家所有权说、公权说、规制说、资格说、所有制说等。[1]本书认为，《宪法》第9条和第10条所规定的"国家所有"乃授权性规范，赋予了国家作为自然资源所有权主体的资格或可能性。其他法律则可将这种资格或可能性予以具体化，即将宪法上的"国家所有"资格转变为真正的所有权。我国《民法典》第246至251条关于国家所有权的规定正是对宪法上"国家所有"的具体化，从而将资格意义上的"国家所有"转换成民法上的"国家所有权"。[2]立法既然采用民法财产权理论来具体化"国家所有"，则应遵循民法财产权基础理论，不得违背民法逻辑结构与方法，即不应脱离民法秩序再建立其他的所有权理论框架和法律制度。[3]实际上，运用民法财产权理论对"国家所有权"进行规范，也是科斯定律理论在自然资源领域的应用。科斯定律理论的启示在于，明确产权对于自然资源利用和保护的重要作用，只有将财产权明晰化，将生产利用的外部性内化，才能实现自然资源配置的帕累托最优状态，避免公地悲剧。

当然，"国家所有"的私法化并不是否认国家所有权的本质特性，与私人所有权相比，"国家所有"确有不同的特质，譬如自然资源国家所有权行使不得损害公共利益，不能像私人所有权一样任意处分等。但这种特质并没有突破财产所有权的范畴。实际上，即便是私人所有权，其权利行使亦负担着社会义务，不得损害公共利益。故客体与功能等方面的特殊性，不足以否认民法物权制度对国家所有权的规范效力。

因此，从制度目的角度来看，承认自然资源国家所有权是财产法意义上的所有权，将其纳入民法物权范畴，是实现自然资源有效利用，确保其按照市场经济规则运行的重要方法，而绝非强调该权利在功能定位、行使方式和

---

[1] 参见刘练军："自然资源国家所有的制度性保障功能"，载《中国法学》2016年第6期，第73~92页。

[2] 此外，我国《水法》第3条、《森林法》第14条、《草原法》第9条、《海岛保护法》第4条、《土地管理法》第9条、《矿产资源法》第3条、《野生动物保护法》第3条、《海域使用管理法》第3条等立法也规定，包括土地、森林、草原、滩涂、矿藏、水流、海域、野生动植物资源等在内的自然资源原则上属于国家所有，由国务院代表国家行使相关所有权。

[3] 程雪阳："中国宪法上国家所有的规范含义"，载《法学研究》2015年第4期，第105~126页。

利益归属等方面的私有化。关于将自然资源国家所有权确定为"私权"的观点，已在前文第二章第二节有过阐述，在此不作赘述。概言之，自然资源国家所有权仅因其客体特殊性而具有了一定的公法元素，而不能被界定为国家对自然资源的利用进行积极干预的公权力/管理义务，或国家意志在自然资源领域的贯彻。[1]例如，在对湿地、水源地等自然资源进行开发利用时，虽需考量其对周围生态、公众享受等公益价值的影响，在国家所有权具体设计中作一定限制或调整，但国家所有权的行使仍应以民事财产法规范为基本导向。

（2）自然资源国家所有权诉讼的性质。在大陆法系"公法-私法"二元体系下，法权设计和制度构建主要沿"公权-私权""公益-私益"的二元定位展开。此种逻辑有利于立法和权利建构的体系化，在"政治国家-市民社会"的分野中起到保护私权、限制公权的作用，但面对具体权利时则存在先天不足——难以将各立法例中的权利或新兴权利全部清晰地划归公权或私权之一元，由此导致逻辑和价值层面的双重缺失。所谓公权-私权、公益-私益的区分其实更多的是原则性的学理假设和逻辑构造，在公私法交叉渗透的当下，难以涵盖所有权利。若强行将某一权利归于一元，或导致削足适履、无法自洽，或买椟还珠、舍本逐末，背离制度初衷。[2]国家所有权便是典型例证，其既涉公共利益，又遁入私法，表达为一项民事权利，以致学界、实务界对其究为私权或公权争议不断，进而对国家所有权所涉赔偿诉讼的性质定位产生分歧。

实质上，私益诉讼和公益诉讼的界分依据，并非以权利基础是私权或公权为划分标准，而是以诉讼利益之归属，即利益是归属于个人主体，抑或不特定大多数群体或全体公民为根本指向。在诉讼法学上，根据利益归属主体的不同，环境诉讼利益可以区分为个人利益、多数人利益、国家利益三种类型。其中，多数人利益存在特定多数人利益与不特定多数人利益之区分，前者表现为群体利益，与个人利益同属私人利益，由此引发的诉讼为私益诉讼；后者属原始意义上的社会公共利益，由此引发的诉讼才属于公益诉

---

[1] 陈海嵩："生态环境损害赔偿制度的反思与重构——宪法解释的视角"，载《东方法学》2018年第6期，第20~27页。

[2] 刘云生、吴昭军："政策文本中的农地三权分置：路径审视与法权建构"，载《农业经济问题》2017年第6期，第12~22页。

讼范畴。[1]国家利益，由于其概念涵盖非常广泛，故常与社会公共利益在利益客体等方面难以界分。[2]对此，一种观点认为，"国家即为维护公共利益而存在，其本身并无特殊的利益，严格意义上的国家利益应等同于公共利益"；[3]另有观点则指出，"国家利益和社会公共利益在某些方面虽难以清晰划界，但应当承认两者毕竟有所不同。若不加以区分，则法律制度的建构和运行都会遭遇尴尬和矛盾"。[4]对此，本书倾向于后一种观点，并作以下阐述：

其一，自然资源国家所有权诉讼乃基于"国家利益"而提起的民事诉讼。法律上，因"全民所有"不能成为特定个体权利上的法律概念[5]，故"全民所有"的国家利益实质上是基于公共信托而由国家代表不特定多数人持有的重要利益。但由于该类利益存在明确的代表者，传统民事诉讼制度足以提供保护，故基于国家利益而提起的民事诉讼应为"国益诉讼"，以区别于真正意义上的公益诉讼。[6]由此，以国家所有权为权利基础引发的物权纠纷、侵权纠纷等诉讼制度建构，应遵循"解释论－立法论"和"制度目的－制度建构"的逻辑进路。首先，依循解释论，自然资源国家所有权为《民法典》所明定的物权，"所有权的一般规定"前置于"国家所有权"专章，意味着明确承认国家所有权的"民事权利"属性，并赋予其私法上"所有权"的权利内容。这是对自然资源的财产属性和可交易性的肯定，是对国家所有权性质适用解释论抑或立法论的基本前提。[7]以此为基础引发的物权、侵权纠纷，自应依照民事诉讼制度进行解决，即使囿于自然资源国家所有权的客体和主体均具有特殊性而存在适用困难，亦应在民事诉讼制度基础上进行调适，而不是直接舍弃、另起炉灶。其次，在制度目的上，自然资源国家所有权诉讼旨在于自然资源遭受妨害，或存在被侵占、污染、破坏等损害时，通过司法

---

[1] 肖建国："利益交错中的环境公益诉讼原理"，载《中国人民大学学报》2016年第2期，第14~22页。

[2] 参见王胜明主编：《中华人民共和国民事诉讼法释义》，法律出版社2012年版，第101页。

[3] 王太高："公共利益范畴研究"，载《南京社会科学》2005年第7期，第82~87页。

[4] 张卫平："民事诉讼检察监督实施策略研究"，载《政法论坛》2015第1期，第35~52页。

[5] 马俊驹："国家所有权的基本理论和立法结构探讨"，载《中国法学》2011年第4期，第89~102页。

[6] 参见蔡彦敏："对环境侵权受害人的法律救济之思考"，载《法学评论》2014年第2期，第134~140页。

[7] 参见张力："国家所有权遁入私法：路径与实质"，载《法学研究》2016年第4期，第3~22页。

途径寻求救济,对侵权人课以停止侵害、排除妨碍、生态修复或赔偿损失等责任。以此目的出发,民事诉讼制度能够提供以民事实体法为依据、以程序法为保障的救济,达到制度绩效。检视当前《改革方案》相关规定,虽未明确"行使全民所有自然资源资产所有者职责的部门"提起赔偿诉讼之诉讼基础,但关于赔偿诉讼为"民事诉讼"之意旨已在整个制度设计与具体内容中有所体现。譬如,赔偿协议可"依照民事诉讼法向人民法院申请司法确认";磋商未达成一致的,赔偿权利人"应及时提起生态环境损害赔偿民事诉讼"等。可见,民事实体法和民事诉讼法的相关规定已成为赔偿诉讼的首要遵循。[1]

其二,民事立法在生态保护、公益分享等方面应有所补强。依循民事诉讼路径存在的问题是,一方面,由于生态价值附着在自然资源之上,自然资源承载着经济与生态双重价值,故自然资源国家所有权行使主体在保全其财产利益的同时,也负担着自然资源资产管理、保值增值以及公共利益分享等义务,而目前民事立法在此方面有所欠缺;另一方面,民事诉讼制度坚持权利人处分原则,自然资源国家所有权行使主体怠于或消极提起民事诉讼,或不当处分诉讼利益时,缺乏相应规制。因此,国家所有权遁入私法之后,若完全依循私人所有权模式建构制度的话,容易导致权利主体逃避宪法义务、背离自然资源公共属性,甚至消解"全民所有"的规制效力,[2]故而须对自然资源国家所有权诉讼制度增加公法约束。为解决这一问题,有效实现制度目的,本书认为,首先,应以明文规定的方式,明确自然资源国家所有权行使主体生态保护的具体义务,如在《民法典》中明确自然资源国家所有人不得以损害自然资源公益价值的方式利用资源;在《森林法》《草原法》等自然资源单行立法当中进一步细化自然资源国家所有人在自然资源资产管理过程中为促进资产保值增值、公益共享的作为/不作为义务等,并确定违反义务后所应承担的法律后果。其次,针对关涉公共利益的自然资源损害,所有者怠于履行义务或怠于追究责任人修复或赔偿责任的,明确规定检察机关作为公益监督人可提出检察建议;若仍不行使权利,则检察机关或环保组织可依法提起环境民事/行政公益诉讼等。

---

[1] 王旭光:"论生态环境损害赔偿诉讼的若干基本关系",载《法律适用》2019年第21期,第11~22页。

[2] 张力:"国家所有权遁入私法:路径与实质",载《法学研究》2016年第4期,第3~22页。

需要说明的是，在立法实践中，某项权利或制度的塑造往往存在两种以上方案，方案并非泾渭分明、独一无二，最终的立法选择往往是立法者权衡利弊或政策考量的结果。[1]若径行将自然资源国家所有权诉讼划入公共利益范畴，并进而纳入公益诉讼，于逻辑上未尝不可，但将同一自然资源的经济利益损害诉权与生态利益损害诉权进行人为分割（况且两种利益类型常难区分），并不符合自然资源利益的整体性、系统性特征，且从立法成本和实践操作层面上考虑，实施难度大，亦不经济。舍弃现有已经成熟的一套民事诉讼制度而不用，反而纳入目前尚在试点摸索的公益诉讼制度，并在未来尚需建立、完善从管辖、审判组织到证据、期间、保全等，再到审判程序和执行程序的一整套规则，不可谓明智。因此，本书倾向于将自然资源国家所有权诉讼归入民事诉讼，而不宜将其纳入公益诉讼范畴，仅在民事诉讼难以确保国家利益时，社会组织/检察机关可提起补充性公益诉讼。

（3）权利主体与诉讼请求。结合前文第二章的论述，本书认为，作为自然资源所有权的行使主体，国家/地方自然资源资产管理委员会分别直接代表国家行使所有权，行使出资、经营、决策、收益等权能，并对全国/地方人民代表大会负责，接受全国/地方人民代表大会监督。若发生自然资源损害情形，国家/地方自然资源资产管理委员会应依据法律规定，及时与责任方进行自然资源损害修复或赔偿磋商，达成赔偿协议，并申请司法确认；若无磋商空间，则国家/地方自然资源资产管理委员会应依据自然资源国家所有权提起自然资源国家所有权诉讼，该诉讼属于民事诉讼范畴。

关于诉讼请求范围问题，质疑"自然资源国家所有权"的一种理由认为，"作为生态服务功能物质载体的自然资源依据宪法和法律规定原则上归国家所有，但不特定多数人独立享受的生态服务功能却无论如何都不能视为国家所有"。[2]笔者认为，国家所有并非指向权利和利益的私有化，实际上国家利益与公共利益在目标上具有同质性，将国家利益从公共利益中抽象出来，并不意味其与公共利益背道而驰，而更多是立法的利弊选择。对自然资源"国家所有"的理解也不能仅局限于财产价值，其应是包括财产价值但又超越财产价值的多元价值载体，且从形态上来看表现为一种整体价值，具有不可

---

[1] 参见尹田：《法国物权法》，法律出版社2009年版，第43页。
[2] 黄忠顺："环境公益诉讼制度扩张解释论"，载《中国人民大学学报》2016年第2期，第32~42页。

分性。[1]因此，基于自然资源与其自身所形成的生态系统以及周边生态环境的密切关联，自然资源部及其委托部门的诉讼请求非仅局限于自然资源本身，还可包括自然资源所形成的生态系统以及期间利益。譬如，生态公益林的功能实现主要依托于其自身的生态价值，而非经济价值；即便是以教育、观赏或游憩为主要利用目的森林生态，其功能体现也并非单纯依靠林木经济价值，而主要是依托于自身生态系统所构成的整体生态利益以实现利用价值。故针对破坏森林生态的行为，自然资源部门不仅可诉请对森林资源进行补植、修复或赔偿，还可诉请对森林生态系统功能进行修复或赔偿，以达到自然资源损害的全面填补。[2]

当然，涉及期间损害赔偿以及不可修复时之金钱赔偿时，由于赔偿金是不能履行法律义务的一种金钱替代，且关涉公共利益，故赔偿金数额并非仅由所有者与责任方单独决断，还需通过司法程序予以综合判定。从《改革方案》相关规定来看，目前也有将自然资源损害与生态系统功能损害诉求进行"合并"之趋势。具体来讲，首先，方案所确定的"生态环境损害赔偿"包括两类损害，即自然资源损害（环境要素、生物要素）和生态系统功能损害。其次，方案将"行使全民所有自然资源资产所有权的部门"列为赔偿权利人。从体系解释角度来看，自然资源所有权部门既然被授权或委托作为赔偿权利人，其便同时拥有了自然资源损害诉权及相应的生态系统功能退化诉权。

须注意的是，自然资源国家所有权诉讼并非"万能"诉讼，针对那些"无论如何都不能视为国家所有"的自然资源的损害或无涉自然资源的纯生态服务功能损害以及个人、集体所有自然资源的生态环境问题，则不应再指望通过自然资源国家所有权诉讼进行解决，而应交由政府进行行政规制或由环保组织/检察机关提起公益诉讼予以救济。

2. 自然资源集体或个人所有权诉讼

同理，自然资源集体或个人所有权应定为私权，自然资源集体或个人所有权诉讼本质上应为民事诉讼，当受损自然资源涉及生态环境利益损害之时，便具有了公益之性质。因此，不能仅因自然资源所有权主体的私法性而否定

---

[1] 参见焦艳鹏："自然资源的多元价值与国家所有的法律实现——对宪法第9条的体系性解读"，载《法制与社会发展》2017年第1期，第128~141页。

[2] 同理，污染或破坏集体所有或个人所有的自然资源，所有者不仅可诉请对自然资源进行清理、修复或赔偿，还可诉请对自然资源生态系统功能进行修复或赔偿。

该诉讼可能具有的公益性质。譬如在"石某银种树事件"中，尽管森林是由石某银个人营造，但由于该片森林已具相当规模，对当地的水土涵养、气候调节具有重要作用，因此在涉及该片森林的经营方案时，就绝非个人事件，而是关涉公益利益的公共事件。因此，对于此类由集体或个人所有，同时也具有公益效益的自然资源的管理和利用，应在立法上加强其在生态保护、公益分享等方面的规定；在诉讼请求范围方面，针对受损的集体或个人所有的自然资源，集体或个人不仅可诉请对自然资源进行补植、修复或赔偿，还可诉请对生态系统功能进行修复或赔偿，以达到自然资源损害的全面填补。具体理由和方案如"自然资源国家所有权诉讼的性质"部分的相关论述，在此也不作重复。

综上，针对由集体所有、政府主体采用租赁、合作经营、公共地役权等方式实际使用的自然资源，在发生生态环境损害时，各方主体针对不可修复之损害赔偿问题进行赔偿磋商，无法达成磋商一致意见的，则由所有权人或使用权人针对自然资源的损害赔偿问题提请人民法院进行诉讼，该诉讼性质为自然资源损害赔偿之诉。若集体并未将土地、森林、草原等自然资源交由政府或企事业单位进行管理或使用，而是由集体或个人直接经营管理，此时，在发生自然资源损害时，集体或个人可直接对责任方提出修复请求，责任方仍不予配合或存在异议的，集体组织或个人也可以就此提起自然资源损害赔偿之诉。

需要注意的是，政府部门基于行政监管权对自然资源的规划、用途管制以及开发利用行为进行监督管理的，若其在执法过程中发现损害生态环境的行为，穷尽自身行政规制措施后仍无法完全救济，此时，应及时将相关损害状况通告自然资源所有者，由其以所有者身份就损害赔偿等问题进行赔偿磋商或提起自然资源损害赔偿之诉。

(二) 环境民事公益诉讼

从救济对象和目的的角度来看，相比于自然资源所有权诉讼，环境民事公益诉讼的适用范围更为广泛。关于环境民事公益诉讼的适用情形，以及其与自然资源所有权诉讼/生态环境损害赔偿诉讼的关系，本书持以下观点：

1. 环境民事公益诉讼的适用情形

(1) 作为自然资源损害所有权诉讼的补充。若自然资源所有者怠于追究责任人修复或赔偿责任的，自然资源部等监管部门可依法提出督促履责建议，检察机关也可作为公益监督人提出检察建议；仍不行使权利的，则检察机关/社会组织也可就此提起环境民事公益诉讼，以追究违法行为人责任。当然，若自然资源所有者与其他组织或个人串通，背离公共利益和全民受益的目的处分自然资源，那么该行为既可以根据民法归于无效，也可以基于国家与全民之间公共信托关系，由检察机关/环保组织通过环境民事公益诉讼请求人民法院撤销该处分行为，并要求行使主体恢复原状或予以赔偿。

（2）难以纳入所有权范畴的生态环境损害救济。针对不可纳入自然资源所有权范畴的大气、生态服务系统等损害问题，首先应寻求行政救济，而非越过行政管理直接迈入司法领域。若政府穷尽了自身行政规制措施后，仍无法完全救济生态环境损害，譬如在生态环境损害无法修复，或涉及期间损害，需要确定赔偿金数额时，仅依靠行政规制措施无法解决赔偿问题。此时，由于《环境保护法》第6条确定了政府环境质量责任，即地方各级人民政府应当对本行政区域的环境质量负责，故在无法利用行政规制手段处理生态环境损害赔偿问题的情形下，基于对国家环境义务的落实，政府及其相关部门才可以提起生态环境损害赔偿诉讼（本质仍为环境民事公益诉讼），以寻求司法权的救济。相关政府部门怠于行使诉讼权限的，也可由检察机关或环保组织提起环境民事公益诉讼，追究相关责任人的修复与赔偿责任。

（3）难以通过行政规制的生态环境损害救济。尽管强调要首先通过行政规制来解决生态环境损害问题，但在某些领域，行政规制的空间狭小，采用司法救济路径更为适宜：

第一，在行政管辖范围内，没有违法行为。如果责任主体在行政机关的管辖范围内，但其行为不具有违法性。此时行政机关很难通过行政处罚等规制措施予以规制，此时若针对赔偿款项难以达成赔偿协议的，行政机关则可以通过生态环境损害赔偿诉讼（环境民事公益诉讼的特殊类型）予以索赔。

第二，不在行政管辖范围内，存在违法行为。例如在跨行政区域/跨流域的环境问题上，流域上游的环境危害行为人违法排污，导致下游水域（其他行政区域）生态环境受损之情形。就此情形，下游区域的行政机关对上游区域的环境危害行为人并无行政管辖权，而拥有行政管辖权的上游区域的行政机关则可能会基于地方保护主义之动机怠于追究行为人的生态修复、损害赔偿责任。此时，行政机关提起生态环境损害赔偿诉讼是一种更为理性、有效的选择。[1]

第三，在国际海洋环境问题上，难以通过行政权予以规制。由于海洋环境问题具有全球性、流动性等特征，大多数案件也呈现出案情复杂性、取证专业性、主体涉外性等特点，实践中完全可能出现域外环境危害行为人造成我国海域生态环境受损之情形。遇此情形，有关行政机关（如海洋环境监管部门）显然难以通过常规化的行政罚款、行政命令、行政强制等方式要求域外行为人承担生态修复与损害赔偿责任，因此需要政府部门或检察机关/环保组织通过诉讼方式予以索赔。[2]

第四，难以或不可修复情形下的索赔问题。在难以修复（如污水流动）或不能修复（如动植物灭绝）等情形下，已无行政规制的空间，此时行政机关或检察机关/环保组织基于履行国家环境保护义务、维护环境公共利益之现实需要，则需要提起生态环境损害赔偿诉讼。[3]

（4）生态环境防御性保护的公益救济。根据《改革方案》和《若干规定》，生态环境损害赔偿诉讼[4]（这里主要是指自然资源损害所有权诉讼）的范围包括突发环境事件等造成重大生态环境损害的情形。而根据《环境民事公益诉讼司法解释》，环境民事公益诉讼的起诉范围包括"已经损害社会公共利益或者具有损害社会公共利益重大风险的污染环境、破坏生态的行为"。可见，自然资源损害所有权诉讼一般只在生态环境损害发生后才可被提起。而环境民事公益诉讼针对的行为还包括"具有损害社会公共利益重大风险的污染环境、破坏生态的行为"，即生态环境损害发生前，也可以提起预防性环境公益诉讼，如"五小叶槭生境保护案""绿孔雀生境保护案"以及"上海市人民检察院诉郎溪华远固废处置公司等环境污染民事公益诉讼案"[5]等，均是以预防性保护为目标的环境民事公益诉讼案件。同时，对于已经现实发

---

[1] 李建勇："我国跨省区流域污染问题治理的困境及司法对策——论司法体制改革与对策研究"，载《东方法学》2014年第6期，第105~111页。

[2] 张文松："论海洋生态损害政府索赔权的变迁与重构"，载《世界环境》2020年第4期，第45~47页。

[3] 彭中遥："论政府提起生态环境损害赔偿诉讼的制度空间"，载《华中科技大学学报（社会科学版）》2021年第4期，第93页。

[4] 根据本书的观点，《改革方案》《若干规定》中所规定的生态环境损害赔偿诉讼，实质上可区分为自然资源损害所有权诉讼（以自然资源之上存在所有权为前提）和难以纳入所有权范畴的或难以通过行政规制的由政府提起的生态环境损害赔偿诉讼（本质上仍为环境民事公益诉讼的一种类型）。

[5] 最高人民法院第37批指导性案例205号（2022年）。

生的生态环境损害，两类诉讼针对的损害的严重程度不同。从《若干规定》中列举的情形来看，自然资源损害所有权诉讼主要适用于发生突发性环境事件等严重影响生态环境后果的情形，而环境民事公益诉讼的起诉范围没有"严重后果"的限制，只要社会组织认为污染与破坏环境的行为损害到社会公共利益就可起诉。[1]

2. 环境民事公益诉讼与生态环境损害赔偿诉讼的关系

针对环境民事公益诉讼与生态环境损害赔偿诉讼的关系，有观点认为，应探索建立"阶梯式的诉讼主体适格制"的运作模式，即充分考量生态环境损害后果的程度，选择不同的诉权主体：达到严重损害程度的由政府提起诉讼，其他较轻的损害则由社会组织提起诉讼，二者均未提起诉讼时则由检察机关代位诉讼。[2]但何谓"严重损害""较轻损害"，实践中很难严格区分。有观点认为，应逐步限缩环境民事公益诉讼的范围，以是否已造成生态环境受损结果作为限缩环境民事公益诉讼内涵的标准和依据：对于尚未造成生态环境损害后果的，应纳入环境民事公益诉讼的范畴之内；而对于已造成生态环境损害后果的，则不属于环境民事公益诉讼的受案范围，而应以生态环境损害赔偿诉讼为主导型诉讼。[3]抑或将现行环境民事公益诉讼命名为"环境风险预防诉讼"，使其兼具预防性司法救济与补偿性司法救济的功能指向，形同于美国环境公民诉讼中的"禁止令"。[4]

对此，本书的观点是，《改革方案》《若干规定》中所规定的生态环境损害赔偿诉讼，实质上可区分为自然资源损害所有权诉讼（以自然资源之上存在所有权为前提）和难以被纳入所有权范畴的或难以通过行政规制的由政府提起的生态环境损害赔偿诉讼（本质上仍为环境民事公益诉讼的一种类型）。

据此，首先，无论是已经发生生态环境损害的情形，抑或是存在损害社会公共利益重大风险的情形，行政机关均应以穷尽原则为根本，只有在穷尽

---

[1] 浙江省湖州市中级人民法院与中国人民大学法学院联合课题组等："生态环境损害赔偿诉讼的目的、比较优势与立法需求"，载《法律适用》2020年第4期，第124~133页。

[2] 潘牧天："生态环境损害赔偿诉讼与环境民事公益诉讼的诉权冲突与有效衔接"，载《法学论坛》2020年第6期，第131~139页。

[3] 任洋："反思与重构：行政机关在环境民事公益诉讼中的定位"，载《安徽大学学报（哲学社会科学版）》2021年第1期，第107~114页。

[4] 周勇飞、高利红："多元程序进路下环境公共利益司法体系的整合与型构"，载《郑州大学学报（哲学社会科学版）》2020年第5期，第23~27页。

行政规制措施之后仍难以救济的,才可进入司法程序,此为前提。

其次,在发现"具有损害社会公共利益重大风险的污染环境、破坏生态的行为"时,行政机关在穷尽行政规制手段后仍难以制止违法行为,此时依据实际情况,自然资源所有权主体可提起自然资源所有权诉讼,行政机关、检察机关或环保组织也可提起环境民事公益诉讼,寻求司法救济,以此达到风险预防的目的。[1]在已经发生生态环境损害,行政机关在穷尽行政规制措施后仍难以填补损害的,同样可依据实际情况,或提起自然资源国家所有权诉讼(所有权主体),或提起生态环境损害赔偿诉讼(行政主体)。在自然资源所有权主体或者政府部门决定不予提起或怠于提起诉讼的情况下,检察机关、环保组织等法律主体还可作为补充主体提起环境民事公益诉讼,避免发生公益无人救济的现象。

可见,无论是上述哪一种情形,环境民事公益诉讼均存在适用的空间,其根本目标仍是形成"自然资源所有权诉讼—生态环境损害赔偿诉讼—环境民事公益诉讼"的完整链条,环境民事公益诉讼作为诉讼链条的最后环节,旨在确保生态环境损害能够最大限度地被纳入法律救济的范畴。

(三) 环境行政公益诉讼

生态环境损害救济应以行政规制为主,基于此认知,越来越多的学者主张环境公益诉讼的"正轨"应是建立检察机关或环保组织督促生态环境部门勤勉执法的环境行政公益诉讼。[2]自2015年以来,最高人民法院、最高人民检察院先后发布了《检察机关提起公益诉讼改革试点方案》(2015年)、《人民检察院提起公益诉讼试点工作实施办法》(2015年)、《人民法院审理人民检察院提起公益诉讼案件试点工作实施办法》(2016年)等文件,对检察机关提起行政公益诉讼的范围、证据材料等进行了规定。2018年《关于检察公益诉讼司法解释》规定,人民检察院在履行职责中,发现对生态环境和资源保护负有监督管理职责的行政机关违法行使职权或者不作为,致使国家利益

---

[1] 朱谦、谌杨:"'生态环境损害赔偿诉讼优先论'之思辨——兼论与环境民事公益诉讼的顺位问题",载《学术论坛》2020年第5期,第35~42页。

[2] 参见王曦:"论环境公益诉讼制度的立法顺序",载《清华法学》2016年第6期,第101~114页;薄晓波:"三元模式归于二元模式——论环境公益救济诉讼体系之重构",载《中国地质大学学报(社会科学版)》2020年第4期,第34~47页;赵小姣:"我国生态环境损害赔偿立法:模式与难点",载《东北大学学报(社会科学版)》2020年第5期,第81~89页;廖华:"生态环境损害赔偿的实践省思与制度走向",载《湖南师范大学社会科学学报》2021年第1期,第50~59页等。

或者社会公共利益受到侵害的，应当向行政机关提出检察建议，督促其依法履行职责；行政机关不依法履行职责的，人民检察院依法向人民法院提起诉讼。2021年，最高人民检察院出台了《人民检察院公益诉讼办案规则》，对检察机关提起行政公益诉讼的立法与调查、检察建议、提起诉讼等问题进行具体规定，为人民检察院办理行政公益诉讼案件提供切实可行的立法依据。

由此，无论是自然资源所有权行使部门抑或生态环境监管部门，若在自然资源或生态环境的利用、保护和维持过程中存在不作为或违法行为，均应接受检察机关的法律监督。其一，国家/地方自然资源资产管理委员会主要基于所有权对自然资源进行开发利用、管护、处分、收益等，若国家/地方自然资源资产管理委员会怠于履责，或者未尽注意义务造成自然资源损失，检察机关可作为公益监督人提出检察建议；若仍不行使权利，检察机关也可以提起行政公益诉讼，追究其法律责任。其二，自然资源部门、生态环境部门等主要基于行政监管权对自然资源的规划、用途管制以及开发利用行为进行监督管理。目前我国相关政府部门已拥有广泛的行政职权进行自然资源管理，若相关政府部门怠于履行其行政职责，检察机关可以行使诉前程序，提出检察建议，督促政府主体履行其职能；仍怠于行使职责，则检察机关可就其不当作为或不作为依法提起环境行政公益诉讼。

目前《环境保护法》《环境民事公益诉讼司法解释》等立法明确了环保组织提起环境民事公益诉讼的主体资格，但尚未明确环保组织提起环境行政公益诉讼的资格。换句话说，当前环境行政公益诉讼制度仅认可了检察机关的起诉资格，而将环保组织排除在外。本书认为，公益诉讼的基本理念即是公共利益、人权保护、社会变革与公众参与。[1]尽管检察机关在证据收集、诉讼能力、财力支撑、权威性或便利性等方面具有一定的专业优势，但起诉主体与案件来源的单一化，并不利于对行政机关的行政行为实施有效监督。而环保组织的加入，不仅可以有效弥补检察机关在案源收集方面的匮乏，也可以为行政公益诉讼提供多元的智力支持，发挥良好的舆论监督作用。除此以外，赋予环保组织环境行政公益诉讼的起诉资格，还可以有效地对检察机关的处分权进行限制，避免检察机关不作为现象的发生。因此，建议逐步放宽环境行政公益诉讼的起诉资格，赋予符合条件的环保组织以环境行政公益

---

[1] 参见林莉红主编：《亚洲六国公益诉讼考察报告》，中国社会科学出版社2010年版，第7页。

诉讼的原告资格。当然,检察机关与环保组织的起诉资格应有一定的顺次要求,只有当环保组织针对行政机关的违法行为向检察机关举报、投诉之后,检察机关怠于起诉,且环保组织认为检察机关的"不起诉"理由不充分时,才可以单独提起环境行政公益诉讼。

(四)刑事附带民事公益诉讼

刑事附带民事公益诉讼,是检察机关刑事公诉权与公益诉讼权有效结合的表现形式,也是近年来检察公益诉讼试点工作的重要形式。例如,在"李某某非法占用林地刑事案"中,人民法院附带审查了民事公益诉讼部分,判决被告人李某承担刑事责任,并责令其自行修复受损生态环境,公开赔礼道歉。[1]在法规范层面,《两高解释》第20条也规定,针对破坏生态环境和资源保护等犯罪行为,检察机关提起刑事公诉时,可以向人民法院一并提起附带民事公益诉讼,由人民法院同一审判组织审理。这就标志着刑事附带民事公益诉讼作为一种新型的诉讼形式得到法律认可。

本书认为,刑事附带民事公益诉讼形式在有效提高诉讼效率,节约司法资源等方面有着积极的诉讼效果,但该条规定内容过于原则,对于一些具体操作还未能作出明确指引。比如,刑事公诉与公益诉讼在法律定位、举证责任等方面多有不同。因此,为保证诉讼判决的公正,应对刑事附带民事诉讼持谨慎态度,仅在必要时采取这种诉讼形式。具体而言,首先,应注意刑事公诉与公益诉讼的不同法律定位。在刑事诉讼领域,检察机关的公诉权占主导地位,由此形成以公诉为主、自诉为辅的起诉模式;而在公益诉讼领域,检察机关的公共利益诉权仅作为私诉权的补充诉权,仅在无适格主体或适格主体不提起诉讼情况下,才可提起诉讼。[2]因此,针对刑事附带民事诉讼,应履行《关于人民检察院提起刑事附带民事公益诉讼应否履行诉前公告程序问题的批复》以及《两高解释》第13条所规定的诉前公告程序,即只有经过依法公告,法律规定的机关和有关组织不提起环境民事公益诉讼的情形下,人民检察院才可以在刑事公诉中附带民事公益诉讼。其次,由于刑事案件和公益案件所侵害的法益有着明显差异,民事侵权事实的证明标准(高度盖然性)远低于犯罪事实(排除合理嫌疑)的证明标准,故在确有必要提起刑事

---

[1] 湖南省张家界市永定区人民法院[2018]湘0802刑初276号刑事判决书。
[2] 参见郑锦春:"行政公益诉讼制度探索中的几点思考——以行政公益诉讼与刑事公诉的区分为视角",载《人民检察》2016年第18期,第14~17页。

附带民事诉讼之情形中,应确立差异化的取证规则与证明标准。对此,最高人民法院发布的《关于生态环境侵权民事诉讼证据的若干规定》(2023 年)对该问题进行了明确,该规定第 8 条规定,"对于发生法律效力的刑事裁判、行政裁判因未达到证明标准未予认定的事实,在因同一污染环境、破坏生态行为提起的生态环境侵权民事诉讼中,人民法院根据有关事实和证据确信待证事实的存在具有高度可能性的,应当认定该事实存在。"从而确立起刑事、民事相区分的证据规则。在证据转化方面,若民事证据(如环境损害专家意见)影响到刑事部分认定,该证据也必须经过合法质证程序,必要时还应当进行鉴定后,才可转化为刑事证据。以此确保刑事附带民事公益诉讼形式在兼顾司法效率的同时,也能最大程度上保证司法公平。

第八章
生态环境损害修复与赔偿的决策参与

生态环境损害救济过程是一系列公共行政决策过程,而正确的决策则以理性为基础。理性即人类基于经验事实而把握客观规律的思维、判断能力,是一种发现什么是真理的能力。[1]自古希腊的赫拉克利特使用"逻各斯"开始,哲学家们就踏上了探寻理性"真义"的道路。由于价值体系的多元性,美国决策管理大师西蒙指出,要探寻"理性"的真义,"唯一的办法是在理性前面加上副词",譬如"主观理性、客观理性、自觉理性、组织理性、个人理性等",[2]即从多个角度出发,以解构的方式对"理性"作出分析。在我国当前的生态环境修复治理活动中,即是运用的"分散"理性的方法以获取生态环境决策的正当性。然而,从实践情况来看,无论是以科学技术"标榜"的专家理性,抑或是以公共管理"自证"的政府理性,在分散思维路径下都无法克服自身的缺憾,暴露出"公共理性"的缺失。[3]本章借助交往理性理论和商议民主理论,来论证政府进行风险规制的合法性以及公共决策中民主参与的正当性,并通过交往主体结构的调适和商谈程序规则的建构来实践民主参与的可操作性。其中,公共理性作为全局性的价值指引,协商民主作为中观意义上的制度框架,而公众参与机制则作为具体的商谈规则,"三位一体"才能保障重叠共识的形成,共同实现生态环境修复决策的民主和理性。

---

〔1〕 参见汪辉勇:"论公共价值的生成与实现",载《广东社会科学》2010年第2期,第51页。
〔2〕 参见朱国云:《组织理论历史与流派》,南京大学出版社1997年版,第225页。
〔3〕 参见史云贵:"从政府理性到公共理性——构建社会主义和谐社会的理性路径分析",载《社会科学研究》2007年第6期,第66页。

第一节 决策技术理性：专家理性

当传统的"传送带理论"无法为政府主体的风险规制活动提供充分的合法性资源时，政府往往会通过提升风险规制活动的理性来增强其合法性，其方法主要是借助"专家知识"来处理复杂的风险规制事项，增强行政裁量的合法性，以此增进公共利益。[1]这一状况在生态环境修复治理领域表现突出。由于生态环境修复治理本身所具有的科学性、技术性，其对专家理性的需求尤为明显，进而导致在当前的生态环境决策当中，专家知识占据了非常重要的位置。

一、专家理性的兴起

生态环境损害鉴定评估是进行生态环境修复决策的重要前提。诚如所述，生态环境损害评估是一个科学判断的过程，评估主体运用一系列科学技术知识与程序方法，对生命受体或自然环境暴露于有毒有害物质所导致的潜在不利影响进行描述，进而提出针对性的鉴定评估报告或相应修复方案，为生态环境修复决策的制定与执行提供科学上的依据。是以，科学证据和分析虽然不是生态环境损害评估的唯一依据，但也是绝对主导或占支配地位的依据。[2]这种将复杂的风险管控事项交由具备专业知识和经验的专家去处理的模式，被称为"专家理性"模式。在美国行政法上，20世纪30年代罗斯福新政时期标志着专家理性模式的兴起。从我国生态环境修复实践来看，作为"理性"载体的专家知识也对修复决策的制定起到至关重要的作用。一方面，在司法审判实践中，法官对于专家知识存在着特别偏好，有学者经归纳梳理了千余份全国近十年来的环境纠纷裁判文书发现，在法院审判中，鉴定评估结论作为"证据之王"，对案件事实的确认起到了决定性的作用；[3]另一方面，行政机关在

---

[1] [美]理查德·B.斯图尔特：《美国行政法的重构》，沈岿译，商务印书馆2011年版，第15页。

[2] Cary Coglianese, Gary E. Marchant, "Shifting Sands: The Limits on Science in Setting Risk Standards", *U. PA. L. Rev*, Vol.152, 2004, pp.1255, 1275.

[3] 吕忠梅、张忠民、熊晓青："中国环境司法现状调查——以千份环境裁判文书为样本"，载《法学》2011年第4期，第87页。

风险评估、采取风险应对措施或者评价可替代方案遭遇困难时，也往往利用专家知识支持其决策的合法性。专家知识俨然成了科学的"化身"和为决策主体提供各项措施的正当性依据。[1]为修复决策提供科学依据的"专家理性"模式，隐含着这样一种理论预设，即至少在现行科学技术水平条件下，专家所拥有的某类专业知识是相对完整、全面和客观的，从而他们能够毫不含糊地构想出达到目标的方法和手段，并能够科学预测采用不同的方案能导致的不同结果。同时，专家作为理性的"代名词"，在运用其专业知识时，能够不为其他力量所左右，特别是不为民众的恐慌情绪以及利益集团的特殊利益所影响，而做出独立自主的科学判断。[2]

二、专家理性的困惑

然而，从实践情况来看，科学风险知识并非如同专家们所宣称的那样具有高度的客观性和确定性，而是充斥着建构性和不确定性，专家知识的科学性、确定性只是一种"理想化"的理论假设。专家知识在不同层面体现出的理性不足和真实性危机主要源自于以下两方面：

（一）科学的不确定性

就科学本身而言，其是建立在实践基础之上，经过实践检验和逻辑论证的，关于客观世界事物本质及其运动规律的知识体系。[3]相较于脱离现实的空想或逻辑混乱的观念，科学是更具确定性，更具说服力的对未知的已知，但它的确定性是相对的，不确定性是固定的。认识对象的复杂性，是科学不确定性的最基本的来源。概率论、测不准原理和复杂性科学，都表明了事物固有的，以及主客观互动必然带来的不确定性。科学的不确定性是内在于科学的，是科学文化的重要特质，也是科学家工作中所熟悉的，并且不是都可以通过进一步的研究消除的。[4]因此，"任何参与风险决策提供信息的科学家

---

[1] 杨昕、王太高："行政决定中的科学不确定性审查：美国的实践及其启示"，载《江海学刊》2018年第3期，第225页。

[2] 戚建刚："风险规制过程合法性之证成——以公众和专家的风险知识运用为视角"，载《法商研究》2009年第5期，第55页。

[3] 沈岿："风险评估的行政法治问题——以食品安全监管领域为例"，载《浙江学刊》2011年第3期，第20页。

[4] 徐凌："科学不确定性的类型、来源及影响"，载《哲学动态》2006年第3期，第48~51页。

都不会对事实的不确定性感到意外。认识数据的局限性是基本的科学训练"。[1]

不同的行动者，如模型建立者、决策者或利益相关者等，对于科学不确定性的本质、类型、对象和含义的感知是各异的。其中，温和方托韦茨、拉韦茨对科学的不确定性的分类较有影响。[2]温氏认为专家知识中的不确定性可以分为风险、不确定性、无知和非决定性；拉韦茨认为，科学不确定性问题面对着从低到高三类不确定性：技术性的不确定性、方法论的不确定性、认识论的不确定性。此外，艾伦对科学不确定性做了更为具体的类型化分类，包括参数不确定、模型不确定、可变性不确定以及价值不确定。①参数不确定，是指原则上可以测量但通过测量或分析却无法确定的因素，比如数据冲突或归类错误引起的不确定。②模型不确定，是另外一种认知上的不确定，比如由于模型自身过于简单化，以及模型未能考虑给定系统的相关因素引起的不确定。③可变性不确定，也被称为本体或随机的不确定性，包括研究系统本质或内在的异质性。④价值不确定，是指生产科学过程中的价值偏好。在某一科学领域的资金投入导致对某产品的某一方面进行更有针对性的研究。[3]

类比到生态环境评估修复领域，也存在相同的科学不确定性问题。例如，当前我国的污染场地的参数模型、暴露模型等主要引自美国相关技术，尚缺乏基于我国环境本底数值的模型开发和应用，这种借鉴一定程度上会降低参数模型的使用效能，从而引起测算评估结果的不确定性。譬如毒理学家在确定可疑物质的最高人体安全剂量时，倾向于用动物最高安全剂量除以100，但已有调查表明，在动物研究中证明存在阈值并非真正表明该物质处于阈值以下对人体健康就是安全的，规制者对线性模型的使用，很可能是为了计算上的方便，而非科学合理。[4]再比如，当前我国土壤污染引起的人体健康问题显著，各项立法规范活动与资金投入也向污染场地治理领域倾斜，比较而言，

---

[1] [英]巴鲁克·费斯科霍夫等：《人类可接受风险》，王红漫译，北京大学出版社2009年版，第20~21页。

[2] 徐凌："科学不确定性的类型、来源及影响"，载《哲学动态》2006年第3期，第50页。

[3] 杨昕、王太高："行政决定中的科学不确定性审查：美国的实践及其启示"，载《江海学刊》2018年第3期，第226页。

[4] 参见[美]史蒂夫·布雷耶：《打破恶性循环：政府如何有效规制风险》，宋华琳译，法律出版社2009年版，第106页。

对土壤、水、空气污染引起的动植物、微生物等其他生态环境受体的防范和控制就相对滞后。生态环境损害评估的每一个步骤都存在着不确定性,专家基于其所掌握的科学方法和科学数据进行的推论和判断也由此具备了不确定的因素。

(二) 专家主体的主观性

专家主体一般被认为是在某一领域具有相当知识技能和经验储备的群体或机构。专家主体除因上述科学内生的不确定性所导致其不可靠性外,尚有其内在局限。专家主体的局限性表现在以下几个方面:

(1) 主观价值偏好。专家在运用专业知识为规制活动提供合法性依据时,首先遇到的问题便是如何确定规制目标,这就需要专家进行价值判断,但规制目标的确定并不以该危险或损害的物理特性或客观事实为依据,而是危险或损害能否为社会公众所接受的知识。它所需要的是一种经过社会定义或建构的知识,这种知识在本质上是主观的,处于不断建构之中。它是一种人类学或者社会学意义上的风险知识,而不是物理上的风险知识。若用专家的价值偏好取代公众的价值偏好,则会出现专家专制的问题。[1]

(2) 专业知识匮乏。理论上,针对某一专业领域问题所聘请的专家主体的知识应当是全面、充沛的,且具有相当的权威性和公信度。但实际上,在许多的行政执法或司法鉴定中,尤其是在当前我国生态环境鉴定评估主体机制尚未健全、资质监管标准尚不明确的情况下,相关专家团体的专业技能良莠不齐,这直接影响到其所出具的科学鉴定结论的真实性。再者,在现实情境下,信息的不完全、科技设备的缺乏也会导致专家作出错误的计算或推论。

(3) 专家个体差异。其本身是具有价值偏好的个体,不同的专家个体对同一专业技术、知识问题进行的判断时,往往会带有自身的价值倾向。比如,有些专家可能会有同情弱者的情结,会在进行因果关系判断时,趋向于对弱者利益的倾斜。这种倾斜从公平性的角度来看,不具有可非难性,但这种主观价值判断不应由作为客观"代表"的专家做出,而应是立法者或执法者的职责所在。再者,事实与价值虽应被区分,但事实上又是非常微妙地结合在

---

〔1〕 戚建刚:"风险规制过程合法性之证成——以公众和专家的风险知识运用为视角",载《法商研究》2009 年第 5 期,第 52 页。

一起，专家也可能从某种价值出发去选择特定的研究方法，建立具有倾向性或特定偏好的数据模型。

（4）学科知识壁垒。建立学科传统智慧的学术共同体成员，都倾向于保护本学科知识不受挑战。[1]这种倾向在需要多学科知识运用的鉴定评估过程中，就会产生学科知识"保护"与学科知识"冲突"问题。并且，各领域专家都倾向于认为其自身知识具有正确性，并没有意识到各自知识存在的短缺或在其他领域适用受限问题，从而产生知识的封闭性。

（5）专家知识俘获。尽管客观上总是要求专家的中立性、独立性，但实际上，专家很有可能被企业机构或政府组织俘获，从而或多或少对其偏袒，作出有利于俘获主体的鉴定评估意见。比如，若行政主体享有遴选专家的权利，将很有可能拒绝录用那些配合度不高、意见相左的专家，或选择符合政策目标的专家来强化其行政规制的合法性；又或者很多大企业对评估专家各个击破，当专家为了自身利益或为了维持合作关系，而妥协其专业见解，科学信息、科学证据或专业报告的结论便可能偏颇或者造成误导。[2]

由此可见，尽管风险评估的引入在很大程度上可以增强决策主体进行生态环境修复决策的科学性，但看似中立、客观的科学证据或专家意见的背后隐藏着的是相当概率的偏见或错误。在这种以"专家理性"为主要事实判定依据的实践背景与倾向下，极有可能产生以下两种错误的鉴定评估意见：其一，"家长型"鉴定评估意见，此类鉴定评估意见有"越俎代庖"之势，使用过于绝对且具有事实判定性的意见，替代决策人员进行事实裁定；其二，"资讯型"司法鉴定意见，此类司法鉴定意见过于"软弱无力"，往往使用充满技术性的语言在多种环境问题的可能性之间"闪烁其词"，为决策人员的事实裁定带来障碍。[3]

（三）专家知识的角色僭越

专家知识无法回避科学不确定性和主观性问题，其所声称的"科学"并

---

[1] 沈岿："风险评估的行政法治问题——以食品安全监管领域为例"，载《浙江学刊》2011年第3期，第20页。

[2] 张晏："风险评估的适用与合法性问题"，载沈岿主编：《风险规制与行政法新发展》，法律出版社2013年版，第159~165页。

[3] 王元凤等："我国环境损害司法鉴定的现状与展望"，载《中国司法鉴定》2017年第4期，第12页。

不一定客观、真实。但真相远不止此，专家理性模式还隐藏着更深的制度危机：过于强调技术理性，忽视甚至排斥风险规制中政治理性、民主理性以及其他社会伦理维度的参与和建制，遮蔽交往过程的主体间性和价值理性，极易落入技术工具理性的窠臼。这一点，在生态环境修复决策实践中表现明显。如前述，目前我国生态环境修复活动将鉴定评估意见视为"证据之王"，修复决策与相关实施活动主要依据鉴定评议意见展开，从而将生态环境风险完全刻画为一种物理风险。由此，生态环境修复活动俨然变成一场技术运用和鉴定评估活动，风险评估的事实判断与价值判断的分界变得越发模糊，更多时候是专家替代行政/司法主体对修复目标、修复对象、修复范围、修复方案进行选择和确定，行政/司法主体反而成了"门外汉"，公众主体也被贴上"非理性"标签，排除在风险规制领域之外。在这种"技术统治"逻辑引导下，专家以其自身的价值判断取代行政主体的合目的性衡量以及社会公众的价值判断，专家的价值判断主导甚至垄断风险规制公共行政过程。这种专家理性模式的直接后果不仅是"越俎代庖"替代行政主体行使职权，更会引发社会公众对行政规制活动民主性和公正性的质疑，滋生不信任感。实际上，生态环境风险并非仅仅是一种物理风险，其更具有社会性、建构性特征；风险决策制定过程也不完全是一个"祛魅"的过程，其不能通过科学测算准确无误地作出。专家/行政主体对技术理性的过分"追逐"，最终会使其丧失对风险知识的正确认知，从而陷入工具主义的泥淖之中。

三、专家理性的出路

首先需要明确的是，对科学不确定性和专家主观性的认定并非意在否定科学、专家在生态环境修复决策中的重要作用，从而陷入虚无主义的泥淖。而是需要认清一个事实：专家主体出具的各项科学报告，在某些情况下并非通常意义上的"科学"，而是将科学证据和推理与大量的社会或政治判断综合杂糅而成的混合体。[1] 这个事实有助于我们以一种更为理性和恰当的态度对待鉴定评估结论或其他科学证据，而不是深信不疑地沉迷在"科学发现客观真理"的科学宗教主义情节当中，对科学和专家的可靠性产生过度期待，从

---

[1] Sheila Jasanoff, *The fifth branch: science advisers as policymakers*, Harvard University Press, 1990, p. 122.

而影响或扭曲了损害评估在生态环境修复决策当中的定位和构造。[1]换言之，科学是"是什么"，而不是"应当是什么"，科学是经验主义而不是规范性的。[2]当决策主体要求科学证据综合相关信息以量化风险并提出解决方案时，则对科学原本单纯发现问题、剖析问题的角色提出了挑战。[3]

是以，基于生态环境损害修复活动的科学性、专业性，决策主体对鉴定评估意见或其他科学证据的青睐具有一定的合理性，但不可过度依赖。修复决策过程并非一个纯粹的科学判断过程，修复决策以鉴定评估为科学基础，但其更是一个价值选择与价值判断的过程。也即修复决策过程不仅需要考量基于科学的鉴定评估，更要考虑与损害事实相关的政治、社会、经济、公众健康等因素以进行综合决策。这种综合性要求便产生了新的知识产生方式，即突破原有知识结构的缺陷，采用开放式的知识生产和决策体制，让更多元化的诉求和主体参与其中。这种扩展的知识将融合政治、社会、民主和其他跨学科的知识体系与视角，使得修复的决策基础和公正的衡量标准也从单一的正确性转向知识的社会强健度，从而超越有关科学的不确定性的各领域中的科学主义和还原论的藩篱。[4]

第二节 决策政治理性：政府理性

生态环境修复决策不仅是以专家理性为基础的科学判断过程，更是一个价值选择与价值判断的过程，而选择判断的合法主体便是以实现公共利益为根本宗旨的政府组织。传统的"公共利益"范式，以行政规制者为"社会福利最大化者"为基本假设前提，并强调行政主体的在公共利益事务上的决策地位。[5]具体到生态环境损害修复领域，政府组织所作出的决策行为是具有

---

[1] 沈岿："风险评估的行政法治问题——以食品安全监管领域为例"，载《浙江学刊》2011年第3期，第20页。

[2] Cary Coglianese, Gary E. Marchant, "Shifting Sands: The Limits on Science in Setting Risk Standards", *U. PA. L. Rev*, Vol. 152, 2004, p. 131.

[3] Andrew J. Miller, "The Food Quality Protection Act of 1996: Science and Law at a Crossroads", *Duke Envl & Pol'y F*, Vol. 7, 1997, p. 393.

[4] 徐凌："科学不确定性的类型、来源及影响"，载《哲学动态》2006年第3期，第52页。

[5] 参见张红凤、杨慧："规制经济学沿革的内在逻辑及发展方向"，载《中国社会科学》2011年第6期，第57~62页。

塑造力的管理手段，政府需要在生态环境修复治理活动中，对经济、社会以及环境资源进行全面的、合目的性地权衡、分配与矫正，以达到生态环境损害修复的效率、公众和安全原则。

一、政府理性的演化

洛克在《政府论》指出，人们联合成为国家和置身于政府之下的重大的和主要的目的，是互相保护他们的生命、特权和地产。为了摆脱不安全、不稳妥状态，人们愿意放弃一种尽管自由却是充满着恐惧和经常危险的状况，甘愿和设法加入由其他人联合起来的社会，以互相保护他们的财产。[1]政府体制是人们为避免内在和外在威胁而自愿选择的结果，政府存在的价值即是为了满足公共需求、实现公众利益。为实现此等价值，政府必须制定政策为人类谋求生存提供最好条件，政府这种与价值取向有关的行动能力，即为政府理性。[2]换言之，政府理性是指一个国家的政府整合国家与社会的机制与能力。[3]作为公权力的行动者，政府行动逻辑的出发点和目的地都是最大程度地满足公共利益需求，政府理性程度高低与其关注公众、满足公共需求程度正相关。

但从政治实践情况来看，政治理性和专家理性类似，都存在滑向"工具理性牢笼"的危险。根据马克斯·韦伯的区分，一个行为，如果满足了手段合理性和选择合理性的条件，则可被称为"目的理性行为"；如果满足规范合理性的要求，则被称为"价值理性行为"。[4]公共领域的手段合理性与选择合理性可被归于工具理性的范畴，而规范合理性则被归于价值理性的范畴。[5]在韦伯看来，作为行动者的政府主体选择合适手段实现其目标的行为是一种理性活动，但这种理性活动存在着将有助于自身目标实现的人和事物都当作工具来对待、"不择手段实现其目的的偏好"，从而容易产生价值理性和工具理

---

[1] [英]约翰·洛克：《政府论译注》（下篇），杨宇冠、李立译，中国政法大学出版社2018年版，第182页。

[2] 华涛："政府理性的演进逻辑及其现代性思考"，载《行政与法》2008年第12期，第77页。

[3] 史云贵："从政府理性到公共理性——构建社会主义和谐社会的理性路径分析"，载《社会科学研究》2007年第6期，第65页。

[4] [德]尤尔根·哈贝马斯：《交往行为理论（第一卷）：行为合理性与社会合理化》，曹卫东译，上海人民出版社2004年版，第167页。

[5] 梅景辉："'公共理性'的现代性反思与建构"，载《江海学刊》2015年第5期，第76页。

性的背离问题。[1]通常来说，政府行为都是坚持政府理性的运作，但在实际政治生活中，政府为了追求结果与目的，更多地将决策工具的有效性要素作为行为选择的标准，诸如决策手段能否带来利益最大化、是否有利于行政管理等，在这种工具理性引导下，政府会变得愈加追逐有效的行为手段，忽视行为内在的价值属性，从而损害公共价值。[2]比如，在决策目标的确定方面，政府会倾向于根据自身利益偏好来替代公众的价值偏好，最显著的案例便是相关类似PX项目许可或实施问题，政府倾向于按照自身对环境风险的理解或基于其他利益考量而选择隐瞒相关信息或在缺乏必要的听证程序下许可/实施项目。此时，政府面临两难选择，如果选择公开论证，则项目很可能遭遇民众抵抗而难以继续；如果选择不公开论证，则违背了行政行为公共性、公开性和尊重事实的价值准则。此时，公开与否、如何公开就成为公共领域的利益和价值之间的相互博弈，也是工具理性与价值理性之间的相互权衡。

从历史发展的视角来看，政治国家的行政规制活动经历了从"规制—放松规制—再规制与放松规制并存"的变迁过程，其根本原因即在于政府的"有限理性"与"政府失灵"现象的发生。自20世纪60年代以来，政府"有限理性"与"工具理性"问题让人们意识到，政府理性自身具有的漏洞将导致政府在决策过程中出现偏差，其根由主要体现在以下几方面：

（1）技术理性的制约。在现代行政规制体制下，生态环境风险规制很大程度上依赖于专家主体的技术理性，因而，科学上的不确定性与专家主体的主观性，对政府的生态环境规制决策有着直接的影响。比如，生态环境参数模型的不确定，意味着行政主体必须在"当下规制"与"等待科学实验进一步发展后再进行规制"之间进行选择，这便增加行政主体决策的难度，科学技术上的可变性不确定或者认识论上的不确定都会对行政主体的决策产生影响，也会影响法院对行政决定合理性的判断。[3]

（2）风险规制合法性危机。科学不确定的情况下，需要赋予行政机关广

---

[1] 吴英姿："司法的公共理性：超越政治理性与技艺理性"，载《中国法学》2013年第3期，第62页。

[2] 艾明江："基于公共理性视野的政府信任流失分析"，载《湖北社会科学》2012年第1期，第29页。

[3] 杨昕、王太高："行政决定中的科学不确定性审查：美国的实践及其启示"，载《江海学刊》2018年第3期，第226页。

泛的裁量权以进行有效的风险规制。行政裁量是行政法的精髓所在，作为行政法上最为基本的概念范畴，裁量本身是即是行政裁决过程中不可或缺的方法或者形态。而在生态环境领域，风险预防原则的确立更是要求政府在行政过程中运用"高超"的行政裁量技艺去发掘潜藏的生态环境风险，及时采取预防措施以防止危害的发生。可见，行政主体在实践"风险预防原则"时，更多的是将其视作一种政治问题而非科学概念来加以管理和裁量。[1]然而，在行政裁量过程中，政府对自我判断的"盲目自信"会使得政府决策极易脱离公众的价值分配要求，或在缺乏必要的正当程序情形下，对公平、安全、秩序或效率价值作出"擅断"，从而陷入了行政规制合法性危机之中。

（3）公权力扩张属性。韦伯将权力定义为"在社会交往中一个行为者把自己的意志强加在其他行为者之上的可能性"。孟德斯鸠也指出，"一切有权力的人都容易滥用权力，有权力的人们使用权力一直到遇有界限的地方方休止"，从而揭露了公权力不断地膨胀的本质。在公共行政领域，政府决策行为掌控着众多的资源，贯穿了行政管理的整个过程。这样一种极具扩张属性的权力，在缺乏必要的制衡方法与体系的状态下，极易将政府理性推向工具理性或形式理性，把公众从法律主体变为客体，用形式上的正义遮蔽实质上的不公平，忽视了公共价值与公共精神，从而损害公共利益。

（4）政治利益集合体。保持行政主体的中立、清廉，一直以来都是行政作风建设的核心。然而，在公共决策过程中，政府难免从自身利益出发，优先满足政府自身利益；更不乏行政官员假以公共利益之名，行"中饱私囊"之实。尤其是在执行宽泛的立法指令时，行政机关不公正地偏向有组织的利益，尤其是那些受管制或受保护的商企利益以及其他有组织集团的利益，而损害分散的、相对而言未经组织的利益，如环境保护者或贫困者。[2]譬如，政府基于地方保护主义或其他经济利益考虑，将某些企业污染造成的生态环境损害排除在修复治理的规程之外，从而损害公众利益。

（5）政治利益博弈。公共决策过程是一个价值选择判断过程，更是各种特殊利益之间博弈和"缔约"的过程。在公共政策的整个决策过程中，政府

---

[1] Peter Taylor-Gooby, Jens O. Zinn (eds.), *Risk in Social Science*, Oxford University Press, 2006, p.56.

[2] [美]理查德·B.斯图尔特：《美国行政法的重构》，沈岿译，商务印书馆2011年版，第25页。

"幕布"背后充斥着的是一般民众所不了解或不能参与的各种政治团体与其他利益集团之间的博弈以及利益交换。比如政府与利益集团"集结"以试图获得政治或财力支持,利益集团也通过与政府主体的利益交换以获取大量社会资源和成果。公共决策过程缺乏透明化、公众监督的匮乏的直接后果便是政府与利益集团相"结合"从而丧失其公共性。

概而言之,尽管行政主体不乏"公正行政""良好行政"的主观意愿,但在缺乏完善的决策体制的情况下,政府在公共事务治理中,为了达成将特定的政治目的或结果,更多地会从决策工具的有效性来作出行为选择,而忽视了行为内在的价值属性,使得政府理性往往表现为一种有限理性、目的理性。

二、政府信任关系的失衡

在政府与公众的关系结构中,信任关系是最为重要的关系。政府信任关系是指政府权力实施过程中所涉及的对象,包括个人、群体和有组织的社会公众,对行政系统总体的,即对行政体系各要素及各要素之间的关系及其运动状况的合理期待,以及行政系统对这种合理期待回应基础上的一种互动关系。它标识着政府主体与其他具有行政功能的政治实体与作为相对方的个人、群体或组织的关系状况。[1]社会公众对政府主体的信任是公共行政的基石所在,更是行政行为合法性的源泉。这种信任关系结构中蕴含的是社会公众对政府主体治理能力的心理预期与认可水平,政府进行公共行政的目的与途径即在此:通过对社会公共利益的实现来获取社会公众的理解和支持,促使社会公众利益与政治目标得到融合、统一。

20世纪80年代以来,我国开启了由经济转型到社会转型的进程,出现了社会利益的分化和价值取向的多元化,整个社会的构成要素变得越来越复杂。同时,由于长期以来依托资源环境发展经济,自21世纪以来,各类重金属污染、生物多样性破坏等环境问题也相继集中爆发,生态环境保护已成为社会利益冲突的重要出发点。在这样的社会背景下,政府如何进行有效的社会治理,面临着诸多挑战。诚如前述,由于经济、社会资源的稀缺性,政府在进行决策的过程中不仅需要考虑公平性问题,也需要考虑效率性问题;同时,也不能排除政府在进行决策时基于自身偏好或对自身利益的维护和考量,忽

---

[1] 程倩:《论政府信任关系的历史类型》,光明日报出版社2009年版,第23页。

视民众或其他社会团体的表达。尤其是在政府进入以标准化、高效率等为目标诉求的管理行政模式后，政府主体对公民诉求缺乏应有的价值关怀，政府的价值理性所推崇的公共行政的正义、信念、道德与工具理性所追求的公共行政的效率、责任以及法律方面产生强烈的冲突。[1]换言之，在"管理主义"之风的盛行下，政府的价值理性散落遗失，工具理性得以增进张扬，政府行为中存在的这些非理性行为严重降低了其行政效能，损害了公权力的权威，使得政府的社会管理和治理能力与公众不断增长的行政需求之间产生较为严重的矛盾，进而无法形成真正的公共利益。

另一方面，与专家主体、政府主体一样，社会公众也视自己为"理性人"。按照公众理性的思维逻辑，公众的行为选择总是从自己的切身利益出发，尽量使自己的经济社会利益最大化。[2]在当今的公共利益领域，公众也越来越表现出强烈的参与性和能动性，但这种能动参与的意愿与当前的公众参与机制与行政程序设置并不匹配，由此产生了政治理性与公众理性之间的争论与冲突。在生态环境修复领域，政府理性与民众意愿同样产生了冲突，使得行政修复的公正性、合理性也遭受质疑。尤其是目前我国生态环境修复决策机制规定得较为笼统、粗略，使得行政机关在主导生态环境修复过程中存在较多的裁量余地，比如在具体修复活动中，对于修复对象的选择、修复污染物、目标值的确定、修复手段的筛选等，行政机关都享有较大的自由裁量权。而部分地区实际上也确实存在政府为了地方经济利益、考核晋升或者社会稳定等因素而降低对企业环境修复责任的追究程度，从而变相与企业"合谋"，进而导致污染者逃避责任，生态环境损害由整个社会承担的结果。

综上，在实际的行政过程中，政府理性演化为一种工具理性，旨在塑造以政府主体利益为中心的利益分配格局，不免产生手段与价值的背离状态；而在公众理性的引导下，公众也具有相对独立的理性精神与怀疑态度，公众基于自身理性主义认知来选择是否信任政府。但目前而言，公众表达机制的匮乏、公众理性与政府理性考量因素的偏差以及各自理性的单方面强化，都

---

[1] 参见梁华、王立娟："中国公共行政的哲学思考——价值理性与工具理性的冲突与调适"，载《沈阳大学学报》2006年第1期，第34页。

[2] 参见艾明江："基于公共理性视野的政府信任流失分析"，载《湖北社会科学》2012年第1期，第27页。

加剧了公众理性与政府理性的"兼容"的难度，进而发生冲突。缺乏"共通"理性的指引，便难以形成"重叠共识"，不信任感蔓延，最终导致公众与政府信任关系的失衡，引发政府信任危机。

三、政府理性的归途

由上可知，无论是专家主体的"技艺理性"，抑或是行政主体的"政治理性"，都无法单方面解决生态环境修复治理中的决策问题。公众在与"技术主义""实用主义"的双重对抗过程中，最后选择了司法治理途径以期平息各方"战争"。环境公益诉讼制度与环保法庭的兴起，即是民众在寻求"公共行政参与"失败后，转向司法途径的最好例证。公共行政参与的"落空"使得公众积极寻求司法路径的生态环境治理，但通过司法程序的公众参与来替代行政过程的公众参与，这样一种"治理策略"严重错置了法院在生态环境治理中的角色，这种"越俎代庖"治理方法的直接后果是灾难性的，会引起行政系统与司法系统功能的紊乱。同时，生态环境司法也同样将面临被俘获的风险，并卷入公共利益判断的"政治旋涡"。失去了中立、谦抑立场的司法权，极有可能沦为行政权的附庸或被行政权取代、淹没，从而将司法推入危险境地。

据此，本书认为，追根溯源，民众对行政决策的质疑，应通过"公共行政参与"回到行政程序中去解决，而不是将司法权视为行政权的延续。政府与社会公众矛盾的争点，在于政府行为缺乏治理价值的体现，因而，如何促使政府理性与公众理性达成一致，形成治理价值的"重叠共识"，才是问题的关键点所在。可见，政治理性的"归途"并非司法，而应从理性层面加以改进，引入新的理性逻辑——公共理性，通过公共理性的指引，将政府理性置于公共领域的监督与批判之下，使其决策和管理具有公共性、民意性、正当性和合法性，以此来实现政府与公众治理价值的沟通和融合。

第三节 决策交往理性：公共理性

"公共理性"是西方政治哲学中的一个重要概念。在政治哲学史上，霍布斯首次提出了"公共理性"的概念，用以说明主权者的理性或判断。[1]卢梭

---

[1] 谭安奎：《公共理性与民主理想》，生活·读书·新知三联书店2016年版，第11页。

在《论政治经济学》中涉及公共理性与私人理性的区分，他认为前者是共同体的善或福祉，后者则体现出利己主义；官员应当运用公共理性，用以反对由他们自己的自然倾向提供的理由。杰斐逊在第二次就职演说中使用了"公共理性"概念，公共理性被看作民主社会公民的集体理性，其功效或质量与言论和出版自由相关。康德在《什么是启蒙》中提到了"理性的公共运用"，他认为公共理性是摆脱了主权者限制的理性，公共理性是面向整个公众的、人理性的公共运用必须始终是自由的，并将之与私人理性相对照。[1]

一、核心概念：公共理性

公共理性的观念史久远，但其作为一个系统的、关键性的理论议题，则是一个当代现象。当代西方政治哲学的理论探索主要在两个维度上展开：一是对实质性争议原则的伦理探索，二是对获取公共原则、达成政治共识的程序与方法的理论建构。罗尔斯的《正义论》是前一方面的集大成者，后一方面则以哈贝马斯和罗尔斯（后期）为代表人物。[2]

罗尔斯在现代政治哲学的意义上正式提出并系统阐释了"公共理性"概念，他认为："公共理性是一个民主国家的基本特征。它是公民的理性，是那些共享平等公民身份的人的理性。他们的理性目标是公共善，此乃政治正义观念对社会之基本制度结构的要求所在，也是这些制度所服务的目标和目的的所在。"[3] 在之后的《公共理性观念新探》中，罗尔斯对公共理性又作了进一步解释："所谓公共理性，就是指各种政治主体（包括公民、各类社团和政府组织等）以公正的理念，自由而平等的身份，在政治社会这样一个持久存在的合作体系之中，对公共事务进行充分合作，以产生公共的、可以预期的共治效果的能力。"[4]

哈贝马斯从商谈伦理学与商议民主的立场，聚焦于理性的公共运用程序与方法，用交往理性对韦伯的目的理性和罗尔斯的公共理性概念进行修正。

---

[1] [美]劳伦斯·B. 索罗姆："建构一种公共理性的理想"，载谭安奎编：《公共理性》，浙江大学出版社2011年版，第37~42页。

[2] 谭安奎：《公共理性与民主理想》，生活·读书·新知三联书店2016年版，第2页。

[3] [美]约翰·罗尔斯：《政治自由主义》，万俊人译，译林出版社2000年版，第212~213。

[4] [美]约翰·罗尔斯："公共理性观念再探"，载哈佛燕京学社、三联书店主编：《公共理性与现代学术》，生活·读书·新知三联书店2000年版，第4~9页。

韦伯把西方现代化过程刻画为"工具理性"合理化过程。哈贝马斯在很大程度上同意韦伯通过对工具合理化模式的批判而进行的对现代性的批判，但强调代替工具合理性模式的不是相对主义和非理性主义，而是一种全面的合理性观，即交往合理性观。[1]哈贝马斯继承了马克思的立场：哲学不仅在于理解的旨趣，而且应承担解放的使命。他认为韦伯式的悲观并不足取，康德和卢梭关于"自我立法"的渐进性方案更具操作性，但须从主体互动的角度对他们的理论加以整合和改造，因为只有从主体互动的角度才能为公民"自我立法"找到现实的根基。[2]哈贝马斯超越了工具合理性所执着的主客体关系，而突出了能彼此进行批判性交往的主体与主体之间的关系——主体间性关系。[3]主体间性，也称为交互主体性，是指在社会交往过程中，不是以自我利益为中心，将他人看作自己的对立面，而是将他人视为另一个"他我"的存在，以同情之理解甚至"移情"方式，通过协商、反思等形式与他人产生交流和共识。[4]

哈贝马斯把政治权力分为行政权力和交往权力。[5]要使行政权力能够公正地处理不同的社会利益，就必须使行政权力受到交往权力的引导。交往权力是人们在共同交往过程中形成的权力。按照哈贝马斯的商谈论法律概念，法律是交往权力向行政权力过渡的中介，行政权力的合法性来源是交往权力，行政权力必须始终和作为法律合法性来源的交往权力保持联系。这意味着，政府的行政权力必须受到法律的控制，行政权力机关不过是人们自我管理的政治组织。尽管行政权力多数时候是一种技术和策略性商谈，但它不得以技

---

[1] 童世骏：《批判与实践：论哈贝马斯的批判理论》，生活·读书·新知三联书店2007年版，第9页。

[2] 康德和卢梭都提出了"自我立法"的命题，但康德从单体主体出发将其诉诸理性的"绝对命令"，从而使这一立意高远的命题成为空中楼阁；卢梭从伦理整体主义的伦理观出发，用笼统的"公意"取代了这个洞见深刻的命题，从而为"多数暴政"和"集体专政"预留了方便之门。在哈贝马斯看来，只有从主体互动的角度才能为公民"自我立法"找到现实的根基。这种法律来源于交往理性，扎根于生活世界，生成于民主过程，因而它们可以作为导控社会的制度，并把系统与生活世界联通起来，翻转系统对生活世界的宰制，使目的理性听命于交往理性的正常指挥。高鸿均："通过民主和法治获得解放——读《在事实与规范之间》"，载《政法论坛》2007年第5期，第164页。

[3] 童世骏：《批判与实践：论哈贝马斯的批判理论》，生活·读书·新知三联书店2007年版，第9页。

[4] 梅景辉："'公共理性'的现代性反思与建构"，载《江海学刊》2015年第5期，第77页。

[5] [德]哈贝马斯：《在事实与规范之间：关于法律和民主法治国的商谈理论》，童世骏译，生活·读书·新知三联书店2003年版，第168、180页。

术性和专业性的理由而拒绝接受人民的监督，它必须具有其他的形式，比如政府采用听证会的形式，让所有相关人群参与到行政权力的使用中去。在行政机关的政治管理中，民众始终在场，行政机关的专业化治理摆脱不了人们的自我管理的约束。[1]他强调，公共理性的形成应当以"公共领域"中公民的相互理解和商谈为中心，并且把"公共领域"理解为行政系统与经济系统之间的领域——它是一个开放的、可以形成公共意见的领域——所谓的对话、商谈、慎议都被认为发生在这个领域当中。[2]相较于罗尔斯更多强调实质理性，哈贝马斯认为，公共理性的重点在于理性的公共运用程序——通过程序产生实体、诉诸理由达成共识，只有诉诸论证理由的公共性与程序的民主化，最终的决定才具有正当性和约束力。[3]商谈理论是慎议政治成功的关键，也正是其依赖于相应的交往程序与条件的制度化。[4]

根据罗尔斯的公共理性和哈贝马斯的交往理性理论，我们可以对公共理性的概念和理论旨趣作以下基本的理解。首先，公共理性是具有价值理性的内在指向。尽管在具体的社会或政治交往过程中，公共理性也可能以工具理性或目的理性方式呈现，但此工具理性或目的理性必然受到价值理性的控制。其次，公共理性是一种具有主体间性和公共性的交往理性，其内核是公平正义，在现代社会中，通过"公共领域"的商谈程序得以展现。再者，公共理性对行政权力秩序具有重要建构功能，行政权力必须与交往权力相联系，受到民众的监督和法律的控制。[5]最后，公共理性力求通过民主程序及其理由来实现社会整合与重叠共识，避免民主的混乱无序和异议风险。当然，公共理性也并不一定总能促使各种观点达成一致，但只要决策主体遵循主体间性、论证理由公共性、商谈程序民主化的要求，便应认可以此作出的决策的正当性、合法性，事实上有效之法就可以转变为规范上有效之法。

---

[1] 王晓升：《商谈道德与商议民主——哈贝马斯政治伦理思想研究》，社会科学文献出版社2009年版，第242~246页。
[2] 谭安奎：《公共理性与民主理想》，生活·读书·新知三联书店2016年版，第118页。
[3] [德]哈贝马斯："通过理性的公共运用所作的调和"，谭安奎译，载谭安奎主编：《公共理性》，浙江大学出版社2011年版，第354页。
[4] 谭安奎：《公共理性与民主理想》，生活·读书·新知三联书店2016年版，第125页。
[5] 梅景辉："'公共理性'的现代性反思与建构"，载《江海学刊》2015年第5期，第75~78页。

二、表现形式：商议民主

公共理性在罗尔斯那里，着眼于处理社会基本结构的政治正义问题；在哈贝马斯那里，则主要体现为关于狭义的道德尤其是法律、正义的商谈规范。[1]哈贝马斯运用交往理性原理，将重点放在理性的公共运用程序与方法方面，强调公共理性是主体间性的理性，通过建构公共领域的商谈程序来实现社会认同的"重叠共识"。哈贝马斯希冀通过交往理性能量，激活公民被压抑的政治参与意识，经由民主程序实现公民的"自我立法"。哈贝马斯所主张的民主既不同于自由主义的博弈式民主，也不同于共和主义的统合式民主，而是一种 deliberative democracy（商议民主）[2]——这种民主源于交往理性的商谈原则，公民或行政主体在协商中求同存异而不失其个性，在沟通中存异求同而力求达成共识。在这种民主中，最为重要的不再是任何实体价值，而是商谈程序的合理性和理由的可接受性，其精义是通过程序产生实体，诉诸理由达成共识。[3]

哈贝马斯的商议民主模式是自由主义和共和主义的结合物。但"商谈论赋予民主过程的规范性意义，比自由主义模式看到的要强，比共和主义看到的要弱。它是从两边各采取一些成分，并以新的方式把它们结合起来"。[4]在哈贝马斯看来，自由主义式民主把权力过程看作是盲目发生的、个人选择之外存在着的充其量是聚合起来的、非自觉性形成和执行的集体决定，而单个行动者们的作用则相当于这个权力过程中的应变量。共和主义式民主则把全体公民看作是一个反映全体并为全体而行动的集体行动者。前者似乎表明，社会整体并没有共同的利益和目标；后者则缺乏承认民主社会中人们之间存在的利益差别。因此，哈贝马斯既不像前者，把社会简单地分为政治社会和

---

[1] 谭安奎："公共理性与阐释的公共性问题"，载《江海学刊》2018年第2期，第61页。

[2] 关于 deliberative democracy，有很多种翻译，如商议民主、慎议民主、审议民主、协商民主等。为避免与现行的政治协商制度相混淆，并突出公众与行政主体实实在在的决策沟通与交流，本书采用商议民主的译法。参见谭安奎：《公共理性与民主理想》，生活·读书·新知三联书店2016年版，第70页；王晓升：《商谈道德与商议民主——哈贝马斯政治伦理思想研究》，社会科学文献出版社2009年版，第316页。

[3] 高鸿均："通过民主和法治获得解放——读《在事实与规范之间》"，载《政法论坛》2007年第5期，第165页。

[4] [德]哈贝马斯：《在事实与规范之间：关于法律和民主法治国的商谈理论》，童世骏译，生活·读书·新知三联书店2003年版，第370页。

市民社会，也不像后者把社会仅仅看作是政治社会。尽管哈贝马斯也继承了自由主义对政治国家是市民社会的区分，但他认为，在市民社会的基础上还存在一个公共交往的领域，各种不同的政治观点就是在这个领域中商讨的。通过在这种"公共领域"的自由商谈，人们把意见转化为政治立法行为和行政行为。[1]哈贝马斯认为，商谈民主的成功并不是取决于一个有集体行动能力的全体公民，而是取决于交往程序和交往预设的建制化，以及建制化商议过程与非正式地形成的公共舆论之间的共同作用。[2]

商议民主模式强调公共领域的商谈可以转化为行政权力，即交往权力可以通过一定的程序转化为行政权力，因此，它比自由主义的民主模式的规范性要强。但它又不像共和主义一样，把整个社会看作是公民自治组织，所有人都直接或间接地成为政策制定者。相比于共和主义意义上的那种"强的"公众集体，商议民主的公众集体是一种"弱的"公众集体。这种"弱的"公众集体是"公共意见"的载体。这些公众集体的时间边界、社会边界和内容边界都是流动的。[3]商谈的过程改变了权力的结构和合法性的内涵。对于自由主义的民主模式来讲，民主的意见形成过程和意志形成过程使行政权力合法化，政府通过民主的程序而获得合法的行政权力。对于共和主义的民主模式来说，民主的意见形成过程和意志形成过程授权了政府执行行政权力，政府的某些决策甚至还直接来自公民的意见，政府不过是公民自治共同体中的一个委员会，而没有多少实际权力。[4]而哈贝马斯的商谈民主介于二者之间，也就是说商谈民主不仅授予行政部门合法化的权力，还要求政府的行政权始终与民主的意见形成和意志形成过程保持联系，这个过程不仅仅要求对行政权力进行事后监督，还要为其提供纲领。只有这样，行政权力才能受到交往权力更大的制约，行政权力的总体状况才能得到改变。但是，这种制约又不同于共和主义，因为交往权力不能作出有集体约束力的政治决策，这种决策

---

[1] 王晓升：《商谈道德与商议民主——哈贝马斯政治伦理思想研究》，社会科学文献出版社2009年版，第316页。

[2] [德]哈贝马斯：《在事实与规范之间：关于法律和民主法治国的商谈理论》，童世骏译，生活·读书·新知三联书店2003年版，第371页。

[3] [德]哈贝马斯：《在事实与规范之间：关于法律和民主法治国的商谈理论》，童世骏译，生活·读书·新知三联书店2003年版，第381页。

[4] 王晓升：《商谈道德与商议民主——哈贝马斯政治伦理思想研究》，社会科学文献出版社2009年版，第321页。

只能由行政部门作出。交往权力引导、规范、影响着行政权力的政治决策,这种影响是通过"公共领域"的交往来完成的,通过交往媒介来扩大其影响力并对行政权力施加压力。然而,这些舆论并不能直接制定政策,而只能对行政权力产生影响力,从而影响行政决策。按照哈贝马斯的原话,即是"公共领域的交往结构构成一个分布广泛的传感器网络,这些传感器对全社会范围内的问题状况作出反应,并激发出有影响的舆论。通过民主程序而形成交往权力的公共舆论,是无法亲自'统治'的,而只可能对行政权力的运用指出特定方向"。[1]

三、交往主体:结构调适

在现代风险规制决策中,政府广泛借助专家知识,试图透过专家主体的专业鉴定评估来获取有关风险规制决策所需的科学知识,以此抵挡公众对行政决策的合法性质疑,增加行政决策基础的科学性,也试图在一定程度上降低决策机构在权力行使过程中的恣意和专断,维持政府决策的公信力。但从实际情况来看,政府的美好愿景"落空",政府的权威和公信力并没有得到加强,反而遭到更多的质疑。究其实质在于,政府、专家与社会公众之间并非处在一个平等、公开、包容的沟通协商体制当中。相反,过于强势的专家技术理性不断膨胀,不仅挤占了政府风险决策中的行政裁量空间,也排斥了公众理性在风险认知方面的建构意义,使得三者关系结构严重失衡。

(一)公众在风险决策中的建构意义

风险的社会性、建构性是指,风险不仅涉及客观实在问题,还应是社会建构的产物,它不能脱离于特定社会、文化和历史情境而独立存在。[2]对于风险的建构属性,以玛丽·道格拉斯和维尔达沃斯基为代表的学者主张,风险是关于未来的知识与对于最期望的未来所持共识的共同产物,是一种认知或理解的形式。[3]风险的严重性并不在于风险本身,而在于风险的附着对象,

---

[1] [德]哈贝马斯:《在事实与规范之间:关于法律和民主法治国的商谈理论》,童世骏译,生活·读书·新知三联书店2003年版,第373页。

[2] Branden B. Johnson, Vincent T. Covello (eds.), *The Social and Cultural Construction of Risk*, D. Reidel Publishing Company, 1987.

[3] N. Luhmann, *Risk: A sociological theory*, Berlin: de Gruyter Press, 1993, pp. 62~65.

风险对象的差异性决定了风险认知的迥异。[1]布莱恩·温认为，专家群体所声称的科学风险知识充斥着不确定性和建构性，而公众在风险知识方面具有重要价值。[2]弗兰克·费雪则指出，社会公众凭借自身独特的理性能力，依据其所处的特定环境或位置来认识和确定风险，这种具有文化和建构意义的理性赋予了公众于风险规制活动中的正当性地位。[3]在风险认知分歧方面，孙斯坦指出，专家关注风险的数量和程度，他们能够选择各种测度方法去衡量风险，公众则认为风险的特点不在于简单的"事实"，而在于它是一系列的价值判断。在这一方面，公众倾向于不相信专家，因为在一个民主的国度里，政府应当遵循全体公民的意愿，而不是受"自以为是"的技术精英们的控制。[4]风险不是"独立于人"存在的，有关风险的判断是主观而非客观的，如果专家们的判断不可避免地涉及价值判断的话，应当让社会公众的观念作为风险决策的主要标准，因为相比于技术专家，普通公众的直觉更具有规范性的力量。[5]

这些风险建构主义的观点旨在阐明一个事实：尽管不可否认科学技术在风险识别中的重要作用，但风险不仅仅是科学视域下的风险，同时也是社会视域、文化视域下的风险，具有文化建构属性。依此逻辑，风险决策中最重要的是要考虑公众实际上担忧什么，而不是专家们——他们自己也常有错误的判断——主张的那样。[6]单纯以技术方法或统计概率为基础的决策视野过于狭窄，不能作为社会接受的基础。[7]为了弥合专家主体和社会公众风险认知上的分裂，孙斯坦认为，必须重视公众"朴实"的理性，它与专家理性一样具有独特的价值。专家当然可以有自己的偏好和选择，但真正重要的问题

---

[1] M. Douglas, A. Wildavsky, *Risk and Culture*, University of California Press, 1982, p. 5.

[2] [英]布赖恩·温："风险与社会学习：从具体化到约定"，载[英]谢尔顿·克里姆斯基、多米尼克·戈尔丁编著：《风险的社会理论学说》，徐元玲、孟毓焕、徐玲译，北京出版社2005年版，第326页。

[3] Melissa Leach, Ian Scoones, Brian Wynne, *Science and Citizens*, Zed Books, 2005, p. 55.

[4] Lisa Heinzerling, *Political Science*, U. Chi. L. Rev, vol. 62, 1995, p. 449.

[5] [美]凯斯·R.孙斯坦：《风险与理性——安全、法律及环境》，师帅译，中国政法大学出版社2005年版，第67页。

[6] [美]凯斯·R.孙斯坦：《风险与理性——安全、法律及环境》，师帅译，中国政法大学出版社2005年版，第66页。

[7] Juditn A. Bradbury, "The Policy Implications of Differing Concepts of Risk", *Science, Technology & Human Values*, Vol. 14, No. 4, 1989, p. 390.

是，正视公众的风险知识，并增加公众在风险规制中的作用。

由此可见，在涉及何种风险应当被规制的价值选择问题上，所依赖的知识不仅仅是该种风险的物理特征或客观事实，更是风险是否为公众所接受的知识，即一种经过社会定义和建构的知识。因此，在判断和认定风险规制目标的过程中，专家主体所具有的风险知识并不具有优先性，而社会公众却是确定风险目标的不可或缺主体。

(二) 商议民主下的角色配置

在风险决策活动中，行政主体的核心命题在于追求和确保其行为的合法性。这种初衷和探索在专家理性模式中遭遇"滑铁卢"，却在民主理性中寻找到规范性基础的"曙光"。在现代社会，合法性并不仅仅意味着"合乎既定的法律规则"，合法性的本质更在于可接受性，可接受性是各种合法性观念的共有之义。可接受性表示在政府与民众之间存在的一种关系，即民众对政府行为的接受、承认、支持、同意或服从，其并不是因为政府行为威慑效应而发生的被迫忍受或习惯性顺从，而是出于对政府行为正确性和适宜性的内心认同与肯定。[1]

那么，什么样的规则制定过程才具有可接受性呢？显然，哈贝马斯的交往理论已为我们提供了答案——经由商谈程序形成的公民"自我立法"，可将合法律性之法转变为合法之法，使行政行为获得合法性根基。根据哈贝马斯的交往理性原理，"重叠共识"的达成必须以公共理性为指导，通过主体间的理性交互，经由民主程序形成公民的"自我立法"。在"自我立法"背景下，公民既是法律的承受者，又是法律的创制者，他们遵守的是自己制定或同意的法律，接受的是自己施加的禁则，进而使法律获得公民的认可。在这样一种交往理性力量下形成的"重叠共识"就可以避免行政主体"自我编程"的尴尬和公民对于行政权力膨胀的指责。[2]这种经由交往权力而产生的法律，因而具有导控社会制度的力量。可见，行政规制合法性的基础并不能通过"假手"专家理性予以解决，政府需要在商谈民主规则指引下，直面社会公众在风险规制当中的重要作用，并为公众参与行政设置合理的商谈程序和

---

[1] 沈岿："因开放、反思而合法——探索中国公法变迁的规范性基础"，载《中国社会科学》2004年第4期，第104、107页。

[2] 高鸿钧："通过民主和法治获得解放——读《在事实与规范之间》"，载《政法论坛》2007年第5期，第167页。

方法，使彼此在平等、公开的协商氛围中求同存异，这才是解决问题的根本方法。

概而言之，商议民主的实质就是要通过理性思考、公开协商、充分论证、相互妥协等方式形成理性共识。是以，需要在商议民主规则下，重新调适政府、专家主体和社会公众在风险决策中的关系和定位。

首先，针对专家主体，政府必须科学划定专家评审对象，加强对专家知识的甄别。政府应尽量将专家群体的鉴定评估范围限定在事实判断领域，并对其所提供的技术鉴定报告持谨慎态度，涉及价值选择的问题，应由政府和公众通过公开的商谈程序予以商讨和综合决策。如针对生态环境损害修复问题，政府应在充分的民主协商的前提下，结合生态环境损害的范围和程度、生态环境的稀缺性、生态环境恢复的难易程度、因侵害行为所获得的利益以及过错程度、公众的接受度等多重因素，来合理确定责任方的责任比例和具体修复方案，避免风险决策中的"技术统治"逻辑。同时，要明确专家主体资质监管标准，增强对专家机构独立性的监管，完善专家主体违法操作的责任机制，以此提升专家知识的真实性、客观性。

其次，针对社会公众，政府必须为公众提供充分的商谈空间，建构平等、包容的协商沟通机制。公共理性是和谐、有序的现代社会的价值中枢和精神支柱，也是实现"善治"的关键因素[1]。政府必须摒弃政府理性的工具论导向，改变过去统治行政或管理行政的运作思维，秉承公共理性自由、平等、民主、公正、法治等一系列现代价值和伦理，确立民主行政和服务行政的理念，转变为服务和合作的行为模式。政府必须尊重社会公众对风险规制的判断和想法，加强其在风险规制价值目标确定、规制方法选择方面的参与能力，并通过对话协商等形式，形成主导性的思想和共识，促使社会公众对于公共领域的事务有着更多的理解与认识，从而提升公共行政的合法性。在实际的商谈活动中，立法必须通过细化公众参与主体类型、参与范围和程序等来增强公众参与的深度与广度，切实加强商谈程序的合理性和行政理由的可接受性，避免沟通流于形式。

最后，对于政府主体自身，政府主体必须具备高度的政治智慧或行政技

---

[1] 邹兵："公共理性视域下协商民主发展的可行性路径"，载《南京航空航天大学学报（社会科学版）》2016年第1期，第19页。

能，以提升行政决策的质量。尽管我们强调决策的民主性，但同时也必须看到"民主"背后潜藏的制度问题。史蒂芬·布雷耶指出，公众对安全优先次序的排序与专家的见解大相径庭。[1]孙斯坦认为当专家和公众发生分歧时，绝大多数情况下，专家要比公众正确。[2]原因在于，公众知识往往是"碎片化"的，不具有系统性，甚至其在内部就是相互冲突的。[3]公众进行"决策"的出发点更多来自直觉和自身利益，具有强烈的自我偏好与随机性特征，而不一定有基于对整个社会利益的通盘考量。比如，在怒江反坝事件中，环保组织积极宣传自己的价值观，但其某些价值观并不为社会所公认，甚至被指为"极端"。[4]再比如，2005年的一份报告显示，一些并不完全符合生态环境利益目标的修复规划——建造社区中心、停车场、教育设施或水族馆等，反而能够赢得当地居民和赔偿权利人的大力支持。[5]然而，生态环境修复方案不仅仅是为了取悦部分群体需求，其真正的目标是要与生态环境修复的要求保持一致。因此，政府对此必须具有敏锐的觉察力和判断力。如哈贝马斯所言，"通过民主程序而形成交往权力的公共舆论，是无法亲自'统治'的，而只可能对行政权力的运用指出特定方向"。无论是基于事实判断的专家知识，抑或是基于价值利益的民主参与，都旨在为正确的行政决策提供"素材"，政府必须对此进行有效的筛选和鉴别，尽量克服专家理性的主客观限制，并在分散的公众利益诉求中探寻多元价值中的利益和道德交汇点，选择最能符合公共利益和行政效率的计划或方案，从而使得风险规制决策实现社会总体福利的"最大化"。

第四节 决策商谈程序：公众参与

哈贝马斯言，一种高度复杂的社会的整合，是无法以系统家长主义的方

---

[1] 参见［美］史蒂夫·布雷耶：《打破恶性循环：政府如何有效规制风险》，宋华琳译，法律出版社2009年版，第112页。

[2] ［美］凯斯·R.孙斯坦：《风险与理性——安全、法律及环境》，师帅译，中国政法大学出版社2005年版，第68页。

[3] 王锡锌：《公众参与和行政过程——一个理念和制度分析的框架》，中国民主法制出版社2007年版，第344页。

[4] 贾西津主编：《中国公民参与——案例与模式》，社会科学文献出版社2008年版，第32页。

[5] Karen Bradshaw, "Settling for Natural Resource Damages", *Harv. Envtl. L. Rev*, Vol. 40, 2016, p. 42.

式,也就是绕开公民公众的交往权力而实现的。[1]公共理性是主体间性的理性,需要通过自主的公民在公共领域的商谈过程来实现。商谈规则和程序可以为专家理性提供恰当的对象目标,为政府风险规制提供合法性来源,为公众行政提供参与途径,即以民主的方式解决"专家理论"和"传送带理论"所不能解决的合法性危机问题,提升行政程序对公共利益的保护效果。因此,必须合理建构公众参与决策的商谈规则和程序,将政府理性置于公共领域的监督和批判之下,其决策和管理才能在更大的程度上体现公共理性。在现代政治公共领域中,公众参与已经成为商议民主的一种重要表现形式,协调着政府、企业、团体。专家以及利益相关者之间的关系。公众参与行政决策过程是公共行政的必要方式,特别是在生态环境领域,由于生态环境风险波及范围广泛,任何有可能被生态环境风险影响的团体或个人,都有参与风险知识认定的正当性。而如何保障这些参与主体的利益不被忽视,如何有效整合参与主体的利益诉求并在决策中予以体现,则是生态环境法治建设的重点所在。2014 年修订的《环境保护法》确立了公众参与制度,奠定了我国环境公众参与的规范基础和基本制度。近年来,环境公众参与在理论上也被广泛地讨论,其研究成果丰富多彩。但关于生态环境决策过程的公众参与权利的相关研究并非没有漏洞和缺憾。本部分旨在探讨生态环境修复赔偿过程中,公众如何有效参与到行政决策当中,主要涉及公众参与决策的信息获取、参与主体类型、参与范围和必要程序等,以期为环境公众参与相关法律条文的解释和完善提供理论支撑。

一、决策信息的有效获取

公众参与生态环境决策的先决条件是获得充分的环境信息,只有在充分的信息获取的基础上,才能针对生态环境决策问题提供恰当的意见或建议。这就需要建立健全的信息公开机制,及时准确披露各类环境信息特别是企业环境信息以保障公众知情权,维护公众环境权益。

(一)信息公开比较法考察

美国有关环境信息公开的法案均是以"社区知情权"为基础。在印度博

---

[1] [德]哈贝马斯:《在事实与规范之间:关于法律和民主法治国的商谈理论》,童世骏译,生活·读书·新知三联书店 2003 年版,第 437 页。

帕尔泄漏事故等一系列重大环境风险事故连续发生使社会公众对于化工产品生产使用产生严重恐慌和质疑的背景下,1986年美国颁布了《应急计划与公众知情权法》(EPCRA)。EPCRA的制度目标集中于建立有效应急储备和充分保障公众知情权两方面。在EPCRA法案下,美国首创了有毒物质释放清单制度(TRI)。其中,有毒化学物质是指规定在美国联邦法规40 CFR 372.65中的具体化学物质类别,释放则是指任何有毒物质通过溢漏、泄漏、抽吸、排出、浸出、倾泻等途径进入环境。EPCRA规定EPA有权增减TRI清单化学物质,当公众认为某化学物质符合增减条件,也可以向EPA提出增删申请。目前TRI名单中的化学物质约650多种。EPCRA为履行报告义务的企业设定了三项条件:①企业规模必须达到10个以上全职雇员。②企业经营范围在标准工业分类码(SIC)20-39的范围之内。③企业生产或持有的有毒物质超过规定阈值。[1]符合这三项条件的企业应向EPA每年提交有毒物质的释放表。EPA则对企业提交的有毒化学品释放表信息进行整理和汇总分析,并建立有毒物质释放清单数据库。社会公众若想了解自己所居住区域有哪些TRI有毒物质释放,只要进入EPA的TRI主页,填写所关心区域的邮编号码,就可以得到该地区TRI有毒物质的释放信息。[2]EPA还开发了各种数据系统对各项TRI数据进行加工整理,以便社会公众对环境信息的理解和掌握。比如在联邦层面,EPA建立了有毒物质释放清单信息数据库(TRI Explorer),TRI Explorer提供各级区域的有毒物质释放和转移数据,并按照设施、化学物质、地理位置及行业类别进行分类整合,并且能够回复社会公众关于化学物、企业、地理位置、企业部门等提问。在地方层面,各州都建立了有毒物质释放清单电子数据库(TRI Fact Sheet),EPA每年会对收集到的TRI信息进行分析并出具有毒物质释放清单年度报告。[3]TRI. NET可以供专业人士或经验丰富的用户下载原始TRI数据,用于自定义分析;而Envirofacts数据库则为社会公众直接提供了工业污染源许可证持有及合规情况、污染处理情况、风险管理计划、超级基金及有毒物质排放等全方位的信息,并提供了邮编、地名等便

---

〔1〕 42 U.S.C. §11023 (b) (1).
〔2〕 参见李晓亮、吴嗣骏、葛察忠:"美国EPCRA法案对我国推动企业环境信息公开的启示",载《中国环境管理》2016年第6期,第74页。
〔3〕 参见李爱年、刘爱良:"美国有毒化学物质排放清单制度及其对我国的启示",载《2011年全国环境资源法学研讨会论文集》,第3页。

利的检索工具。[1] EPA 每年会对收集到的 TRI 信息进行分析并出具有毒物质释放清单年度报告,这个报告能够清晰地呈现各类数据总量与明细以及历史发展趋势。除此之外,EPCRA 还建立了完备的企业环境信息审查校核体系,EPA 每年会抽取核查大约 3%的提交报告的企业,检验其数据真实性,并将 TRI 数据与其他项目所要求报告的数据进行对比,通过交叉核对,充分保障了企业所公开信息的真实性。在法律责任方面,对于不履行报告义务或者提交虚假数据的企业,EPCRA 也规定了行政处罚、民事处罚和公民诉讼等法律责任,确保企业认真履行报告义务。美国 TRI 制度在 30 年的实践中,收集并公开了超过 2 万家企业提交的 TRI 数据,这些信息可以帮助社会公众了解和识别身边潜在的环境健康风险,有助于环境决策主体对环境修复治理项目进行科学的优位排序。[2]

TRI 制度在环境信息公开领域的有效运行推动了以 TRI 为原型的化学污染物释放转移登记(PRTR)制度的发展。1998 年,欧盟通过《奥胡斯公约》,对企业的信息披露作了清晰规定,要求每个缔约方应采取措施逐步建立关于污染释放和转移情况登记册系统或清单系统,并对社会公众开放,形成覆盖欧盟范围的"污染物释放转移登记制度"。目前,世界上有五十多个国家已经建立了完整的 PRTR 制度或正在试点该制度,我国的 PRTR 制度也已经初步建立,《危险化学品安全管理条例》(2013 年)和《危险化学品环境管理登记办法(试行)》(2012 年)中规定了针对重点环境管理危险化学品进行环境释放与转移信息的申报。然而,由于缺乏相应的配套文件及行业抵制等原因,2016 年环境保护部通过《关于废止部分环保部门规章和规范性文件的决定》废除了《危险化学品环境管理登记办法(试行)》。除此之外,我国陆续出台的《环境信息公开办法(试行)》(2007 年)、环境保护部办公厅《关于进一步加强环境保护信息公开工作的通知》(2012 年)、《国家重点监控企业自行监测及信息公开办法(试行)》(2013 年)、《国家重点监控企业污染源监督性监测及信息公开办法(试行)》(2013 年)、环境保护部办公室《关于推进环境保护公众参与的指导意见》(2014 年)、《企业事业单位环境信

---

[1] 参见侯佳儒、林燕梅:"美国有毒物质排放清单制度的经验与启示",载《中国海洋大学学报(社会科学版)》2014 年第 1 期,第 89 页。

[2] 参见赵小进等:"美国 TRI 制度对中国 PRTR 制度实施的启示",载《环境科学与管理》2016 年第 2 期,第 10 页。

息公开办法》（2014年）、《环境保护公众参与办法》（2015年）、《环境影响评价公众参与办法》（2018年）、《生态环境部政府信息公开实施办法》（2019年）、《企业环境信息依法披露管理办法》（2021年）、《生态环境损害赔偿管理规定》（2022年）等法律文件，均对公众参与的信息获取问题做出了明确规定。

（二）我国环境信息公开制度评析

总体而言，《生态环境部政府信息公开实施办法》《企业环境信息依法披露管理办法》是我国在环境信息公开方面规定得较为具体的两部立法，其他立法规定多是对以上两部立法有关信息公开规定的重复或重述。2019年，《生态环境部政府信息公开实施办法》重申了"政府信息"是指生态环境部机关在履行生态环境管理职能过程中制作或者获取的，以一定形式记录、保存的信息，并对政府环境信息公开的主体与范围、依申请公开的方式与程序、监督与保障等问题进行了明确。2021年，《企业环境信息依法披露管理办法》则针对环境信息披露的主体、内容和时限、监督管理等问题进行了规定。但与其他国家或地区相比，我国环境信息公开立法仍存在以下问题：

（1）环保部门对企业环境信息的汇总整合工作有待加强。美国TRI制度下的企业环境信息公开的方式是政府把所有的企业污染物信息集中起来，进行数据整合分析，再通过统一的网上平台向公众公开。公众可以利用EPA的各种数据系统实现即时查询。而根据我国环境法律规定，企业的污染物信息是由企业直接向社会公布，公众并没有一个统一的途径获得环境信息，而需要从各个企业网站、报纸、广播或电视新闻中搜索资料，并自行整理消化。这种信息获取方式的成本无疑是巨大的，也是低效并且不切实际的。

（2）企业环境信息公开法规的执行情况也有待改善。从《2018-2019年度120城市污染源监管信息公开指数（PITI）报告》来看，我国企业信息公开相关法规的实效性也有待加强。2016年施行的《大气污染防治法》明确要求涉气重点排污单位应依法实时公开排放信息，而报告显示在120个城市中，91个城市制作并公开了重点排污单位名录，该名录涉及6318家废气排放企业，但通过网络公开自动监测数据的仅1368家，占比22%，覆盖率亟待提高。此外，该项目组还对120个评价城市涉及的20 866家重点排污单位进行了桌面调研，通过互联网渠道仅得到9478家企业的年报信息，占调研企业的45.42%，其中仅5550份年报中有污染物排放总量信息披露，占总调研企业数的26.6%。整体而言，多数企业在重金属、VOCs等特征污染物、危险废弃物产生、转移、处置、排放信息等方面的披露存在重大缺失，而所在城市环境监管部门也尚未有效督促其进行公开。

针对这一现状，有必要进一步严格我国污染物/有毒物质报告及公开制度，制订动态的有毒污染物清单制度。

第一，加强政府环境信息整合处理的能力建设。除了传统的信息规划、电子政务、信息安全和信息化管理工作以外，政府还应将环境信息搜集、分析、处理等纳入其工作职能，从而将分散的企业环境信息进行汇总整合，并分析转化为公众能够理解的环境信息予以公布。[1]在这一过程中，应充分发挥公众的参与作用，即公众除了获取环境信息，还应该有权对企业范围、报告形式、化学物质的增删提出意见，环境保护部门在对法规或政策做出修正的时候，也应该充分尊重公众的意愿。

第二，应在环境信息公开制度中有效利用大数据技术。近年来，我国相继发布了《促进大数据发展行动纲要》《大数据产业发展规划（2016-2020年）》《生态环境监测网络建设方案》等政策文件，旨在通过大数据技术研发来克服我国环境信息发布不统一、信息化水平和共享程度不高等问题。在科技实践领域，目前我国生态环境信息技术支持系统已取得了一定的进展，比如北京市环境保护科学研究院以GIS和数据库技术为平台，研发了"污染场地信息及修复管理决策系统"，对于实现污染场地信息查询、统计分析与共享、修复治理和信息数据融合起到了重要的技术支持作用。[2]为增强社会公众获取决策信息的及时性、便利性，建议未来进一步加强对能够整合与更新集企业信息、污染物信息、政府决策方法与理由、修复治理实施情况、各阶段评估结果等多功能于一身的信息数据分析系统的研发，为公众参与生态环境修复治理决策提供技术支撑。在环境大数据技术创新的同时，也要扩大我国大数据技术的国际合作，引入的国际环境数据管理体制机制、环境数据分析模型、信息公开平台等方面的先进技术，为实现我国环境信息化建设提供理论和科技支撑。

---

〔1〕参见高颖楠、李丽平："美国环境大数据有哪些经验值得借鉴"，载《计算机与网络》2016年第3期，第6~7页。

〔2〕北京市环境保护科学研究院："污染场地信息及修复管理决策系统"（2015年），载http://www.cee.cn/7/1/263/，最后访问日期：2024年3月1日。

（3）在今后的信息公开法规范设计层面，笔者认为，应避免对公众信息公开的"泛化"规定，更注重生态环境保护事务环节的分解，细化每一项监管治理步骤中所涉及的公众获取信息的范围、途径和保障机制。比如针对生态环境损害赔偿问题，江苏省出台了具有针对性的《生态环境损害赔偿信息公开办法（试行）》，该办法详细规定了在生态环境损害赔偿事务中，相关职能部门应根据公民、法人和其他组织申请情况，依法公开生态环境损害鉴定评估结论、生态环境损害案件最终处理结果、生态环境修复评估结论、生态环境损害赔偿资金使用情况等，并要求相关职能部门收到信息公开申请，能够当场答复的，应当当场予以答复，不能当场答复的，应当自收到申请之日起15个工作日内予以答复。这样具有针对性的信息公开规定使得公众参与生态环境决策活动更有保障，有利于对社会公众的环境知情权进行深度贯彻与维护。

二、决策参与主体的范围/程序

在生态环境决策制定过程中，公众参与主体类型和参与范围/程序是公众参与机制的核心要素。但从我国目前立法来看，对这两方面的立法均过于笼统，公众看似具有"广阔"的参与空间，但实际上却是"无章可循"，粗略的立法规定时常导致有利害关系的公众被排除在决策制定程序之外，从而使得公众参与规范流于形式。

（1）关于生态环境决策制定的公众参与主体。根据《环境保护公众参与办法》第2条规定，我国法规并没有对公众参与主体类型进行必要的区分，仅用"公民、法人和其他组织"来笼统指称。这种简略、模糊的主体界定方法忽视了公众本身是一个充满着利益区分和冲突的复杂构成，导致在具体的风险决策实践中，决策机构在选取谁参与决策过程方面，具有了广泛的自由裁量空间，且这种裁量空间更多地表现为参与代表选取的随意化、形式化。在实践中甚至出现决策机构为了确保拟议的决策事项能够顺利通过，选择那些与拟议的决策事项并无多大关联的公众参与各种听证会和座谈会，以从形式上满足法律公众参与决策的制度化要求，从而在实质上排除那些与决策事项有密切利害关系的公众。[1]

---

[1] 参见张恩典："环境风险规制下的公众参与制度研究"，载《河南财经政法大学学报》2018年第1期，第142页。

（2）关于生态环境决策制定的公众参与范围/程序。《环境保护公众参与办法》第4条仅规定，环境保护主管部门"可以通过"征求意见、问卷调查、座谈会、论证会、听证会等方式征求公众对相关事项或活动的意见和建议，公众"可以通过"电话、信函、网络、社交媒体公众平台等方式反馈意见和建议。可见，征求公众意见和建议的程序是选择程序而非"应当"程序，不必然成为前置程序。第7条虽规定了座谈会讨论的内容应包括事项或活动对公众环境权益和对环境的影响以及相关部门拟采取的对策措施，但缺乏对公众如何参与座谈的具体程序性规定，更没有明确各类参与主体的参与程度、参与范围和参与程序，使得我国大部分公众参与多表现为"官方宣传—意见征集—意见处理"，而具有实质效益的"听证讨论"环节往往被忽视或形式化处理。

有学者总结我国的公众参与主要体现为政府采用权威操纵的非参与、对行政决策不产生实质影响的形式参与、环境违法侵害发生后的末端参与，并表示这些均是低层次的象征性参与，不是真正意义上的公众参与。[1]

（3）法规范对公众参与赋权的抽象化，政府对公众参与缺乏引导和构建合作机制等因素，进一步强化了公众参与环境决策意识的淡薄，使得公众在环境决策中的参与率极低。已有研究对我国34个大中城市的居民环保态度、行为类别及影响因素进行了调查和数据分析，发现我国城市公民在公共环境行为参与意愿方面，具有显著的依赖心理，依赖心理的结果表现便是公民公共精神水平的弱化，并具象化为对环境行为的低度支持和参与。[2]在长期的威权主义的影响下，一方面，政府担心公众参与不好管理，容易失控酿成社会问题，因而并不积极主动地与公民合作来解决环境危害问题；另一方面，公共精神的缺失，强化了公民在心理上对政府作用的过度信任和依赖，使得他们忽视自身社会责任且持有较低水平的公共精神，这种心理阻碍了公众对环境治理的积极参与。参与意识与参与赋权的双重匮乏与双向"强化"，最终导致了我国公众参与环境决策的实效性极低。

针对我国法规范在参与主体与参与范围/程序方面存在的问题。本书建议

---

[1] 参见辛方坤、孙荣："环境治理中的公众参与——授权合作的'嘉兴模式'研究"，载《上海行政学院学报》2016年第4期，第75页。

[2] 参见王磊、钟杨："中国城市居民环保态度、行为类别及影响因素研究——基于中国34个城市的调查"，载《上海交通大学学报（哲学社会科学版）》2014年第6期，第73页。

作以下尝试：

（一）参与主体的类型区分

在一项环境决策的制定过程中，涉及的公众参与主体具体包括那些受环境决策活动直接影响的利害关系人、以公益保护为宗旨的环保组织以及不受决策直接影响的其他社会团体或普通公众。不同的参与主体通常代表着不同类型决策知识、利益和价值，在权利内容、实施机制、救济制度等方面也有着本质的不同。因此，必须考虑不同参与主体彼此之间存在的结构性差异，针对不同的参与主体设计不同的参与规则。

（1）针对不同参与利益区分参与主体类型。应根据参与主体自身利益受影响的程度，将参与主体区分为直接利害关系人、符合条件的环保组织，以及其他团体或个体公众三种类型。其中，直接利害关系人指相应的决策行为直接影响其实体权利或利益的法人、组织和个体公众；符合条件的环保组织，是指具备环境法规要求的以环境公共利益为组织宗旨的社会组织。需要注意的是，三类主体参与决策行动有着不同的目的，直接利害关系人是因为其实体的利益受到影响，出于维护自身利益的目的而参与到决策程序中来；而环保组织参与相关决策程序，不是为了自身实体利益的维护，而是为了公共利益的维护和促进；[1]其他团体或个体公众作为社会主体的一部分，因对公益享有基本的知情权，因而可以观察者的身份参与到决策活动中。

（2）针对不同参与主体应设置不同的参与权限。对于直接利害关系人的参与权限设计，首先，直接利害关系人享有一般行政程序法律制度赋予利害关系人的权益，包括获取相关环境信息和被告知的权利、卷宗阅览权、申请回避权、听证权、陈述权、抗辩权、说明理由权、法律救济权等。[2]其中，听证权除依法要求召开听证会的权利外，还包括其要求政府听取其意见并为自己利益抗辩的权利。[3]其次，实体请求权是维护直接利害关系人的实体权益的重要工具。在环境决策过程中，应格外关注和保护直接利害关系人的合法利益，若决策项目对其合法权益产生侵害或威胁时，其享有妨害排除请求

---

〔1〕 参见徐以祥："公众参与权利的二元性区分——以环境行政公众参与法律规范为分析对象"，载《中南大学学报（社会科学版）》2018年第2期，第64页。

〔2〕 参见章志远："行政相对人程序性权利研究"，载《长春市委党校学报》2005年第1期，第65~70页；胡敏洁："论行政相对人程序性权利"，载《公法研究》2005年第1期，第207~239页。

〔3〕 王锡锌："行政过程中相对人程序性权利研究"，载《中国法学》2001年第4期，第82页。

权或者损害赔偿/补偿请求权。

对于环保组织和其他团体或个体公众的参与权限设计，首先，应当明确的是，区分环保组织参与权限和其他团体或个体公众的参与权限的根本原因在于，环境决策是一项专业性程度高的复杂的活动，符合条件的环保组织一般以保护公共利益为其宗旨，其在知识构成、经济/人力资源和利益诉求方面都更加专业，因而在决策事项中应具有更多的参与权限以监督行政。而相对"零散"的其他团体或个体公众，若赋予其相同参与权限，则有可能导致决策程序的冗长和低效率。因此，有必要对此二者参与权限进行区分，通过资质"筛选"来提高环境决策的制定效率和实质公平。其次，在具体的参与环节上，环保组织有权参与所有涉及公共利益的决策环节，比如环境风险识别排序、环境风险鉴定评估或规制措施筛选等，而出于对公益效应和参与成本之间的平衡，其他社会团体或个人公众则没有直接的决策程序参与权，仅享有知情权、检举权等间接参与行政程序的权利。[1]

（二）主体参与的范围/程序

一般来讲，公共行政过程即是一系列行政决策过程，在具体的公共管理事务中，行政机关依照法律规定对决策事项进行全面的、合目的性的权衡、判断后作出决定。在这一过程中，公众是非常重要的决策知识主体，其关于个体化利益的知识和价值认同是公共决策必须考虑、不能忽视的知识，这些知识在决策过程中与技术性知识具有同样重要的地位。[2]故而，行政主体必须改变过去统治行政或管理行政的运作思维，尊重社会公众对决策事项的判断和想法，加强其在决策事项的价值目标确定、规制方法选择等方面的参与能力，并为公众提供充分的商谈空间，通过对话协商等形式，促使社会公众对于公共领域的事务有更多的理解与认识，从而提升公共行政的合法性。是以，行政机关在政策法规制定、行政许可或行政处罚实施、违法行为监督或生态环境治理修复等各项环境保护公共事务活动中，都应积极切实为公众提供充分的商谈空间，提升公众在修复决策中的商谈实效。

生态环境修复决策过程也应积极为公众参与创建必要的商谈机制和商谈

---

[1] 参见徐以祥：《公众参与权利的二元性区分——以环境行政公众参与法律规范为分析对象》，载《中南大学学报（社会科学版）》2018年第2期，第67~68页。

[2] 王锡锌：《公众参与和行政过程——一个理念和制度分析的框架》，中国民主法制出版社2007年版，第340页。

空间。考察我国当前生态环境修复立法中的公众参与规定，主要有：①中央立法层面，《改革方案》规定，应不断创新公众参与方式，保障公众的参与权、知情权和监督权。《环境保护部办公厅关于推进环境保护公众参与的指导意见》指出，大力推进环境决策的公众参与，把民意支持度作为是否决策的重要参考，提高环境决策民主化和科学化水平。《管理规定》指出，赔偿权利人及其指定的部门或机构可以积极创新公众参与方式，接受公众监督。由此可见，这些文件仅是"鼓励"公众参与，并未将公众参与作为公众的一项权利予以确认，也缺失公众参与的具体环节、具体程序与方式等内容。②从地方立法层面来看，条文也多是对上述文件相关规定的重复或重述，即鼓励公众参与、接受公众监督，环境信息及时向社会公开等，语句表达过于空泛，缺乏公众决策参与的具体环节和步骤。譬如，《江苏省生态环境损害赔偿信息公开办法（试行）》第 14 条规定，支持和鼓励公众对生态环境损害赔偿活动进行监督。《浙江省生态环境损害修复管理办法（试行）》第 14 条规定，生态环境损害修复效果应及时向社会公开，接受公众监督。《贵州省生态环境损害赔偿磋商办法（试行）》也并没有将公众参与程序予以细化，而仅以"应当及时将生态环境损害调查、鉴定评估、赔偿磋商和生态环境修复等工作信息在本单位网站或其他媒体上公开"的方式概括，不免粗疏。其他地方生态环境修复立法中有关公众参与的规则也呈现出类似的样态。

从比较法视角来看，美国《综合环境反应、赔偿与责任法》（CERCLA）从污染场地修复的具体步骤出发，对公众参与的信息获取、参与范围与途径、参与效力等设置了明确的期限和程序规则，值得借鉴。例如，《综合环境反应、赔偿与责任法》第 117 条明确规定：

（1）拟议方案。行政主体在根据第 104 条（清除或修复措施）、106 条（执行命令）、第 120 条（危险物质设施评估）、第 121 条（清除标准）或者第 122 条（与责任方和解磋商）的规定采纳任何修复行动方案以前，必须采取的措施是，①发布告知并简要分析拟议方案，并保证公众可以获得该方案；②提供合理的提交书面或口头评议的机会，并且提供在争议中设施所在地或者附近召开公众会议的机会。行政主体应保存会议记录，并使公众可以获得该记录。

（2）最终方案。在最终修复方案实施前，方案的内容必须对公众公开，并同时附上对拟议方案的任何重大改变（以及改变的原因）的讨论、对每条重要评议和批评的回应以及相关书面或口头陈述等新资料。若最终的修复行动与最终方案不一致，行政主体必须发布公告，解释前述重大差异以及发生前述改变的原因。而在修复实践中，政府也应严格按照法律规定执行，例如，在污染场地筛选识别阶段，政府在污染治理优先名录提案结果公示后，需要接受60天的公众评议，在此期间允许公众审查有关场地信息并发表意见。为确保公众参与，政府设立了公共议事记录表，针对每个场地建立有关有害风险排序系统（HRS）文件和场地摘要。在污染场地和解磋商阶段，司法部部长必须向未提名为行动当事人的利害关系人或其他主体提供在法院作出正式判决以前评议拟议判决的机会；司法部长必须考虑冠以拟议判决的任何书面评议、观点或主张，并且向法院备案。[1]在污染场地修复工程实施阶段，政府在确定修复工程计划之前，将依法设置一个公共评论期（不少于30天），并举办公众会议供大家讨论。政府定期举行公开会议讨论拟定事实计划，以确保场地的社区成员有机会提出自己对方案的意见。如果时间允许，公众评议期和公共会议还将讨论修复行动备忘录和工程评估/成本分析等。公众评议期满后，政府将总结所有问题和公众参与意见并作出答复，记录在场地的决策记录（ROD）里。在选定修复实施方案后，政府也会制定修复设计情况说明书并对本地社区进行公布。[2]

本书认为，应以明文规定的方式确定公众在生态环境修复决策各个环节中的参与范围和参与程序。在生态环境损害赔偿修复过程中，涉及公共决策的环节步骤主要包括生态环境风险识别、鉴定评估、修复目标和修复措施选定等环节，公众参与决策的规则应依托于这些具体环节步骤细化。具体来讲：

（1）在宏观的生态环境风险排查和识别阶段，其主要任务是生态环境风险议题的确定，即何种风险应被纳入政府风险管控的范围。在这一阶段，政府必须最大限度收集有关生态环境风险的知识和信息，这种知识和信息不仅仅是技术维度的专家知识，更包括社会维度、文化维度的公众知识。因此，在风险识别过程中，政府应采用调查走访、意见征集、听证会等方式听取利害关系人和环保组织对于生态环境风险的认识和判断，并结合前期收集的监测数据以选定风险物/点。在这一过程中，政府、利害关系人、环保组织应在

---

[1] 42 U.S.C. §9622 (d) (2).
[2] 贾峰等编著：《美国超级基金法研究》，中国环境出版社2015年版，第129、141页。

一个平等的协商氛围中就自身对风险的不同理解进行沟通和论辩，就风险议题的形成和优先次序，以及风险可能涉及的规制方法进行初步的协商，以形成一个风险识别和风险规制的总体框架。需要注意的是，从这一环节开始，政府就应开始注重创建修复信息数据库和合作记录，保存所涉及的技术文件和商谈内容，以便公众查阅或后续司法审查之用。

（2）在生态环境损害鉴定评估阶段，其主要任务是对各类生态环境损害的程度和社会公众的可接受度进行确认。生态环境损害鉴定评估包括了污染或破坏行为调查，污染物性质鉴定，因果关系分析，生态环境损害性质、类型、范围和程度确定，生态环境损害量化，生态环境恢复方案筛选等诸多环节。尤其是确定恢复目标、筛选恢复方案，关乎赔偿义务人和社会公众的利益。对此，《改革方案》特别对鉴定评估及磋商阶段邀请相关专家、赔偿义务人和公众参与磋商，保障公众知情权做出要求。在这一阶段，专家知识和公众知识都占有不可或缺的重要地位。详细来讲，首先需要委托专业鉴定机构对生态环境损害的生物/物理等构成进行剖析。但由于科学技术本身存在不确定性，并且专家对鉴定对象和鉴定角度也存在自我偏好和选择问题。况且，鉴定目标的确定也不应仅以该危险或损害的物理特性或客观事实为依据，其更关涉危险或损害是否为社会公众所接受的知识。因此，在这一过程中不能忽视利害关系人与环保组织对于鉴定对象和鉴定目标的理解判断和接受程度，法律应为公众创建必要的利益诉求表达机制，在公开、平等的沟通协作机制中破解专家知识的话语霸权，使公众能与专家知识能进行充分的交流和融合。[1]即一方面，通过沟通程序帮助公众克服在专业信息认知中的偏见或障碍，使其不轻易被无关因素干扰，从而对决策事项作出相对准确的判断；另一方面，也让专家更全面地了解公众的价值偏好，使鉴定评估对象的选择更为合理，以此消除公众和专家之间的"成见"与"隔阂"，建立起信任关系，从而形成综合了不同知识主体和知识类型的生态环境损害鉴定评估报告。须强调的是，在这一阶段，政府应站在公共管理者的高度"统摄"全局，仔细甄别专家主体和公众主体的意见表达，不"依附"于专家判断，也不被公众意见所"裹挟"，综合考量社会、经济、资源等多重因素之后，对危险或损害的社会

---

[1] 参见戚建刚：“风险规制过程合法性之证成——以公众和专家的风险知识运用为视角”，载《法商研究》2009年第5期，第57页。

可接受性和可容忍性进行全面衡量，以形成规范性行政判断，最终确定一个权衡了不同参与主体知识观点和价值偏好的且基本能为各方所接受的行政决定。

（3）在生态环境修复目标和修复措施选定阶段，其主要任务是确定合适的生态环境修复目标，并筛选出有效的修复措施来消除或降低生态环境损害带来的环境危险/威胁。显然，修复目标和修复措施的选定必将对利害关系人实体权益和公共利益的实现程度产生重要影响，也会影响社会公众对修复措施的认可度和对行政决定的遵从度，进而影响生态环境修复活动的整体实效。因此，在这一阶段，必须重视利害关系人和环保组织对修复目标和修复措施的意见表达，法律必须明确设定一个公共辩论期或评论机制，以确保公众有机会提出自己对修复目标、修复方案或修复措施的疑虑、问题或意见。行政机关必须充分考虑、总结公众所提出的问题和建议，并对采纳或者不采纳相关意见的理由进行详细说明。[1]在充分接纳和汲取公众意见的基础上，结合前期生态环境损害性质、程度、范围等调查评估数据，提出合适的修复目标和具体修复要求，并最终筛选出实用的修复技术和修复方案。

需要强调的是，尽管《环境保护公众参与办法》第9条已经规定，行政主体应当对公众出的意见和建议进行归类整理、分析研究，在作出环境决策时予以充分考虑，并以适当的方式反馈给公众。但在实践中，公众透过问卷调查、听证会等制度化途径所发表的观点和意见难以对环境决策产生实质性影响，即行政主体虽为公众提供一定的诉求表达空间，却在实际的决策事项中忽视公众意见的作用而不予考量，对公众在座谈会、听证会上表达的观点和诉求甚至缺乏基本的反馈。[2]要避免行政主体对公众意见的形式化处理，可以从两方面进行改善：其一，提升行政主体公共决策的所必需的技艺和智慧。行政主体必须明白，只有通过公众认可的环境决策才有可能获得公众的遵循，否则，行政决策就是低效甚至无效的，这对于政府的行政绩效和政府与公众的信任关系都将产生负面影响。其二，用法定的方式明确公众参与的范围和程序，通过交往程序规则的建制以对行政主体形成公共舆论压力，并通

---

[1] 董正爱、胡泽弘："协商行政视域下生态环境损害赔偿磋商制度的规范表达"，载《中国人口·资源与环境》2019年第6期，第153页。

[2] 张恩典："环境风险规制下的公众参与制度研究"，载《河南财经政法大学学报》2018年第1期，第143页。

过法律责任的明确来保障公众参与的效力。[1]

综上，明确的法律规定可以将行政主体的裁量行为控制在合理的范围内，以保障公众参与的空间，避免公众被排除在行政决策过程之外，从而影响行政决策的合法性。建议我国今后相关立法应尽量避免公众参与制度粗疏的立法方式，从生态环境决策的各个环节和步骤出发，对公众参与的信息获取、参与途径、参与效力等设置明确的期限或程序规则，以及行政主体违反公众参与规则时，公众相应的救济程序和行政主体的相关法律责任等，以此设计出符合我国国情且具有可操作性的公众参与规则，实现公共行政的效率和公平。

---

[1] 张锋："我国协商型环境规制构造研究"，载《政治与法律》2019年第11期，第100~112页。

第九章
生态环境损害修复与赔偿的资金保障

　　生态环境修复目标的实现不仅需要修复的科技支撑，更需要雄厚的资金支持，以保障修复活动的顺利实施。在生态环境损害修复资金来源方面，从世界范围来看，各个国家或地区都遵循了"污染者付费"原则，主要由造成生态环境损害的责任主体承担生态修复所需修复费用和赔偿费用。但单一的追责原则亦有其局限性，一则并非所有的生态环境损害主体都清晰可辨别，生态环境损害的发生原因时常复杂、隐秘，受污染的土地究竟是一个污染行为造成，还是多个污染行为复合造成，其判定过程往往艰难而漫长，短时间内判定并分配法律责任时有难度。二则生态环境修复所需资金投入往往巨大，即便可以透过因果关系的推演，来推定有责之人，但若污染/破坏行为人无力承担，或者损害是由于台风、地震等天灾所造成且情势紧迫等情状，立基于行为与因果关系的行为责任制，行为人也很难及时、有效地担当清理或生态修复等治理重任。再者，有些污染行为并不具有法律上的苛责性或违法性，即于行为当时并不违反法律相关规定，且对社会经济之运行，如在经济发展或就业等方面产生着积极的影响。故对该类行为人责任的课予，应适用比例原则，避免过度苛责以致侵犯其财产权或违反公平原则，从而对社会经济运行产生负面效应。由此，在坚持损害担责原则的前提下，政府亦有必要开拓新的资金筹措方式与途径。这就需要我国行政主体加强对生态环境修复活动的财政投入与专项资金支持，优化生态环境修复税收制度，并在政府主导的基础上，拓展生态环境修复的市场化路径，即加强生态环境修复产业的绿色信贷业务、开发多样的金融工具与产品等，以有效确保生态环境损害修复资金的充裕。

第一节 我国生态环境修复资金筹措的现状考察

生态环境损害修复工程耗时、耗力又耗资，不论是生态环境修复的全过程动态监测、修复技术筛选，抑或是环境损害评估与修复方案确定、修复措施实施以及修复效果后期维护，都需要充足的修复资金予以保障，而仅靠污染者付费方式难以有效保障生态环境损害的全面修复，需要政府相当大的财政支持，但单一的政府拨款方式亦不可持续。目前我国生态保护修复资金主要依靠政府的财政投入，社会资金介入较少，面临着资金缺口大、资金来源渠道单一、金融支持生态产业化不足等问题。而随着我国生态环境修复产业不断扩大，财政拨款已难以满足生态环境修复的资金需求，创造多元性的生态环境修复融资途径，才是解决修复资金短缺的有效方法。故本节主要对我国生态环境修复的政府财政投入/专项资金设立等现状进行了考察，并对当前我国在绿色信贷、绿色债券、PPP模式等方面的立法与实践尝试作了简单的梳理。

一、政府财政收入/专项资金

考察我国当前生态环境损害修复资金来源，可以看出，除污染者付费之外，政府出资占了较大的比重，主要来源于中央财政专项资金和地方政府财政投入。自2011年《国民经济和社会发展第十二个五年规划纲要》开始，我国已经将生态环境修复列为环保产业的重中之重。2016年《国民经济和社会发展第十三个五年规划纲要》（以下简称《'十三五'规划纲要》）第48章"发展绿色环保产业"中提到，加快生态环境修复治理等新型技术研发和产业化。在2021年《'十四五'规划纲要》"拓展投资空间"中强调，优化投资结构，推进重大生态系统保护修复等重大项目建设。在《关于2023年中央对地方转移支付预算的说明》中相关数据显示，2023年我国林业草原生态保护恢复资金预算数为527.54亿元；海洋生态保护修复资金预算数为40亿元；土壤污染防治专项资金预算数为44亿元；农村环境整治资金预算数为40亿元；重点生态保护修复治理专项资金预算数为172亿元。[1] 此

---

[1] 财政部："关于2023年中央对地方转移支付预算的说明"，载http://yss.mof.gov.cn/2023zyczys/202303/t20230327_3874858.htm?eqid=f6d2b1610003bbc200000006644b762c，最后访问日期：2024年3月1日。

第九章　生态环境损害修复与赔偿的资金保障

外，国家统计局近几年公布的数据显示，我国环境污染治理投资总额和工业污染治理投资总额也呈现出逐年剧增的态势，环境污染治理投资总额从2011年的7114.03亿元增长到2017年的9538.95亿元（2017年之后数据尚未公布），工业污染治理投资总额从2011年的4443.61亿元到2021年的3 352 364亿元。[1]

结合历史数据可知，第一，尽管我国有关生态环境修复资金的政府投入逐年增加，但我国财政资金投入缺口巨大，过于单一的资金来源导致政府财政负担过重，以矿山土地修复为例，矿山的土地复垦每平方米需要投入100元至200元，我国目前受破坏的矿区土地约200万公顷，修复所需的资金达上万亿元规模，这给我国财政支出造成非常大的负担[2]。第二，由于我国生态环境损害状况基数大、范围广，分配到每个修复项目或场域的修复费用就相对很少，与美国20世纪90年代污染土壤修复近1000亿美元的资金也是相差甚远。第三，我国约有70%的贫困县分布在生态脆弱地带，经济水平的限制也使得当地政府在生态环境上的支出十分有限。[3]

《"十四五"规划纲要》强调"完善市场化多元化生态补偿，鼓励各类社会资本参与生态保护修复"，从实际情况来看，基于我国污染场地资源再开发利用的需求，开发商投资也成为修复资金的重要来源，但以开发商为主的修复项目也呈现出不好的态势：一则，开发商主导的修复项目直接导致了部分生态环境修复以开发商的开发利用需求为主，修复技术的选用上比较受限，修复活动也呈现出短期、快速的趋势；[4]二则，土地资源再开发利用驱使也使得一些污染严重、远离城区或开发价值不高的污染场地因资金筹集不足而无人问津。[5]

综上，总体来讲，目前我国生态环境损害修复专项资金主要靠政府财政，

---

[1] 国家统计局："国家数据"，载 http://data.stats.gov.cn/easyquery.htm? cn=C01，最后访问日期：2024年3月1日

[2] 王遥等："以多元基金模式破解我国生态保护修复资金困境"，载《环境保护》2020年第12期，第12~17页。

[3] 张硕："我国环境保护财政支出的现状及建议"，载《河北经贸大学学报》2016年第6期，第80~85页。

[4] 参见谷庆宝等："污染场地绿色可持续修复理念、工程实践及对我国的启示"，载《环境工程学报》2015年第8期，第4066页。

[5] 参见宋昕、林娜、段鹏华："中国污染场地修复现状及产业前景分析"，载《土壤》2015年第1期，第3页。

但随着我国生态环境修复产业不断扩大，财政拨款已难以满足生态环境修复的资金需求。因此，有必须创新现有的资金筹措方式，扩展投融资渠道，以吸引更多的社会资金进入修复产业。

二、新型金融工具的绿化

近年来，各国金融和生态环境保护融合发展，绿色金融也已经成为许多国家或地区环生态环境修复产业的重要支撑。2015年，由中共中央、国务院印发的《生态文明体制改革总体方案》就明确提出要建立我国绿色金融体系。在《"十三五"规划纲要》中，也提出要建立绿色金融体系，发展绿色信贷、绿色债券，设立绿色发展基金。2016年国务院出台《土壤污染防治行动计划》提出创新投融资模式，通过政府和社会资本合作（PPP）模式，发挥财政资金撬动功能，积极发展绿色金融，鼓励符合条件的土壤污染治理与修复企业发行股票。同年，中国人民银行、财政部、国家发展和改革委员会等部委联合发布了《关于构建绿色金融体系的指导意见》，该意见强调要大力发展绿色信贷，推动绿色信贷资产证券化；完善绿色债券，支持开发绿色债券指数、绿色股票指数以及相关产品，推动证券市场支持绿色投资；设立绿色发展基金，通过政府和社会资本合作（PPP）模式动员社会资本；鼓励和支持保险机构创新绿色保险产品和服务，参与环境风险治理体系建设等。2018年《土壤污染防治法》第72条明确规定，国家鼓励金融机构加大对土壤污染风险管控和修复项目的信贷投放。这为我国生态环境修复治理投融资提供了法律保障。《"十四五"规划纲要》指出要"强化绿色发展的法律和政策保障，大力发展绿色金融"。2021年中共中央办公厅、国务院办公厅出台《关于深化生态保护补偿制度改革的意见》也重点强调，加快推动绿色低碳发展，拓展市场化融资渠道。研究发展各类资源环境权益的融资工具，建立绿色股票指数，发展碳排放权期货交易。扩大绿色金融改革创新试验区试点范围，推广生态产业链金融模式。

在地方上，广东、湖北、北京、深圳等地也对创新建立有效的投融资机制给予了高度重视。2014年《广东省土壤环境保护和综合治理方案》明确提出"拓宽土壤污染防治资金投入渠道，健全政府、企业、社会多元化投入机制"。湖北省出台的2016年《湖北省土壤污染防治条例》第4条提出"县级以上人民政府应当统筹财政资金投入、土地出让收益、排污费等，建立土壤污染防治专项资金,完善财政资金和社会资金相结合的多元化资金投入与保障机制",这为在湖北省开展土壤污染修复和治理投融资提供了法律保障。2015年北京市政府出台《关于在公共服务领域推广政府和社会资本合作模式的实施意见》,旨在规范政府和社会资本合作项目全生命周期管理。为落实中国人民银行等七部委《关于构建绿色金融体系的指导意见》,2017年北京市金融工作局等相关部门印发了《关于构建绿色金融体系的实施办法》,该办法就加强绿色金融发展的顶层设计、推动绿色金融理念发展、构建绿色金融发展基金以及提高绿色金融战略地位等提出了一系列的举措。2020年,深圳市出台《深圳经济特区绿色金融条例》,就绿色金融基本制度与标准、产品与服务、投资评估、环境信息披露等法律问题进行了规定。如该条例第21条规定:"银行业金融机构应当优化现有绿色信贷产品,创新绿色信贷品种,推广新能源贷款、能效贷款、合同能源管理收益权质押贷款等能源信贷品种,创新……绿色信贷品种,降低绿色信贷资金成本,扩大绿色信贷规模。"第27条规定:"鼓励银行业金融机构发行绿色金融债券。鼓励金融机构承销绿色公司债券、绿色企业债券、绿色债务融资工具、绿色资产支持证券、绿色担保支持证券等。……"第28条规定:"支持金融机构开展环境权益抵押和质押融资业务……支持专业服务机构根据市场需求,提供碳排放权、排污权、节能量(用能权)、水权等环境权益相关的资产评估、认证、咨询、资产处置等服务。"

绿色金融工具发展主要包括两个方面,其一是传统金融工具的绿化,如绿色信贷、绿色债券、绿色股票指数和相关产品等;其二是开发作为环境经济管理工具的新型环境金融产品,如绿色保险、环境类公私合作(PPP)等。[1]

1. 传统金融工具绿化

绿色信贷是最为重要的绿色融资模式,近年来银行业金融机构以绿色信贷为抓手,创新信贷产品,调整信贷结构,通过实施绿色信贷防范贷款项目的环境风险取得了初步成效。2012年和2013年,原银行业监督管理委员会先后出台《绿色信贷指引》《关于绿色信贷工作的意见》,两份重要的绿色信贷

---

[1] 参见马中、陆琼、昌敦虎:"绿色金融需求与绿色金融工具",载《中国生态文明》2016年第1期,第72页。

政策均明确提出信贷要大力、积极支持绿色、循环和低碳产业发展。根据原银行业监督管理委员会2018年发布的《绿色信贷统计信息披露说明》，整体上看，从2013年6月末到2017年6月末，国内21家主要商业银行绿色信贷规模处于稳步增长的状态。绿色信贷规模由2013年6月末的4.85万亿元增至2017年6月末的8.22万亿元。[1]当前地方污染治理与修复治理资金需求量较大，银行金融机构积极发挥在引导社会资金流向、配置资源方面的作用，推进了污染治理与修复行业的发展和土壤污染防控工作的开展。[2]例如，截至2020年末，北京辖内主要中资银行绿色信贷领域贷款余额12 726.42亿元，其中，贷款资金重点投向了污染防治、可再生能源等项目，有力支持和促进了我国生态文明建设。[3]2021年《厦门银保监局关于银行业保险业高质量服务厦门建设"两高两化"城市的指导意见》也指出要继续加强"水环境污染防治等领域的绿色融资支持力度"等。

绿色债券是指募集资金主要用于支持绿色城镇化、能源清洁高效利用、污染防治、生态农林业等绿色循环低碳发展项目的企业债券。[4]从债券发行方式来看，绿色债券可分为零息债券、常规抵押债券及与碳排放价格等相关的指数关联债券。[5]绿色债券自"十二五"以来进入快速发展期，2015年，中国农业银行在伦敦发行了首单中资金融机构绿色金融债券；2016年，浦发银行在中国银行间市场发行首单绿色金融债券，这标志着符合相关标准的绿色债券在国内的发行正式开启。在政策规范方面，2015年国家发展和改革委员会发布了《绿色债券发行指引》；2017年中国证券监督管理委员会出台《关于支持绿色债券发展的指导意见》，其中水、土壤、工业尾矿等污染治理

---

[1] 中国银行业监督管理委员会："绿色信贷统计信息披露说明"（2018年），载 http://www.cbrc.gov.cn/chinese/home/docView/DE802BF64F754BBE8168B85ECBF629A3.html，最后访问日期：2024年3月1日。

[2] 董战峰、璩爱玉："土壤污染修复与治理的经济政策机制创新"，载《环境保护》2018年第9期，第34页。

[3] 中国银行保险监督管理委员会："2020年北京辖内主要中资银行绿色信贷发展情况"，载http://www.cbirc.gov.cn/branch/beijing/view/pages/common/ItemDetail.html?docId=965852&itemId=1862&generaltype=0，最后访问日期：2024年3月1日。

[4] 国家发展改革委办公厅："绿色债券发行指引"（2015年），载http://www.ndrc.gov.cn/zcfb/zcfbtz/201601/t20160108_770871.html，最后访问日期：2024年3月1日。

[5] 参见胥巍："当前国际绿色债券发展情况及启示"，载《中国集体经济》2018年第6期，第89页。

项目是支持重点。为规范绿色债券评估认证行为，提高绿色债券评估认证质量，促进绿色债券市场健康发展，2017 年中国人民银行、中国证券监督管理委员会还制定了《绿色债券评估认证行为指引（暂行）》。绿色债券为金融机构支持生态环境治理与修复产业开辟了债务资本市场融资渠道。自 2015 年以来，我国绿色债券市场快速增长，每年发行额已超过 2000 亿元，我国已成为全球最大的绿色债券发行国。例如，自 2013 年 6 月以来，湖南省累计发行湘江流域重金属污染治理专项债券 67 亿元，具有相当的示范效应。2018 年宜昌市高新投资开发有限公司获批非公开发行全国首只长江大保护绿色债券 30 亿元，成为该市单只核准规模最大的债券。截至 2019 年末，东莞银行发行 40 亿元绿色债券，超三成资金投向污染防治产业。[1] 2020 年，常州滨江经济开发区投资发展集团有限公司成功发行长江生态修复专项绿色债券，发行规模 5 亿元。该债券为新修订的《证券法》实施以来，全国首批 6 只注册制企业债券之一，也是长三角地区首只以长江生态修复为主题的企业债券。[2] 当前我国绿色债券主要是以企业、金融机构发行为主，具有政府信用的绿色专项债券发展相对缓慢。对此，2020 年广东省政府发行"2020 年珠江三角洲水资源配置工程专项债券（绿色债券）"，该债权为广东省政府发行的首支绿色政府专项债券，同时也是全国水资源领域的首支绿色政府专项债券。[3]

2. 新型金融产品开发

绿色保险是分散绿色信贷风险的重要手段，目前我国绿色保险主要险种为环境污染责任保险。2007 年，原国家环境保护总局联合原中国保险监督管理委员会发布《关于环境污染责任保险工作的指导意见》。2013 年，环境保护部联合中国保险监督管理委员会发布《关于开展环境污染强制责任保险试点工作的指导意见》。2018 年 5 月，生态环境部召开生态环境部部务会议，审议并原则通过了《环境污染强制责任保险管理办法（草案）》。该办法（草

---

[1] 和讯网："东莞银行 40 亿元绿色债券全部发行完毕 超三成资金投向污染防治产业"，载 https://baijiahao.baidu.com/s?id=1655770631688253484&wfr=spider&for=pc，最后访问日期：2024 年 3 月 1 日。

[2] 江苏省财政厅："常州成功发行全省首单长江生态修复专项绿色债券"，载 http://czt.jiangsu.gov.cn/art/2020/4/26/art_7942_9059041.html，最后访问日期：2024 年 3 月 1 日。

[3] 广东省地方金融监督管理局："广州绿色金融再创新 首支绿色政府专项债支持大湾区重点基建"，载 http://gdjr.gd.gov.cn/gkmlpt/content/2/2995/post_2995833.html#1216，最后访问日期：2024 年 3 月 1 日。

案）是在前期试点实践经验基础上的总结提升，进一步规范健全了环境污染强制责任保险制度。其中，办法（草案）第6条明确了保险的责任范围，即包括了"生态环境损害"（生态环境修复费用、生态环境修复期间服务功能的损失、生态环境功能永久性损害造成的损失以及其他必要合理费用）与"应急处置与清污费用"（为避免或者减少第三者人身损害、财产损失或者生态环境损害而支出的必要、合理的应急处置费用、污染物清理费用）。对生态环境清除、修复费用的法律明确，进一步为我国生态环境损害修复资金提供了社会化分散机制。

在生态环境修复公私合作（PPP）方面，由于生态环境修复治理资金需求大、难度高、周期长，且因我国历史原因遗留下来的生态环境损害存量较多且严重，完全依靠污染者进行修复治理难以实现，而由第三方治理企业承担治理项目的投资、建设和运行，则可推进生态环境损害修复治理的经济性、专业化程度。政企合作（PPP）试点示范是当前基建领域投融资开发的一种重要方式，在生态环境修复与治理领域也开始有探索应用出现。2014年财政部发布了《关于推广运用政府和社会资本合作模式有关问题的通知》《政府和社会资本合作模式操作指南（试行）》等一系列文件，旨在规范政府和社会资本合作模式的项目类型、融资管理、项目监管、绩效评价等事宜。2016年中国人民银行、财政部、国家发展和改革委员会等部委出台《关于构建绿色金融体系的指导意见》，该意见强调要支持在绿色产业中引入PPP模式，推动完善绿色项目PPP相关法规规章，鼓励各地在总结现有PPP项目经验的基础上，出台更加具有操作性的实施细则，鼓励各类绿色发展基金支持以PPP模式操作的相关项目。2016年以来，财政部、国家等部委相继发布《政府和社会资本合作项目财政管理暂行办法》《政府和社会资本合作（PPP）综合信息平台信息公开管理暂行办法》《政府和社会资本合作（PPP）咨询机构库管理暂行办法》《关于鼓励民间资本参与政府和社会资本合作（PPP）项目的指导意见》《〈政府会计准则第10号——政府和社会资本合作项目合同〉应用指南》等文件，为鼓励民间资本规范有序参与基础设施项目建设，促进政府和社会资本合作（PPP）模式更好发展，提高公共产品供给效率提供了规范指引。在地方立法层面，目前全国大部分省市地区已出台政府和社会资本合作（PPP）的相关规范性文件，例如，2016年上海市人民政府办公厅发布了《本市推广政府和社会资本合作模式的实施意见》，2017年合肥市人民政府办公厅出台《关于推广政府和社会资本合作模式的实施意见》等。在地方实践层面，重庆市政府专门成立重庆环保投资有限公司，设立了 10 亿元的环保产业股权投资基金，采取 PPP 等模式参与污染场地整治等环保污染治理，充分发挥市场的决定性作用。〔1〕湖南"岳塘模式"是以土壤修复加土地流转为核心的土壤修复领域 PPP 模式的一种应用，在全国率先探索以 PPP 模式治理重金属污染，首创土壤修复开发转让获取增值收益模式，解决了土壤修复与治理的资金不足问题，探索建立了一种从土地修复到收益实现的机制。〔2〕长江生态环保集团有限公司启动江西省长江最美岸线（彭泽段）示范 PPP 项目，该项目投资额为 14.97 亿元，拟采用 BOT+ROT 方式运作，建设内容主要包含长江沿岸受损山体生态修复项目、中心城区污水处理厂系统综合治理工程、乡镇污水处理示范项目等。〔3〕《中国生态环境 PPP 发展报告（2019）》报告显示，截至 2019 年底，全国生态环境 PPP 项目入库数量 3196 个，涉及污水处理、综合治理等 7 类，生态环境 PPP 总投资达 1.97 万亿元。

第二节　我国生态环境修复资金筹措的改进方向

综上可知，我国在生态环境修复资金筹措方面，已进行了诸多尝试和创新，以激发社会资本参与兴趣，降低融资难度，缓解政府财政压力，解决生态环境修复与监管的融资问题。但需要注意的是，无论是生态环境修复基金抑或相关的绿色信贷、绿色债券机制，我国都尚处在起步阶段。尽管目前许多地区如北京、上海、重庆、湖南等地已开展了绿色金融、环境污染责任险、PPP 治理等生态环境修复融资方面的经济政策试点，但这些机制能否有效地利用市场激励措施促进生态环境修复治理发展，仍值得检验。因此，应积极针对实践中已出现的问题，进行修正和克服，为推动我国生态环境修复产业可持续发展提供经济与制度支撑。

---

〔1〕 参见臧文超等："污染场地环境监管策略分析——基于我国污染场地环境监管试点与实践的思考"，载《环境保护》2015 年第 15 期，第 21 页。

〔2〕 董战峰、璩爱玉："土壤污染修复与治理的经济政策机制创新"，载《环境保护》2018 年第 9 期，第 34 页。

〔3〕 中国水网："14 亿打造长江最美岸线，长江生态环保中标江西生态修复+污水 PPP 项目"，载 https：//www.h2o-china.com/news/299203.html，最后访问日期：2024 年 3 月 1 日。

一、资金/基金的投入

2016年《关于构建绿色金融体系的指导意见》强调，中央财政应整合现有各项专项资金设立国家绿色发展基金，投资绿色产业，体现国家对绿色投资的引导和政策信号作用。鼓励有条件的地方政府和社会资本共同发起区域性绿色发展基金，支持地方绿色产业发展。支持社会资本和国际资本设立各类民间绿色投资基金。政府出资的绿色发展基金要在确保执行国家绿色发展战略及政策的前提下，按照市场化方式进行投资管理。同时地方政府可通过放宽市场准入、完善公共服务定价、实施特许经营模式、落实财税和土地政策等措施，完善收益和成本风险共担机制，支持绿色发展基金所投资的项目。2021年，财政部、自然资源部、生态环境部等多部门联合发布了《中央生态环保转移支付资金项目储备制度管理暂行办法》。该办法规定，中央生态环保转移支付，是指通过中央一般公共预算安排的，用于支持生态环境保护方面的资金，具体包括大气、土壤、水污染防治资金、农村环境整治资金、海洋生态保护修复资金、重点生态保护修复治理资金、林业草原生态保护恢复资金和林业改革发展资金等。各地项目申报和被纳入中央项目储备库项目的情况，作为中央财政生态环保转移支付分配的重要参考。中央生态环保转移支付资金原则上均应被纳入中央生态环保资金项目储备库管理范围。《关于构建绿色金融体系的指导意见》《中央生态环保转移支付资金项目储备制度管理暂行办法》等规范性文件均旨在扩大、优化我国生态环境保护资金来源及结构，而"中央生态环保转移支付资金项目储备制度"的建立也进一步加强了我国中央生态环保转移支付资金高效、规范的管理和使用。尽管目前我国有关生态环境修复资金存在政府投入负担过重、结构单一等问题，但依据当前形势，在未来很长一段时间里，政府财政投入、专项资金/基金设立仍然是我国生态环境修复资金的主要来源。未来立法的重点则应是如何保障政府财政/专项资金的可持续投入，财政支出结构的优化以及科学、规范的资金管理。

关于生态环境修复资金/基金来源问题，除政府财政收入、专项资金/基金以及责任者赔偿金之外，其来源还可以包括以下几部分：①环境税。可根据《环境保护税法》的规定，对造成生态环境损害的工业生产及其制品合理开征特别税，并纳入生态环境修复专项资金/基金，专门用于生态环境损害的修复治理。②土地出让金。可规定在政府土地出让的收益中提取一定比例资金作为生态环境修复专项费用，补充修复资金/基金。③环境罚款。对造成生态环境损害的企业的行政罚款也应被计入生态环境修复资金/基金。④刑事罚金等，包括环境污染刑事案件被告人被判处的罚金或没收的财产以及侵害环境案件中的刑事被告人自愿捐赠的资金。[1]⑤社会捐赠。生态环境修复是一项公益事业，应广泛鼓励和接受社会各界的捐款，以拓展修复资金/基金来源。

对此，有观点提出可以基于资金/基金来源的不同，将其分为三种类型：基本基金、专项基金与投资基金。基本基金是指由政府财政提供的基金，主要用于完全无法修复或者无法完全修复的生态环境损害，其来源包括环境税费、环境罚款、赔偿金等款项。专项基金是指根据不同的环境要素分类而形成的专门化修复基金，可以由政府财政投入与社会资本投资构成。该基金主要用于修复义务人无法确定或确定但无力承担且污染急需治理的情形。投资基金是指针对具有盈利功能的生态项目且开展市场化投资的基金。[2]多样化的基金类型一方面可以鼓励社会与个人资本的融入，拓展修复资金的来源；另一方面也可以开拓绿色金融市场，鼓励生态环境修复等产业的发展。[3]

综上，未来我国应在继续加强中央与地方财政对生态环境修复项目支持力度的同时，逐步扩大生态环境修复资金/基金来源，并建立分层次、多类型的生态环境修复专项资金/基金管理体制，优化、细化资金/基金申请、使用程序，确保资金/基金的规范使用。

二、绿色信贷与绿色债券

针对当前我国绿色信贷及绿色债券实践情况，建议作以下调整：

第一，针对当前绿色信贷过程中出现的融资规模较小、融资效率较低，激励机制、征信机制以及信息公开机制不完善等方面的问题，逐步完善绿色信贷的财税优惠、补贴支持、政府担保等方面的政策体系。加大对生态环

---

[1] 参见《泰州市环境公益诉讼资金管理暂行办法》第3条、《昆明市环境公益诉讼救济专项资金管理暂行办法》第3条等。

[2] 何璐希："多元共治背景下生态环境损害代修复之刍议——以《民法典·侵权责任编》第1234条为视角"，载《哈尔滨工业大学学报（社会科学版）》2021年第2期，第33页。

[3] 胡天蓉、刘之杰、曾红鹰："政府、企业、公众共治的环境治理体系构建探析"，载《环境保护》2020年第8期，第52页。

修复治理企业的信贷支持，在促进金融机构对生态环境修复提供低息或无息贷款的同时，通过政府担保等方式来降低金融机构的风险；鼓励担保机构加大对中小企业生态环境损害修复项目融资担保及担保方式的创新；通过荣誉激励、绿色银行评比、政策优惠等引导银行业金融机构实施绿色信贷；加强个人或企业信用档案建设，健全绿色信贷信息披露制度；推进金融机构的融资产品创新，开发促进生态环境修复项目的融资产品，等等。

第二，针对绿色债券发行成本高、项目分类不一致、认证评估不健全、政府债券发行缓慢等问题，建议鼓励地方政府对绿色债券采取减免利息所得税、对利息进行补贴等措施，降低绿色债券发行成本；[1]加快制定统一的绿色债券项目目录，细化绿色项目界定标准，并定期征询各行业专家意见，根据环保标准、技术创新和产业转型的需要及时更新标准；设立绿色债券标准委员会，及时发布详细、统一的绿色评估认证规范性指引；在绿色债券审批时加强对发行主体环境信用的考核与评估，设定绿色债券融资主体环境信用准入标准；[2]利用绿色政府专项债融资，加强政府债券发行力度，依托政府信用并借助免税等政策，降低绿色项目的融资成本，以有效解决绿色项目融资成本错配与期限错配问题。

三、绿色保险与 PPP 模式

针对当前我国绿色保险即 PPP 治理实践情况，建议作以下调整：

第一，加快推行生态环境损害保险政策。尽管《环境污染强制责任保险管理办法（草案）》将"生态环境损害"与"应急处置与清污费用"纳入了承保范围，但由于当前我国生态环境损害鉴定评估标准、方法和程序多元分散，且针对生态环境损害评估报告或鉴定意见缺乏统一明确的质证规则，从而增加了保费确定的难度。生态环境损害鉴定评估制度是直接制约生态环境损害责任风险可保性的重要因素，因此，必须尽快统一生态环境损害鉴定评估的方法和所要依据的评估标准体系；建立健全生态环境损害鉴定评估结论的质证、认证规则，以确保生态环境损害保险制度的顺利

---

[1] 参见王志波："完善绿色债券市场制度体系"，载《金融时报》2018 年 9 月 10 日。
[2] 参见方怡向、詹晓青："我国绿色债券标准体系建设进展及建议"，载《债券》2018 年第 9 期，第 27 页。

实施。[1]此外，还需要加强引导保险公司积极创新和开发生态环境损害责任保险产品，进一步扩大保险责任范围，为市场提供更多生态环境损害风险保险服务。

第二，进一步探索建立生态环境修复中的公私合作机制。政府通过购买服务、股权合作、共同投资等，积极让社会资本进入生态环境修复与治理领域是生态环境修复产业的重要发展方向。有效的公司结合治理模式可以激发社会资本参与兴趣，缓解政府财政压力，解决生态环境修复的融资问题，实现生态环境修复项目投资风险的合理分担。目前PPP模式在生态环境修复与治理产业中已得到相当程度的应用，但仍然存在一些问题，比如政府与私主体权责划分不明确、盈利模式与投资回报机制不清晰等，需要进一步的制度规范和实践完善。同时，由于生态环境损害类型的不同，应针对不同特征的生态环境修复适用不同的公私治理模式，譬如，对于不同修复规模、修复周期的生态环境损害类型，可选择相适应的RT（"垫资修复"模式）、ROT（"修复-开发-移交"模式）、ROO（"修复-开发-拥有"模式）、TRT（"受让-修复-转让"模式），这些模式都一定程度体现了"第三方治理"和PPP模式的理念，是第三方治理和PPP模式在生态环境修复领域的具体表现形式。[2]再者，在公私合作治理的过程中，也要加强对生态环境修复质量的绩效考核，持续提升生态环境修复与治理项目绩效水平。政府可通过竞争性程序筛选社会资本负责项目的投资、修复治理，政府基于生态环境质量改善要求，实施绩效评估考核，依此支付治理服务费用。[3]

四、生态环境修复资金管理

生态环境修复资金有广义与狭义之分，广义的生态环境修复资金指称所有可用于生态环境损害修复的资金或基金，其来源包括政府财政收入、专项资金/基金责任者赔偿金、环境税、土地出让金、环境罚款、社会捐赠等。而

---

[1] 程玉："论生态环境损害的可保性问题——兼评《环境污染强制责任保险管理办法（征求意见稿）》"，载《保险研究》2018年第5期，第111页。

[2] 李社锋等："我国土壤修复行业面临的问题及商业模式分析"，载《环境工程》2017年第1期，第166页。

[3] 董战峰、璩爱玉："土壤污染修复与治理的经济政策机制创新"，载《环境保护》2018年第9期，第36页。

狭义的生态环境修复资金，依据《生态环境损害赔偿资金管理办法（试行）》（2020年）规定，则主要是指生态环境损害事件发生后，在生态环境损害无法修复或者无法完全修复以及赔偿义务人不履行义务或者不完全履行义务的情况下，由造成损害的赔偿义务人主动缴纳或者按照磋商达成的赔偿协议、法院生效判决缴纳的资金。

关于生态环境修复资金究竟应由哪些主体进行管理的问题，目前各地区有不同的试点经验：①法院运行方式。比如《无锡市环保公益金管理暂行办法》第4至5条规定，"环保公益金由市中级人民法院负责统一收缴，全额上缴市财政专户，严格实行'收支两条线'管理"；"环境公益金的使用，由市中级人民法院提出申请，报市财政局审核同意并经市政府批准后拨付"。②政府运行方式。例如，《湖南省生态环境损害赔偿资金管理办法》第3至6条则规定，生态环境损害赔偿磋商协议确定的生态环境损害赔偿资金，按分类管理原则，由生态环境损害地生态环境保护行政主管部门（包含环境保护、国土资源、住房城乡建设、水利、农业、林业等部门）负责执收；人民法院判决、调解生效的法律文书确定的生态环境损害赔偿资金，由人民法院负责执行。专项资金使用单位向同级生态环境保护行政主管部门提出资金使用申请，主管部门审核后由财政部门根据审核意见和资金需求，按规定程序拨付资金。市州、县市区财政部门应会同同级生态环境保护行政主管部门，对生态环境损害赔偿资金使用情况进行监督检查，并对资金的使用进行绩效评价；审计部门依法对生态环境损害赔偿资金的筹集、管理、分配和使用情况进行审计监督。③市场运行方式。譬如，靖江市政府与环保部南京环科所建立战略合作关系，签订土壤污染防治战略合作意向书，成立了国有独资的靖江市生态建设有限公司，对全市的生态环境建设工程和场地污染修复工程实施统一管理。[1]这样的管理机构同时具有政府和专业化公司的双重背景，能够积极利用国有平台公司的技术管理与资本优势，统筹使用国家生态环境治理修复方面的财政专项基金，使得专项基金能够良性运作并保值增值，促进生态环境修复的优化管理与投融资开发。

基于生态环境修复资金管理主体的不同，相应的生态环境修复资金的具

---

[1] 靖江市人民政府网："靖江土壤污染防治工作走在全国前列"，载 http://www.jingjiang.gov.cn/art/2016/12/23/art_ 37_ 159478. html，最后访问日期：2024年3月1日。

体管理模式也存在差异。归结起来，主要有以下方式：

（1）专项账户模式，即设立"生态环境损害赔偿金专户"，实行专款专用、统一核算，由政府部门负责收缴、管理和使用，如"福建晋江市陈埭镇鞋模咬花加工点排放含重金属废水生态环境损害赔偿案"[1]"浙江省开化县人民检察院诉衢州瑞力杰化工有限公司环境污染责任纠纷案"[2]"重庆市人民政府、重庆两江志愿服务发展中心诉重庆藏金阁物业管理有限公司、重庆首旭环保科技有限公司水污染责任纠纷案"[3]等案件。不同地区依据实际情况，其专门账户可能由财政局、环保局、林业局、人民检察院或者人民法院进行牵头或专门管理。[4]在实践中，专门账户形式各异，有人民法院指定账户、财政局账户、省级账户、公益基金账户等。从法规层面来看，已有部分地区将设立专门账户进行了规范确认，例如《昆明市环境公益诉讼救济专项资金管理暂行办法》要求建立环境公益诉讼救济专项资金，《泰州市环境公益诉讼资金管理暂行办法》《无锡市环保公益金管理暂行办法》均规定设立专门的环境公益诉讼资金账户，《绍兴市生态环境损害赔偿金管理暂行办法》设立了"生态环境损害赔偿金"专户。专项账户模式的优势在于，其能保证赔偿金的专款专用，保障生态环境的有效和及时修复。但其弊端也十分明显，若以政府主导，则政府机构同时扮演赔偿权利人和资金监管人双重角色，资金使用过程不透明，缺乏有效的监督，易滋生腐败或发生挪用、占用等情况。[5]以人民法院为主导设立专项账户，也可能与人民法院的司法中立地位相悖，有的地方涉及公益专项账户由NGO来进行管理，同样容易引发风险，同时专项账户也广泛存在资金使用率低的问题。此外，专门账户模式也并不符合《改革方案》的思想路径，按照财政部《关于进一步规范地方国库资金和财政专户资金管理的通知》（2014年）的规定，除经财政部审批并报国务院批准予以保留的财政专户外，其余的财政专户在2年内逐步取消，因此，专门账户模

---

[1] 参见《关于印发生态环境损害赔偿磋商十大典型案例的通知》（2020年）。
[2] 浙江省开化县人民法院［2017］浙0824民初3843号民事判决书。
[3] 重庆市第一中级人民法院［2017］渝01民初773号民事判决书。
[4] 冷罗生、李树训："生态环境损害赔偿制度与环境民事公益诉讼研究——基于法律权利和义务的衡量"，载《法学杂志》2019年第11期，第49~57页。
[5] 郭武、岳子玉："生态环境损害赔偿金的管理模式选择与法律制度构建"，载《兰州学刊》2020年第12期，第68~81页。

式其实弊大于利，不应全国范围进行推广。[1]

（2）上缴国库模式。即将生态环境修复资金作为政府非税收入，纳入国家财政预算，此为生态环境损害赔偿金主要的管理模式，如"张玉山、邝达尧破坏水塘及周边生态环境公益诉讼案"[2]"北京市小月河生活粪便污染物倾倒案""中国石油天然气股份有限公司吉林油田分公司违规进行石油开采致大布苏国家级自然保护区生态环境损害赔偿案""浙江上峰建材有限公司大气污染环境污染损害赔偿磋商案""重庆两江违法倾倒混凝土泥浆生态环境损害赔偿案"等案件[3]中，即是采用的此种管理模式。2020年《生态环境损害赔偿资金管理办法（试行）》对上缴国库模式进行了规范确认，该办法规定："生态环境损害赔偿资金作为政府非税收入，实行国库集中收缴，全额上缴赔偿权利人指定部门、机构的本级国库，纳入一般公共预算管理。"2022年《生态环境损害赔偿管理规定》再次确认了生态环境损害赔偿资金作为政府非税收入的性质，依法实行国库集中收缴，全额上缴本级国库，纳入一般公共预算管理。同样，针对上缴国库模式将生态环境损害赔偿资金作为非税收入纳入国库的规定，有观点指出："非税收入源于公民，然而非税收入的支配权却属于政府，为防止政府滥用权力，对非税收入的管理必须有健全的监督机制。然而现行法律对非税收入无法进行有效监管。"[4]"纳入国库并由政府管理和使用生态损害赔偿金，属于典型的自己管理、自己使用的封闭运行模式。"[5]"由于作为使用人的政府及有关部门并非为管理和使用赔偿金而专门设立的机构，而是还肩负着其他众多职责，这很难保证专款专用。"[6]换言之，尽管相比于专门账户而言，上缴国库模式在资金规划、申请程序、信息公开上更为规范、透明，但整体而言，对于赔偿金的监督仍是政府机构之间的内部监督，仅由专项账户模式下的单一机构监管，转变为上缴国库模式

---

[1] 张辉、沈世伟、贾进宝："生态环境损害赔偿磋商制度的实践研究——聚焦20起磋商优秀候选案例"，载《环境保护》2020年第11期，第48~54页。

[2] 广东省广州市中级人民法院［2016］粤01民初107号民事判决书。

[3] 参见《关于印发生态环境损害赔偿磋商十大典型案例的通知》（2020年）。

[4] 竺效、蒙禹诺："论生态损害赔偿资金的信托管理模式——以环境公益维护为视角"，载《暨南学报（哲学社会科学版）》2018年第5期，第87页。

[5] 李晓琦："生态环境损害赔偿金的使用与监管"，载《中南林业科技大学学报（社会科学版）》2017年第3期，第28~32页。

[6] 孙佑海、闫妍："如何建立生态环境损害赔偿磋商协议的司法确认制度"，载《环境保护》2018年第5期，第31~34页。

下的多主体参与监管,不能从根本上解决封闭运行所带来的负面问题。

(3)专项基金模式。即由第三方机构负责受领生态损害赔偿金,并对其进行管理、使用和监督。目前我国已在部分地区试点推行基金会模式,建立了专门基金会,比如贵州省贵阳市设立的"两湖一库基金会",也有部分地区已经开始尝试设立生态环境损害赔偿基金会,例如在"中华环保联合会诉贵州黔桂天能焦化有限责任公司大气污染责任纠纷案"[1]中,贵州中级人民法院根据《民事诉讼法》相关规定,裁定确认贵州黔桂天能焦化有限责任公司与中华环保联合会、贵州省环境保护厅三方达成的《中华环保联合会诉贵州黔桂天能焦化有限责任公司大气污染责任纠纷诉前调解协议》合法有效,由贵州天能焦化公司在本协议生效后30日内,向省生态环境保护基金会支付环境修复费1313.85万元。同时,部分地区也开始颁布基金会设立及管理相关的规范文件。例如,都兰县人民法院联合都兰县生态环境局印发《生态环境损害赔偿基金设立管理和使用方案》。当前,专项基金模式在学界获得普遍认可,有学者总结了基金会模式的优势在于,一则可以保障生态环境损害赔偿金的专款专用,二则基金会的管理者是独立于赔偿权利人和义务人的无利害关系的第三方。因此,该种模式可以解决前两种模式的弊端(行政干预、公众监督缺失等),基金模式下的监督主体由基金会、政府机关、公众三方组成,既避免了过多的行政干预,又增加了公众监督机制。再者,类似于美国"超级基金"模式,在资金来源方面,基金的资金来源并不仅局限于污染/破坏者付费,而包括了政府拨款、专项税收、罚款、赔偿金等多种来源,是多元主体参与的互补性融资方式,便于创新和丰富生态环境损害赔偿资金的融资渠道。[2]当然,必须指出的是,尽管基金模式优势明显,但此类机构设立较为严格,还面临运行成本较高、资产保值增值等限制,且赔偿金管理对机构在修复技术方案审核等专业性和技术性较强的问题上也有诸多要求,在经济欠发达且生态环境脆弱、破坏严重地区,符合这类条件的第三方机构可能较少。[3]

---

[1] "全省首例大气污染 司法确认案在我州审结",载《黔西南日报》2018年6月16日。
[2] 郭武、岳子玉:"生态环境损害赔偿金的管理模式选择与法律制度构建",载《兰州学刊》2020年第12期,第68~81页。
[3] 于文轩:"论我国生态损害赔偿金的法律制度构建",《吉林大学社会科学学报》2017年第5期,第182~188页。

本书亦较倾向于第三种基金模式，但基于各地区实践情况不同，仍可探索适合当地实际情况的专项资金或基金管理方式。同时，还可以探索创设不同类型的基金以应对不同情形。例如，除建立以政府投入、责任方负担为主要来源的基金会外，还可以扩大对社会化基金的培育。在基金赔付方面，对于责任主体明确的损害，可由环境责任保险或责任企业成立专门行业环境基金（企业互助基金）[1]进行赔付，此类制度属于环境风险预防与事后补偿性环境责任信托基金；对于责任主体不明确、环境修复或生态恢复所需资金量较大且不具有增值潜力的损害，可设立政府型生态环境损害赔偿基金（政府救助基金）进行调查与生态环境修复；对于责任主体不明确、生态环境修复所需资金量较大且具有增值潜力的损害，可利用绿色债券、PPP等多渠道绿色金融手段融资。[2]在资金管理方面，可由政府或第三方基金管理机构进行管理。当然，基于政府在生态环境修复过程中的统筹作用，仍应强调政府在此过程中发挥主导作用，这是政府主体公共利益管理的职责所在，亦是其专业技能所及之处。此外，应特别注意健全生态环境修复资金管理的监督管理机制，包括资金/基金的来源与用途的分类管理、分层处理等[3]，并有效落实《生态环境损害赔偿资金管理办法（试行）》所确立的事前绩效评估、绩效监控、定期绩效评价等，确保生态环境修复资金/基金管理的高效、规范。

在未来立法中，还应进一步细化生态环境修复资金/基金的申请条件和使用范围。①除非申请人已经穷尽全部行政和司法救济程序以从责任人处获得赔偿金，否则资金/基金不得用于支付自然资源赔偿请求金。②申请人必须按照法律规定的程序和条件进行申请，资金/基金管理者也应按照法律规定进行资金管理，并接受审计部门和社会公众的审查监督。③针对不配合赔偿磋商或修复执行的责任方，应限制其对修复资金/基金的申请；而对于无过错的责任人，则应给予一定的基金匡助，如生态环境损害非由责任人可预见，则可对其责任承担辅以一定资金/基金支持；或者对于积极参与配合磋商程序的责

---

[1] 贾爱玲："浅析环境侵权损害社会化救济的基金制度"，载《生态经济》2014年第6期，第179~182页。

[2] 於方、刘倩、牛坤玉："浅议生态环境损害赔偿的理论基础与实施保障，载《中国环境管理》2016年第1期，第50~53页。

[3] 郭武、岳子玉："生态环境损害赔偿金的管理模式选择与法律制度构建"，载《兰州学刊》2020年第12期，第68~81页。

任方，可以在赔偿协议中约定从修复基金中提供资金补助协议责任人等。修复资金/基金的使用关涉公共利益，必须建立一套详细、公正、合理的管理和使用规则，并在公开、透明的监管体制下予以管理、申请和使用。

综上，针对我国生态环境修复资金问题，必须加强财政资金与金融资金等的联合使用，引导社会资本进入生态环境损害修复治理事业。同时，针对生态环境修复行业企业实行税收优惠或减免政策，建立生态环境修复治理市场，健全生态环境损害风险分散社会化机制，逐步形成"财政引导、企业施治、市场为主、社会参与"的整体格局，推进生态环境修复治理产业的规范化、专业化。[1]

---

[1] 参见马妍等："构建我国土壤污染修复治理长效机制的思考与建议"，载《环境保护》2015年第12期，第55页。

结　语

　　自党的十八届三中全会明确提出建立生态环境损害赔偿制度以来，我国陆续出台了《生态环境损害赔偿制度改革方案》（2017年）、《关于审理生态环境损害赔偿案件的若干规定（试行）》（2019年）、《关于推进生态环境损害赔偿制度改革若干具体问题的意见》（2020年）、《生态环境损害赔偿管理规定》（2022年）等文件以解决日益严峻的生态环境损害问题。《民法典》（2020年）第1234至1235条也将生态环境损害修复与赔偿问题纳入救济范畴。目前我国已逐步建立起生态环境损害的行政-司法救济体系。然而，对于环境权、自然资源国家所有权等生态环境权益基本内涵的确定，生态环境损害行政救济与司法救济的关系，生态环境利用/监管的公益约束方式，生态环境损害赔偿诉讼的法理基础/诉权主体/请求范围以及与环境公益诉讼的关系、诉讼位次等问题，立法与实践均尚待厘清。

　　有鉴于此，本书尝试厘清环境权与自然资源国家所有权的法律性质、内涵、权能边界及其对生态环境损害救济制度的理论价值；厘清自然资源国家所有权代表行使关系与公益约束方式；类型化区分生态环境损害修复与赔偿的索赔主体；以行为责任与状态责任为区分标准，划分生态环境损害主体类型与承担规则，并针对环境侵权第三人、主体破产等特殊情形设置相适应的责任承担规则；在公私法交叉背景下，明确"修复生态环境"在法律责任体系中的体系位置与实现方式；体系化研究生态环境损害行政与司法救济体系，明确行政主体在生态环境损害系统识别、鉴定评估、分类管控、赔偿磋商等治理环节的权限与职责；并对司法救济制度的法理逻辑、诉讼基础、类型划分以及起诉顺位进行精细化、规范化的研究，以期为我国生态环境损害赔偿制度改革及司法实践提供思路。

　　落笔至此，本书亦有诸多遗憾和未竟事项。未来，针对生态环境损害赔偿与修复制度，仍需重视环境权、自然资源国家所有权等相关理论的深入研究；继续推进全民所有自然资源"所有者与监管者分开"的制度改革和所有权"委托代理"行使机制的试点、探索自然资源损害赔偿的规则设计；强化风险识别/鉴定评估/赔偿磋商等行政规制的实施程序、行政规制与司法救济的衔接程序、自然资源国家所有权诉讼/环境公益诉讼等诉讼类型的启动程序与诉讼规则，并进一步完善决策公众参与、环境损害保险社会化、修复跟踪数据库建设等制度规则，以切实提升相关制度实效，推进我国生态环境损害赔偿制度的改革与发展。

参考文献

一、中文参考文献

（一）著作类

1. ［法］孟德斯鸠:《论法的精神》（上册），张雁深译，商务印书馆1997年版。
2. ［美］约翰·罗尔斯:《政治自由主义》，万俊人译，译林出版社2000年版。
3. ［德］尤尔根·哈贝马斯:《交往行为理论（第一卷）：行为合理性与社会合理化》，曹卫东译，上海人民出版社2004年版。
4. ［英］巴鲁克·费斯科霍夫等:《人类可接受风险》，王红漫译，北京大学出版社2009年版。
5. ［德］克雷斯蒂安·冯·巴尔:《欧洲比较侵权行为法》，焦美华译，法律出版社2001年版。
6. ［德］汉斯·J. 沃尔夫、奥托·巴霍夫、罗尔夫·施托贝尔:《行政法》，高家伟译，商务印书馆2002年版。
7. ［德］迪特尔·梅迪库斯:《请求权基础》，陈卫佐等译，法律出版社2012年版。
9. ［德］迪特尔·施瓦布:《民法导论》，郑冲译，法律出版社2006年版。
10. ［德］鲍尔·施蒂尔纳:《德国物权法》（上册），张双根译，法律出版社2004年版。
11. ［德］沃尔夫:《物权法》，吴越、李大雪译，法律出版社2004年版。
12. ［德］尼古拉斯·卢曼:《法社会学》，宾凯、赵春燕译，上海人民出版社2013年版。
13. ［德］施密特·阿斯曼:《秩序理念下的行政法体系建构》，林明锵等译，北京大学出版社2012年版。
14. ［美］约翰·克莱顿·托马斯:《公共决策中的公民参与》，孙柏瑛等译，中国人民大学出版社2010年版。
15. ［美］乌尔里希·贝克:《风险社会》，何闻博译，译林出版社2004年版。
16. ［德］罗伯特·阿列克西:《法概念与法效力》，王鹏翔译，商务印书馆2015年版。

17. ［德］哈贝马斯：《在事实与规范之间：关于法律和民主法治国的商谈理论》，童世骏译，生活·读书·新知三联书店 2003 年版。
18. ［美］理查德·B. 斯图尔特：《美国行政法的重构》，沈岿译，商务印书馆 2011 年版。
19. ［美］凯斯·R. 孙斯坦：《风险与理性——安全、法律及环境》，师帅译，中国政法大学出版社 2005 年版。
20. ［美］史蒂夫·布雷耶：《打破恶性循环：政府如何有效规制风险》，宋华琳译，法律出版社 2007 年版。
21. ［美］史蒂夫·布雷耶：《规制及其改革》，李洪雷等译，北京大学出版社 2008 年版。
22. ［法］皮埃尔·布迪厄、［美］华康德：《实践与反思——反思社会学导引》，李猛、李康译，中央编译出版社 1998 年版。
23. ［法］耶夫·西蒙：《权威的性质与功能》，吴彦译，商务印书馆 2015 年版。
24. ［法］让-皮埃尔·戈丹：《何谓治理》，钟震宇译，社会科学文献出版社 2010 年版。
25. ［德］马克斯·韦伯：《社会科学方法论》，韩水法、莫茜译，中央编译出版社 2008 年版。
26. ［德］马克斯·韦伯：《经济与社会》（上卷），林荣远译，商务印书馆 1997 年版。
27. ［德］马克斯·韦伯：《学术与政治》，冯克利译，生活·读书·新知三联书店 1998 年版。
28. ［德］格尔哈德·帕普克主编：《知识、自由与秩序》，黄冰源译，中国社会科学出版社 2000 年版。
29. ［德］考夫曼：《法律哲学》，刘幸义等译，法律出版社 2004 年版。
30. ［德］托马斯·莱塞尔：《法社会学导论》，高旭军等译，上海人民出版社 2011 年版。
31. ［美］杜威：《自由与文化》，傅统先译，商务印书馆 2013 年版。
32. ［美］杰弗里·M. 贝瑞、克莱德·威尔科克斯：《利益集团社会》，王明进译，中国人民大学出版社 2012 年版。
33. ［美］杰里·马肖：《贪婪、混沌和治理》，宋功德译，商务印书馆 2009 年版。
34. ［美］塞拉·本哈比主编：《民主与差异：挑战政治的边界》，黄相怀等译，中央编译出版社 2009 年版。
35. ［美］詹姆斯·博曼、威廉·雷吉主编：《协商民主：论理性与政治》，陈家刚等译，中央编译出版社 2006 年版。
36. ［美］希拉·贾萨诺夫：《自然的设计：欧美的科学与民主》，尚智丛等译，上海交通大学出版社 2011 年版。
37. ［美］丹尼尔·卡尼曼、保罗·斯洛维奇、阿莫斯·特沃斯基编：《不确定状况下的判断：启发式和偏差》，方文等译，中国人民大学出版社 2013 年版。
38. ［美］罗伯托·曼格贝拉·昂格尔：《知识与政治》，支振锋译，中国政法大学出版社

2009 年版。
39. [美] 弗兰克·H. 奈特：《风险、不确定性与利润》，安佳译，商务印书馆 2010 年版。
40. [美] 朱迪·弗里曼：《合作治理与新行政法》，毕洪海、陈标冲译，商务印书馆 2010 年版。
41. [美] 詹姆斯·博曼：《公共协商：多元主义、复杂性与民主》，黄相怀译，中央编译出版社 2006 年版。
42. [美] 马克·B. 布朗：《民主政治中的科学：专业知识、制度与代表》，李正风等译，上海交通大学出版社 2015 年版。
43. [美] 小罗杰·皮尔克：《诚实的代理人：科学在政策与政治中的意义》，李正风、缪航译，上海交通大学出版社 2010 年版。
44. [日] 南博方：《行政法》，杨建顺译，中国人民大学出版社 2009 年版。
45. [意] 皮罗·克拉玛德雷：《程序与民主》，翟小波、刘刚译，高等教育出版社 2005 年版。
46. [英] 伊丽莎白·费雪：《风险规制与行政宪政主义》，沈岿译，法律出版社 2012 年版。
47. [英] 卡尔·波普尔：《客观的知识——一个进化论的研究》，舒炜光等译，中国美术学院出版社 2003 年版。
48. [英] 迈克·费恩塔克：《规制中的公共利益》，戴昕译，中国人民大学出版社 2014 年版。
49. [英] 珍妮·斯蒂尔：《风险与法律理论》，韩永强译，中国政法大学出版社 2012 年版。
50. [英] 安东尼·奥格斯：《规制：法律形式与经济学理论》，骆梅英译，中国人民大学出版社 2008 年版。
51. [英] 约瑟夫·拉兹：《公共领域中的伦理学》，葛四友主译，江苏人民出版社 2013 年版。
52. [美] 文森特·R. 约翰逊：《美国侵权法》，赵秀文等译，中国人民大学出版社 2004 年版。
53. [日] 棚濑孝雄：《纠纷的解决与审判制度》，王亚新译，中国政法大学出版社 1994 年版。
54. [美] 彼德·G. 伦斯特洛姆编著：《美国法律辞典》，贺卫方等译，中国政法大学出版，1998 年版。
55. [美] 丹尼尔·H. 科尔：《污染与财产权——环境保护的所有权制度比较研究》，严厚福、王社坤译，北京大学出版社 2009 年版。
56. [美] 约瑟夫·L. 萨克斯：《保卫环境：公民诉讼战略》，王小钢译，中国政法大学出版社 2011 年版。

57. ［英］马克·韦尔德：《环境损害的民事责任——欧洲和美国法律与政策比较》，张一心、吴婧译，商务印书馆 2017 年版。
58. ［日］原田尚彦：《环境法》，于敏译，法律出版社 1999 年版。
59. ［美］彼得·S. 温茨：《环境正义论》，朱丹琼、宋玉波译，上海人民出版社 2007 年版。
60. ［日］中村宗雄、中村英郎：《诉讼法学方法论：中村民事诉讼理论精要》，陈刚、段文波译，中国法制出版社 2009 年版。
61. 曾世雄：《损害赔偿法原理》，中国政法大学出版社 2001 年版。
62. 王泽鉴：《民法学说与判例研究》，中国政法大学出版社 2005 年版。
63. 陈聪富：《侵权违法性与损害赔偿》，北京大学出版社 2012 年版。
64. 魏振瀛：《民事责任与债分离研究》，北京大学出版社 2013 年版。
65. 王利明：《侵权行为法归责原则研究》，中国政法大学出版社 2003 年版。
66. 王利明：《侵权责任法研究》（上卷），中国人民大学出版社 2016 年版。
67. 崔建远主编：《自然资源物权法律制度研究》，法律出版社 2012 年版。
68. 杨立新：《侵权责任法》，法律出版社 2012 年版。
69. 张新宝：《侵权责任法》，中国人民大学出版社 2016 年版。
70. 邱聪智：《新订民法债编通则》（上），中国人民大学出版社 2003 年版。
71. 翁岳生编：《行政法》（上册），中国法制出版社 2009 年版。
72. 童世骏：《批判与实践：论哈贝马斯的批判理论》，生活·读书·新知三联书店 2007 年版。
73. 吴志光：《行政法》，新学林出版股份有限公司 2010 年版。
74. 陈新民：《德国公法学基础理论》（下册），山东人民出版社 2001 年版。
75. 王晓升：《商谈道德与商议民主》，社会科学文献出版社 2009 年版。
76. 谭安奎：《公共理性与民主理想》，生活·读书·新知三联书店 2016 年版。
77. 程啸：《侵权责任法》，法律出版社 2015 年版。
78. 蔡守秋主编：《欧盟环境政策法律研究》，武汉大学出版社 2002 年版。
79. 陈泉生：《环境法原理》，法律出版社 1997 年版。
80. 汪劲：《环境法学》，北京大学出版社 2018 年版。
81. 汪劲：《环境法律的理念与价值追求》，法律出版社 2000 年版。
82. 吕忠梅等：《环境损害赔偿法的理论与实践》，中国政法大学出版社 2013 年版。
83. 徐祥民主编：《环境法学》，北京大学出版社 2005 年版。
84. 林诚二：《民法债编总论——体系化解说》，中国人民大学出版社 2003 年版。
85. 周珂编著：《我国民法典制定中的环境法律问题》，知识产权出版社 2011 年版。

86. 张梓太：《环境法律责任研究》，商务印书馆 2004 年版。
87. 宋宗宇：《环境侵权民事责任的研究》，重庆大学出版社 2005 年版。
88. 贾峰等编著：《美国超级基金法研究》，中国环境出版社 2015 年版。
89. 侯佳儒：《中国环境侵权责任法基本问题研究》，北京大学出版社 2014 年版。
90. 何志：《侵权责任判解研究与适用》，人民法院出版社 2009 年版。
91. 杨洪逵：《侵权损害赔偿案例评析》，中国法制出版社 2003 年版。
92. 王曦：《美国环境法概述》，武汉大学出版社 1992 年版。
93. 李亚虹：《美国侵权行为法》，法律出版社 2003 年版。
94. 疏义红：《法律解释学实验教程》，北京大学出版社 2008 年版。
95. 胡卫：《环境侵权中修复责任的适用研究》，法律出版社 2017 年版。
96. 张宝：《环境侵权的解释论》，中国政法大学出版社 2015 年版。
97. 朱国云：《组织理论历史与流派》，南京大学出版社 1997 年版。
98. 蔡定剑主编：《公众参与：欧洲的制度和经验》，法律出版社 2009 年版。
99. 曹刚：《道德难题与程序正义》，北京大学出版社 2011 年版。
100. 陈瑞华：《程序正义理论》，中国法制出版社 2010 年版。
101. 龚群：《道德乌托邦的重构》，商务印书馆 2003 年版。
102. 何跃军：《风险社会立法机制研究》，中国社会科学出版社 2013 年版。
103. 季卫东：《法律程序的意义》，中国法制出版社 2012 年版。
104. 金自宁：《风险中的行政法》，法律出版社 2014 年版。
105. 李惠斌主编：《全球化与公民社会》，广西师范大学出版社 2003 年版。
106. 李永林：《环境风险的合作规制——行政法视角的分析》，中国政法大学出版社 2014 年版。
107. 刘刚编译：《风险规制：德国的理论与实践》，法律出版社 2012 年版。
108. 罗豪才、毕洪海编：《行政法的新视野》，商务印书馆 2011 年版。
109. 戚建刚、易君：《灾难性风险行政法规制的基本原理》，法律出版社 2015 年版。
110. 沈岿主编：《风险规制与行政法的新发展》，法律出版社 2013 年版。
111. 王灿发主编：《环境纠纷处理的理论与实践》，中国政法大学出版社 2002 年版。
112. 唐丰鹤：《在经验和规范之间：正当性的范式转换》，法律出版社 2014 年版。
113. 樊杏华：《环境损害责任法律理论与实证分析研究》，人民日报出版社 2015 年版。
114. 辛年丰：《环境风险的公私协力：国家任务变迁的观点》，元照出版公司 2014 年版。
115. 游劝荣：《法治成本分析》，法律出版社 2005 年版。
116. 吴彦编：《康德法哲学及其起源德意志法哲学文选（一）》，汤沛丰等译，知识产权出版社 2015 年版。
117. 叶俊荣：《环境行政的正当法律程序》，翰庐图书出版有限公司 2001 年版。

118. 易继明：《技术理性、社会发展与自由——科技法学导论》，北京大学出版社 2005 年版。
119. 张康之：《走向合作的社会》，中国人民大学出版社 2015 年版。
120. 周志家：《风险决策与风险管理》，社会科学文献出版社 2012 年版。
121. 过孝民、於方、赵越：《环境污染成本评估理论与方法》，中国环境科学出版社 2009 年版。
122. 胡元聪：《外部性问题解决的经济法进路研究》，法律出版社 2010 年版。
123. 苏永钦：《私法自治中的经济理性》，中国人民大学出版社 2004 年版。
124. 陈聪富：《侵权违法性与损害赔偿》，北京大学出版社 2012 年版。
125. 薄晓波：《生态破坏侵权责任研究》，知识产权出版社 2013 年版。
126. 余耀军、张宝、张敏纯：《环境污染责任：争点与案例》，北京大学出版社 2014 年版。
127. 刘倩等编著：《环境损害鉴定评估与赔偿法律体系研究》，中国环境出版社 2016 年版。
128. 裴辉儒：《资源环境价值评估与核算问题研究》，中国社会科学出版社 2009 年版。
129. 杨朝霞：《生态文明观的法律表达——第三代环境法的生成》，中国政法大学出版社 2019 年版。
130. 张璐：《自然资源损害救济机制类型化研究——以权利与损害的逻辑关系为基础》，法律出版社 2015 年版。
131. 黄薇主编：《中华人民共和国民法典侵权责任编解读》，中国法制出版社 2020 年版。

（二）论文类

132. 王泽鉴："损害概念及损害分类"，载《月旦法学杂志》2005 年第 9 期。
133. 魏振瀛："《民法通则》规定的民事责任——从物权法到民法典规定"，载《现代法学》2006 年第 3 期。
134. 魏振瀛："论请求权的性质与体系——未来我国民法典中的请求权"，载《中外法学》2003 年第 4 期。
135. 王利明："我国侵权责任法的体系构建——以救济法为中心思考"，载《中国法学》2008 年第 4 期。
136. 崔建远："绝对权请求权抑或侵权责任方式"，载《法学》2002 年第 11 期。
137. 崔建远："论物权救济模式的选择及其依据"，载《清华大学学报（哲学社会科学版）》2007 年第 3 期。
138. 高鸿钧："通过民主和法治获得解放——读《在事实与规范之间》"，载《政法论坛》2007 年第 5 期。
139. 沈岿："风险评估的行政法治问题——以食品安全监管领域为例"，载《浙江学刊》2011 年第 3 期。
140. 吕忠梅："'生态环境损害赔偿'的法律辨析"，载《法学论坛》2017 年第 3 期。

141. 吕忠梅、窦海阳："修复生态环境责任的实证解析"，载《法学研究》2017 年第 3 期。
142. 汪劲："对我国环境法基本制度由来的回顾与反思"，载《郑州大学学报（哲学社会科学版）》2017 年 5 期。
143. 汪劲："环境法学的中国现象：由来与前程——源自环境法和法学学科发展史的考察"，载《清华法学》2018 年第 5 期。
144. 徐祥民："环境损害——环境法学核心范畴"，载《政法论丛》2023 年第 1 期。
145. 李挚萍："生态环境修复责任法律性质辨析"，载《中国地质大学学报（社会科学版）》2018 年第 2 期。
146. 李挚萍："行政命令型生态环境修复机制的研究"，载《法学评论》2020 年第 3 期。
147. 李承亮："侵权责任法视野中的生态损害"，载《现代法学》2010 年第 1 期。
148. 李承亮："损害赔偿与民事责任"，载《法学研究》2009 年第 3 期。
149. 王洪亮："论侵权法中的防御请求权"，载《北方法学》2010 年第 1 期。
150. 王洪亮："妨害排除与损害赔偿"，载《法学研究》2009 年第 2 期。
151. 竺效："生态损害公益索赔主体机制的构建"，载《法学》2016 年第 3 期。
152. 杨建顺："行政裁量的运作及其监督"，载《法学研究》2004 年第 1 期。
153. 徐以祥："我国环境公益诉讼的模式选择——兼评环境行政公益诉讼为主模式论"，载《西南民族大学学报（人文社科版）》2017 年第 10 期。
154. 徐以祥："公众参与权利的二元性区分——以环境行政公众参与法律规范为分析对象"，载《中南大学学报（社会科学版）》2018 年第 2 期。
155. 徐以祥："论生态环境损害的行政命令救济"，载《政治与法律》2019 年第 9 期。
156. 柯坚："建立我国生态环境损害多元化法律救济机制——以康菲溢油污染事件为背景"，载《甘肃政法学院学报》2012 年第 1 期。
157. 胡卫："民法中恢复原状类型与规范意义"，载《行政与法》2015 年第 5 期。
158. 胡卫："民法中恢复原状的生态化表达与调适"，载《政法论丛》2017 年第 3 期。
159. 巩固："公法视野下的《民法典》生态损害赔偿条款解析"，载《行政法学研究》2022 年第 6 期。
160. 常纪文："国有自然资源资产管理体制改革的建议与思考"，载《中国环境管理》2019 年第 1 期。
161. 戚建刚："风险规制过程合法性之证成——以公众和专家的风险知识运用为视角"，载《法商研究》2009 年第 5 期。
162. 胡静："我国环境行政命令实施的困境及出路"，载《华中科技大学学报（社会科学版）》2021 年第 1 期。
163. 秦天宝："论国家公园国有土地占主体地位的实现路径——以地役权为核心的考察"，载《现代法学》2019 年第 3 期。

164. 陈伟:"环境侵权因果关系类型化视角下的举证责任",载《法学研究》2017年第5期。

165. 刘静:"生态环境损害赔偿诉讼中的损害认定及量化",载《法学评论》2020年第4期。

166. 张博:"《民法典》视域下环境民事公益诉讼的运行困境与出路",载《法商研究》2022年第4期。

167. 程啸、王丹:"损害赔偿的方法",载《法学研究》2013年第3期。

168. 王树义、刘静:"美国自然资源损害赔偿制度探析",载《法学评论》2009年第1期。

169. 刘长兴:"生态环境修复责任的体系化构造",载《中国法学》2022年第6期。

170. 刘倩:"生态环境损害赔偿:概念界定、理论基础与制度框架",载《中国环境管理》2017年第1期。

171. 张力:"国家所有权遁入私法:路径与实质",载《法学研究》2016年第4期。

172. 李大勇:"论行政公益诉讼'不依法履职'的评判标准",载《行政法学研究》2023年第3期。

173. 瞿灵敏:"如何理解'国家所有'?——基于对宪法第9、10条为研究对象的文献评析",载《法制与社会发展》2016年第5期。

174. 王灵波:"公共信托理论在美国自然资源配置中的作用及启示",载《苏州大学学报(哲学社会科学版)》2018年第1期。

175. 谢海定:"国家所有的法律表达及其解释",载《中国法学》2016年第2期。

176. 林彦:"自然资源国家所有权的行使主体——以立法为中心的考察",载《交大法学》2015年第2期。

177. 王克稳:"完善我国自然资源国家所有权主体制度的思考",载《江苏行政学院学报》2019年第1期。

178. 王克稳:"自然资源国家所有权的性质反思与制度重构",载《中外法学》2019年第3期。

179. 潘佳:"自然资源使用权限制的法规范属性辨析",载《政治与法律》2019年第6期。

180. 彭峰:"惩罚性赔偿在生态环境损害赔偿中的适用限制",载《政治与法律》2022年第11期。

181. 潘牧天:"生态环境损害赔偿诉讼与环境民事公益诉讼的诉权冲突与有效衔接",载《法学论坛》2020年第6期。

182. 任洋:"反思与重构:行政机关在环境民事公益诉讼中的定位",载《安徽大学学报(哲学社会科学版)》2021年第1期。

183. 王旭光:"论生态环境损害赔偿诉讼的若干基本关系",载《法律适用》2019年第21期。

184. 李兴宇:"主体区分视角下的土壤污染整治责任承担规则",载《山东社会科学》2019年第8期。
185. 李兴宇:"生态环境损害赔偿诉讼的类型重塑——以所有权与监管权的区分为视角",载《行政法学研究》2021年第2期。
186. 李义松、刘永丽:"我国环境公益诉讼制度现状检视及路径优化",载《南京社会科学》2021年第1期。
187. 吴良志:"论生态环境损害赔偿诉讼的诉讼标的及其识别",载《中国地质大学学报（社会科学版）》2019年第4期。
188. 楚道文、唐艳秋:"论生态环境损害救济之主体制度",载《政法论丛》2019年第5期。
189. 张力、郑志峰:"侵权责任法中的第三人侵权行为——与杨立新教授商榷",载《现代法学》2015年第1期。
190. 张挺:"环境污染侵权因果关系证明责任之再构成——基于619份相关民事判决书的实证分析",载《法学》2016年第7期。
191. 范兴龙:"民法典背景下环境侵权因果关系认定的完善",载《法律适用》2020年第23期。
192. 胡建淼、胡晓军:"行政责令行为法律规范分析及立法规范",载《浙江大学学报（人文社会科学版）》2013年第1期。
193. 金涛、吴如巧:"检察行政公益诉讼制度的公正性检视",载《重庆大学学报（社会科学版）》2020年第4期。
194. 王清军:"环境行政公益诉讼中行政不作为的审查基准",载《清华法学》2020年第2期。
195. 李瑰华:"行政公益诉讼中行政机关'依法履职'的认定",载《行政法学研究》2021年第5期。
196. 彭中遥:"论政府提起生态环境损害赔偿诉讼的制度空间",载《华中科技大学学报（社会科学版）》2021年第4期。
197. 周勇飞、高利红:"多元程序进路下环境公共利益司法体系的整合与型构",载《郑州大学学报（哲学社会科学版）》2020年第5期。
198. 朱谦、谌杨:"'生态环境损害赔偿诉讼优先论'之思辨——兼论与环境民事公益诉讼的顺位问题",载《学术论坛》2020年第5期。
199. 廖华:"生态环境损害赔偿的实践省思与制度走向",载《湖南师范大学社会科学学报》2021年第1期。
200. 冷罗生、李树训:"生态环境损害赔偿制度与环境民事公益诉讼研究——基于法律权利和义务的衡量",载《法学杂志》2019年第11期。

201. 李丹:"环境损害惩罚性赔偿请求权主体的限定",载《广东社会科学》2020年第3期。
202. 梁勇、朱烨:"环境侵权惩罚性赔偿构成要件法律适用研究",载《法律适用》2020年第23期。
203. 唐绍均、魏雨:"环境民事公益诉讼中'技改抵扣'的淆乱与矫正",载《中州学刊》2020年第8期。
204. 冯洁语:"公私法协动视野下生态环境损害赔偿的理论构成",载《法学研究》2020年第2期。
205. 刘晓华:"美国自然资源损害赔偿制度及对我国的启示",载《法律适用》2020年第7期。
206. 王遥等:"以多元基金模式破解我国生态保护修复资金困境,《环境保护》2020年第12期。
207. 朱晓峰:"论《民法典》中的惩罚性赔偿体系与解释标准",载《上海政法学院学报(法治论丛)》2021年第1期。
208. 吴卫星、何钰琳:"论惩罚性赔偿在生态环境损害赔偿诉讼中的审慎适用",载《南京社会科学》2021年第9期。
209. 乔刚:"生态环境损害民事责任中'技改抵扣'的法理及适用",载《法学评论》2021年第4期。
210. 王小钢:"论《民法典》中生态环境损害填补责任的司法适用",载《中国地质大学学报(社会科学版)》2023年第1期。
211. 吴勇、扶婷:"论调解在生态环境损害赔偿诉讼中的适用",载《南京工业大学学报(社会科学版)》2021年第1期。
212. 杨雅妮:"生态环境公私益诉讼中惩罚性赔偿制度的协调适用研究",载《青海社会科学》2022年第5期。
213. 古小东:"土壤环境保护立法中的民事责任机制",载《学术研究》2015年第8期。
214. 章程:"再论民法上状态责任与行为责任的区分——从功能法的角度看两者在公私法体系中的定位",载《月旦民商法杂志》2014年第12期。
215. 林昱梅:"土壤污染行为人整治责任概括继受之法律问题——以德国法之比较为中心",载《东吴法律学报》2014年第3期。
216. 朱晓勤:"生态环境修复责任制度探析",载《吉林大学社会科学学报》2017年第5期。
217. 李建良:"污染行为、整治义务与责任继受的法律关联与宪法思辨——释字第714号解释",载《台湾法学杂志》2013年第238期。
218. 林锡尧:"试谈状态责任理论与行政罚之关系",载《中华法学》2011年第14期。

219. 林三钦:"土壤污染行为人责任之继受与法律溯及适用——简评大法官释字第714号解释",载《法令月刊》2014年第4期。
220. 魏汉涛:"环境公害事件泛滥的制度根源分析",载《江汉大学学报(社会科学版)》2014年第4期。
221. 毕天云:"布迪厄的'场域-惯习'论",载《学术探索》2004年第1期。
222. 刘福森:"新生态哲学论纲",载《江海学刊》2009年第6期。
223. 王欢欢:"污染土壤修复标准制度初探",载《法商研究》2016年第3期。
224. 陈卫平等:"欧美发达国家场地土壤污染防治技术体系概述",载《土壤学报》2018年第3期。
225. 吴贤静:"我国土壤环境修复制度反思与重构",载《南京社会科学》2017年第10期。
226. 周启星等:"土壤环境基准/标准研究需要解决的基础性问题",载《农业环境科学学报》2014年第1期。
227. 魏旭:"土壤污染修复标准的法律解读——一种风险社会的分析思路",载《法学评论》2016年第6期。
228. 高军等:"生态环境质量监测的政府和社会资本合作(PPP)模式研究",载《环境保护》2018年第9期。
229. 耿海清、任景明:"决策环境风险评估的重点领域及实施建议",载《中国人口·资源与环境》2012年第11期。
230. 王金南等:"国家环境风险防控与管理体系框架构建",载《中国环境科学》2013年第1期。
231. 於方、田超、张衍燊:"我国环境损害司法鉴定制度初探",载《中国司法鉴定》2015年第5期。
232. 於方等:"我国的环境损害评估范围界定与评估方法",载《环境保护》2012年第5期。
233. 牛坤玉等:"自然资源损害评估在美国:法律、程序以及评估思路",载《中国人口·资源与环境》2014年第S1期。
234. 白利平等:"污染场地修复技术筛选方法及应用",载《环境科学》2015年第11期。
235. 陈瑶、许景婷:"国外污染场地修复政策及对我国的启示",载《环境影响评价》2017年第3期。
236. 罗明、魏诀斌、朝正山:"欧美国家污染土地治理修复政策及启示",载《中国土地》2017年第2期。
237. 马中、陆琼、昌敦虎:"绿色金融需求与绿色金融工具",载《中国生态文明》2016年第1期。

238. 汪辉勇:"论公共价值的生成与实现",载《广东社会科学》2010 年第 2 期。
239. 史云贵:"从政府理性到公共理性——构建社会主义和谐社会的理性路径分析",载《社会科学研究》2007 年第 6 期。
240. 邹兵:"公共理性视域下协商民主发展的可行性路径",载《南京航空航天大学学报(社会科学版)》2016 年第 1 期。
241. 杨昕、王太高:"行政决定中的科学不确定性审查:美国的实践及其启示",载《江海学刊》2018 年第 3 期。
242. 徐凌:"科学不确定性的类型、来源及影响",载《哲学动态》2006 年第 3 期。
243. 张红凤、杨慧:"规制经济学沿革的内在逻辑及发展方向",载《中国社会科学》2011 年第 6 期。
244. 华涛:"政府理性的演进逻辑及其现代性思考",载《行政与法》2008 年第 12 期。
245. 梅景辉:"'公共理性'的现代性反思与建构",载《江海学刊》2015 年第 5 期。
246. 吴英姿:"司法的公共理性:超越政治理性与技艺理性",载《中国法学》2013 年第 3 期。
247. 李晓亮等:"美国 EPCRA 法案对我国推动企业环境信息公开的启示",载《中国环境管理》2016 年第 6 期。
248. 赵小进等:"美国 TRI 制度对中国 PRTR 制度实施的启示",载《环境科学与管理》2016 年第 2 期。
249. 林卡、易龙飞:"参与与赋权:环境治理的地方创新",载《探索与争鸣》2014 年第 11 期。
250. 张恩典:"环境风险规制下的公众参与制度研究",载《河南财经政法大学学报》2018 年第 1 期。
251. 辛方坤、孙荣:"环境治理中的公众参与——授权合作的'嘉兴模式'研究",载《上海行政学院学报》2016 年第 4 期。
252. 胡敏洁:"论行政相对人程序性权利",载《公法研究》2005 年第 3 期。
253. 王锡锌:"行政过程中相对人程序性权利研究",载《中国法学》2001 年第 4 期。
254. 包冰锋:"环境民事公益诉讼中初步证明的理论澄清与规则构建",载《行政法学研究》2023 年第 3 期。
255. 郭海蓝、陈德敏:"省级政府提起生态环境损害赔偿诉讼的制度困境与规范路径",载《中国人口·资源与环境》2018 年第 3 期。
256. 程雨燕:"生态环境损害赔偿磋商制度构想",载《北方法学》2017 年第 5 期。
257. 张新宝、汪榆森:"污染环境与破坏生态侵权责任的再法典化思考",载《比较法研究》2016 年第 5 期。
258. 张梓太、李晨光:"关于我国生态环境损害赔偿立法的几个问题",载《南京社会科学》2018 年第 3 期。

259. 黄锡生、韩英夫："生态损害赔偿磋商制度的解释论分析"，载《政法论丛》2017 年第 1 期。

260. 李一丁："生态环境损害赔偿制度改革：现状、问题与立法建议"，载《宁夏社会科学》2018 年第 4 期。

261. 刘练军："自然资源国家所有的制度性保障功能"，载《中国法学》2016 年第 6 期。

262. 何军、刘倩、齐雯："论生态环境损害政府索赔机制的构建"，载《环境保护》2018 年第 5 期。

263. 王太高："公共利益范畴研究"，载《南京社会科学》2005 年第 7 期。

264. 肖建国："检察机关提起民事公益诉讼应注意两个问题"，载《人民检察》2015 年第 14 期。

265. 张明哲："论民事检察公益诉讼的审判模式：以对抗制为中心"，载《华东政法大学学报》2022 年第 1 期。

266. 孔祥稳、王玎、余积明："检察机关提起行政公益诉讼试点工作调研报告"，载《行政法学研究》2017 第 5 期。

267. 贾永健："中国检察机关提起行政公益诉讼模式重构论"，载《武汉大学学报（哲学社会科学版）》2018 年第 5 期。

268. 陈晓景："检察环境公益诉讼的理论优化与制度完善"，载《中国法学》2022 年第 4 期。

269. 田夫："检察院性质新解"，载《法制与社会发展》2018 年第 6 期。

270. 熊秋红："监察体制改革中职务犯罪侦查权比较研究"，载《环球法律评论》2017 年第 2 期。

271. 童之伟："对监察委员会自身的监督制约何以强化"，载《法学评论》2017 年第 1 期。

272. 程玉："生态环境修复行政命令制度的规范建构"，载《北京理工大学学报（社会科学版）》2021 年第 6 期。

273. 杨昌彪："反思与重构：生态环境损害诉讼的裁判执行机制探析"，载《青海社会科学》2022 年第 1 期。

274. 王春业："独立行政公益诉讼法律规范体系之构建"，载《中外法学》2022 年第 1 期。

二、外文参考文献

（一）著作类

275. M. Douglas, A. Wildavsky, *Risk and Culture*, University of California Press, 1982.

276. Melissa Leach, Ian Scoones, Brian Wynne, *Science and Citizens*, Zed books, 2005.

277. N. Luhmann, *Risk: A sociological theory*, Berlin: de Gruyter Press, 1993.

278. Peter Taylor‐Gooby, Jens O. Zinn（eds.）, *Risk in Social Science*, Oxford University

Press, 2006.

279. John S. Applegate, Jan G. Laitos, *Environment law: The RCRA, CERCLA, and the Management of Hazardous Waste*, Foundation Press, 2006.

280. Branden B. Johnson, Vincent T. Covello (eds.), *The Social and Cultural Construction of Risk*, D. Reidel Publishing Company, 1987.

381. Sheila Jasanoff, *The fifth branch: science advisers as policymakers*, Harvard University Press, 1990.

282. Bronwen Morgan, Karen Yeung, *An Introduction to Law and Regulation: Text and Materials*, Cambridge University Press, 2007.

283. Carl Harlow, Richard Rawlings, *Law and Administration*, ThirdEdition, Cambridge University Press, 2009.

284. Cass R. Sunstein, *Risk and Reason: Safety, Law and the Environment*, Cambridge UniversityPress, 2002.

285. Daniel Steel, *Philosophy and the Precautionary Principle: Science, Evidence, and Environmental Policy*, Cambridge University Press, 2015.

286. Frank Fischer, *Citizens, Experts and the Environmental*, Duke University Press, 2000.

287. Jenny Steele, *Risks and Legal Theory*, Hart Publishing, 2004.

288. Mark Sagoff, *Price, Principle, and the Environment*, Cambridge University Press, 2004.

289. Ortwin Renn, Katherine D. Walker, *Global Risk Governance*, Springer, 2008.

290. Shelia Jasanoff, *Science and Public Reason*, Routledge, 2012.

291. Tony Prosser, *The Regulatory Enterprise: Government, Regulation, and Legitimacy*, Oxford University Press, 2010.

292. Robert Baldwin, Martwin Cave, Martin Lodge, *Understanding Regulation: Theory, Strategy, and Practice*, Second Edition, Oxford University Press, 2012.

(二) 论文类

293. Andreas Klinke, Ortwin Renn, "Adaptive and Integrative Governance on Risk and Uncertainty", *Journal of Risk Research*, Vol. 15, No. 3, 2012.

294. Karen Bradshaw, "Settling for Natural Resource Damages", *Harv. Envtl. L. Rev*, Vol. 40, 2016.

295. Frank Ackerman, Lisa Heinzerling, "Pricing the Priceless: Cost-Benefit Analysis of Environmental Protection", *U. PA. L. REV*, Vol. 150, 2002.

296. John C. Cruden, Matthew R. Oakes, "The Past, Present, and Future of Natural Resource Damages Claims", *Geo. Envtl. L. Rev*, Vol. 28, 2016.

297. Patrick E. Jr. Tolan, "Natural Resource Damages under Cercla: Failures, Lessons Learned,

and Alternatives", *N. M. L. Rev*, Vol. 38, 2008.
298. Allan Kanner, "Natural Resource Restoration", *Tul. Envtl. L. J*, Vol. 28, 2015.
299. Cary Coglianese, Gary E. Marchant, "Shifting Sands: The Limits on Science in Setting Risk Standards", *U. PA. L. Rev*, Vol. 152, 2004.
300. Matthew Zafonte, Steve Hampton, "Exploring Welfare Implications of Resource Equivalency Analysis in Natural Resource Damage Assessments", *Ecologicalecon*, Vol. 61, 2007.
301. Daniel Belzil, "Why Congress should Clean up the Bankruptcy Code to Render Environmental Cleanup Orders into Claims", *Vt. J. Envtl. L*, Vol. 14, 2012.
302. Adam Babich, "Too Much Science in Environmental Law", Colum. J. Envtl. L, Vol. 28, 2003.
303. Holloway James E, Noelting D. Tevis, "Takings Clause and Integrated Sustainability Policy and Regulation", *Villanova Environmental Law Journal*, Vol. 29, No. 1, 2018.
304. Dirk Scheer et al., "The Distinction Between Risk and Hazard: Understanding and Use in Stakeholder Communication", *Risk Analysis*, Vol. 34, No. 7, 2014.
305. Gregory Morrison, "Science in the Modern Administrative State: Examine Peer Review Panels and the Federal Advisory Committee Act", *Geo. Wash. L. Rev*, Vol. 82, 2013.
306. Jasanoff, "Transparency in Pubic Science: Purpose, Reasons, Limits", *Law & Contemp. Probs*, Vol. 69, 2006.
307. Max Boholm, "The Semantic Distinction Between Risk and Danger: A Linguistic Analysis", *Risk Analysis*, Vol. 32, No. 2, 2012.
308. Sarah Grimmer, "Public Controversy over Peer Review", Admin. L. Rev, Vol. 57, 2005.
309. Terje Aven, Ortwin Renn, "On Risk Defined as an Event Where the Outcome is Uncertain", *Journal of Risk Research*, Vol. 12, No. 1, 2009.